W0313988

Curt Hohoff · Woina – Woina

Curt Hohoff

Woina – Woina

Russisches Tagebuch

Limes Verlag

Alle Rechte vorbehalten
© Eugen Diederichs Verlag, Düsseldorf · Köln, 1951
Limes Verlag Niedermayer und Schlüter GmbH,
Wiesbaden und München, 1983
Satz: SatzStudio Pfeifer, Germering
Druck: Jos. C. Huber KG., Dießen am Ammersee
Umschlagentwurf: Werner Rebhuhn, Hamburg
Printed in Germany 1983
ISBN 3-8090-2207-1

INHALT

Woina (russisch) = Krieg

I

Die awratynschen Höhen

Der Krieg dauerte schon zwei Jahre. Wir hatten in Polen und Frankreich gekämpft und seit August 1940 in der polnischen Ukraine gelegen – ohne zu wissen, wie es weitergehen würde. Die Maschine des Heeres stand beinahe still. Dann und wann machte ein Regiment Übungen, hie und da gab es Verlegungen, manchmal wurden alte Leute entlassen, und junge nahmen ihre Plätze ein. Wie üblich wurden Munition und Gerät zugewiesen. Das war das Öl für ein vielfältig verzahntes Triebwerk.

Erwartung füllte Raum und Zeit, aber was eigentlich von uns erwartet wurde, konnte niemand sagen; so bildete sich durch Aufstauung ungeheure seelische Macht. Wir hatten die stille Hoffnung, daß Rußland unser Freund bliebe. Aber es gab auch Eifrige, die von einem Sieg über das Riesenreich Stalins Gewinn oder Ehre erhofften, bei manchen war dunkle Abenteurerlust im Spiel, bei manchen Verzweiflung. Und weil wir Hoffnung haben durften, der Osten werde schnell wie der Westen zusammenbrechen, wenn wir nur kraftvoll aufträten, so hätte ein Feldzug im Osten den Krieg beendet, wir würden nach Hause kommen.

Bis jetzt war ja alles gut gegangen. Gott war, wie es auf dem Koppelschloß stand, mit uns gewesen gegen eine nicht gerade rühmlich unterlegene Welt. Bei den militärisch Denkenden war die Unbesiegbarkeit des deutschen Heeres zu einer Art Dogma geworden, andere zweifelten, die Finanz- und Wirtschaftsmenschen und die Schar jener, welche keinen Sieg wünschte. So blieb es bis Stalingrad. Es wird ein über den Sinn der Geschichte gehendes Rätsel bleiben, daß dieser Schock nie mehr überwunden wurde und die Armee am Ende vor Leuten davonlief, die sie im Jahre 1940, wie Simson die Füchse, zu Paaren getrieben hätte.

Für einen Teil der deutschen Soldaten wird Rußland das größte Erlebnis des Krieges bleiben. Hier gab es einen Gegner, der ähnlich bewaffnet, ähnlich geführt und ähnlich tapfer war. Wie der deutsche war der russische Soldat abgehärtet, im laufenden Angriff zu allem fähig, während er sich in der Verteidigung und auf Rückzügen leicht schrecken ließ. Da er sittlich nicht als Person, sondern als Masse geführt wurde, war er Paniken unterworfen. Die Ideale von Reich und Vaterland waren nicht mehr wie 1914 mitreißend; die Ideale der Partei waren ein Firnis, der sich im Feuer ablöste. Es blieben auf beiden Seiten die Tugenden des kleinen Mannes: Anstand, Kameradschaft, Treue. Die Führer besaßen sie nicht.

Die politische Führung war auf deutscher und russischer Seite fanatisch und in bezug auf den Gegner so gut wie ahnungslos. Die Deutschen hielten die Russen für Barbaren, die Russen sahen in uns anmaßende Eroberer. In Wirklichkeit standen sich Europa und Asien, westliches und östliches Christentum (beide in dämonischem Kostüm), Germanen und Slawen gegenüber. Was wir Freiheit nannten, hielten jene für bürgerliche Täuschung, und was wir als geistige und wirtschaftliche Sklaverei ansahen, war die Manier des Ostens seit den Tagen Ruriks. Ähnlichkeiten wurden verdeckt; was die Spannung hätte fruchtbar machen können, fiel fort. Wir waren in der Hölle. Clausewitz hätte sich entsetzt vor Leviathans Stil.

Es mußte uns Deutschen viel schwerer fallen gegen die Russen zu kämpfen als umgekehrt. Sie verteidigten die Heimat, während wir – was für Gründe hatten wir? Am Tag vor dem Angriff hielt Oberleutnant Zangler eine Belehrung ab. Als halber Knabe im Weltkrieg gewesen, hatte er sich in der Reichswehr zum Ia-Regimentsschreiber emporgedient. Durch dessen Hände gehen alle Befehle. Wenn er selbst auch keine Befehlsgewalt hat, so ist der mittelbare Einfluß solch eines Mannes, wenn er tüchtig ist, dem einer Hausfrau vergleichbar, die ihren Ehemann unter den Pantoffel gebracht hat.

Zangler war vor fünfviertel Jahren mit einem Infanteriegeschützzug schlesischer Herkunft in Reisenberg, einem Nest östlich Wiens, zu unserer Kompanie gekommen. Auf der abgeschabten Uniform des damaligen Leutnants sah man, wo früher die Tressen des Feldwebels gelaufen waren. Er war ein kräftig gebauter, gelbhäutiger Mann mit krausem Haar, Zwinkeraugen und einer knolligen Nase. Man sah ihm den Zwölfender von weitem an. Was in der Seele des Herrn von Tresko, unseres Kompaniechefs, vorging, als er Zangler sah, weiß niemand, aber er setzte ihn richtig ein. Auf dem Feldzug in Frankreich war Zangler ständig mit dem Fahrrad an der marschierenden Kompanie entlanggefahren, hatte zurückgebliebene Teile nachgeholt, Quartier gemacht, die Männer von den Protzen gejagt und wenn gelaufen wurde, um des guten Beispiels willen, sein Pferd oder Fahrrad selbst geführt. Wenn von Tresko in noblen Quartieren abseits der Truppe schlief, nächtigte Zangler im Zelt oder im Pferdestall. Er besorgte Lastwagen voll Futter und Wagen voll Verpflegung. Er trieb Kartoffeln, Wein und Schnaps auf und verschmähte es nicht, seine in zivilen Zeiten gelernten Künste als Metzger zu zeigen.

Dieser Mann war im Laufe der Zeit unser Chef geworden. Eben an diesem Vorabend des Angriffs auf Rußland sprach er über Zweck und Sinn des kommenden Feldzugs. Die Unterlagen dafür hatte er üblicherweise »von oben« bekommen, und deshalb können seine Sätze dokumentarisch verstanden werden. Er sagte: »Morgen soll es losgehen. Der Kommunismus ist noch immer unser größter Feind. Nehmt euch vor der Roten Armee in acht! Widerstand muß rücksichtslos gebrochen werden.« Da ich das Tagebuch der Kompanie zu führen hatte, notierte ich die Sätze in mein Schreibheft. Es war in einer großen Scheune, stockfinster, alles stand, nur Zangler las im Schein der Taschenlampe, und ich schrieb, seitwärts von ihm knieend. Als er fertig war, hörte man nichts, die Männer blickten ziemlich verlegen zu Boden. Zangler schlug die Kinnbacken laut zusammen und sagte heiser: »Also raus – und macht's gut!« Er kannte ja den Krieg und trug das schwarz-weiße Band von 1914.

Unsere Kompanie bestand aus Bauern, Handwerkern, kleinen Leuten und ein paar Schülern und Studenten. Wir hatten wenig Neigung gegen den Kommunismus zu kämpfen; Geister bekämpft man mit Geistern. Gleichwohl war unsere Stimmung gut und zuversichtlich, denn es handelte sich darum, nach Osten hin Luft zu bekommen, um einen tausendjährigen Drang der deutschen Politik, welcher weniger im Verstand als im Blut lag. Der Gedanke des vor uns liegenden Feldzugs war vielleicht begründeter als der gegen die Polen und Franzosen, die ja, wie sich gezeigt hatte, keine richtigen Gegner gewesen waren. Der tiefe und den meisten unbewußte Trieb nach Osten war ein viel feineres Mittel für eine gewisse notwendige Begeisterung als die Phrasen vom Kampf gegen die bolschewistische Weltrevolution. Später hat die deutsche Propaganda sich entsprechend umgestellt, zugleich gegenüber den Russen statt Versöhnung die Vernichtung gepredigt, so daß die Gründe unrein wurden und an Schlagkraft einbüßten.

Am 22. Juni 1941, morgens um halb drei Uhr, erhielt ich den Befehl, an der Straße von Sokal nach Christinopol den Melder unseres Regiments abzufangen. Die Kompanie hatte ihre vorderste Stellung in der Nacht eingenommen, und deshalb war auch der Gefechtsstand verlegt worden. Der Tag begann in diesen Minuten gewaltig anzubrechen. Zuerst wurden sehr hochstehende Wolken von Licht bestrahlt, dann verbreitete sich durch die tiefere Schwärze die graue Dämmerung, dann wurden schleierige Streifen vom Licht aufgesogen. Einige hunderte Meter rechts sah man nun die Busch- und Baumgruppen, welche den Lauf des Bug säumten. Über dem Fluß hingen Nebelschwaden. Wir waren in den vergangenen vierzehn Tagen und Nächten oft durch die mit Knicks durchzogenen Weiden zum Ufer gegangen. Der Bug war hier nicht sehr tief, hatte schwarzes reines Wasser, war etwa fünfzig Meter breit und floß in zahlreichen Windungen.

Teilweise sollte es Strudel geben. Ihn zu passieren war, seit er die Grenze bezeichnete, lebensgefährlich geworden. Mit ihren Panjewagen durch die Furten watende Juden, welche aus dem Generalgouvernement fliehen wollten, wurden von den Russen mit Schüssen empfangen. Man erzählte sich die üblichen Geschichten: Wie der Oberst, um das Gelände zu besichtigen, in Uniform eines Zöllners am Fluß spazierengegangen sei, und daß die Russen den Grenzstreifen von der Zivilbevölkerung hätten räumen lassen. Auf unserer Seite hingen parallel zum Fluß große Sichtblenden aus Matten und Sackleinen, wie man sie von Fußballplätzen gegen Kiebitze kennt. Wir konnten über diese Maßmahmen nur lachen – hielt man die Russen für taub und blind?

Da vorne lag unsere Infanterie, während hinter meiner Straße die Artillerie seit drei Tagen und Nächten aufmarschiert war. Jede Scheune verdeckte eine Stellung, jeder Busch einen Granatwerfer. Alle fünfzig oder sechzig Meter waren Gruben, in denen Kommandos mit Schußtafeln, Meßdreiecken und Fernsprechern saßen. Ein Gewirr von Kabeln überzog den Boden. Vor den Brücken von Sokal und Christinopol lagen Pionierbataillone. Weit hinten in den Wäldern sollten Unmassen von Panzern und schnellen Truppen bereitstehen.

Es war der größte Aufmarsch der deutschen Armee, seit sie bestand, wohl die Hälfte aller deutschen Divisionen. Die Aufregung jenseits des Bug war groß. In den Nächten erleuchteten Magnesiumkugeln das Flußtal, Ketten von Raketen stiegen hoch, man hörte Baumfäller und sah das Weiß großer Sandaushebungen. Im Uferwald knackten Feuerchen. Die für den Kommunismus nötigen Bewachungstürme waren Tag und Nacht besetzt. Die Zeiten des Wachewechsels hatte man erkundet. Ein kluges Gerücht sprach von zwei Überläufern, welche Karten bei sich gehabt; nach deren Bericht war man auf der anderen Seite vor Aufregung lahm. Bei uns gab es vom Kommenden kleine Zeichen: Ausgabe von Feldfiltern für die Gasmaske, Zurückverlegung der Trosse, Vorverlegung von Panzern und Geschützen. Aber viele glaubten noch immer, es werde keinen Feldzug geben, zumal ein Gerücht fleißig war, alles was wir täten, sei Vorbeugung gegen einen möglichen Angriff von drüben her. Ehrhard meinte, die Buschwälder jenseits musternd: »Wie denn, die angreifen? Womit? Du glaubst doch nicht, daß Stalin jetzt angreift?« Ein anderer: »Der soll dem Hitler neidisch sein.« »Jetzt ist es zu spät.«

Die Straßen durch Polen waren erst in den letzten Wochen fertiggeworden, sie führten senkrecht auf die russische Grenze zu. Wir hatten sie bei unserem Marsch vom San zum Bug benützt, schnurgerade Betonstraßen, bisher in Polen nicht gesehen. Die motorisierten Trosse der Armeen brauchten sie. Längs der Straßen hatten wir gute Quartierdörfer gehabt, mit den Bewohnern verbanden uns Andenken. Dies polnisch-ukrainische Volk war ein Erbfeind der Russen. Es mußte jeden Streit zwischen Moskau, Berlin und Wien bezahlen. Nicht ungern sah es jetzt, daß wir die Russen faßten; die Grenze mitten durch sein Land war eine deutsch-russische, und es war besser, sie lief weiter im Osten. Hier war die Ansicht wurzelfest, daß in der russischen Ukraine zweimal geerntet würde, und ich hatte Lust, die gierig staunenden Bauern zu überzeugen, daß dergleichen Mythe immer Erfindung sei. Übrigens hatte man die Russen einige Monate hier im Lande gehabt, von ihnen waren die Gutsbesitzer vertrieben worden und eine Akkerreform eingeleitet. Solch ein polnischer Bauer hat zwei bis drei Hektar verstreut liegendes Land: was hat er schon zu verlieren? Waffen und Verpflegung der Russen hätten nicht viel getaugt.

Im Bereich unserer Division lagen drei Regimenter Artillerie. In Christinopol stand hinter jedem Schutthaufen ein Sturmgeschütz in Bereitschaft. Hinter uns, in zweiter Linie, lag meine alte Division, sie hatte Lemberg in Polen und Abbeville in Frankreich erobert. Aus ihr waren unsere Einheiten herausgewachsen bei der Aufstellung.

Die Stadt Christinopol am Bug war zerstört, die Trümmer hatte man zum Bau des letzten Straßenabschnitts verwendet. In der Stadt unterschied man drei große Gebäudegruppen, zwei Klöster und das Schloß. Das eine Kloster sollte Franziskanern gehört haben, das andere den Griechisch-Unierten. Das Schloß, mitten in der Stadt, erbaut von Rotocki, gehörte zuletzt dem Grafen Wychowsky in Lemberg, ein Beispiel polnischen Renaissancestils mit italienischen Einflüssen. Es war seit dem Ersten Weltkrieg verlassen und wurde in Teilen von Magistraten benutzt. Die Kirchen der Klöster hatten weiße Fassaden; wenn die Sonne darauf schien, leuchteten sie festlich auf, weithin über den Bug, mit barocken wuchtigen Türmen. Dann meinte man, die Stadt sei recht schön gewesen. Die Privathäuser waren fast alle und bis auf den Grund zerstört. Kein Mensch wußte gleichwohl hier was von Geschichte. Die wenigen zurückgebliebenen Bewohner wurden in diesen Tagen nach hinten befohlen. In den Trümmern lag unser Schwesterregiment, das den Schwerpunkt der Division bildete.

Hier war ich ein paarmal bei Hölzl und den Seinen gewesen. Der schwere Zug einer Kompanie, 15-cm-Granaten schießend, fühlt sich wichtig und beansprucht Vorrechte. So lagen die Männer im Gutshof des verlassenen Klosters in einer herrlichen Stellung, hatten Gemüsebeete angelegt und hielten Kühe. Der von Buchen beschattete Hof war auf einer Seite von dem mächtigen Trakt des alten Klosters gedeckt. Von hier hatte man den Blick auf den Christinopoler Bereich, der wie ein großer Platz vor der Bugbrücke wirkte. Links daran schlossen sich die Stellungen unseres Regiments bis in die Gegend von Sokal, das jenseits der Demarkationslinie lag.

Um 3.12 Uhr hörte ich aus den Gruben Feuerkommandos in die Fernsprechermuscheln sprechen, hinten die Verschlüsse klappen. Der große Augenblick kam. Um 3.15 Uhr begannen die Richtkanoniere an Tausenden von Geschützen die Abzugsleinen zu ziehen. Ein ungeheurer Schlag, dann Stille. Ich hörte hoch über mir das feine Ziehen, Rauschen, Brummen der Granaten, und dann schlugen sie jenseits des Bug in die errechneten Räume. Feuer blitzte, Bäume knackten, Erdfontänen, Morastpilze, Feuerschein und ein gefährlich dumpfes Orgeln – der Krieg hatte begonnen. Das Heulen der Granaten wurde übertönt vom Gebell neuer Abschüsse, von Dröhnen der Einschläge, und dann steigerte sich der Feuerüberfall zu einem an der ganzen Front entlangbrausenden Gewitter. Von Sokal hörte ich Maschinengewehrfeuer. Die Infanterie erhob sich aus ihren Löchern und rannte zum Fluß. Wie eine Riesenfackel stand eine hölzerne Windmühle in Flammen. Von der andern Seite fiel kein Schuß. Sie waren unter die eisernen Zakken und Sägen geraten, von denen die Bibel bei Davids Zügen gegen Ammon spricht. Ich stand noch immer auf dem Fahrdamm; plötzlich kam von Osten her über die Wälder auf uns zu ein Flugzeug. Man sah das Feuer seiner zwei Maschinengewehre. Dann stieg es steil nach hintenüber und sackte taumelnd über seinen Schwanz ab, beim Aufschlag in den Auen explodierend. Da fing ich an zu zittern und mußte mich setzen. Ich hielt mich fest am Unkraut des Rains und dem Gras, der Körper wurde geschüttelt, die Zähne klapperten. Schluchzend und willenlos saß ich allein.

Von Christinopol kamen die Straße herab Wagen gerast, Sanitätsautos, hinten offen, mit bleichen Männern. Ich stand auf, die Infanterie war im Kampf, und gleich würde der Melder eintreffen. Jenseits des Waldes verursachte brennende Munition ein ausgedehntes Feuer. Nun stieg der Nebel widerwillig hoch, die Sonne machte ihn zum silbernen Schleier, und als er sich gehoben hatte, sah man rechts vor sich den dünnen Strich der Brücke von Sokal und über der brennenden Stadt goldene Spitzen von Türmen. Ununterbrochen rasselten die Schießmaschinen dorther, von den dumpfen Schlägen der Artillerie unterschieden.

Ich trat wieder auf die Straße. Das Trommelfeuer dauerte an, es ebbte und flutete, zerfetzte den Wald und rollte als Feuerwalze weiter. Das böse Rauschen und Ziehen in der Luft erschreckte die Vögel, sie flatterten irr und ziellos und stürzten in dichte Gebüsche. Überhaupt schien die Tierwelt in Bewegung; Mäuse, Hasen, Kaninchen flohen in blinder Angst nicht vor den Menschen, sondern vor dem Aufruhr. Burkhard kam mit dem Fahrrad von Sokal, General von Reichenau sei mit der Infanterie über die Brücke in die Stadt gedrungen, wo alles brenne. Burkhard war ein Bauernbursche aus dem bayerischen Altmühlgebiet, ihm war nicht anders zumute als mir. Seine braune Haut war fahl, und weiß blitzten die Monde der Fingernägel am Lenker. Abschiebend sagte er: »Zugehn tut's!«

Man muß immer die klügsten Leute fragen, in der modernen Geschichte ist das Tocqueville. Er sagt, Zentralisierung und Demokratisierung seien der Weg der Zukunft, ihre Träger seien Rußland und Amerika, der eine mit diktatorischen, der andere mit freiheitlichen Maßnahmen. Spengler gab dieser Idee den unser Urteil enthaltenden Namen: Untergang des Abendlandes. Alles vollzieht sich über die Köpfe hinweg. Wir hören das Ziehen der Granaten und sehen die Einschläge. Das war es wohl, was mich zu Tränen überwältigte.

Endlich holte man mich: Der Melder aus Christinopol hatte den Gefechtsstand der Kompanie von selbst gefunden. Er berichtete, daß unsere Infanterie beim ersten Schuß über die Brücke gestürmt und von russischem Infanteriefeuer aus Erdbunkern empfangen worden sei. Der Angriff schien gelungen, die leichte Artillerie machte Stellungswechsel an die Straße. Unsere Kompanie erhielt Befehl, sich für den Übergang bereitzuhalten. Im ganzen mußten über tausend Fahrzeuge, die Gefechtstrosse nicht gerechnet, über diese eine Brücke. Etwas weiter südlich, bei Belz, war nämlich der Angriff auf die heile Brücke mißlungen. Nun schwenkten die Rohre der Artillerie nach Belz zur Bekämpfung jener Bunker. Um elf Uhr war die Grenzstellung überall durchbrochen. Teile der Infanterie lagen weit vorn im Wald in hartnäckigen Gefechten mit kleinen russischen Gruppen und warteten auf schwere Waffen, Artillerie und Panzer.

Wir fuhren eilig über die Brücke und in den Wald; er war morastig, eine Qual für Mann und Pferd. Um zwölf Uhr kamen russische Kampfflieger und streuten den Wald blindlings mit leichten Bomben ab, die in den Wipfeln berstend die Pferde scheu machten, aber mehr Schrecken als Schaden brachten. Das Abwehrfeuer unserer Gewehre schien sie nicht zu stören.

Gegen Mittag drohte ein Gewitter, die Sonne schien sengend

durch das Blätterdach. Dies goldene Grün irritierte uns, der ganze Wald schien ein Treibhaus zu sein. Wir fanden endlich einen Waldbrunnen, wo wir die Pferde tränken und uns waschen konnten. Morast und Schweiß bissen die Haut. Die Wege liefen auf und ab, wie in den Karpaten damals; jedesmal glaubte man, der Wald müsse aufhören, immer täuschte uns die Sonne – es waren nur Lichtungen und Schneisen, und drüben begann die Mühsal von neuem. Ständig kamen sinnlose Flieger- oder Panzerwarnungen. Schließlich wurde auf jedes Motorengebrumm »Panzer voraus!« gerufen, bis es zum Scherz wurde.

So marschierten und zogen wir in dem großen Uferwald des Bug Stunden um Stunden dahin, ohne Richtung, anscheinend vorwärts und rückwärts, denn die Verstopfung des Gebietes durch einige tausend große und kleine, bespannte und motorisierte Fahrzeuge nötigte sämtliche Teile zu ständiger und hinsichtlich des Ziels verschwenderischer Bewegung.

Ich hatte ein Fahrrad mitzuschleppen, das ich zeitweise tragen mußte. Zangler hatte mir befohlen, den Regimentsgefechtsstand zu suchen. Ich streifte also auf eigene Faust umher und geriet plötzlich an den Rand des Waldes, wo die Aufklärungsabteilung lag. Bei ihr waren die Beobachter der Artillerie, die Abteilung konnte nicht aus dem Walde heraustreten, da die Artilleristen die Reichweiten ihrer Geschütze schon bis aufs äußerste ausnützten. Ich konnte ihnen mitteilen, daß in den nächsten Stunden kein Geschütz durch den Wald fahren würde. Die Infanteristen lagen neben ihren Krafträdern und schliefen den Schlaf körperlicher Erschöpfung, jenen Schlaf, der in Rußland der einzige werden sollte.

Gegen Abend kam ich zur Kompanie zurück, zu ihren verschiedenen Teilen vielmehr, denn sie steckte in etlichen Waldstücken und quälte sich mühsam weiter. Ehrhard, Hahn, Zangler selbst hatten das Regiment gesucht und nicht gefunden; Zangler war wieder fortgeritten und ließ Fuchs, dem Hauptfeldwebel, die Sorgen um das Nachziehen der Züge. Die Nacht verbrachten wir auf einer Wiese hinter Ziegelhaufen. Die Russen hatten sie anscheinend für die Anlage von Befestigungen verwenden wollen. Wir preßten uns eng am Boden an die Ziegel, um eine gewisse Deckung gegen Beschuß zu haben.

Bleierner Schlaf, Spuren tiefer Träume, verschwundene Gesichter aus Polen und Frankreich, in den Wäldern von Radom, den Wäldern von Compiègne, die Türme von Paris am Abend vor der Eroberung durch ein Scherenfernrohr gesehen, die Türme von Sokal golden im Licht dieses Morgens, und General von Reichenau mit der Infanterie über die Brücke in die Stadt stürmend, goldene Knöpfe auf den Türmen von Sokal im Morgenlicht durch den Nebel morgens um vier Uhr! Zeiten wohin – bittere Melodie, Ruhmsucht und Rausch, die Begeisterung genährt von Bordeaux, Schütze Lazarus ertrinkend im Wein der Keller von Hirson, ich seh' ihn noch liegen. Aber die fünf im Zelt von Drohobysz, die Zeltwand durchlöchert von Kugeln, und drinnen die fünf mit Gliedern übereinander wie frisches Holz hingeworfen, Blutgeruch. Die Marokkaner in roten Mänteln, und Zangler im Mantel der Spahis durch die Gärten von Chantilly reitend. Wirklichkeiten, köstlich geronnen, unverlierbare Siege, nie reparabel wie die Geschichte; Polen verloren, Frankreich verloren, und David singt und weint im Kettenpanzer vor Raaba. Träume!

Im Licht der aufgehenden Sonne kämpften am Himmel Messerschmitts und Russenflieger, in gewaltigen Bogen aufziehend mit heulenden Motoren und dicht über uns weg, als nähmen sie die Baumspitzen unter die Laufräder. Das weckte uns.

In der Helligkeit ging es schnell, wir kamen auf eine Landstraße, Sommerwege seitlich und ein gewölbter Steindamm in der Mitte aus Katzenköpfen; so sahen Landstraßen bei uns vor zwanzig Jahren aus. Wir sammelten und marschierten nach Osten, die Infanterie weit voraus, der Russe noch weiter. In den Dörfern waren wir Befreier. Die Russen hatten die polnische Agrarverfassung gestört; das hatte Sinn, solange es gegen die Herren auf den Gütern ging; als sie aber aus den Bauern Arbeiter zu machen begannen, verloren sie ihren billigen Ruhm als Kapitalistenschlächter. Nun traten uns Männer mit Brot und Salz entgegen, die Mädchen waren geschmückt, die Frauen schenkten Milch aus, ukrainische Fahnen wehten. Wir konnten den Vorstellungen nicht widersprechen, die beim ukrainischen Volk seine künftige Freiheit betreffend von den Deutschen umliefen. Die Bewohner behaupteten mit der üblichen Herabsetzung des geschlagenen Gegners, die Rote Armee sei schlecht gekleidet, mäßig bewaffnet und so gut wie gar nicht verpflegt, die Disziplin barbarisch streng.

Wir waren sehr begierig nach Einzelheiten über den geheimnisvollen Gegner, aber man fand, daß alle Angaben aus einer Art Trunkenheit des Hasses, der Angst, der Verleumdung sprachen. Abweichend waren auch die geographischen Begriffe. Für den polnischen Bauern war Kiew nicht weit, und den polnischen Namen »Ukraine« übertrug er auf die russische Ukraine, als sei das ein Bruderland und nicht getrennt nach Sprache, Rasse, Religion und Geschichte.

In den Städten verhielt man sich denn auch anders. Wir durchzogen Radziechow; leer, ausgeraubt und trostlos in jeder Hinsicht, die Bewohner versprengt. Hier war gekämpft worden, und am Ausgang der Stadt sahen wir, schräg in den Graben gefahren, acht oder zehn russische Panzer, öde Blechbüchsen mit drei oder vier Mann Besatzung, die nicht hatten aussteigen können. Sie saßen tot hinter ihren Gewehren, Rädern, Löchern und Hebeln; einigen war die Uniform versengt, einige hatten Wunden, einige waren verbrannt. Sie hatten wächserne Gesichter und Hände, kahle Schädel und in der Hitze aufgetriebene Bäuche. Sie waren offenbar Opfer eines Reihenwurfs von Bomben in die fahrende Kolonne.

Vor Radziechow lag ein Stadtwald mit breit ausgetretenen Pfaden. Wir fuhren hinein und warteten. Es hieß, aus Lemberg seien weitere Panzer gemeldet. Der östliche Waldrand war unsere Hauptkampflinie. Bei Nacht erhielt ich wieder den Auftrag, das Regiment zu suchen, einen Gefechtsstand, der irgendwo im Walde lag. Ich verlief mich und kam zum linken Nachbarn. Er wies mich zurecht, losfahrend stieß ich auf einen Spähtrupp unserer zweiten Kompanie. »Wo kommst du her?« fragten sie. Ich sagte so und so. Sie wunderten sich und eröffneten mir, daß ich vor statt hinter der Front hergefahren sei. Ich erklärte, keinen Feind gesehen zu haben. »Das wohl nicht«, sagte der Unteroffizier, »aber es wimmelt von russischen Spähtrupps«, ob ich keine Karte hätte. – Nein! Er schüttelte den Kopf und wies mich auf den rechten Weg. Kurz darauf traf ich Heine, mit dem wir in Senlis Brüderschaft getrunken hatten. Und dann fand ich den Gefechtsstand des Regiments. Zangler war selbst schon da, er begrüßte mich grinsend und nahm mich mit ins Zelt der Melder: er freute sich offenbar, ein bekanntes Gesicht zu sehen. Er war fast stets bei den Meldern statt bei den Offizieren.

Als Führer einer dreizehnten Kompanie war seine Aufgabe wichtig für das Regiment, aber er faßte sie als Abwarten von Befehlen auf – und so wurde er denn eine Art Fuhrmann und Mädchen für alles. Damals unterstanden die Züge der Kompanie meistens einem Bataillon, und es mochte schwer für den Chef einer Infanteriegeschützkompanie sein, sich gegen Majore taktisch durchzusetzen. (Gegen Ende des Krieges änderte sich der Einsatz der schweren Waffen, nach russischem Vorbild bildete man Schwerpunkte, es gab ein Verfahren des Generals Martini, das sehr überlegen war, aber kaum mehr über die Kriegsschulen hinausdrang.)

Am Mittag begann unsere Artillerie über den Wald weg den Aufmarsch der russischen Panzer zu stören. Man sah und hörte nichts, Flieger leiteten das Feuer. Südöstlich rückten jetzt eigene Panzer und das Regiment Hermann Göring ein, eine prächtig gerüstete Truppe, voll motorisiert, in Fliegeruniform gekleidet, mehr Techniker als Soldaten, stolz und geschont, mit Schokolade verpflegt – Donnerwetter! Selbst der Film war da, die Wochenschau mit langen Haaren und Feldstühlen, Radio spielend.

Der Rand unserer Waldes war mit Artillerie gespickt, dreihundert Meter vorne lag im freien Feld die Infanterie in ihren Löchern, auch Pak stand dort und unsere Geschütze; mir gruselte. Das Schußfeld war ein großes Kornfeld, das sich über zweitausend Meter hin sanft hob und dann über eine Kuppe abfiel: dort würden sie auftauchen. Ehrhard und ich kamen uns müßig vor, und wir beschlossen, Lorbeeren auf eigene Faust zu pflücken, machten geballte Ladungen fertig und bestiegen einen Baum. Wenn man das Meer von einem Hügel sieht, so scheint es gegen den Horizont zu steigen; so stieg in unseren Augen das Kornfeld nach Osten, und oben erschienen die ersten Panzer. Im gleichen Augenblick begann es zu pfeifen, die Äste rauschten, ein höllischer Schlag – und hinterher eine Fahne tiefer Stille. Wir fielen mehr als wir kletterten zu Boden und gruben ein ehrliches Loch.

Die Panzer, wie riesige Schnecken, kamen, den Turmhals drehend, haltend, blitzend auf uns zu, nach Minuten mochten es dreißig sein, allein, ohne Infanterie. Aber nun schlug ihnen unser Feuer vom Waldrand jäh entgegen, eine Wolke von Rauch, Sand und Dampf hüllte sie ein, und als sich die Wolke legte, lagen ihrer zwanzig unbeweglich qualmend, unser Mut hob sich.

Während nun einige Panzer mit einer Raupe hilflos drehten und weiße Fähnchen hißten, schrie jemand: »Sie kapitulieren!« Doch da kam schon eine neue Welle über den Kamm, und fuhr, tief gestaffelt, im Zickzack auf uns zu. Einige steuerten die weißen Fähnchen an. »Schleppt uns ab« hieß das also in der russischen Sprache der Finten! Die andern beschossen uns, wurden aber gleich wieder von einer Riesensalve des Waldes verhüllt und, schien es, emporgelüftet, daß sie stehenblieben, bis auf sechzehn; die rollten schnell auf die Infanterie zu, über sie weg, und Ehrhard schrie: »Achtung! Nun gilt's«

»Abziehn?« schrie ich, mit der Handgranate ins Loch geduckt, wähnend, gleich rolle es stählern über uns hin.

Die Maschinengewehre zwitscherten in den Büschen über uns. Da erhielt der vorderste Panzer einen Treffer auf den Turm, der zweite in die Seite, der dritte in die Raupe, sie brannten, und es kam von einem Geschütz gleich neben uns, das jetzt wie rasend, bisher verdeckt, schoß, wandschlitzend, turmhebend, sechs Panzer standen – und der Richtschütze erhielt acht Tage drauf unser erstes Ritterkreuz, ein Gefreiter aus Augsburg.

Am nächsten Morgen zogen wir über die Walstatt nach Osten, durch Täler voller Getreide, zogen Tag und Nacht dahin, die Infanteristen öffneten schwitzend die Blusen, die Hosen. Dann kamen wir in mageres Gelände, auf erbärmliche Wege, nun begann es zu regnen, dann kamen noch Sümpfe.

Mittags bezogen zwei unserer Züge zur Sicherung der Flanke Stellung. Der Vormarsch stockte stundenlang. Da niemand den Grund wußte, schimpften wir, lagen umher, suchten zu schlafen. Hahn und ich erhielten Befehl, den Troß zu suchen und nachzuführen.

Als wir an der Stellung des ersten Zuges vorbeikamen, unmittelbar am Weg, wo die Geschütze standen, lag Mayrhofer sterbend am Boden. Wir hatten uns am ersten Tag des Krieges, in Friedberg, kennengelernt und stets zusammengehalten. Er war Dreher in Augsburg, verdiente sein schönes Geld und hatte es bei seiner verwitweten Mutter gut. Der Vater war, ohne ihn gesehen zu haben, im Ersten Weltkrieg gefallen. Mayrhofer hatte mir in seiner derbfrohen Art sein ganzes Leben erzählt; er besaß zwei Frauen, die nichts voneinander hatten wissen dürfen, mit der einen hatte er ein Kind, aber die andere wollte er nach dem Kriege heiraten. Er war kein leichter Vogel, aber so lebendig, daß er vor Lebenslust zu springen schien. Er war ein sehr dicker gemütlicher Mensch, trank viel und konnte keine Frau sehen, ohne sie anzugehen, bis es richtig war. Er hatte nie geglaubt, ihm könne im Kriege was zustoßen; jetzt war er der erste meiner näheren Bekannten, der mit einem Granatsplitter im Bauch sein Ende wußte.

Die Stellung war ganz ruhig gewesen, sie hatten alle zwei Stunden ein paar Schüsse abgegeben, und auch der Feind war faul. Sie hatten die Röcke ausgezogen. Eine einzige Granate schlug plötzlich ein, zwei Minuten bevor Hahn und ich kamen. Mayrhofer schien uns noch zu kennen. Seine Tränen machten uns stumm. Wir ritten, als der Sanitätswagen ihn fortbrachte, in leichtem Galopp hinterher. Er und ich hatten vor fast zwei Jahren, nicht weit von hier, im östlichen Galizien, die Feuertaufe empfangen. Fuchs erzählte uns nachher, daß Mayrhofer schon auf der Fahrt, im Wagen, gestorben sei.

In dieser Gegend, vor Melnik, hatten die Russen eine Auffangstellung, aber sie wurde anscheinend leicht durchbrochen, denn wir, in zweiter Linie hinter einer SS-Einheit marschierend, hatten nie länger als stundenweise Aufenthalt. So kamen wir nach zwei Tagen nach Brody. Das ist ein Landstädtchen des ehemaligen Galizien. Die zwanzigtausend Bewohner schienen geflüchtet zu sein, die Hälfte hatte aus Juden bestanden. Unter den Zurückgebliebenen hatte die SS mit Schändung und Mord gehaust. Die Toten lagen in den Straßengräbern, Frauen zeigten uns die Leichen von Kindern, und Männer sagten: »Was tut ihr uns an? Wir sind Deutsche!« Es waren Handwerker und Handelsjuden; Österreich und Deutschland, Wien und Berlin waren seit den Jahren der Republik ihr Ziel geworden, dort konnten sie reich und wichtig werden. In der polnischen Umgebung hatten sie das Gefühl der Überlegenheit, aus sprachlichen und religiösen Gründen.

Ehrhard war erstaunt: »Hör nur«, sagte er, »man versteht und versteht nicht!« Sie verdrehten Grammatik und Klang. »Wunderbar«, sagte Ehrhard, »was ist das für eine Sprache?«

Ich sagte: »Jiddisch.«

»Aber sie reden fast deutsch.«

»Deshalb reden sie jiddisch.«

»Warum nicht hebräisch?«

»Wir reden ja auch nicht germanisch.«

»Aber man braucht sie doch nicht umzubringen!«

»Ja«, schrien die Frauen und weinten, »kleines Vogel hier!« und zeigten auf den Arm, das war die SS. »Vogel da gut!« und sie tippten auf das Wappen an unserer Brust, das Zeichen der Wehrmacht.

»Mein Vetter ist SS-Mann«, sagte Ehrhard. Wir konnten das Jiddische ohne Schwierigkeiten lesen, während das Sprechen der Juden untereinander für uns unverständlich blieb. Wenn sie aber nach der Schrift und deutlich sprachen, war eine Verständigung genauso möglich wie zwischen einem Münchener und Berliner.

Die Juden hatten es unter Habsburg weder gut noch schlecht gehabt, während sie unter den Polen durch deren nationalen Eigensinn gelitten hatten. Im Verhältnis zu ihren Nachbarn in Rußland, wo seit hundert Jahren ein Pogrom das andere ablöste, hatten sie stets als glücklich gegolten, wie man bei Joseph Roth und vielen andern von der jiddischen zur deutschen Sprache übergegangenen Schriftstellern lesen kann. Von Galizien führte der Weg des Aufstiegs für einen Juden bis 1914 nach Wien, dann nach Berlin, so wie heute nach Tel Aviv und New York. Hier in Galizien gab es Städte wie Opatow, Ostrowiez, Staßow, deren Bevölkerung fast rein jiddisch war. Wir hatten die Juden bei der Eroberung Polens kennengelernt, ihre Armut, ihre Krankheit, ihre Angst, ihre Unterwürfigkeit und handwerkliche Geschicklichkeit. In diesem jiddischen Proletariat lebte kein politischer Instinkt, so waren sie immer nur Sündenböcke geworden und wurden jetzt mit technischen Mitteln umgebracht. Wir hatten damals keine Ahnung, was mit ihnen geschah. Sie lebten, als wir aus Frankreich kamen, bereits nicht mehr in diesen kleinen Orten, sondern in Gettostädten und Gettodörfern, in den elendesten Verhältnissen, den Rest ihrer Habe verkaufend, Handwerk und Handel in winzigem Umfang betreibend – aber immer noch im Glauben, ihr Leid würde enden, wenn die Deutschen, die sie für eine Art von Alleskönnern hielten, gesiegt hätten und sie wie im achtzehnten Jahrhundert in einer mittleren Stellung zwischen deutschen Herren und slawischen Massen benützen würden.

Das Pogrom der SS in Brody erinnerte also an Zeiten, als der Zar drüben geherrscht hatte. Die Befreier vom Russen waren als Mörder gekommen; das sind Schocks, welche in der Weltgeschichte häufig, aber immer wieder entsetzlich sind. Hier liegen Gründe für unsere Niederlage: die Zivilbevölkerung haßte die Deutschen am Ende so sehr, daß sie die Russen zurücksehnte. Die im Kleinen begangenen Fehler erreichten später, an Ukrainern und Russen, weltgeschichtliches Gewicht.

Wir zogen innerhalb einer halben Stunde durch die Stadt, in dumpfem, beklommenem Schweigen. Sobald die Bevölkerung uns als reguläre Truppe erkannt hatte, verlor sie ihre Scheu. Vielleicht spürte sie die Scham, die wir um unserer ideologischen Elite willen empfanden. Hier kam zum erstenmal in unserer Kompanie der Zwiespalt zum Ausbruch, der eigentlich jeden deutschen Soldaten bedrückte: daß vom Nationalsozialismus getan und beansprucht wurde, was jeder Einzelne als Deutscher tat und beanspruchen konnte, mit andern Worten die Anmaßung der Partei, für Deutschland zu reden. Wo, wie hier, diese Anmaßung zu Verbrechen führte, wandte sich der Soldat mit Abscheu dagegen – aber er war ja Soldat, er konnte seine Uniform nicht wegwerfen und den Gehorsam kündigen.

Ehrhard ritt neben mir und drückte sich weiterhin im gröbsten bayrischen Dialekt aus. Er war eigentlich mein bester Freund. Von Beruf Bäckergeselle, kämpfte er stets mit sich, ob er nicht als Aktiver beim Heer bleiben solle. Sein Leben hatte ihn in Ingolstadt in eine Reihe von höchst boccacciohaften Lagen gebracht, und er gedachte die vielen Schwierigkeiten mit Bräuten, Kindsmüttern, Meistern und Gastwirten durch Kapitulation bei der Wehrmacht zu beenden. Ich riet ihm meistens ab, stellte ihm das gute Leben eines Bäckermeisters mit eigenem Haus und Lieferwagen vor Augen – und dann wurde er schwach, jedoch nicht lange, denn er fragte mich: »Woher weißt du das?«

»Mein Großvater war Bäcker – er starb als Bürgermeister.«

»Er wird halt richtig geheiratet haben?« – »Das hat er.«

»Da steckt der Haken. Ich kriege keine richtige Frau, und wenn ich sie kriege, ärgert sie sich tot mit mir.«

Wir standen nun an den Ausläufern der awratynschen Höhen, da wo sie in die großen Sümpfe übergehen, die Wolkenhimmel glitten regnend nach Norden in die Niederungen. Einmal lagen wir verschlammt in einem Dorf, auf Stroh und Kissen räkelnd. Das waren schöne Zeiten beim Militär: Karten spielen, Maultaschen essen, rasieren, kämmen, die Hemden waschen, Hühner braten! Hahn stritt mit Ehrhard, der Schwabe mit dem Bayern, sie liebten sich nicht. Hahn war aktiver Unteroffizier und wurde nun vom Ehrgeiz verzehrt, es zum Leutnant zu bringen.

»Meld dich zur Infanterie vorne!« riet Ehrhard, »du bist ja ein guter Fußgänger!«

»Ha, Fußgänger, was meinst – Läufer bin ich, Schnelläufer, war zur Olympiade aufgestellt!«

»Schneid nicht auf! Olympiade, du? Hab' nie was gesehn in der Wochenschau: Jesse Owens ...«

»Aufgestellt, sag ich! Bei uns im Bezirk ...«

»Hast Jesse Owens gesehen? Mit den langen Beinen? Du bist ein Zwerg gegen ihn!«

Hahn war klein, das war sein Kummer seit je, aber der Neid mußte ihm lassen, daß er ein guter Läufer war. Manchen Morgen übte er in Badehose, obwohl es lächerlich war an Tagen, da wir dreißig und vierzig Kilometer marschieren mußten.

Am fünften Juli überschritten wir am Abend die politische Grenze von Rußland, merkten es erst, als das Getreidefeld nicht aufhörte, kein Baum, kein Haus, kein Dorf zu sehen waren, der Fahrweg zwanzig Meter breit – bis Willy Ruckensteiner, der Anstreicher, vom Troß zu uns geritten kam: »Schau, das ist Rußland, Straßen so breit wie der Ring«, (er war als Geselle in Wien gewesen) »heut Nacht triff ich den ersten Iwan!«

Am Morgen erreichten wir ein Dorf, eine Straße mit Lehmhütten, einen viereckigen Gutshof mit Hammer-und-Sichel-verziertem Lattentor, abseits ein Holzturm mit Glocke. Die Einwohner kamen in graubraunen Kleidern, die Lumpen waren, und faßten, da wir Geldscheine zeigten, in die Taschen, uns Eier zu geben. Ein Schwein lief auf der Straße, die Feldküche fing es. Hahn kam mit einem Panjefahrzeug und lud ein Fäßchen Zucker und eine Flasche Wodka ab. »Mach Eierlikör, Ehrhard!«

»Du trinkst doch nichts!«

»Für euch!« Hahn war gegen Alkohol und Fleisch. Ehrhard braute das Getränk zusammen; widerlich süß, schleimig, fand es den größten Beifall.

»Du mußt Brot backen, Ehrhard«, sagte Hahn, denn er war als

Führer des Kompanietrupps unser Vorgesetzter, »der Nachschub kommt nicht, und wir sind in Feindesland.« Er hatte Brot mitgebracht, flache russische Fladen, säuerlich mit der Kleie verbacken, ungenießbar. »Du mußt backen, Ehrhard! Es hilft nichts«, sagte Hahn und wandte sich angewidert von unserm Schweinsbraten ab. Nach dem Essen schickte sich Ehrhard an, in einem riesigen Bottich Teig zu kneten, Mehl gab's genug, Sauerteig spendeten die Einwohner.

Ich besah mir das Gut. »Kolchos!« sagten die Frauen und lachten, »Stalin kaput!« Sie sprachen uns nach dem Munde. Die Scheuern waren aus Lehm, Kammern zu ebener Erde, die Ställe fest, aber arm, Ruinen zeigten den Ort des ehemaligen Herrenhauses, und nicht fern stand aus Gips und Pappmaché, jetzt aufgerissen, Stalin in Stulpenstiefeln und Biedermannsjoppe, ein Beet mit weißem Kies davor, und rundherum kniehoch ein weißgestrichenes Gitterchen.

Wo früher der Grundherr saß, Leibeigenen gebietend, steht heute, ein Sinnbild Rußlands, der Staat als Partei, deutlich genug. Die Stellung des Landarbeiters ist wie vor Aufhebung der Leibeigenschaft – mit zwei kleinen, aber entscheidenden Unterschieden: seine Stellung ist ein wenig besser als vor 1863, weil er freizügig ist, das heißt, er darf als Arbeiter in die Stadt ziehen, als Bürger Proletarier werden, durchaus im Sinne von Karl Marx, und sie ist ein wenig schlechter als vor 1863, weil die Leibeigenschaft in den meisten Fällen durch patriarchalische Verhältnisse gemildert war. Das sowjetische System knüpfte also genau dort an, wo man – unter dem Einfluß des Westens – 1863 die Geschichte unterbrochen hatte; insofern ist die Agrar- und Sozialverfassung des neuen Rußland traditionell. Die reibungslose Übernahme der Adelsgüter in staatliche Regie erklärt die Möglichkeit einer Revolution auf dem russischen Land; die Funktionen des enteigneten Grundherrn übernahm der Staat: Der Leibeigene oder Tagelöhner wurde Staatsarbeiter. Der Gedanke Lenins war sehr richtig – und das Staunen der westlichen Welt, weshalb gerade in Rußland die Weltrevolution anfangen sollte, ist naiv. In Rußland nämlich wird der Zustand der bürgerlichen Unfreiheit gar nicht als Übel empfunden; Freiheit im Sinne des Westens, der Demokratie und des Liberalismus, erscheint dem Russen anarchisch. Auch die Antike hatte ja keine bürgerliche Freiheit gekannt; die Freiheit der Russen aber? Sie bestand in einer Sache, die den Westen, bleichsüchtig und dünnblütig wie er geworden ist, kalt ließ, in der Gotteskindschaft.

So suchte ich denn nach Spuren dieses uralt humanen Zuges des russischen Volkes. Sie konnten nicht verschwunden sein, denn der Engel, den die Nation hat, ist ja unsterblich. Es war für die deutschen Soldaten eine große Überraschung, in nahezu jedem russischen Haus einen Winkel mit Ikonen zu finden, mit dem heiligen Nikolaus, der Muttergottes, den großen Wundertätern und Patronen der orthodoxen Kirche. Überall waren die Ikonen geschmückt, oft brannten Lichter vor ihnen. Als wir die ersten Hütten mit Herrgottswinkeln sahen, zweifelten wir: »Habt sie wohl hingehängt unsertwegen?« Ehrhard fuhr mit dem Finger über den Rahmen. »Staub und Spinnweben«, sagte er, »die kann man so schnell nicht dahinzaubern!« Die Frau fiel ihm in den Arm. »Laß nur, Mutter«, sagte er, »ich wollte sehn, ob ihr uns äffen wollt.« Die Frau sah uns erstaunt an, gottfremde Knechte des Reichtums, die hatten zweifeln mögen? Sie lächelte und nahm nun selbst ein Bild von der Wand; der Fleck war weiß. Sie schüttelte den Kopf.

»Nix Stalin da?« fragte Hahn, dem Bigotterie unheimlicher als Politik war.

»Stalin kaput«, plärrte sie – wir kannten es schon, das Lied.

Später sahen wir die Russen in Scharen zu Sonntagsgottesdiensten ziehen, stundenweite Wege, wir hörten ihre endlos langen frommen Lieder vor der Ikonostase. Die Jugend sah freilich achselzuckend zu, sie war längst gewöhnt, die Kirchen als Getreideschuppen und Klubhaus zu sehen – aber in Todesangst sahen wir russische Soldaten das Kreuz schlagen und Medaillen küssen, die sie um den Hals trugen. Das russische Christentum, Kindschaft und Knechtschaft Gottes, Heilige unter Heiden, frommer Aberglaube, magische Verwechslung, entstellte Reste der Freiheit des Menschen im Namen Gottes, an den zaristischen Staatsfetisch gebunden und in bester Absicht entstellt – das war es; aber politische Begriffe des Westens mußten hier ein Gelächter werden, so die Freiheit, über welche sich Hitler und Stalin einig sein mußten. Es war unsere pervertierte Humanität, welche Tierschutzgesetze erließ, bevor die Menschenjagd freigegeben wurde, die Todesstrafe aufhob, wenn Massenmord geplant war. Ach ja, unsere Freiheit – sie konnte wohl barbarisch erscheinen. Aber die alten Russen starben dahin, und die jungen beteten Autos, Traktoren und Amerika an. Sie sogen freiwillig das Gift ein, welches die Verwesung bringen muß. Sie bewunderten unsere Krafträder und Flieger mit der Einfalt von Kindern, wenn sie den Tod auch brachten: Wer seinen Feind bewundert, ist schon verloren.

Übrigens hatten die Sowjets dem Marxismus kultisch-magische Züge zugebracht, freilich sehr primitiver Art, die nicht ausschlossen, daß man den Götzen, wenn er versagte, prügelte – auch das eine fatale Parallele zum Hitlertum. Im Augenblick des Zusammenbruchs will man nicht dabeigewesen sein; das spricht nicht gegen die Gläubigen, sondern gegen ihren Fetisch. Überall standen in den größeren Dörfern die Gipsbilder Lenins und Stalins kahl und bespottet, den Messerwerfern ein Ziel.

Am nächsten Morgen marschierten wir ab, aus den Waldstükken seitlich der Heerstraße hörte man Feuer. Mittags kamen wir durch eine kleine Stadt, beginnend mit einer Tankstelle aus Fässern, dann eine Zeile einstöckiger Häuser mit Veranden, eine breite staubige Straße mit Telegrafenstangen, Trinkbuden und Eisständen, alle verwaist, und ein Laden wie ein Konsumvereinsgeschäft: Dann hörte es auf und alles war, als sei nichts gewesen. Kühr, der einige Jahre in Amerika Barmann gewesen war, sagte: »Genau wie im mittleren Westen.« Es gab einen Unterschied, der uns anfangs sehr auffiel: es gab keine Reklame. Sie ist überflüssig, wenn an jeder Ware Mangel ist.

Nach Überschreitung einer eingleisigen Bahn ritt Zangler mit einem Melder und mir an die Spitze unserer Kolonne. Das Aussehen des Regiments war durch einige hundert Panjefahrzeuge vollkommen verändert.

Die Vorhut war soeben auf Feind gestoßen, der Melder mußte zwei Züge heranholen. Es war ein heißer, trockener quälend heller Sommertag. Am Rand der endlosen Felder drohte ein Gewitter. Unsere Züge fuhren im Galopp in Stellung, Maschinengewehrgarben fielen in die Wälder, den Feind hervorzulocken, es sollten Mongolen sein. Die Russen ihrerseits schienen uns schlecht zu erkennen, schossen Streufeuer und erwischten vier Mann von uns, zwei waren tot. Die Bataillone entfalteten sich aus der Bewegung zum Angriff und umklammerten den Feind. Seine Artillerie verließ die Geschütze und brach nach Osten aus.

Durch das mehlgelbe Getreidefeld kamen langsam, Zigaretten rauchend, zwei russische Offiziere auf uns zu, Pistolen an der Seite, Tellermützen. Als sie in Rufnähe waren, schrien wir: »Hände hoch!« Sie aber schossen einander mit ihren Pistolen in den Mund. Es waren ein Oberleutnant und ein Leutnant; der ältere war gleich tot, der andere starb unter schwerem Röcheln.

Abends traf ich unsern Artilleristen mit dem Ritterkreuz. Ich zog aus der Tasche und gab ihm die Frontzeitung mit einem langen Bericht über seine Heldentat. Er las ihn mühsam der sich bildenden Runde vor, las die schrecklichen Phrasen des Artikels mit sichtlicher Anstrengung und ohne ein anderes als Buchstabenverständnis. Plötzlich sah er mich an: »Das bin ich?« denn er war zum zweitenmal auf seinen Namen gestoßen. Ich nickte Ja. Er schüttelte stumm den Kopf und bat, die Zeitung mitnehmen zu dürfen.

II

Durch die Stalinlinie

Vor uns kämpfte eine Gruppe von Kleists Panzern, kam aber nicht recht weiter. Wir lagen zwei Tage in einem Dorf, einer Zeile von Häusern an einem staubigen Weg, und der einzige Brunnen des Ortes – ein hölzernes Geviert im Boden, rundum zertrampelte Erde, und darüber gereckt die Aufholstange – war bald leer. Ein Wasserwagen der Feldküche pendelte den ganzen Tag zum fernen Bach. Es war spätester Sommer, die Felder leer und die Luft mild. Ein Regentag oder zwei, und es würde Herbst sein, dann verschwänden die Grillen am Rain, und man könnte seine Wäsche nicht mehr trocknen. Wir saßen im Höfchen eines kleinen Hauses, Hahn, Blum, Ehrhard und ich. Blums Besuch galt seinem Landsmann Hahn, sie liebten sich nicht, hatten aber gemeinsame Sorgen wegen nicht gekommener Post. Ehrhard hatte Brot im Ofen, Blank hackte unweit von uns Holz. Er hatte den dazu angestellten Russen fortgejagt. Hin und wieder kam die Hausfrau und befühlte unsere Wäsche auf der Leine, ein freundliches Wesen.

Blum trat auf die Seite, nach einigen Minuten kam er wieder und schimpfte auf den Abtritt. »Gegen sowas muß man Krieg führen – Maschinengewehre haben sie, aber kein Klosett!« Er knöpfte sich die Hose zu, verlegen grinsend, denn er war aus feinen Kreisen. Ich entgegnete ihm sanftmütig, seine Großeltern in Schwaben seien wahrscheinlich auch noch auf ein hölzernes Häuschen gegangen. Hahn lachte. Ich kannte Blum seit einem Jahr, er hielt die vom Wasser umspülte Pozellanschüssel für den Inbegriff des Fortschritts. Er war ein kleiner schwarzer Kerl, mit einem Kopf, den man bei Pferden trocken nennt, man sah die Adern und das Knochengerüst. »Ich weiß«, fuhr er fort, »du schwärmst für die nackten Füße der Weiber und Bauernbrot«, er stieß mit dem Fuß einen großen runden Laib russischen Brots fort, den Ehrhard für die Hausfrau mitgebracht hatte. »Wenn unsere ganze Armee Weißbrotstangen äße wie du«, entgegnete ich, denn Blum war magenleidend, »so wären wir besser in Karlsruhe oder Wien geblieben.« Hahn schüttelte sich vor Lachen. »Wahrhaftig, jeder zehnte deutsche Soldat kriegt Diätverpflegung«, sagte er.

»Der Herr Unteroffizier Blum«, schrie Blank herüber, »sollte in die SS gehen, die kriegen bessere Sachen als Kommißbrot und Marmelade.«

Blum aber kniff die Augen zu. Er war Parteigenosse und wäre gern in die SS eingetreten, aber er war sehr klein, fast ein Zwerg, und so hatte die SS ihn nicht nehmen können; er hatte es selbst erzählt.

»Ich glaube, die haben auch Nachttöpfe dabei«, schrie Blank.

Nun mischte sich Ehrhard ein: »Blank, halten Sie Ihr Maul, sonst werde ich dienstlich.«

»Fangst auch zu spinnen an?« fragte Blank, schwieg dann und hackte weiter.

»Blum«, begann Ehrhard, »du bist doch das größte Rindvieh in der Kompanie. So ein gescheiter Mensch - und sieht nicht, daß die Russen keinen Lokus, keine Schnürschuh und kein Weißbrot brauchen. Grad wie ein Preuß!« Er schüttelte mißbilligend den Kopf.

»Und keinen Sport«, sagte Hahn.

»Sehr richtig, brauchen sie auch nicht. Solch ein Halbgescheiter wie du«, fuhr Ehrhard fort, »hat von unserer Lauferei noch nicht genug.« Hahn pflegte ja am Morgen, wenn die militärische Lage und die Zeit es erlaubten, einen Lauf in der Sporthose zu machen. Er war dafür beim ganzen Regiment bekannt.

»Wir sind ein altes Kulturvolk«, fing Blum wieder an und sagte zu mir: »wenn du Spengler liest ...« Ich winkte ab.

»Nur zu!« ermunterte Hahn und Ehrhard sagte: »Na, redet schon«, denn er hörte gern zu, wenn Blum und ich miteinander stritten.

»Der ist mir viel zu gescheit«, sagte ich.

Nun wollten Hahn und Ehrhard wissen, wer Spengler sei. Blum erklärte es ihnen, und sie nickten respektvoll mit den Köpfen. Dann wollten sie meine Meinung hören. Ich sagte, mir sei bekannt, daß die Partei von Spengler nichts wissen wolle, und grinste Blum an. Er wurde etwas rot. »Du wirst sehen«, sagte er, »daß Spenglers Einsichten richtig sind; wenn die Partei von ihm abrückt, so geschieht das aus gewissen Rücksichten.«

»Ja, die Rassenlehre.«

»Und die Müdigkeit.«

»Wir sind ja frisch, wir sind das Beispiel einer Auffrischung ...«

Die beiden Unteroffiziere sahen Blum an und begannen schallend zu lachen.

»Dieser Spengler hat doch recht«, schrie Blank herüber, »Untergang des Abendlandes!«

Blum war ganz bleich geworden, er tat mir leid, ich sagte: »Hausgewebtes Leinen, frisches Stroh zum Schlafen, die Häuser selbst weißeln, alte Topfformen aus der Völkerwanderungszeit – das ist nur zu verachten, wenn man Lautsprecheranlagen in jedem Haus, die man nicht abstellen kann, und Traktorenstationen bewundert.«

»Was hast du denn gegen Lautsprecher?« schrie Blank.

»Dasselbe, was Blum gegen bloße Füße hat.« –

»Woher hast du eigentlich deine Kenntnis von Rußland?« fragte Blum mich. Ich nannte Turgeniew, Tolstoi, Puschkin und Gontscharow.

»Wer ist Gontscharow?« fragte Blum.

Ich erklärte ihm, was er wissen wollte, und dann fragte er nach Dostojewskij.

»Der redet zu viel«, meinte ich.

Blum zog die untere Lippe über die obere; das konnte er leicht, denn sein Kinn stand weit vor.

Ich schwärmte ihnen jetzt von Leskow vor, den kannte keiner, auch Blum nicht. »Also erzähle!« sagte Hahn, das war fast ein Befehl.

Leskow hatte die breiteste Statur, er kannte das Volk aus Erfahrung, nicht nur von einer Ideologie her; er war am wenigsten vom Westen angekränkelt, also von jenen Elementen, die den Sowjets erlaubten, Tolstoj mit gewissem Recht als Schrittmacher anzusehen. Leskow kämpfte Zeit seines Lebens gegen die Auflösung des alten russischen Fühlens, gegen den schnöden Nihilismus der Petersburger Hochgescheiten und der politischen und religiösen Kannegießer. »Stalin hat das gleiche begriffen«, schloß ich, »wenn er jetzt den heiligen Krieg gegen die westlichen Heiden verkündet.«

»Alles Heuchelei«, sagte Hahn.

»Möglich« sagte ich, »aber durchschaut diese gute Frau (ich wies auf Natascha, die Wirtin), daß geheuchelt wird, wenn Stalin sagt, ihr Sohn und ihr Mann müßten für sie, für die Kinder, für ihren Boden und ihr Haus kämpfen?«

In diesem Augenblick kam der Gefreite Schwarz, einer unserer Wiener Fernsprecher, der längste Mann der Kompanie, wir hatten ihn zwei Tage lang vermißt. Er ging zu Hahn und meldete sich vorschriftsmäßig: »Gefreiter Schwarz vom Leitungsbau zurück.«

Hahn sprang auf: »Mein Gott, wo waren Sie? Leitungsbau? Ich habe Sie als vermißt gemeldet.«

Schwarz war Abiturient aus Wien, er war frisch von der Schule weg vor einem Jahr zum Militär gekommen; er wollte später Ingenieur werden. Er war sehr schüchtern und sagte: »Nun bin ich wieder da. Ich hatte mich verfahren.« Er sah ungemein abgerissen aus, der Dreck der letzten Regentage saß in Krusten auf Stiefeln, Fahrrad und Uniform. Er stach sonderbar gegen uns ab, denn wir hatten zwei Tage lang nichts getan als gegessen, getrunken, gewaschen, uns rasiert und gekämmt und geschlafen.

»Haben Sie Hunger, Schwarz?« sagte Hahn.

»Jawohl, Herr Unteroffizier.« Man sah es ihm an.

»Warum?«

»Ich habe zwei Tage nichts gegessen.«

»Zwei Tage – waren Sie beim Russen?«

»Nein.«

»Haben Sie keine Feldküche gesehn?«

»Doch, aber ...«, er begann zu stottern und fast zu weinen. Er war zu schüchtern gewesen, um Verpflegung zu bitten.

Als Schwarz fort war, sagte Blum: »Solch ein dummer Kerl.« Und Ehrhard sagte: »Vor ein paar Tagen hatten wir als Gehilfen einen Gefangenen aus Wladiwostok, achtzehn Jahre, deutsch sprechend, höhere Schule, wollte auf ein Technikum. Der Mann konnte Schweine schlachten, kochen, reiten und stieg den Weibern nach. Leider mußten wir ihn abgeben.«

»Schwarz braucht ein Kindermädchen im Kriege«, schrie Blank; er hörte auf mit dem Hacken, zog Karten aus der Tasche, und Ehrhard, er und ich begannen mit Hahn einen Tarock. Blum ging zu seinen Zug zurück.

In der Nacht kam ein kühler Gewitterregen, aber die Wege waren gegen vier Uhr beim Aufbruch bereits trocken. Etwas nach

Norden biegend, erreichten wir eine Schotterstraße, vermutlich die Kiewer Chaussee, zu beiden Seiten Spuren heftiger Kämpfe, tote Russen. Dann links einen Feldweg hinein.

Das Land war steinlos, schwarze Erde, fruchtbar. Es hob und senkte sich in langen Hügeln, als ob es atmete. Unsere Bauern betrachteten den Boden und befühlten ihn. Bei intensiver Bewirtschaftung meinten sie, würde das Doppelte zu ernten sein. Die maschinelle Bearbeitung der Riesenflächen bedrückte sie, sechzehn Zentner Frucht auf dem Hektar sei zu wenig. Früher lagen zwischen den Feldern Waldstücke, die heutigen weiten Äcker förderten die Versteppung. Als Ersatz für den ausgerodeten Wald legten die Sowjets jetzt lange Streifen von Buschwerk an. In ihnen nisteten Vögel und kleine Tiere. In zehn Jahren würden diese Streifen Wald sein. Ahorne, Akazien, Berberitzen, Maulbeeren, Eiben, Linden wechselten mit Dorn- und Beerensträuchern. Sogar Erdbeeren fanden sich und zogen durch ihren Duft Scharen von Suchern an.

Zwischen zwei solchen Buschstreifen bewegte sich unser Zug nach Osten, schnurgerade, in endloser Kolonne. Es war ein Zug, wie die europäische Kriegsgeschichte ihn wohl zum letzten Male sah: Infanterie zu Fuß, zu Wagen und zu Pferde. Wie bei den Russen war der größte Teil des Heeres bespannt. Panzer und motorisierte Truppen gab es wenige; sie wurden quer hinter der Front von Schwerpunkt zu Schwerpunkt verschoben. Die Artillerie war sechs- und achtfach bespannt. Einzelne Teile wie Panzerjäger und Aufklärungsabteilung waren natürlich auch bei uns motorisiert.

Es wurde drückend heiß, der Himmel war sehr hoch, stahlblau, der Horizont vor und hinter uns unendlich weit. Die Sicht war gut. Wir bewegten uns ja in Gegenden, die geographisch auf der Breite von Frankfurt lagen, grob gesprochen auf dem fünfzigsten Breitengrad nach Osten. Aber hier im Süden Rußlands war das Klima kontinental, es gab heiße Tage und kalte Nächte mit viel Tau. Man ertrug Hitze und Kälte hier besser als am Rhein oder in Wien.

Zangler und ich ritten die endlose Kolonne entlang nach vorn zu Oberstleutnant Schenk, dem Kommandeur des ersten Bataillons, einem vorsichtigen vertrockneten Herrn, der Schwierigkeiten mit seinen Waden hatte und die Feldmütze wie eine Schlafhaube trug. Da unser Oberst in diesen Tagen General geworden war und eine

Division erhielt, fürchteten wir, Schenk würde sein Nachfolger werden. Nun aber hörten wir, nein, es sei nicht so, Reit sei Kommandeur geworden, und Schenk ging, als wir ihn erreichten, mißgelaunt zu Fuß neben seinem Pferd. Damit Luft an seine Waden kam, trug er Schnürschuhe zur Reithose.

Von vorn hörte man Schießen. Das Regiment entfaltete sich aus dem Marsch zum Angriff. Ich ritt Robert, das schnellste Pferd der Kompanie, das früher Mayrhofer gehört hatte. Das Geheimnis, ihn reiten zu können, bestand darin, daß man die Sporen abschnallte: Das widersprach der Eitelkeit, und so war ich an das Pferd gekommen. Ich holte die Züge und wies sie in befohlene Stellungen ein. Die Trosse standen mitten in Erdbeeren. Das nahe Dorf hieß Iljaszowka, es gab ein Schloß mit einem Sowjetstern an der Front. Hierhin führte ich den Hauptfeldwebel Fuchs und die Seinen, badete rasch im Weiher und ritt dem Apfelgärtchen zu, wo der hausväterliche Blank Pfannkuchen auf offenem Feuer buk. Wir hatten immer Pfannen bereit. Ehrhard war mit einem Wagen voll Brot eingetroffen. Sein Posten als Bäcker war beneidet, weil er unabhängig war. Er blieb jeweils zwei Tage da, wo er einen guten Ofen fand, mit Blank als Kutscher und Gehilfen. »Er kann's schon bald selber«, sagte Ehrhard, »dann kann Blank backen, und ich bleibe bei euch.«

»Allein mag ich auch nicht, Herr Unteroffizier«, sagte Blank.

»Wenn ich dem Spieß melde, daß Sie backen können, hilft Ihnen nichts, Blank«, sagte Ehrhard. Beide waren Bayern und begannen zu streiten, wobei sie sich duzten. Man konnte merken, daß ihre Abenteuer Mädchen und Partisanen betrafen.

»Hier in der Gegend bleiben wir lange stehn«, sagte Ehrhard, »der Iwan hat eine Bunkerlinie gebaut, und wir stehn quer davor.« In den Nächten sah man die lange Front der Leuchtkugeln.

Am nächsten Tage sollten wir angreifen. Zangler ritt mit Hahn, Ogasa und mir die Stellungen ab. Ogasa war Zanglers Bursche, ein oberschlesischer Bergmann. Da Zangler immer Angst hatte, die Pferde litten Schaden, ließ er Ogasa und mich in einem riesigen amphitheatralischen Kessel mit Klee. Wir hörten viel und sahen nichts, nur Himmel war über uns, rundum die Wände des Kessels, in dem die Echos der Artillerie hin und wider hallten. Ogasa dachte an seine Frau. »Sie schreibt, daß sie es nicht mehr aushält.«

»Was?« sagte ich.

»Nun was!« Ogasa war etwas ärgerlich, »es juckt sie.« Ich stand auf und beklopfte die aufgeregten Pferde.

»Wie alt ist sie denn?«

»Dreißig – nein, warte mal, dreiunddreißig.«

»Ein schlimmes Alter zum Alleinsein!«

»Das meinst du auch, nicht wahr? Ob es mal Urlaub gibt?«

»Sieht nicht so aus.«

»Ja, was mache ich bloß?« Er saß mit angezogenen Knien im Klee und hielt die Zügel der vier Pferde. Plötzlich schlug nicht weit von uns eine Granate ein, die Pferde fuhren hoch. »He, ihr Biester!« schrie Ogasa und schlug den Pferden seine Peitsche über die Nasen.

»Das hilft nichts«, sagte ich ärgerlich, »du mußt sie kürzer halten.« Ich zog die Sattelgurte an, die wir gelockert hatten; vielleicht müßten wir Stellungswechsel machen.

Der Angriff schien in Gang zu sein, das Feuer nahm zu, und wir sahen die kleinen Kolonnen der Verwundetenträger, Essenholer und Munitionsschlepper. Wir setzten die Helme auf, denn nun kam das Feuer näher. »Ich glaube übrigens, es ist die eigene Artillerie, die hier 'reinschießt«, sagte Ogasa. Das kam vor, wenn die Infanterie schneller wurde, als die Artillerie folgen konnte.

»Unsinn«, sagte ich, »die stehn doch seit Tagen hier. Es können nur Russen sein.« Wieder schlug es in der Nähe ein.

»Wir müssen aufsitzen, nichts wie weg von hier«, sagte Ogasa, »der Alte wird uns schon finden.«

Wir saßen auf und suchten unser Heil mit den vier Pferden in einem Galopp über die flachste Höhe. Jenseits kamen wir in ein Bachtal, wo Wagen fuhren. Darauf lagen Verwundete, elend und blutend, einige rauchten. Sie sagten, der Angriff gehe langsam voran, aber es sei eine Schinderei, über offenes Feld auf Bunker zuzugehen. Wo sie hinführen, fragten wir. Ja, da und dorthin, zu einigen Häusern. »Ich habe Hunger«, sagte Ogasa, »laß uns zu den Häusern reiten und Eier braten. Vielleicht gibt's Wasser zum Tränken.« Wir folgten den Wagen und fanden, was wir suchten. Ogasa sprach mit der Hausfrau, sie brachte Eier. Aus dem sumpfigen Bachtal hoben sich Schwärme von Stechmücken.

Wir trafen Zangler in der Nähe des Amphitheaters wieder und

hörten, der Angriff komme nur schleppend vorwärts. »Die Züge stecken tief im Mist«, sagte er. »Haben Sie den Troß gesehen? Holen Sie ihn her.«

»In die Bachschlucht – dort ist es sicher.«

»Gut, und ab mit Ihnen!«

Eine Stunde später war ich bei Fuchs und führte ihn mit dem Troß heran. Er ließ mich in die Karte sehen: Wir standen fünfzehn Kilometer vor der Schutzstellung von Chmelnik. Detter, der Schreiber, sagte: »Wir siegen uns zu Tode.« Er war als Schlechtwetterprophet berühmt.

»Sie halten den Mund«, sagte Fuchs.

»Herr Hauptfeldwebel, jedes Kind sieht doch ...«

»Ruhe, wer redet hier?« Plötzlich schlugen Granaten ein.

»Was ist das?« sagte Fuchs.

»Der Russe, Herr Hauptfeldwebel«, sagte Detter.

»Hier bleiben wir nicht. Anspannen und zurück ins Erdbeerwäldchen!«

Ich ritt nach vorne, hoffend, daß die Pfannkuchenbäcker meiner gedacht hätten. Aber Zangler nahm mich sogleich mit zu Hölzls Stellung, es war finster geworden. »Bei Tage können wir dort nicht hinkommen«, sagte er. Im schwachen Mondlicht sahen wir die schlafenden Bündel der Mannschaften im Korn. Hölzl klagte, ihm fehle Munition.

»Was denken Sie, Munition! Ihre Granaten wiegen das Stück vierzig Kilo – wie soll ich sie heranschaffen?«

Am Morgen wurde der Angriff erneuert, der Boden war gesprenkelt von Einschlägen. Mit Hahn auf Futtersuche geschickt, kamen wir auf einem hochgelegenen Gehöft ins Feuer. Wir preschten ins Dorf hinunter, wo die Stabskompanie sich breit machte. Die Zivilisten krochen blinzelnd aus den Kellern. Ein Wägelchen brachte Oberstleutnant Schenk verwundet des Weges, es hatte die Wade getroffen – wie sollte es anders sein! Und siehe, auch Major von Tresko, der alte Chef, kam uns an der Spitze seines mitgenommenen Bataillons entgegen und erzählte, daß sie zurückgingen, wahrhaftig, der Feind habe sich stark gemacht, und seine Leute – er wußte Wunder zu rühmen. Nachher sprachen wir Bekannte jener Einheit. Sie waren erbittert und schimpften, daß Tresko sie ins Feuer jage, um das Eiserne Kreuz zu kriegen.

Als es dunkel wurde, strömte alles in das Dorf, die Stabskompanie, die Panzerjäger, wir. In einem Gärtchen fanden wir Platz für die Zelte. Ich wollte unbedingt schlafen. Auch als nachts Fuchs kam mit Verpflegung und Post gar, blieb ich liegen. Aber das erste Licht brachte feindliches Streufeuer, die Trosse verließen das verwünschte Dorf erneut. Ein Gewitterregen machte die Wege zur Glitschbahn – Hahn und ich ritten fort, einen geeigneten Gefechtsstand zu suchen. Wir erfuhren nun, daß ein Teil unserer Division hatte zurückgehen müssen. Es war aber ruhig, uns schien der Rückzug nichts anzugehen. Der Regen ließ nach, und nachmittags rückten wir gar in Marschordnung ab und marschierten zwei Stunden.

Hahn ritt neben mir, er beklagte sich: »Dumme Tätigkeit hier, ich möchte nach vorne!« Er hätte gern einen Zug geführt.

»Als Melder herumgehetzt werden gefällt mir auch nicht.«

»Sei froh, du hast es gut – aber ich als Aktiver!« Seine Brust zierte noch kein einziges Bändchen.

»Und wenn der Krieg aus ist, und man kommt so heim?« Er sah an sich herab, war sehr bekümmert.

»Ein paar Wochen wird es schon noch dauern. Der Iwan hat ja noch was, sieh da!«

Nun lag vor uns im hellen Sonnenlicht, das aus schiefergrauen Wolken eines hohen Himmels brach, die russische Bunkerlinie, ihre Front lief nach Süden; da unser gestriger Angriff in die Flanke mißlungen war, sollten wir sie jetzt von Süden nach Norden durchdringen. Wir gingen über einen aufgeweichten schwarzen Acker, der von riesigen Löchern gesprenkelt war wie ein Garten von Maulwurfshaufen, das war die Wirkung unserer Artillerie. Die Russen, unter deren Feuer wir so schwer gelitten hatten, mußten bei ihrem Rückzug auf die Bunker von unserem Feuer geradezu gepeitscht worden sein. Die meisten Bunker waren übrigens zerschossen. Aus tausend Meter Entfernung sahen wir Sturmpioniere vorgehen. Die Gegend hallte vom Dröhnen der geballten Ladungen, die mit Stangen in die Luftschächte der Erdwerke geschoben wurden.

Es sah so aus, als sei nach der Einnahme dieser Stellung der Weg an den Dnjepr frei. General Koch, der Kommandierende, besuchte das Regiment, als es im Buschstreifen der eingleisigen Bahnlinie

kleinen Leute, welche für Posten und Familie zu fürchten haben. Wir kämpfen nicht für Hitler.«

Er sah schräg zu mir herauf:

»Ich entdecke keinen Sinn in all diesen Dingen. Verwunden, Töten, Anzünden, Verbrennen – was soll das?«

»Der heilige Augustin sagt, die Moral sei kein Maßstab für die Geschichte.«

»Wieso?« sagte Zipps traurig. Die andern hörten mit Andacht und Spott zu.

»In seinen Schriften merkt man, daß er bohrend versucht, aus der Schalheit des Alltags einer überzivilisierten Welt herauszukommen.«

»Das ist unser Fall«, unterbrach er mich.

»Das sagt auch der heilige Don Bosco als Erzieher.«

Zipps' Augen leuchteten: »Kennst du ihn?«

»Bleiben wir bei Augustin, da ist es klarer. Er wollte aus der hochgebildeten Welt zu dem, was er Gott nannte, zur höheren Wahrheit. Die Bekenntnisse reden Gott an. Sie sind der Beginn des ganzen Frage- und Antwortspiels des modernen Menschen mit Gott. Augustin fragt genau wie du: wie werde ich innerhalb der Welt Gottes gewiß? Immerzu dreht er diese glatte Kugel in den Händen, versucht in sie einzudringen wie mit einer Stecknadel in einen Riesendiamanten. Und dann plötzlich gelingt es. Aber wie – das erfahren wir nicht. Er hört die Stimme sagen: ›Nimm und lies!‹ und dann ist die höhere Wirklichkeit da, offenbar für immer, die Gewißheit von Gott und seiner Herrschaft über die Welt der Geschichte. Nirgends stärker wird die Wirklichkeit, nirgends ist sie nackter als im Kriege.« So ungefähr sprach ich zu Zips. Aber er mußte mich nun allein lassen, weil der Weg zu schmal wurde.

Wir hatten noch einen Mann in der Kompanie, der das Abitur hatte, jener Unteroffizier Blum, Versicherungsangestellter aus Karlsruhe. Er war Junggeselle und Weiberfeind. Seine Weltanschauung war trostlos. Er sagte: »Der Krieg ist ein Unsinn. Die Menschen sind Narren, und deshalb schlagen sie sich den Schädel ein.«

»Es haben ganz kluge Leute Kriege geführt«, warf ich ein. Aber er blieb dabei, Krieg sei Unsinn. Er war Nationalsozialist und weil er meinte, der »Unsinn« werde aufhören, wenn die Welt das Hakenkreuz verehre. Er glaubte, die Welt könne nach dem System des Refa regiert werden: Er war eingestandener Nihilist.

Zipps und Blum waren die einzigen halbwegs studierten Leute in unserer Kompanie; mit Blum stritt ich mich auf ironische, mit Zipps auf tröstende Weise. Leute wie Ehrhard, der Bäcker, oder Hahn, der aktive Unteroffizier, waren mir lieber. Sie waren wohl auch Gott lieber, und dem Teufel – trotz ihrer Sünden – mißfälliger.

Es war wieder ein drückend heißer Tag, aber ohne Sonne, schwül wie im Treibhaus. Wir marschierten fünf, sechs, sieben Stunden ohne richtigen Aufenthalt, im Schneckentempo. Denn wir nahmen Richtung quer über die Felder, vermutlich weil die Wege von den motorisierten Teilen beansprucht wurden. Die zu Fuß gehenden Infanteristen erschöpfte dieses Tempo mehr als ein zügiger Dauermarsch. Sie schwitzten und hatten dicke Klumpen Lehm an den Füßen. Sie konnten sich nicht setzen, da der Boden von nächtlichen Regenfällen naß war. Bis abends zehn Uhr dauerten diese Märsche, und wenn man dann die Strecke maß, hatten wir nicht mehr als zehn oder fünfzehn Kilometer hinter uns gebracht.

Die Gegend um Siomaki, etwa zehn Kilometer nordöstlich Chmelnik, schien sehr fruchtbar zu sein. Das Land war naß wie ein Schwamm. Auf den riesigen Erbsenfeldern, die wir durchmaßen, legten sich die fetten Ranken so dick um die Räder, daß wir alle paar hundert Meter die Radkränze mit Äxten reinigen und die Naben mit den Händen freizerren mußten. Die Pferde senkten dann schnaufend die Köpfe, der Schweiß dampfte in Wolken von ihnen hoch, die Hufe waren Ballen von Lehm, und die wundgescheuerte Brust riß immer wieder auf von der elenden Last unserer Munitionswagen. Längst waren die Fahrer abgesessen und trieben die Tiere von der Seite mit Peitschen wie die Bauern.

Unsere Uniformen waren naß bis aufs Hemd, auch unsere Körper dampften, die Stiefel waren vom Laufen in den nassen Erbsen fest an die Füße gequollen. Das Laub schlang sich um die Beine, und von oben rieselte Regenwasser beim Hals unter die Bluse. Die Schiffchenmützen waren durchweicht. Das Leder unserer Reitbesätze wurde lappig. An den Waden bildeten sich Geschwüre; die Läuse, welche hie und da auftauchten, bissen die Haut wund.

Manchmal flogen mit ungeheurem Getöse Schwärme von Sturzkampfbombern über uns weg, um weit drüben anzusetzen und mit Dröhnen abzuladen. Dann sahen wir die Schmutzfontänen steigen und hofften, daß die russische Artillerie wieder ein paar Geschütze verloren hätte.

Diese riesigen Felder von Erbsen, Wicken und Klee im Landregen – grünblau schillernd, duftend von Millionen Blüten und gesprenkelt mit Scharen von Spatzen, Raben und Schwalben – waren nutzbar gemachte Steppe, in ihrer Fülle von Trächtigkeit erregend. Immer wieder besprachen unsere Bauern den Boden, griffen in die Frucht, malten sich aus, wie sie es machen würden auf solcher Erde. Aber alle Betrachtungen scheiterten daran, daß die Art der Bewirtschaftung nichts Menschliches mehr hatte.

In einer Marschpause erschoß Zangler einen frei laufenden Ochsen. Sämtliche Metzger der Kompanie, drei oder vier, halfen das Tier zerlegen, und nach einer halben Stunde lagen vier riesige Viertel auf den Wagen. Endlich erreichten wir, noch bei Tageslicht, ein Dorf. Es machte den Eindruck, als liege schon die ganze Division in seiner tiefen Schlucht. Wir konnten unmöglich mit den Wagen und Geschützen die Straße hinabfahren. So wurden sie oben am Rand gelassen, und wir hatten Last, die müden Pferde den steilen Weg hinabzuführen. Da das Hauptdorf ganz belegt war, mußten wir auf der suppigen Straße tausend Meter weiter in einen Weiler. Der Weg führte im letzten Teil auf einem glitschigen Damm durch den Weiher, der das Wasser des Bachs staute. Andauernd glitten Männer und Pferde ab, und Ruckensteiner, der seinen Futterwagen mit großer Kunst bergabgelenkt hatte, versank fluchend mitsamt seinem Viergespann, als er die Brücke über dem Durchlaß nehmen wollte. Nun mühten sich zwanzig Männer, den Wagen aufs Trockene zu heben.

Da auch der Weiler sich als überfüllt erwies, mußten wir wieder hinauf zur Höhe. Zur Freude aller kam jetzt Ehrhard mit seinem Bäckerwagen. Er und Blank hatten wunderschönes Brot gebacken und zwei Häuser gefunden, in denen sie gleich wieder eine Backstube einrichteten. Hahn und ich quartierten uns kurzerhand dort ein, und Ehrhard buk drei Gänse mit in den Teig.

In den Gärten wurde gezeltet, ein trostloses Unterfangen auf nassem Boden, ohne Stroh, mit klammen Zeltbahnen. Zipps fieberte und wurde in ein mit Mühe entdecktes Bett gebracht. Draußen pfiff ein kalter Nordost, wir legten uns an den Backofen und schliefen zwei Stunden, bis die Gänse gar waren. Nun kam auch Gabriel mit einer Lende seines Ochsens. Fuchs beanspruchte Raum für die Schreiberei, Zangler kroch zu uns auf den Ofen, überall hingen Röcke zum Trocknen. Die Stiefel wurden mit Stroh ausgestopft, soweit man sie von den Beinen brachte. Ich gab Ehrhard einen Stoß, sein Recht als Bäcker geltend zu machen und das Haus zu räumen von allen Zuzüglern, aber er kam diesmal schlecht an. Hahn bekam Krämpfe und phantasierte. Endlich hielt ich es nicht mehr aus und bot mich Ehrhard als Gehilfen an.

In der Stube saß schon Besuch; Ehrhard diskutierte mit dem Agronomen des Dorfes, das war ein wissenschaftlich gebildeter Landwirt. Er war fünfzig Jahre alt und trug einen schwarzen Vollbart. Er nahm später Ehrhard, Blank und mich in sein Haus auf, dort saßen wir auf einer schönen Glasveranda, der Regen klopfte auf ihr Dach. Die Kolchosen hätten sich bewährt, sagte er; nichts Besseres gebe es in Rußland, weil die Bauern, wenn man sie selbständig wirtschaften lasse – das liege an der Erziehung –, nicht mehr anbauten, als sie für sich selbst brauchten.

»Man muß ihnen mehr Geld geben, daß sie sich Vieh und Maschinen kaufen können«, sagte Blank. Er war Landwirt und dachte als solcher.

»Nein, nein«, ereiferte sich der Vollbart, in Rußland lägen die Dinge anders. Der Bauer sei keine Selbständigkeit gewohnt.

»Woher sprechen Sie Deutsch?«

Er sei als junger Mann in Deutschland gewesen und kenne es leidlich; anscheinend war er auf einem Gut in Pommern. Er sagte übrigens, die Kolchosen in Rußland seien nichts anderes als die verstaatlichten Güter des Adels. Nun sprachen Blank und er über Fragen des Anbaus und der Ernte, über Böden, Samen und Wachs tum.

Sie düngten wohl nie, meinte Blank.

Nein, das sei nicht nötig auf solchem Boden; man wirtschafte extensiv.

Morgens marschierten wir nach einem Eierfrühstück weiter. Ein scharfer Wind trocknete den Boden, aber riesige Lachen blieben zurück. In einem Buchweizenfeld wurde gerastet, und wir hörten, Smolensk sei genommen, und wir seien der sechsten Armee unterstellt. Nun fluchte alles dem Divisionär, General Muskat, einem derben alten Kavalleristen aus Düsseldorf, daß er sich aus Ehrgeiz der sechsten Armee angeboten habe, statt mit dem General Koch in Reserve zu gehen – der übliche Tratsch des verärgerten Soldaten. General Muskat war ein alter Mann mit einem roten Gesicht, schlank und elastisch, man sah ihn selten und dann im raschen Wagen an der Kolonne entlangfahren. Auf dem Schießplatz bei Kaisersteinbruch hatten wir ihn ein paarmal aus der Nähe gesehen. Es schien mir, als habe er zu seiner in Österreich, mit österreichischen Mannschaften und bayrischen und schwäbischen Unteroffizieren aufgestellten Division keinen menschlichen Kontakt; vielleicht war er auch so klug, sich absichtlich von der Truppe fernzuhalten, da er die Vorurteile seiner Männer gegen die Reichsdeutschen kennen mochte.

Unsere Division war im Frühjahr 1940 in der Gegend des Lei thagebirges, östlich von Wien, aufgestellt worden; die meisten Einheiten hatten in den Baracken von Bruck und Kaisersteinbruch gelegen. Ein Teil der Offiziere und des Ausbildungspersonals, der »Rahmen«, war aus der Augsburger Division hervorgegangen, so daß nun ein auffallend großer Teil der Unteroffiziere aus Bayern und Schwaben stammte, während die Mannschaften nahezu ausschließlich Österreicher aus Niederdonau oder Südmähren waren. Die Ersatztruppenteile hatten ursprünglich um Wien gelegen, waren aber seit der Besetzung der Tschechoslowakei ins Mährische verlegt worden, also nach Brünn, Znaim, Lundenburg, Nikolsburg, Olmütz und Prerau. Das Altösterreichische war daher bei uns böhmisch untermischt. Wiener gab es kaum, bezeichnenderweise waren die Fernsprecher und Funker vielfach aus Wien. Die Division der Wiener war die später Hoch- und Deutschmeister genannte; sie wurde aus propagandistischen Gründen, mit Rücksicht auf Wien, oft gelobt.

Die Offiziere unserer Division waren der Herkunft nach gemischt, wahrscheinlich mit Absicht; ein starkes Drittel von ihnen waren Süddeutsche, ein Drittel Norddeutsche und ein schwaches Drittel Österreicher. Die Süddeutschen stellten naturgemäß einen großen Teil der jüngeren Reserveoffiziere, die Norddeutschen die Aktiven der unteren Chargen und natürlich den Divisionsstab, die

Österreicher ältere Hauptleute und Majore (aus dem Weltkrieg), Zahlmeister und vereinzelte junge Aktive. Es war ein recht heikles Gemisch, und wenn die Verhältnisse wurden, wie ich sie später erlebte, so lag eine Ursache für manche Fehler in der großen Verschiedenheit der Landsmannschaften. Wenn unter den Soldaten das Gefühl, eine österreichische Truppe zu sein, an den nicht sehr taktvollen bayerischen Unteroffizieren zu scheitern drohte, so konnte es unter den Offizieren gar nicht aufkommen. Es war freilich nicht nur die taktische Notwendigkeit, jungen und wenig ausgebildeten Soldaten wenigstens ein Gerüst von aktiven Unteroffizieren zu geben, sondern ein politischer Grundzug des Hitlerschen Reiches, die regionalen Landsmannschaften zu sprengen und nach dem Grundsatz »deutsch ist deutsch« Stämme und Stände zu mischen.

Unter den Mannschaften war ich der fast einzige Norddeutsche. Ich habe es nie bereut und sehr viel gelernt. War die soldatische Haltung der Österreicher auch das Gegenteil der militärisch zu wünschenden, so erklärte sich das aus dem lästig straffen Reglement des großdeutschen Heeres, das preußisch begründet und organisiert war. Von den Österreichern wurde die Uniform als unpraktisch empfunden, vor allem die gräßlichen Stiefel und die schirmlosen Mützen, auch unser Kochgeschirr war ihnen zu einfach, und in der Verpflegung sahen sie, jedenfalls was Fischkonserven und Marmelade betraf, fast eine Kränkung. Vergebens suchte ich ihnen klarzumachen, daß Fischkonserven und Rübenmarmelade auch im norddeutschen Haushalt unbekannt seien. Dagegen fand ich ihre Vorliebe für das widerlich süße, aus Chemikalien und getrockneten Kräutern bereitete Getränk unverständlich, das sie Kaffee oder Tee nannten und sich zweimal täglich bei der Feldküche mit Vergnügen holten. Ich trank lieber kaltes Wasser oder machte mir Kaffee und Tee selber, die ich mir durch Bestechung und Freundschaften in der Küche zu besorgen wußte. Sehr amüsant pflegten Streitigkeiten zwischen Bayern und Österreichern zu enden, indem die feindlichen Brüder sich gegenseitig »Preußen« nannten, also jenes in Süddeutschland stehende Schimpfwort für das seelisch Fremde gebrauchten. Es war erstaunlich, wie sehr sich Bayern und Österreicher haßten; man konnte den Mann aus dem Volke nicht mehr kränken als durch die Behauptung, die

»groben« Bayern und die »raunzenden« Österreicher seien gleichen Stammes; der Bayer hielt sich für tüchtiger, solider, tapferer, der Österreicher hielt sich für klüger, feiner und witziger. Sie hatten recht mit dieser Selbsteinschätzung.

Den Österreichern geschah von ihren süddeutschen Unteroffizieren und norddeutschen Offizieren viel Unrecht. Sie waren ein empfindliches und klageseliges Volk, sie fanden sich mit wahrer Wollust in die Rolle eines Gekränkten und Verkannten. Nichts aber ging den fremden Vorgesetzten so auf die Nerven wie dies ewige Klagen, Nörgeln, Zögern und Raunzen der Österreicher. Sie erkannten selten und oft zu spät, daß die österreichische Natur larmoyant ist, daß ihr Geselligkeitstrieb und ihre Redelust auf diese Weise mit widrigen Umständen fertig werden. Wo der Norddeutsche verbissen und der Bayer wütend wurde, begannen die Österreicher sich in Klagen und Jammern zu flüchten, begannen zu schimpfen und zu widersprechen – aber sie wurden nicht bockig und gewannen ihre heitere Laune schleunig zurück. Sie hatten etwas Kindliches und zugleich Uraltes. Sie konnten einen ganzen trüben Tag lang durch hohes Getreide hinter den Fahrzeugen herstapfen, sich bei jedem Aufenthalt oder Widerstand aufs höchste erregen, und sobald sie abends ein Päckchen mit Süßigkeiten erhielten oder gar Zigaretten, kam ihre gute Laune wieder, und sie schwelgten in wahnwitzigen Hoffnungen auf Ablösung, Urlaub, Kriegsende und Heimkehr.

Sie glaubten nicht an einen Sieg. So verbreitet dieser Glaube bei den Angehörigen der andern Stämme, vor allem bei den Norddeutschen sein mochte – die Österreicher glaubten nicht daran. Die Gründe dafür waren sehr verschiedener Art. Zum Teil war es einfach Neid, der sie nicht glauben lassen wollte, daß die Norddeutschen ein Großreich schaffen könnten, zum Teil war es ihre ungleich größere Erfahrung und daher Resignation. Der persönliche und politische Bildungsstand der Österreicher war beträchtlich höher als der der Bayern und Schwaben; sie waren unter Habsburg eine Weltmacht gewesen; teilweise sie selber, ausnahmslos ihre Väter hatten von Lemberg bis Usküb, von Salzburg bis Debrezyn gefochten und geherrscht. Sie kannten die Slawen und den Balkan und trauten der deutschen Mentalität nicht zu, daß sie geschickt genug sei, das mit Gewalt Eroberte zu halten und zu mehren.

Ich war immer wieder erstaunt zu hören, was der einfache Mann von Österreichs Geschichte und Geographie wußte, wie er Wirtschaft und Verkehr kannte, und mit welcher natürlichen Klugheit er sich in fremden Verhältnissen bewegte. Vor allem wunderte ich mich, nach den trüben Erfahrungen, die ich in halb Europa mit nord- und süddeutschen Landsleuten gemacht hatte, wie die Österreicher das Fremde gelten ließen, wie sie alles kosteten, bevor sie es verwarfen, und wie sie mit dem Eigenen nur prahlten, wenn sie gereizt wurden, nicht aber von vornherein. Diesen Vorzügen entsprachen freilich viele und schmerzliche Laster, vor allem der Mangel an Selbstvertrauen. Ihr Mißtrauen gegenüber den Reichsdeutschen war beinahe krankhaft, und auch die Faulheit des einzelnen nahm keine Rücksicht auf den Kameraden. Als Soldaten in der infanteristischen Linie taugten sie nicht viel, sie waren zu nervös und änstlich. Um so besser bewährten sie sich bei schweren Waffen und Artillerie, die ja einen Schleier der Infanterie vor sich brauchen. Hier arbeiteten sie genau und eifrig – aber sobald ein einziger Panzer erschien, verfielen sie der Panik. – Von diesen Lob- und Tadelsprüchen muß ich die Wiener ausnehmen; wie viele Großstädter waren sie fürs Militär vollkommen verdorben: sittlich, politisch und körperlich. Mit ihnen konnte man dasselbe erleben wie mit Leuten aus der Industrie und der Luftwaffe am Boden: große Reden, keine Taten. Sie waren nicht etwa feige, aber im entscheidenden Augenblick versagten sie an Leib und Seele.

Die Österreicher glaubten also nicht an das, was in der politischen Werbung der »Endsieg« genannt wurde. Sie glaubten an einen Kompromiß, etwa an ein Nachgeben der Westmächte und einen Zusammenbruch Rußlands. Sie hatten zu viele Kompromisse schließen müssen, als daß sie nicht erkannt hätten, wie nützlich der politische Kompromiß sei, wie er in der Politik die Näherung an das Ideal bedeute. Sie bereuten jetzt, Hitler wie einen Halbgott empfangen zu haben. Die geschickte Ausnutzung ihrer Liebe zum Reich durch Hitlers Propaganda entsetzte sie nachträglich.

Da war der Anstreicher Willi Ruckensteiner, von der Pike auf im österreichischen Bundesheer gedient, bebrillt und gescheit; er machte Hitler für den Krieg verantwortlich.

»Und wie steht es mit der elenden Natur des Menschen, die jederzeit Kriege machte?« fragte ich.

»Wir waren nie für Hitler«, sagte er.

»Ich las und sah es anders, Österreich hat vor Begeisterung gerast, als unsere Truppen einzogen.«

»Eine Welle der Begeisterung, mißbraucht und geschändet.« Österreich sei eine vergewaltigte Völkerschaft. Er gab nicht zu, daß Hitler nur das scharfe Messer in der Hand des göttlichen Chirurgen sei, daß seine Figur den tiefen Sinn hätte, daß Geister sich an ihr scheiden müßten. Ruckensteiner sah mit gutem Instinkt das Verbrecherische in Hitler und erklärte es aus einer zigeunerisch-böhmischen Abstammung. »Du mit deiner Gottesgeißeltheorie«, sagte er, »wer glaubt denn daran?«

»Die Goten haben unter Attila gekämpft«, sagte ich.

Wir marschierten dahin im Tal eines Flusses, dessen Wasser blau war wie Gewitterwolken – die Desna. Am folgenden Tag erreichten wir Soppin, Disteln wie Stauden hoch am Wege. Alles nur Eindrücke, Einzelbilder, der Faden der Erinnerung gerissen: zehnspännig die Höhen hinan, Kampfpausen in Wäldchen, eine Granate schlägt in die Feldküche, der Koch ohne Arm, und Zangler wie rasend geht mit den Fäusten auf einen Melder los, der sein Fahrrad im Feuer verlor, schreiend: »Lieber Sie als das Fahrrad!« Dorschik und Tschogoff, das müssen Orte sein, nie gehört, nicht mehr Europa. Tauchten hier schon Kamele auf und erschreckten unsere Pferde durch Anblick und Geruch?

Ein russisches Korps durch unsere Gewaltmärsche abgeschnitten, einen Tag lang spuckt die russische Artillerie ihre ganze Munition aus den Rohren. Dann wieder mit Ehrhard im Haus einer Hebamme, backen geholfen; erstaunlich, wie gut Ehrhard die Zangen und Hebel, das sonderbare Gerät der Frau kannte und benannte. Dann wieder Regentage, Märsche, die kein Ende nahmen, tagelang naß und kalt, gelaufen um warm zu werden, geritten um die Füße zu schonen, einen sterbenden Schimmel am Weg durch das Auge erschossen. Die Suche nach dem Goldenen Vließ, Kolchis und das Schwarze Meer vor uns, Erinnerungen an Fallmerayer und Trapezunt. Ununterbrochener Regen, Wasser im Nacken: ach ja, ich reite hier und bin naß, habe geträumt und geschlafen, zu Pferde wach, und das Pferd hat mich geweckt, als es selbst aus dem Schlaf auffuhr.

Am Nachmittag des 27. Juli fahren wir in Marschkolonne über

eine Höhe. Plötzlich schlagen Granaten ein, ein Sechserzug bäumt sich und fällt, ein Fahrer tot, der andere läuft ohne Hände schreiend davon und bricht zusammen.

Am Abend dieses Tages fand ich beim Umziehen die ersten Läuse, verschwieg es schamhaft, entdeckte aber bald die ganze Kompanie beim Suchen.

III

Die Kämpfe am Dnjepr

Den ersten Zug unserer Kompanie führte Leutnant Götz, seit Frankreich mein Freund, ein großer starker Mensch, Landwirtstudent aus dem Schwäbischen, und es bedurfte einiger Geschicklichkeit, daß ich in seinen Zug kam, denn Zanglers Gegenwart bekam mir immer schlechter.

Götz empfing mich herzlich, mit seinem Zuge in einem Wäldchen bei Febrowka liegend: »Du wirst Richtkreiser bei mir, und hier ist ein Brathuhn, brich dir einen Zweig Kirschen ab. Auch Wabenhonig ist da.« Sie lebten gut und blieben für sich. Das Bataillon, dem sie angehörten, wurde von Major Wart geführt, einem entschlossenen Heilbronner. Welch ein Unterschied zum Leben beim Kompanietrupp und Troß! Essen und Trinken wurden einem gebracht, die Aufgaben waren genau bekannt, jeder Handgriff war geübt, und geistige Beanspruchung durch den Dienst gab es nicht. Das Soldatenleben hat verführerische Lockungen. Ein vernünftiger Vorgesetzter erreichte alles, was er wollte. War man Zangler ausgewichen, weil er nicht sehen konnte, daß ein Mann untätig war, so sagte Götz, wenn er die Seinen schwitzen sah: »Zieht euern Rock aus.« Er war ein einfach denkender Mensch und hatte eine natürliche Überlegenheit. Nie hätte Zangler sich Seife und Handtuch von einem Burschen reichen lassen. Götz tat es in aller Naivität und unterhielt sich duzend mit Ferber, dem Burschen aus dem Inntal. Wenn wir ein Schwein geschlachtet hatten, erhielt er ein Probestück, und wir warteten brennend, wie er darüber urteilte, ob es gut oder dürr, zu salzig oder pikant sei. Dann freuten sich alle. Seine körperliche Größe und seine landwirtschaftlichen Kenntnisse machten großen Eindruck.

Wir zogen von Dorf zu Dorf, von Hof zu Hof, marschierten stundenlang gleichmütig dahin, kein Mensch störte den andern. Götz ließ reiten oder fahren in klugem Wechsel, fürs Marschieren war er nicht. Er wollte stets seinen Zugtrupp um sich haben, das waren jener Unteroffizier Blum, Ferber als Melder, zwei Fernsprecher, der Pferdehalter und ich.

Manchmal, wenn die Rast zu lange dauerte, befahl Götz eine Mahlzeit einzulegen für Mann und Roß. Dann standen die Schutzbleche der Protzen voll Büchsen, Broten, Bratenstücken, Buttertöpfen. »Rauchen und fressen kann man immer«, sagte er, »Ferber bring mir ein Stück Schweinespeck! Ich war vorn bei der Brücke, habe gefragt, wie lang es noch dauert. Die zuckten mit den Achseln, warten Sie doch! sagten sie. Also warten wir.« Den Pferden wurde Gras gemäht.

Nach vier oder fünf Tagen kamen wir in die Gegend von Rogi. Hier war eine Protzenstellung der Panzergruppe von Kleist, die aus Berditschew gekommen war. Wir beobachteten, wie die Panzer tankten, Munition nahmen und wieder vorfuhren. Riesige Staubwolken verhüllten den Himmel. Man hatte den Eindruck, daß die Soldaten dieser Truppe mehr Techniker als Soldaten waren. Sie freuten sich über unsere Anerkennung der feindlichen Abschüsse, die wir von den Ringen ihrer Rohre ablasen.

Wir standen vorerst müßig. Südlich auf der Höhe besichtigten wir zehn abgeschossene russische Panzer. Die Besatzung, je vier Mann, war noch vollzählig auf den Plätzen hinter ihren Hebeln, Schaltern, Rädern, Kanonen. Ihr Fleisch war braun und knusprig vom Feuer, die öligen Monturen abgefallen und zu grauer Asche verbrannt. Die Gesichter waren graublau wie von Negern, Verwundungen sah man fast nie, es seien denn abgetrennte Körperteile. Der Tod mußte gekommen sein wie im Blitz, ein jähes Aufflammen des Panzers war wohl das Ende gewesen.

Blum und Hybl standen neben mir, Hybl war Stellungsunteroffizier, er hatte die Aufsicht in der Feuerstellung und mußte die Mannschaften betreuen; Blum war der erste Richtkreisunteroffizier, er hatte die Vermessung zu leiten und die Pferde zu versorgen. Die beiden, der alte aktive Unteroffizier des Bundesheeres und der winzige Karlsruher, waren besondere Gegensätze. Blum sagte: »Ich möchte so ein Ding nicht fahren.«

Hybl fragte: »Hast du denn einen Führerschein?«

Blum sah ihn flackernd an: »Führerschein, ich hab' doch zu Hause einen Wagen!« »Du? – Die Firma wahrscheinlich!«

»Verlaß dich drauf, ich hab' einen.«

»Soll man das glauben?« Hybl wandte sich zu mir: »Glauben Sie, daß er einen Wagen hat?«

»Man wird nicht schlau daraus, Herr Feldwebel«, sagte ich.
Blum ging gerade um den Panzer.

»So ein Kerl«, sagte Hybl, »aber rechnen kann er!« Blum rechnete Dinge im Kopf aus, die wir in der Schußtafel nachschlagen mußten. Hybl war das ein Rätsel: »Ich glaub' ihm kein Wort«, sagte er leise zu mir.

Blum kletterte auf den Panzer und sah hinein. »Donnerwetter«, sagte er, »die dummen Kerle, warum sind sie nicht ausgestiegen?«

Wir sahen zu ihm hinauf: »Sitzen noch welche drin?«

»Natürlich, alle vier schön auf ihren Plätzen, und geröstet wie Schweinebraten.«

»Reden Sie nicht so!« schrie Hybl, »die haben alle eine Mutter oder Frau zu Hause!«

»So da sitzen bleiben – man merkt doch, was los ist«, fuhr Blum fort, »werden halt Fanatische gewesen sein!« »Du Narr«, sagte Hybl.

»Sind doch Kommunisten, was heißt da Frau? – Dumme Kerle!«

Er spähte lange in die Luke, und dann hörte ich seine Stimme: »Sowas! geröstet wie Schweinebraten, diese knusprige Haut – da sieht man, daß der Mensch ein Aas ist. Meinst du, ein Gott würde das zulassen? Es kann ihn nicht geben.« Er erhob sich und schlug den Panzerdeckel knallend zu. Blum liebte diese Art Gespräche, wenn sie auch Selbstgespräche wurden. Er war ein folgerichtiger Atheist. Er mußte eine Seele von Stein haben – und doch sparte sich dieser Mensch alle Genüsse vom Munde ab, um seiner Mutter die alten Tage schön zu machen.

Blum sagte: »Zeige mir die Seele des Menschen, dann will ich daran glauben. Tiere mit Verstand, ja! Aber Seele, unsterbliche Seele?« Die Hartnäckigkeit des sonst bis zur Gerissenheit klugen Menschen setzte mich in Erstaunen. Einmal befahl er, eine Stute mitzunehmen. Die Fahrer wiesen ihn darauf hin, daß man das junge Fohlen nicht verhungern lassen könne; mitzulaufen sei es zu schwach. Er schüttelte bloß den Kopf, ging mit einem Stock auf das Fohlen los und vertrieb es. Die Pferde wieherten einander wohl eine halbe Stunde lang zu, die Stute wurde rasend, das Fohlen schrie – Blum blieb ungerührt und trieb das Fohlen mit Schlägen zurück. Als Götz, der Blum wegen seiner Nervenkraft schätzte, davon erfuhr, war es zu spät.

Erst am späten Abend erhielten wir einen Sicherungsauftrag. Ich mußte den Zug einrichten, und Götz schoß sich auf Zielpunkte ein. Es blieb aber ruhig. Am nächsten Morgen stellte sich das Regiment mit Panzern zum Angriff bereit, auch Sturzkampfbomber waren zugesagt. Früh trafen wir in dem kleinen Dorf ein, wo die Infanterie in den Ausgangsstellungen lag. Es war mein erster Angriff in vorderster Linie, als ich mit Götz und einem Fernsprecher auf einem frischgemähten Roggenfeld auf gleicher Höhe mit der Infanterie lag. Die Feuerstellung befand sich am Rande des Dorfes in einer Mulde. Ich hatte mich frisch rasiert und packte gerade die Klinge ein. Da überraschte mich Hölzl, der Führer unseres schweren Zuges, mit dem ich schon seit Polen zusammen war. Er kam als Aktiver von der Kriegsschule, hatte längst seine zwölf Jahre hinter sich und müßte Bahnhofsvorsteher oder Postmeister geworden sein. Nun strebte er danach, als aktiver Offizier übernommen zu werden, hatte aber gewisse Schwierigkeiten. Er grinste; freute er sich, daß ich hier war?

Im leichten Dunst griffen wir über die Stoppelfelder an, noch stand das Getreide in Puppen; Schießmaschinen der Russen: die Posten überrumpelt, schlaftrunken krochen sie in grauen Mänteln aus den Löchern: »Woina, Woina!«, und gingen mit erhobenen Händen nach hinten. Dann fanden uns die russischen Granatwerfer. Da wechselten die Gruppen der Infanterie im Vorgehen, die eine schoß, die andere sprang, bis das Feuer unterlaufen war. Noch einmal kamen peinliche Minuten, als die Artillerie uns faßte.

Götz war vorneweg, er befahl nun »Geschützweise Stellungswechsel vorwärts!« Er und Hybl, der die Feuerstellung kommandierte, waren gut eingespielt. Auch Blum verstand sein Geschäft. Während Götz mit mir vorging, schoß er mit dem andern Geschütz weiter. So kamen wir in ein üppiges Dorf, die Bewohner lachten uns mit gestellter Freundlichkeit zu. Soeben krepierten die ersten Schüsse von Hölzls schweren Geschützen jenseits ihrer Häuser. Wir eilten durch das Dorf, am Ende sahen wir ein weites Feld, wo das Getreide noch stand, und warteten auf einer Strohschütte hinter einer weißen Hauswand, daß Blum nachkäme.

Nachmittags mußten wir weiter, die Infanterie hatte das Getreidefeld durchgekämmt, wir folgten querfeldein und standen nach drei Stunden vor dem nächsten Dorf, es lag in einer tiefen Senke, dahinter begann der Wald, an seinem Rand hatte der Feind sich festgesetzt.

»Er sieht uns anmarschieren, der Iwan«, sagte Götz, »ich bleibe mit Jeremias Blum hier, Sie holen den Zug hinter jenes Wäldchen.« Der Feind schoß nun auf jeden einzelnen Mann. Ich taumelte, sprang, fiel, warf mich nieder, lief und begegnete Hölzl, der auch nach vorne wollte, wo man den Waldrand sah. »Ich habe schon einen Mann und vier Pferde verloren, hinten ist es dicker als hier, der Iwan schießt Sperrfeuer. Ist Götz vorne?«

»Ja, drüben. Ich soll den Zug in das Wäldchen holen.«

»Unmöglich«, sagte er.

Es ging nun durch Klee und hohe Erbsen, es hatte zu regnen begonnen, und meine Uniform war in wenigen Minuten naß, die Stiefel klebten an den Waden; endlich sah ich Hybl mir entgegenkommen. »Ist ja sinnlos«, sagte er, »hier kommen wir nicht durch.« Wir warfen uns hin, denn eine Granate kam. »Walber hat's den Kopf weggerissen«, das war ein Fahrer.

Wir lagen drei Tage im Feuer, in Granattrichter gehockt, ich las Augustinus' metallen harte Gottesstaatlehre, las vom Geheimnis des Bösen. Wie hatte er es erkannt als ein Geheimnis! Auch der für uns so töricht klingende Satz, das Böse sei nichts als ein Mangel an Gutem, findet die Erklärung, daß die Bosheit des Willens nicht aus seinem Natursein zu erklären sei (denn alles, was ist, ist gut), sondern daraus, daß die Natur von Gott aus nichts erschaffen sei. So liegt die Ursache des Bösen im Nicht-Sein, und Augustin spricht vergleichend von der Finsternis, die ein Mangel an Licht sei. Das Böse erkennen wollen gleicht der Begier, die Finsternis sehen, die Stille hören zu wollen. – Wir waren also nicht bloß Figuren eines schönen Schachspiels.

Tagsüber kamen Bienen, vom Heu des Polsters im Loch gelockt. Nachts regten sich die Läuse. Dann war der Russe fort, aber der Panzerspringer von Radziechow sei wahnsinnig geworden, erzählte Detter, als ob es ihn freue. Ehrhard sagte zu ihm: »Du freust dich, wenn wir den Krieg verlieren, gelt?«

»Nix hab' ich gesagt, gar nichts.« Damit empfahl er sich. Ehrhard lachte und formte seine Laibe, »dämliche Kerle«, sagte er, »denn ich glaub' ja doch, daß wir's schaffen, und wenn ich in Ingolstadt auch ein Hund war (Taugenichts, sagst du), daß wir verlieren, möchte ich doch nicht; denn wo bleiben wir dann? Ich werde noch aktiv.« Ich riet ihm ab.

Man konnte nicht in den nahen Wald gehen, da lag es dicht voll von Toten, die heiße Sonne trieb Schwaden süßen Gestanks her, bis ein Regenorkan am Mittag um zwölf Uhr sie dämpfte. Ich las Augustin. Ach, nur die Weisen führen gerechte Kriege? Als ob der nicht, denkend an seine Menschenwürde, viel mehr noch trauern müßte um den Zwang des gerechten Krieges! Denn wäre er nicht gerecht – so führte er keinen Krieg. Und diese Bosheit muß der Mensch betrauern. Wer dies Elend duldet und ohne Schmerz der Seele an die Toten denkt, das Unheil, der ist um so viel elender, als er sich glücklich wähnt, weil er das menschliche Gefühl verloren. –

Um zehn Uhr abends, noch bei Hellem, ging es weiter, vorbei an einem Gehöft, schwarz wie in Sseliwans Wald, acht Stunden Marsch, zwei Stunden mit Blum, um warm zu werden, unter eine Zeltbahn gekrochen und geschlafen, er sagte, achtzehn Prozent der Offiziere, elf Prozent der Mannschaften unserer Division seien ausgefallen, ein englischer Sender habe uns als vernichtet gemeldet, sage die Artillerie, die habe Radio. Aufstehen, marschieren, Sonnenblumenfelder wie Wälder groß, armdicke Stengel, der Weg von einem Panzer quer hindurch gewalzt. Vierzig Kilometer Marsch, die Gefühle für Entfernungen werden scharf und kühl. Jampoli, Kalini-Boloto, Nowonigorod – zaubrische Namen, Orte, einmal durchschritten, trostlos weitläufig, grün umlaubt, staubige Sandwege, akustischer Zauber – behaglich gewesen dereinst wie Straubing unter den Wittelsbachern, Reichtum und Fülle, Veranden aus Glas und Holz. Slatopol, wo wir unter einem Maulbeerbaum rastend fade Früchte versuchten. Er stand ein wenig seitlich über dem Sandweg, und eine Zeitlang saß ich wie der Zöllner Zachäus auf einem überhängenden Ast, denn die ganze Division marschierte an diesem Tage hier vorbei, und ich sah manchen Kameraden aus Polen und Frankreich.

Mais, Gurken und Melonen gaben dem Land den südlichen Hauch und Geruch. Da alles spätsommerlich, braun oder dürr, in nasser Pracht und bräunlicher Reife stand, von Gewittern bedroht, sah man, wie reich das Land hier war. Drüben dehnten sich weithin noch Sümpfe, die Luft flimmerte über den schilfigen Weiten, und in ihrer Mitte floß der Tjasmin, von hier aus nicht sichtbar, ein schneller schöner Fluß mit klarem Wasser. Der Dnjepr wird wie alle großen Flüsse des Ostens begleitet von Bächen und Flüßchen, die sein großes breites Bett parasitisch benützen. (Durch sie werden diese Betten ein verzweigtes Stromgebiet.) Der bedeutendste nun war der Tjasmin. Auf den großen Sumpf- und Landinseln hatten sich Versprengte und Reste der Russen festgesetzt, halb verloren, halb mit Absicht. Sie machten uns Last, indem sie die Wege verminten, aus Dachluken schossen, Trüppchen mit schweren Waffen in unzugänglichen Schlupfwinkeln stehen ließen und die vielen Brücken zerstörten.

Erst als die Sonnenscheibe blutrot hinter den Horizont gesunken war, setzten wir uns in Bewegung und sahen die Ursache des langen Aufenthalts am Maulbeerbaum: die ganze Division war vor einem Übergang gestaut, den unsere Pioniere mit eigenem Gerät wieder gangbar gemacht hatten.

Eine Stunde lang ging der Marsch auf ein Dorf zu, von dem wir nur fünf Windmühlen sahen. Sie hoben sich mit ihren holländischen Hauben und Flügeln wie Scherenschnitte gegen den grünlichen Himmel ab. Angekommen, sahen wir unten das langgestreckte Dorf liegen, die Mühlen standen auf dem hohen Rand des Urstromtals. Der Ort war auffallend sauber, die Gärten und Felder trugen Kürbisse, Melonen, Gurken und Mais. Jedes Haus hatte einen tennenartigen Dreschplatz an der Seite und vom Vieh kurzgefressene Weiden. Merkwürdigerweise fehlten hier die Bäume, ich weiß nicht, weshalb. Auch hier floß ein Wasser, der etwa zwölf Meter breite Gnilo Taschlyk; versteckt unter hohen Büschen lief er in einem Bogen um die Ortschaft, und wir bezogen, des Badens wegen, mit unserm Zug eine auf den Fluß zuführende Sackgasse. Unser Quartierhaus war bewohnt von fünf Mädchen mit schwarzen Haaren: Vera, Marija, Chiwja und Natascha. Den Namen der Fünften verstanden wir trotz allen Vorsprechens und Erklärens nicht. Sie kamen gerade zu Wagen nach Hause, ärmellose Jäckchen tragend, sie hatten geerntet. Die Mutter bewachte sie mit freundlich scharfen Augen – aber Götz, Blum und ich waren kaum die Richtigen zum Angstmachen, und so wurde denn die Mutter uns gewogen und spielte am Ende Balalaika, wozu die fünf schön sangen. Die Mutter hieß zu unserer Verwunderung Hans. – Blum aber stieß der Trubel ab, er sprach zu mir von Heidegger, den er in Freiburg gehört haben wollte, mich wunderte nun doch seine Beschlagenheit; Heidegger müsse ein Mann sein, sagte ich ihm, der von Singen und Mädchen, Volksmusik und Urpoesie berührt werden könne. Aber Blum verstand mehr die kritische Seite des Philosophen und rief Götz her, der aber lachte und sagte, er verstünde zu wenig.

Es war nun erheiternd zu sehen, wie der Mädchenchor und ihre Mutter umlagert wurden von unsern Männern. Sie verstanden kaum ein Wort von den Liedern, und die gelegentlich kurzen Angaben des Inhalts, die ein Schlesier gab, vermittelten nicht einen Schimmer – aber die Fessel der kunstlosen Lieder war gleichwohl so stark, daß auch sie nun zu singen begannen, im schönen Wechsel endlich mit den Mädchen, und blitzschnell waren die Gier und die Derbheiten vergessen, mit denen sie sich wohl anfangs herangemacht hatten. Die Lieder haben keine Geschichte, und das Volk und die Dichter haben auch keine; der Schluß ist unmittelbar.

Sobald man unter den Firnis der Bildung kommt, treten alte Bestände hervor. Daher auch die Unberührtheit des russischen Volkes vom marxistischen Denksystem und die des deutschen vom hitlerschen. Diese Systeme werden verstanden: als Gegebenheiten des Augenblicks, in die Tiefe geht nichts. Zu meinen, daß »die Geschichte« die Welt regiere, sagte ich zu Blum, sei die verheerendste aller Irrlehren.

Wer denn regiere, wollte er wissen. Götz nahm mir die Antwort ab, ich erstaunte und war ihm dankbar. Er sagte in reinstem Schwäbisch: »Der Herr.«

Am nächsten Tage marschierten wir weiter: über Losanowka, Malaja, Juglonowka und endlich die Stadt Smela, die wir aber nicht berührten; sie sei völlig zerstört, hieß es. Hier unten, im eigentlichen Tal des Dnjeprs, war es sandig; es gab richtige Wanderdünen bis zu zehn Meter Höhe, und zwischen diesen Haufen fliegenden Sandes gab es kümmerliche krumme Dörfer. Der Gegensatz zur schwarzen Erde war vollkommen. Wie Farben standen Armut auf diesen Sandflächen, Reichtum auf dem ukrainischen Humus. Wir quälten uns mühsam durch den Sand, hofften von Düne zu Düne ein Ende und sahen hie und da weit rechts eine große Wasserfläche blinken; das war der Dnjepr, nach der Donau Europas größter

Fluß, wohl tausend Meter breit, allerdings sandig und flach; es war sogar zweifelhaft, ob er schiffbar sei, denn kilometerlange Sandbänke liefen schräg zur Mitte vor, und sie waren teilweise von Bäumen und Büschen bewachsen.

Eines Abends standen wir vor Tscherkassy, einer großen Stadt mit Brücken über den Fluß. Sie steckte noch voller russischer Truppen, und wir sahen durch unsere Gläser endlose Wagenkolonnen über die hölzerne Straßenbrücke nach Osten abziehen. Die Russen sind tüchtig im Handwerk. Bauwerke, die bei uns nur technisch zu bewältigen sind, werden dort handwerklich und mit Menschenkraft in kurzer Zeit errichtet. Das sind die pharaonischen Aspekte Rußlands: Die großen Kanäle und Eisenbahnen mit Spaten und Schiebkarren gebaut, und abgesehen davon, daß in den Lagern genügend Arbeiter verfügbar sind, entspricht das Arbeiten mit der Hand der zeitlosen Volkskraft. Diese Holzbrücke über den Dnjepr erinnerte mich an die in Bayern über Isar und Mangfall gehenden Holzbrücken – nur eben war sie mit ihren Zuführungen drei Kilometer lang. Ähnlich hat man sich Caesars Rheinbrücke vorzustellen. Es war eine Fachwerkkonstruktion aus Parallelträgern, auf eingerammten Pfählen stehend. Sie paßte schön in die flache und nach Osten ins Endlose gehende Ebene. Wie alle russischen Flüsse hatte der Dnjepr im Osten kein Steilufer.

Die Stadt lag im großen Halbkreis vor dem westlichen Brückenkopf. Sie wurde in regelmäßigen Abständen von Flugzeugen bombardiert. Hätte man nicht das Geheul der Bomber gehört und die Brände und Rauchwolken, die sie hervorriefen, gesehen, so wäre der Anblick von der Ruhe eines schönen Bildes gewesen.

Ganz langsam kamen wir durch die Dünen längs dem Fluß von Süden an die zäh verteidigte Stadt und verloren beim Bataillon in drei Tagen vierundsiebzig Tote, auch der Major fiel, der letzte aktive Offizier. Die Führung übernahm ein vorsichtiger Schwabe. Weibl, ein Kamerad aus Polen, kam mir mit verbundenen Armen entgegen, die Augen voll Tränen, er wollte Offizier werden, und nun war es aus; er war mit seinem Maschinengewehr das Steilufer hinaufgestürmt, und die Russen hatten Eierhandgranaten hinabrollen lassen. Aber sie waren hinaufgekommen, und Weibl trug schon im Knopfloch das leuchtende Bändchen des Eisernen Kreuzes.

Ich war bei Hybl und Kolb, hatte die Stellung vermessen, lag auf einer Strohschütte und fiel in Halbschlaf; träumerische Erinnerungen an Berlin und Wien, und plötzlich ganz nah ein Schrei, ich fuhr auf. Drei Mann rannten davon, Kolb blieb stehn. Die drei waren verwundet und legten sich wimmernd hin; unter ihnen der Tischler Breitsamer, der glaubte, die Läuse entstünden aus der Mischung von Sägespänen und Urin. Hybl stürzte bleich aus seinem Loch. »Ein Rohrkrepierer«, stotterte Kolb, aber das Rohr war in Ordnung. Ferber maß die Deckung, das waren hohe Stauden der löwenhäuptigen Sonnenblumen. »In die eigene Deckung gefeuert«, sagte er. Wir sahen uns an.

»Feindlicher Volltreffer in die Stellung«, sagte Hybl, »ich werde mit Götz reden.« Er berichtete ihm das Unglück, die Parole vom feindlichen Volltreffer fand Zustimmung. Wir verbanden die Stöhnenden und schafften sie schleunigst fort, glücklicherweise hatten die winzigen Splitter sie nur leicht, aber blutig verwundet. Breitsamer rauchte schon und sah mich froh an: »Für mich ist der Krieg zu Ende, glaubst du nicht?«

»Mag sein«, sagte ich, »und schreib uns mal!«

»Natürlich schreibe ich – ich schicke Zigarettenpäckchen.«

Auf dem Rückweg nach vorn fand ich in den Dünen ein russisch gesatteltes Pferd, es knabberte an einem Distelstrauch. Mir war nicht ganz geheuer, schleunig schwang ich mich in den Holzsattel und setzte dem Bock die Sporen ein. Er schrie, stieg hoch und galoppierte mit mir davon; auf Zügel gehorchte er nicht, ich schlug ihm die flache Klinge des Seitengewehrs an den Hals. Plötzlich kam uns staubend ein riesiger Panzer entgegen, das Pferd stieg entsetzt hoch und brach mit der Kruppe, rückwärts gehend, durch einen Zaun. Da sprang ich ab. Man schrie mich an: »Was tun Sie denn hier, Mensch? Herauf zu uns, sind Sie des Teufels?« Der mich nach oben zog, war der junge Oberst Philipp. Er sah mich spöttisch an: »Sie haben die falsche Richtung.« Ich fuhr also mit dem großen Spähwagen zurück, das Fahrzeug war berühmt und der Oberst ein Draufgänger. Er zog die Karte heraus, wies mich ein und setzte mich an einer Kreuzung ab. Ich salutierte und sah ihn nie wieder. In diesem Abschnitt erlebten wir zum erstenmal die russische Taktik der massenweise eingesetzten Granatwerfer. Man konnte sich bei Tage nicht mehr bewegen.

Unsere Beobachtungsstelle lag auf der Höhe eines flachen Bukkels, der mit Hanf bewachsen war. Im Morgengrauen lief unsere Infanterie nach wenigen hundert Metern in ein Minenfeld, wir sahen Leiber in die Luft fliegen, die Heilgebliebenen krochen vorsichtig zurück. Wir selbst legten uns hinter ein altes Haus am Fuß des Hanges. Vorn lag die Stadt Tscherkassy in Gärten mit Bäumen, man sah die Häuser nicht, nur ein paar Türme ragten über die Wipfel und die Kamine einer Zuckerfabrik. Alle zehn Minuten brummten ganze Schwärme von Flugzeugen über uns weg, die blindlings vor sich her schossen. Pioniere kamen und buddelten in mühseliger Arbeit mehr als vierhundert Kastenminen aus. Wenn russische Flugzeuge kamen, mußten sie in Deckung gehen. Unterdes fuhr Wagen um Wagen nach Osten über die Brücke – von unserer Artillerie unbehelligt; man hoffte wohl, die Brücke unversehrt in die Hand zu bekommen.

Plötzlich erschien Ehrhard, vom Kompanietrupp, bei uns. Er hatte die Bäckerei aufgegeben, um »dabei zu sein«. Seine Pläne kreisten um die Brücke; es werde keine bessere Gelegenheit geboten, sich ein Ritterkreuz zu verdienen. Ehrhard war seit vier Jahren Soldat, seine Einbildungskraft wurde von militärischen Großtaten leicht erregt. Sein Vater, ein biederer Hopfenbauer und Zitherspieler in der Holledau, hatte ihm, als guter Katholik, einen echten Haß auf die Partei vererbt, zugleich aber militärischen Respekt. Niemand konnte verächtlicher von Zwölfendern sprechen als Ehrhard, obwohl er daran dachte, aktiver Unteroffizier zu werden.

Die Brücke lag so nah in der hellen südrussischen Luft vor uns, daß wir meinten, mit dem Gewehr hinschießen zu können. Wir ergingen uns über die Möglichkeiten eines Stroßtrupps am Flußufer entlang und malten uns mit viel Wenn und Aber die Überraschung der Russen aus. Vom Leben in der Etappe berichtete Ehrhard in seiner drolligen Art, von den tapferen Schreibern in den tiefen kalten Kellern und von Zahlmeistern, die nicht auf den Abort zu gehen wagten.

Als wir endlich vorgehen konnten, geschah es, wie so oft, ohne Kampf; der Feind hatte die Stellung geräumt, ein System kreisrunder Einmannlöcher, vor dem der Minengürtel lag. Wir kamen von Süden her in die Stadt. Sie war wie viele russische Siedlungen schachbrettartig und weiträumig angelegt, hatte Sandstraßen und überhöhte Bürgersteige, die in den Hauptstraßen mit Steinen oder Holz gepflastert und oft mit Bäumen besetzt waren. Die Russen sind ja erst seit hundert Jahren Herren der Ukraine. Die Bevölkerung begann zu plündern, Schachteln voll Tabak aus der Machorkafabrik, Säcke mit Zucker, Wagen voll Holz von den Stapelplätzen am Fluß. Ein Vogelbauer, ein Polsterstuhl aus Zarenzeiten, ein verglastes Schränkchen waren Reichtümer des Stehlens wert.

Tscherkassy war steinern gebaut, eine alte Stadt, manche Bauten im ukrainischen Barock nach Entwürfen Rastellis, wie die Enzyklopädie sagte. Es gab Schulen, Kindergärten, Bibliotheken und ein Gymnasium, hier setzte ich mich einen Nachmittag fest und stöberte. In der Bibliothek standen zahlreiche naturwissenschaftliche, geographische und mathematische Werke, eine Kollektion prächtig gedruckter deutscher, französischer, englischer Klassiker, Goethe, Schiller, Voltaire, Diderot, Shakespeare in Originalsprachen, gedruckt in Moskau auf einem Papier, dessen Güte bei uns unbekannt war. Hier stand die kleine Sowjetenzyklopädie.

Sie stellt fest, der moderne Antisemitismus sei eine französische Erfindung; in Frankreich entstanden die Protokolle der Weisen von Zion um 1850. Kasimir der Große holte die Juden nach Polen, die Vorfahren der jiddisch sprechenden Ostjuden, also Deutsche; diese Sprache wurde 1933 von 72,6 Prozent der russischen Juden gesprochen. (Tscherkassy hatte vierzigtausend Einwohner, davon genau ein Drittel Juden.) Wir waren im Land der klassischen Pogrome. Die geschäftlich konkurrierenden Griechen in Odessa stifteten sie an. Am schlimmsten waren der 23. bis 27. April 1881, damals fielen die Juden zu Tausenden vor dem Pöbel. Es war ein historischer Augenblick: das Judentum entschloß sich zur Auswanderung nach Österreich und Amerika, andererseits traten die in Rußland Bleibenden der revolutionären Bewegung bei, sie stellten einen großen Teil der Zaren-Attentäter der folgenden Jahrzehnte. Diese Attentate lösten ihrerseits die staatliche Organisierung der Pogrome aus. Minister Plewe befahl polizeiliche Pogrome in Kischinew, Gomel und dreißig kleineren Orten. Am 18. bis 20. Oktober 1905 fanden, planmäßig vorbereitet von der Polizei, in der Ukraine siebenhundert Pogrome statt. Das berühmte Pogrom vom

1. bis 3. Juli 1906 in Bialystok wurde von der Armee veranstaltet; es forderte allein zweihundert Tote. Bei Ausbruch des Weltkrieges unternahm diese Armee an vielen kleinen Orten Pogrome, weil die Juden deutsche Spione seien. Die gegen die Rote Armee kämpfenden Truppen Denikins und anderer weißer Generale brachten insgesamt zweihunderttausend Juden um. Die Sowjets seien Freunde der Juden – allerdings lagen die großen Siedelgebiete der Juden in den neuen Randstaaten Rumänien, Polen und Litauen.

Das genügte mir, die Juden waren die Amalekiter der modernen Welt. Aber wie heißt es doch, was an allen in Erfüllung geht: Weinet nicht über die Toten und grämet euch nicht darum, weinet aber über den, der dahinzieht; denn er wird nimmer wiederkommen, daß er sein Vaterland sehen möchte.

Blum, o Blum, wie hießest du doch? Nenne mir deinen Namen, schwäbischer Stündeler! Saßen nicht deine Väter, rätselnde Bauern, an Sonntagmittagen über der Schrift? Lasen sie nicht die Klagen und Prophezeiungen, die an den Söhnen erfüllt werden sollten? Regenfeuchte Nacht der Ukraine, als wir unter der Zeltbahn lagen und du mir spottend von deinen Vorvätern sprachst, schwäbischen Stündelern, als ich dich fragte, wie kommst du zu deinem Namen, Jeremias? Denn du wirst nicht wiederkommen, sagt Jeremias, daß du Karlsruhe sehen möchtest, Jeremias Blum!

Das arme stehlende Volk von Tscherkassy hatte Schulen und Kindergärten, die unser Staunen erregten. Uns gegenüber im Kindergarten standen grüngestrichene Bettchen, niedliche Möbel, und die Schulen hatten Globen, Karten, Tiere, um welche sie eine deutsche Volksschule beneidet hätte. Das Volk aber lebte arm, stumpf, instinkthaft und ohne innere Bindung an das System, welches ihnen diese Einrichtungen mit Stolz und Mühe beschert hatte. Tatsächlich gab es fast nur »Volk«. Wo war die Intelligenz? Wo waren Beamte, Lehrer, Ärzte und die gewiß zahlreichen Agronomen, die studierten Landwirte, welche die Güter zu beraten und beaufsichtigen hatten? Es war unmöglich, daß die fluchtartig zurückgehende Armee, welche Lagerhäuser, Vorräte und Fabriken in unsere Hände fallen ließ, sie alle mitgeschleppt oder eingezogen haben könnte. Erst viel später entdeckte ich, daß diese Personen, teilweise aus Angst vor den Deutschen, teilweise weil sie es nicht anders kannten, ins »Volk« zurückgesunken waren. Es gab ja kein

Bürgertum und keine äußeren Vorrechte, die diese Menschen als den natürlichen Adel des Landes hätten erscheinen lassen.

Die prächtigen Schulen und Heime standen an Straßen, die von Motorfahrzeugen nicht befahren werden konnten, und sie unterbrachen eine trostlose Reihe trostloser Wohnungen von Sowjetmenschen, welche nichts sein durften als Masse, so daß die in diesen Schulen vermittelten Güter des Wissens und der Belehrung nicht den Einzelnen nützen durften, sondern nur der Ausbildung und Förderung jener Triebe und Anlagen, die der Staatsmaschine dienten. –

Götz und ich machten uns auf, das Bataillon zu suchen. Wir fanden es am Ufer eines Flußarmes ausgezogen und dabei, hinüberzuwaten. Gefangene schoben ein großes Boot, das einzige, welches man gefunden hatte, mit Waffen. Das Wasser war klar und strömte stark, in der Mitte eineinhalb Meter tief. Auch wir setzten über, und unterdessen ging in einer Kette von Explosionen die große Holzbrücke in die Luft. Die Sprengung begann am Ostufer und lief nach Art eines minutiösen Feuerwerks auf das Westufer zu. Innerhalb von zwei Minuten war das große Bauwerk verschwunden, und seine treibenden Trümmer brachten uns in die Verlegenheit, daß wir etwa eine Stunde lang auf der dünnbewachsenen Düne im Fluß liegen mußten, eifrig beschossen von Maschinengewehren und Granatwerfern. Als wir zurückgingen, hallte die Stadt wider von hochgehenden Minen.

Auf einer kleinen Pionierfähre schaffte man uns über das Wasser. Es war dunkle Nacht, zu sehen war nichts. Es war befohlen, alle Blechteile zu umwickeln, damit kein Geklapper entstehen könne. Wir nahmen nur die Geschütze mit und zwei Panjewagen voll Munition. Auf der andern Seite landeten wir in tiefem Sand, mußten eine steile Böschung hinauf und marschierten auf einem von den Russen gelegten Bohlenweg durch Buschwald eine Stunde weit, Gerät schleppend, schwitzend und horchend. Dann überschritten wir einen andern Flußarm auf einer Bohlenbrücke, endlich ging es durch Wald. Der Mond stieg auf und verschwand gleich wieder. Es kam uns unwahrscheinlich vor, daß der Feind nicht schoß. Vorne fanden wir vorbereitete Stellungen und Soldaten eines andern Regiments. Sie sagten, hier sei die Hölle los, wünschten Hals- und Beinbruch und machten sich davon.

Am nächsten Tag fanden wir uns zurecht. Die Stellung befand sich vor einem Sumpf, der hundert Meter breit sein mochte, er schien unpassierbar zu sein. Jenseits lag der Feind ähnlich wie wir in Sandlöchern. Er hatte den Vorteil, daß er einige Hügel besaß, von denen er auf uns herabsehen konnte. Das Ganze war eine Insel, deren anderes Ufer zum zweiten Hauptarm des Dnjepr hinabführte. Tagsüber konnte man den Kopf nicht aus dem Loch stekken, die Artillerie unterhielt ein höchstens zehnminutenweise unterbrochenes Feuer. Die jungen Kompanieführer wurden unsicher, als sie entdeckten, daß man sich nur bei Nacht bewegen konnte. Götz erschien die Lage bedenklich, er schickte mich von der Beobachtungsstelle zurück. Ich sollte als Ersatzmann bereit sein.

In der Feuerstellung lag Hybl in einem Loch, zwei Meter tief und mit einer Balkenlage bedeckt. Er verließ es nur einmal.

Draußen standen drei krüppelige Kiefern und eine Akazie: Sie boten eine gewisse Deckung gegen Fliegersicht für unsere Geschütze, die nur acht Meter auseinanderstanden. Wir selber lagen in Einmann-Löchern hinter der Stellung, verstreut in einer etwa fünfzig Zentimeter tiefen Mulde. Da der Boden aus reinem Flußsand bestand, konnten wir bequem graben, allerdings sickerte nach ungefähr anderthalb Metern Grundwasser durch: Hybl in seinem Loch brauchte immer neue Munitionskörbe und Kisten, um sich zu unterbauen. Nach oben wurden die Löcher mit Zeltbahnen abgedeckt; obgleich das Wetter gut war und die Sonne brannte, kamen heftige Gewittergüsse, in wenigen Minuten stand das Wasser handhoch im Loch, und man mußte es mühsam mit einer Konservenbüchse leerschöpfen, wenn man nicht wie in einer Badewanne sitzen wollte.

Die russische Artillerie schoß etwa alle halbe Stunde Feuerüberfälle, auch nachts. Die Anzahl der Schüsse konnte man jeweils abzählen, meistens waren es sechzehn, die im Umkreis von fünfzig Metern um ein Ziel lagen. Dann saß man, lag oder hockte, wenn man merkte, daß es die eigene Stellung galt, in seinem Loch; die Erde zitterte, Sand und Splitter flogen durch die Luft, Qualmwolken zogen über einen hinweg, und wenn die Schüsse näher kamen, begannen die Wände des eigenen Loches zu rieseln und zu bröckeln. Wenn der Feuerschlag vorbei war, horchte man, wohin sich der nächste wandte, sah sich die Stellung an, rief die Kameraden und wartete auf Antwort. Dann wurden Verwundete hastig weggeschleppt, die Munitionsholer sprangen von Deckung zu Dekkung nach hinten, Melder glitten wie Indianer durch die Bodenfalten, und man steckte eine Zigarette an.

Sehr oft kam unmittelbar nach dem feindlichen Feuer ein Befehl zur Erwiderung oder zum Sperrfeuer, wenn nämlich dem feindlichen Artillerieschlag ein Infanterieangriff folgte. Dann sprangen wir an die Geschütze, unser sechs, für jedes Geschütz drei Mann; ein vierter brachte die Munition, ein fünfter packte sie aus und machte sie schußfertig. Wenn wir selbst schossen, war es keineswegs ruhig beim Feind. Ununterbrochen spritzten, mit dem leichten Geräusch zerknallender Erbsen, russische Maschinengewehrkugeln oder die schnelleren Salven der Maschinenpistolen in den Sand. Unsere Stellung war zwar gegen unmittelbare Sicht gedeckt, aber auf das ganze Gebiet der Insel ging pausenlos Infanteriefeuer nieder. Auf die Dauer entstanden durch diese wie blind gestreuten Salven die meisten unserer Verluste. Die Kugeln pfiffen durch das Laubwerk unserer drei kümmerlichen Bäume, schlugen gegen die Schilde der Geschütze, prasselten auf die Berge leerer Kartuschen und machten ärgerliche Löcher in die Zeltbahnen.

Unser zweites Bataillon machte wegen der unerträglichen Lage seiner Stellung gleich in der Frühe des ersten Morgens einen Angriff über den Sumpf; die Männer kamen keine dreißig Meter voran, mußten dann im wütenden Granatwerferfeuer zurück, und es blieb nichts anderes übrig, als die Stellung im Ganzen zurückzuverlegen in den Schutz einer hohen Düne.

Der Raum vor der Front sollte durch ein ausgeklügeltes Sperrfeuersystem, an dem auch wir beteiligt wurden, gedeckt werden. Dieser freie Streifen reizte die viel geländetüchtigeren Russen ununterbrochen, ihn zu gewinnen; sie unternahmen eine Anzahl von Angriffen über den Sumpf, kamen aber nie durch. Unsere eigene Artillerie stand weit hinten bei Tscherkassy, sie hatte genug zu tun, die feindflichen Batterien abwechselnd zu bekämpfen. Die Russen hatten offenbar ihre ganze über den Fluß gerettete Artillerie hinter den jenseitigen Waldstücken in Stellung gebracht.

Um zehn Uhr machten die Russen ihren Gegenangriff, brachen

rechts von uns, wo das Gelände günstiger sein sollte, durch und kamen bis auf dreihundert Meter an unsere Stellung. Wir drehten unsere Geschütze, obwohl die vor dem russischen Angriff liegende Feuerwalze auf uns zukam, gegen sie und feuerten im direkten Schuß: Mit Leuten wie Ferber und Kolb machte es fast Freude. Bei dieser Gelegenheit riß unsere Leitung zur Beobachtungsstelle, und der Fernsprecher mußte hinaus zum Flicken. Götz hatte noch gehört, daß seine Feuerstellung von Infanterie angegriffen wurde, und hatte »Feuer frei!« kommandiert.

Der Fernsprecher, welcher die Störung suchen mußte, war ein kleiner mährischer Bauernjunge mit Neigung zur Technik. Ursprünglich war er Fahrer gewesen und erlebte jetzt, daß die Mühsal der Pferdepflege ihre Vorteile hatte. Er ließ sich aber nichts merken und hatte die Leitung in fünf Minuten geflickt. Wir konnten Götz melden, daß die russische Infanterie in unserm Feuer liegengeblieben war und Mann für Mann von der Infanterie abgeschossen wurde; es war für die Russen eine jener Lagen, wo man sich als geopfert fühlen muß. Götz gab eine Trauernachricht durch: Blum hatte einen Gewehrschuß ins linke Auge bekommen und war fünf Minuten später gestorben.

Wir hatten unsere Munition so gut wie verschossen, und statt an Blums Stelle befohlen zu werden, erhielt ich den Auftrag, Munition, Verpflegung und ein Scherenfernrohr herbeizuschaffen; er, Götz, wolle allein vorne bleiben mit seinem Fernsprecher. Ich wartete den nächsten Artillerieüberfall ab, rannte dann auf den hundert Meter entfernten Wald zu und ging auf dem Bohlenweg durch arg zerpflücktes Dschungel, das von Sumpfflächen unterbrochen wurde. Hier lagen die Bohlen jeweils im schwarzen Modder, und eine Einheit der Pioniere war dabei, den versinkenden Damm durch neue Balkenlagen befahrbar zu halten. Auf diesem Bohlenweg mußten die Fahrzeuge mit Munition bis zum Ausgang des Waldes fahren, wo sie entladen wurden.

Ich kam glücklich bis zur Fähre, setzte über und fand den Gefechtstroß in einem Komplex tiefer Keller. Die Stadt sah erschrekkend aus. Die Russen belegten sie pausenlos mit schwerem Feuer, in der richtigen Annahme, daß sie dort unsere Versorgung am sichersten träfen. Von Fuchs erfuhr ich, daß der Regimentskommandeur gefallen sei und unser Kompaniechef aus Frankreich,

Major von Tresko, das Regiment führe. Ich erkundigte mich nach der Verpflegung. Er sah mich an: »Euer Essenfahrer ist wahnsinnig geworden.« Er war dreimal mit seinem Fahrzeug auf der Fähre beschossen, einmal waren ihm beide Pferde ins Wasser gesprungen und an Land geschwommen, seine Kanister waren durchlöchert; man hatte ihn in ein Lazarett bringen müssen, da er ununterbrochen geschrien hatte: »Sie wollen mich umbringen, sie wollen mich umbringen!« bis sie gemerkt hatten, daß er wahnsinnig geworden war. Es war ein vor vier Wochen zu uns gekommener Gefreiter aus Berlin gewesen.

Ich fragte nach Munition. Er sagte: »In zwei Tagen haben wir vierzig Pferde verloren, darunter euer bestes Gespann, Mikschs Pferde. Wenn wir noch zwei Tage in der Stadt bleiben, können wir Kühe anspannen.«

Und Panjepferde? – Irgendwie müsse ich die Munition hinüberschaffen.

»Natürlich«, sagte er, »aber erst heute nacht. Ich gebe euch drei Wagen, und Ruckensteiner führt die Kolonne, er hat ja Pferdeverstand genug.«

Willi Ruckensteiner, der Maler- und Anstreichergeselle, war seit einem halben Jahr Unteroffizier, Führer der Munitionsstaffel und Futtermeister. Ein langer hagerer Mensch mit einer goldgeränderten Brille, rührte er, obgleich solche Künste beim Militär sehr erwünscht waren, keinen Farbentopf an. »Ich bin kein Anstreicher«, sagte er, »ich bin Maler, ich male jede Dekoration, ganze Menschen und Landschaften an die Wand – aber Zahlen auf Fahrzeuge, niemals!« Er sprach nur in Tiraden, trank bis er umfiel und war ein glühender österreichischer Patriot, den man nicht mehr kränken konnte, als wenn man Hitler für einen Österreicher ausgab. Er lobte sich ein Gulasch um zehn Uhr früh und spielte in der Kompanie die clownhafte Rolle des »deppeten Österreichers«. Er trug auch jetzt stets blankgewichste Stiefel und silberne Sporen, seine Reitkunst war anerkannt.

Fuchs befahl ihm, die Kolonne für unsere Fahrt zusammenzustellen.

»Na also«, sagte er, »über den Dnipro, werdens ja sehn, lieber säß ich mit Melanie im Café.« Er brachte drei Gespanne, darunter eins aus jungen Füchsen mit goldenem Schweif.

»Ich nehme mein Reitpferd mit!«

»Ihr Pferd bleibt hier«, sagte Fuchs, »überhaupt bei Nacht!«

Ruckensteiner jagte den Fahrer des ersten Wagens fort und nahm selbst die Zügel. Dunkle Nacht und Regen; wir fuhren in leichtem Trabe auf den Dnjepr zu, ich saß neben Ruckensteiner, den Weg zu zeigen. »Dnipro sagt man hier, das ist ukrainisch, schöne Stadt dies Tscherkassy, denk dir, hier hatten die Kosaken einen Hetman. Jü–ahh!« Er zog die Zügel an, es ging zum Fluß, auf die Fähre, Pioniere zurrten die Wagen fest, gurgelnd strömte das Wasser an den blechernen Wänden des Bootes ab, wir trieben, stille still! Keinen Lärm machen, denn der Iwan schießt auf Geräusche! Ruckensteiner verbarg das Feuer der Zigarette mürrisch in der Faust. Die Pferde standen abgesträngt, von uns am Kopf gehalten. Plötzlich sprang der Motor an, das Boot wurde gegen die Strömung gesetzt, zwei Sekunden später hörten wir Abschüsse. »Sind schon da«, sagte Ruckensteiner, und dann kamen die Granaten pfeifend herab, zerplatzten mit Getöse auf dem Wasserspiegel. Nun ging der Motor auf volle Touren, ein Scheinwerfer strahlte vor uns her, am Land blitzte es rot. »Haltet die Pferde fest«, schrien die Pioniere. Die nächsten Granaten platzten, ein Sprühregen von Wasser, die Füchse stiegen und sprangen über Bord. Ruckensteiner schrie, er wäre am liebsten nachgesprungen. Die Pioniere lachten, stießen an Land, die Pferde galoppierten schon auf dem Sand des Strandes in die Lichter, scheuten und rasten zurück. Das Wasser schäumte unter der Schraube weg, gelbrot in den Schein der Lampen. »Lichter aus« schrie jemand, acht Schüsse fielen ins Wasser, donnernd hallte das Echo von drüben zurück, dann wieder Ruhe und Finsternis. Die entlaufenen Pferde sprangen zum Landeplatz, wir schirrten sie an und fuhren eilig durch die Dunkelheit nach vorn.

Wie oft in diesen Nächten um zwölf oder drei Uhr fiel der Feind mit schwerem Feuer über uns her, es klang, als würden eiserne Klötze in einem Tiegel rundum geschüttelt, rasten die Schießmaschinen ihre Läufe heiß, flogen die Kartuschen leer beiseite, hallten die Schreie der Verwundeten, wurde das Ganze von zitternden Magnesiumkugeln, die sich grausam lange oben hielten an winzigen Fallschirmen, wie ein Schmierentheater mehr schlecht als recht beleuchtet. Stinkender Qualm der Einschläge zog über uns weg, Hahn kam als Einzelgänger mit einer Tasche voll Post, die Briefe der Mütter und Kinder. Mäuse saßen, kehrte man ins Loch zurück, mit gesträubten Nackenhaaren in der Ecke; vor Ekel sprang ich nach draußen, hatte ja immer schon Mäuse gefürchtet.

Bindfäden regnete es einen Tag lang, mit einer Konservendose schöpften wir die Löcher leer. Die Läuse vermehrten sich toller als je, die Russen trommelten stärker als früher, in Walzen legte sich das Feuer von vorne nach hinten, ging in einer halben Minute über die Stellung weg, und dann sahen wir, wie es den Dschungelwald hinten pflügte, schwarzen Modder in den Himmel säte. Wellen russischer Flieger schossen aus kleinen und großen Rohren, wir hoben die Gewehre, in den Löchern auf dem Rücken liegend – sinnlos, aber das Gefühl, was zu tun, war entscheidend, bis dann einer von ihnen senkrecht stieg, am Heck aufflammte, ein Fallschirm sich löste, und die Maschine über den Schwanz nach unten taumelte, ins Wasser, es rauschte mächtig auf, stieg eine Riesenfontäne.

Und plötzlich stand ein Russe mitten zwischen uns, verirrt, Ferber, ihn sehend, schrie laut, Hybl stürzte wunderbar aus seinem Loch, und jener entfloh in riesigen Sätzen, und Hybl schoß ihm nach, da fiel er, und wurde nicht mehr lebend oder tot gesehn. Nur jede zehntausendste Kugel trifft ihren Mann, das hatte man nach dem Ersten Weltkrieg ausgerechnet. Man lernte den Granaten auszuweichen, bekam einen Sinn für Gefahr, nahm die Hand von einem Ding, das zwei Sekunden drauf durchschlagen wurde. Plötzlich waren die drei Bäume verschwunden, wir lagen unter der Lafette, und als das Feuer pausierte, schossen Kolb, Ferber und ich wie besessen nach eingestellten Zahlen, was herausging aus dem Rohr. Alle Angriffe brachen zusammen. Wie Faustschläge trafen Granaten ein Meter neben die Deckung, eine feurige Lohe leckend, Qualm; der Wald verschwand in Wolken von Rauch.

»Beißt die Zähne aufeinander!«

»Schmeiß eine Zigarette herüber.«

»Ananas, jetzt gibt's bei uns Ananas.«

»Schweinsbraten mit Knödel, o mei!«

Der Wiener Fleischhacker Konstanzer, rotäugig, sommersprossig, dick, kam von Smela zu uns: »Die Etappe, Leutl san mir blöd, Weiber, Sekt und Schlagrahm!«

»Spui di net!«

Dann schossen die Russen auf ihre Verwundeten im Sumpf, die versuchten, zu uns zu kriechen, bis jene schwiegen.

Und dann war es aus – nach fünf Tagen zogen wir ab, lächelnd, zufrieden, verbrannt und gesund, aber Götz verlor einen Finger, beim Übergang ans Ufer, wir sahen ihn nicht wieder, schade! Das Regiment hatte zwölfhundert Mann verloren. Tränen der Mütter, Frauen, Kinder, Geliebten, salzige Bäche der Trauer, Wahnsinn, o Wahnsinn, Leviathans Rachen mahlte die Knochen, blutige Spur der Geschichte, breiter werdend, röter, nur perspektivisch zum Nichts zu verengen, Tränenströme darüber der Waisen der Welt.

IV

Schaut nicht zurück

Jener Konstanzer hatte einen fetten Hahn geschlachtet und bot mir eine Keule an. Ich wickelte sie in Zeitungspapier und schob sie in die Packtasche am Sattel. Wir machten uns fertig zum Weitermarsch. Kolb hatte Holunderkompott auf schwäbische Art gekocht, süßsauer und passiert, er löffelte es jetzt bekümmert in seine Feldflasche. Dann marschierten wir ab, alle frisch rasiert. Marschierten über den Tjasmin, an den fünf Windmühlen vorbei, durch das Sumpfdorf und dann, das ganze Regiment in friedensmäßiger Ordnung, die Dnjeprhöhen hinauf. Der Fluß lag weit und spiegelnd im Abendlicht, wir hörten von einem Schiff herauf den Gesang russischer Soldaten. Dann wurde es dunkel, wir marschierten nach Süden.

Unsere Munitionswagen wurden sechsspännig gefahren. Miksch, mit seinem Hängebart wie ein Tatar, dirigierte die Gespanne vom linken Stangenpferd mit wilden, wütenden Schreien und einer langschnürigen Peitsche. Er hatte die Sattelfahrer, junge Burschen, von den Pferden gejagt und fuhr mit Leinen. Um einen Sechserzug einzufahren, braucht man sechs Wochen; wir hatten drei Tage gehabt, deshalb war es ein elendes Kutschieren.

Gegen Morgen bezogen wir ein Dorf, Hybl legte sich zu Bett; man wußte nicht, was ihm fehlte. Kolb entleerte seine Feldflasche und buk Holunderpfannkuchen, während Ehrhard und ich die junge Agronomin, ein dunkles Mädchen mit Guitarre, fragten, woher sie ihr Deutsch gelernt habe. Sie sagte, ihr Vater sei Deutscher gewesen.

Dann sei sie also Deutsche? Sie lachte bloß, habe in Kiew studiert, nein: fühle sich als Russin wie ihre Mutter.

Und sei wohl auch Kommunistin?

Sie lächelte, nein; es gäbe nur wenige Kommunisten als Parteimitglieder – aber Marxistin sei sie natürlich, was denn sonst?

Sie brachte mir nach Befragen nach ukrainischer Literatur einen Band mit Gedichten und Prosa von Schewtschenko in deutscher Sprache, in Moskau gedruckt. Die Übertragungen stammten von Autoren mit deutschjüdischen Namen. Es war reines Buchdeutsch, glatt und ohne grammatische Fehler, sprachlich tot; anscheinend hatten die Übersetzer auf einer Schule ausgezeichnet Deutsch gelernt, es aber nie von Deutschen sprechen hören; manchmal klang das Jiddische idiomatisch durch. Der langen umständlichen Einleitung des Bandes entnahm ich, daß Taras Hryhorowitsch Schwetschenko von den Ukrainern als der moderne Nationaldichter geschätzt wird. Er lebte 1814 bis 1861 und war lange Jahre verbannt, weil er für die Befreiung von der Leibeigenschaft eingetreten war. Wenn man den Autoren glauben darf, war das sein größtes Verdienst – sein zweites war ein warmer ukrainischer Patriotismus und die Liebe zur Heimat: So jedenfalls drückten sie das aus, was als glühender Nationalismus (gegen die Großrussen) aus den Gedichten herauszulesen war. Die Motive des Dichters waren sorgfältig vertuscht, der Kampf gegen die Leibeigenschaft wurde mit dem Leiden unter einem tyrannischen Gutsherrn begründet (Schwetschenko scheint als Leibeigener geboren zu sein), und die Bemühungen um eine eigene Sprache und Nation wurden zur »Heimatliebe«. Die Gedichte wirkten in der Übertragung wie ein Gemisch aus Schiller und Heine in der Sprache von Jugendstilgedichten – man merkte trotzdem, daß Schwetschenko eine große Gestalt von slawischer Innigkeit war, nicht bloß literarisch bedeutend, sondern aus volkstümlichen Balladen und Epen genährt. Die Agronomin hatte das Buch nicht gelesen, sie lese Schwetschenko in der Ursprache; ihr deutscher Vater aber habe es, obgleich er fließend ukrainisch gesprochen habe, geliebt. Der Schluß der Einleitung war ein Lob auf Stalin, dessen Größe das ukrainische Volk es zu danken wisse, daß er die Ideale des Dichters restlos erfüllt habe. Ich las ihr das vor.

»Es mag schon so sein«, sagte sie. Die Erinnerung an eine eigene Geschichte war in der Ukraine fast erloschen. Konnte man heute noch ein Ohr für Schwetschenkos Welt haben?

Ich fragte, ob die Ukrainer zufrieden seien. Sie zuckte die Achseln.

Ich fragte dreist weiter: ob die Ukrainer das Gefühl der Zufriedenheit, des Glücks hätten.

»Das Leben ist wie es ist, vieles könnte besser sein – aber ist es bei euch viel besser?«

Sie war 1914 geboren und mit Worten nicht mehr zu überzeugen, daß die Welt anders sein könnte, als sie war.

Es waren schöne Tage, wir marschierten täglich etwa dreißig Kilometer. Eines Abends ließ sich Major von Tresko ansagen, der noch immer das Regiment führte. Da Hölzl und Fuchs wußten, daß er Feste im Kreise der Mannschaft liebte, gab es ungeheure Portionen Schweinefleisch auf einer Wiese. Tresko saß und stand mitten unter uns, sprach viele Leute an und griff sich, auf Klagen der Männer, sie seien verlaust, unters Hemd und zog sich eine dikke Laus hervor, zuckte mit den Achseln und zerdrückte sie.

Am Sonntag wurde eine Messe für die Gefallenen gelesen und zum Staunen einiger Offiziere ging fast das ganze Regiment zur Kommunion, die von zwei Geistlichen gereicht wurde. Sogar Ehrhard war von mir mit theologischer List überredet worden, seine Sünden loszuwerden. »Ich bin schon drei Jahre nicht gegangen«, meinte er.

»Dann wird es höchste Zeit«, sagte ich, »morgen beguckst du vielleicht selbst schon die Kartoffeln von unten.« Die verkündete Generalabsolution machte großen Eindruck, und mancher war froh, auf solche bequeme Weise die Rechnung mit dem lieben Gott begleichen zu können. – Tresko erzählte, daß der verwundete Zangler heimgeschafft worden und voraussichtlich nicht mehr feldverwendungsfähig sei. Ich hörte es gern.

Die Lähmung des Geistes dauerte, als Nachhall der Schrecken, bei körperlichem Wohlbefinden an. Es stellte sich ein Zustand großer Aufnahmefähigkeit ein, wie nach Kaffee oder Tee, wenn der Körper müde ist. Es waren kühle Tage. Ich ließ die dreißig Pferde unseres Zuges schön beschlagen und ritt auf einem neuen Pferd spazieren. Die Fahrzeuge wurden überholt, die Geschütze auseinandergenommen. In Säcken kam die Post der letzten Wochen an.

Es war schon herbstlich kühl und regnerisch, als wir eines Tages bei Krementschug über den Dnjepr gingen. Die Stadt, auf dem Ostufer, war ausgedehnt, anscheinend im Frieden schon verwahrlost, hatte alte Häuser, große Holzstapel und Sägen, Katzenkopfpflaster und viele Buden. Jenseits legten wir uns in ein Dorf und sahen zu, wie die Panzerarmee von Kleist vorrüberrollte. Bei ihr war eine italienische Division, aus Neapolitanern bestehend, vorzüglich motorisiert und ersichtlich das Beste, was uns Mussolini hatte schicken können. Die vielen kleinen Männer mit den Zitronengesichtern und schwarzen Haaren machten einen unternehmungslustigen Eindruck. Ihre Pioniere hatten eine sehr schöne, hundert Meter lange Brücke über das braune Wasser des Pysol gebaut. – Wir marschierten an einem Tage ohne Unterbrechung 35 Kilometer, die ich im Sattel verbrachte. Dann kamen wir über Kowali, wo uns lange Züge von russischen Gefangenen begegneten. Sie trugen Gummistiefel, deren etliche gegen unsere Lederstiefel vertauscht werden mußten.

Aber wie immer schlugen uns Wohlleben und Ruhe nicht an. Hybl und Kolb stritten sich. Auf den Koch, der das Verdienstkreuz bekommen hatte, wurde wegen schlechten Essens geschimpft, und dann riß die Geduld mit allem.

Ferber: »Der Koch! Ha, der Koch, möchte selbst Koch sein, frißt die Säu selbsten, schickt uns die Fischkonserve!«

Ruckensteiner: »Marmelade, nicht die Marmelade vergessen, verdammte Marmeladinger Preußen!«

Ehrhard: »War beim Regiment, mein alter Freund, der Schreiber, sagt, der Muskat habe Hühner gejagt, zwanzig Kilometer rückwärts, wir aber lagen auf der Teufelsinsel.«

Detter: »Und die Trosse in der Stadt zu lassen, aber natürlich, wenn der General Hendln braucht!«

Hybl: »Und warum, auf der Insel, warum? Kein Mensch weiß es, überflüssig und narrisch, die Herren!«

Blank: »Keine Zigaretten mehr, leih mir welche, Willy, geh her.«

Ruckensteiner: »Leihen, dir? Frag bei die Preußen nach, Marmelade und Fischkonserven, ha!«

Abends gab es eine Sonderzuteilung Schnaps, und Muskat fuhr mit dem frischen Ritterkreuz vorbei. Er hielt und stieg aus, ob wir meinten, es sei zuviel Blut für das Kreuz bezahlt? Er geniere sich fast. – Er war ein alter Mann und fragte ahnungslos, keiner antwortete. Er nickte und fuhr ab.

»Hühnerblut! Hühnerblut!« schrie Ruckensteiner ihm nach. Muskat führte jetzt, da General Schobert gefallen war, das Korps in Stellvertretung.

»Wir warten nur, daß Kleists Panzer Poltawa nehmen«, wußte Ehrhard, und wirklich dröhnten die Nächte vom Lärm der Motoren der endlosen Panzertrosse, die uns überholten.

Am 25. September marschierten wir auf die Stadt zu, sie lag auf der Ebene offen vor uns. Hier hatte der große Peter das Heer Karls XII. vernichtet und Schweden als Macht des Ostens abgelöst. Von weither dröhnte der Donner von Geschützen, Poltawa war schon tagelang gefallen. Verschlugen die Erinnerungen der Geschichte? Es war ein schöner Tag. Das Getreide stand geschnitten auf dem Felde, war in Hocken und Puppen verregnet und verwittert, begann vom Grund auf zu faulen und verlor bei jedem Windstoß Körner. Scharen von gemästeten Mäusen rannten, rupfte ein Pferd an den Ähren, in Strahlen davon.

Poltawa liegt auf einer großen Ebene, die südöstlich zur schmalen Worskla abfällt. Der Regen hatte den Fluß steigen lassen, die Wiesen des flachen Ostufers waren überschwemmt, das Westufer sumpfig. Man sah von der Stadt weithin über das Ackerland nach Osten, ein schiefriger Himmel hing niedrig darüber, und ganz in der Ferne zog sich ein dunkelblauer Saum von Wäldern hin.

Die Stadt war wimmelnde Etappe, schon hatten sich die Stäbe hier festgesetzt und jede Kreuzung der Straßen war durch einen mit querweisenden Brettern, Stabszeichen, Flaggen und Nummern benagelten Pfahl zur Sphinx geworden, vor der sich mancher nicht zurechtfand – aber das Aussehen der Stadt als eines Stapel- und Etappenplatzes und darum auch gehobener Sicherheit war geprägt. Man sah alle Waffengattungen und erstaunlich viele Motorfahrzeuge.

Rechts lag eingangs der Stadt ein burgartiges Bauwerk. Der Ort Poltawa war eine Mittelstadt mit anscheinend quadratischem Straßennetz. Die Häuser hatten meist nur ein Stockwerk im Hochparterre, wie es dem neunzehnten Jahrhundert in Rußland entsprach. Vor den Häusern her lief eine Zeile von Linden oder Akazien. Die Straßenmitte war mit Katzenköpfen eng gepflastert, auf denen die Fahrzeuge schauerlich rumpelten. Vereinzelt standen moderne Bauten in häßlichem Betonstil in der Zeile. Am Eingang und Ende der Stadt gab es Mietskasernen. Alte und neue Häuser sahen verwohnt und armselig aus. Sie hatten aber nicht den gemütlichen Eindruck verloren, den sie zur Zeit Gogols und Leskows gehabt. Hier müßte es sich im Sommer herrlich leben lassen, auf den großen Holzveranden der Häuser: Abends spazierengehen an den Hängen des Steilufers, Blicke über die reiche Landschaft mit Korn und Mais. Im Winter würde man die großen Öfen von den Fluren aus heizen, bis zu den Knien reichende Filzpantoffeln tragen und fette Sachen essen. Poltawa schien vernachlässigt zu sein, weil es noch immer das Herz des ukrainischen Nationalismus war, vielleicht auch weil es nichts als der Mittelpunkt eines wohlhabenden landwirtschaftlichen Bezirks war, Industrie gab es wenig.

Die Stadt hatte elektrisches Licht, das hie und da aufflammte, denn es war schon Abend, als wir durchmarschierten, aber eine Wasserleitung gab es nur in Teilen der Stadt, und sie schien jetzt nicht in Ordnung zu sein. Man sah Frauen und Mädchen mit Eimern vor den wenigen Brunnen, sah Soldaten mit ihren Pferden zum Fluß hinabsteigen, Küchen- und Wasserwagen pendelten hin und her.

Ihre Vergangenheit ehrte die Stadt durch ein Denkmal Peters. Am Rande eines kleinen Parks mit Ruhebänken stand eine Büste Gogols. Der Dichter stammt ja aus diesem Gouvernement. Ich saß, da der Marsch gerade stockte, einige Minuten auf ihrem Sokkel und rauchte eine Zigarette – ihm zu Ehren. Kein Mensch in meiner Umgebung wußte, wer er gewesen, kein Mensch kümmerte sich um das Denkmal: Es war auch nicht nötig, und ich vermißte es nicht; es genügte, daß Gogol von uns gewußt hatte und jemand ihm Reverenz erwies.

Wir fuhren den Hang hinab, überquerten den Fluß, marschierten durch Sümpfe, ein wenig schien der Mond. Dann wichen wir links von der Straße ab in ein Dorf – es war die Arbeitersiedlung Tagniki. Es gab zwar keine Ställe und kein Futter, aber um so freundlichere Aufnahme bei den Bewohnern. Sie waren in den kleinen Mühlen vor der Stadt tätig, anscheinend auch in Nagel- und Stiftwerken mittlerer Größe, kräftige, schlanke Männer mit klaren Augen und der für Arbeiter so bezeichnenden praktischen Teilnahme am Leben. Im Gegensatz zum russischen Landarbeiter waren sie beweglich, hielten eine Zeitung und sahen den Krieg nicht als ein magisches Geschehen furchtbarer Dinge, sondern als einen Beweger und Erreger von Kräften an. Man fühlte diese Einstellung aus der Atmosphäre der kleinen Wohnungen. Da war peinlich aufgeräumt, die Kissen, wie überall in Rußland eine Art Signal des Besitzstands, hoch getürmt, die Ikonendecke nicht von Spinnweben ehrwürdig, sondern frisch vergoldet, die Griffe der

Türen und Fenster aus Eisen oder Messing statt aus Holz, ein Kochherd mit blitzblank gescheuerter Platte statt dem gemauerten Ofen.

Die Frau, in deren Haus wir kamen, war freundlich, erbot sich, das Essen zu wärmen, stellte frisches Wasser zum Waschen bereit und legte ein Handtuch daneben. Der Mann bot uns Tabak mit Zeitungspapier zum Rollen, nahm aber auch ungeniert von unsern fertigen Zigaretten. Die Tochter, mehr als hübsch, hielt sich im Dunkeln, bis wir uns als harmlos erwiesen. Sie hausten in einer Wohnküche, die Tür zum Schlafzimmer stand weit offen. Wir waren durch den langen Ritt erschöpft und hätten uns am liebsten hingelegt, aber der Mann verwickelte uns in deutscher Sprache in ein Gespräch: er war in den zwanziger Jahren in Deutschland gewesen, kannte Recklinghausen, Mühlheim, Köln, Neuß, und hatte von Deutschland und deutscher Art ein schönes, freundliches Bild – diese fünf Jahre seien die besten seines Lebens, nie habe er so gut gearbeitet, so gut verdient, und er verglich die heimischen Verhältnisse mit den unsern; er sah die Nachteile der russischen, wo der Arbeiter zwar gut verdiente, aber wenig kaufen könne. Während die Landleute ihren Lohn zum großen Teil in Korn und Kartoffeln empfingen und Schuhe, Kleidung und Bettzeug schusternd, spinnend und webend selbst besorgten, müsse der städtische Arbeiter Rußlands sechs Wochen für ein Paar Schuhe arbeiten. In Deutschland, sagte er, stünden Lohn und Preis in einem erträglichen Verhältnis – das wisse auch der russische Arbeiter. Selbst wenn er nie im Ausland gewesen sei, habe er genügend darüber gehört – der ausgebeutete europäische Prolet des Jahres 1913 habe zwanzigmal besser gelebt als der Bewohner der Sowjetrepublik von heute.

Wir staunten – was war das? Nun, sagte er, das sei die Folge gewerkschaftlicher Erziehung in Deutschland.

Dann sei die Arbeiterschaft Rußlands eher zum Umsturz der Dinge bereit als die Landbevölkerung?

Er lachte: »Sehen Sie unsere Landbevölkerung an, träge, geistig unbeweglich, unterwürfig, ohne Möglichkeit sich zu organisieren. Jeder Bauer hat Angst vor einer Veränderung bestehender Verhältnisse. Die Arbeiterschaft hat, wenn der Bolschewismus verschwände, nichts zu verlieren.«

Der Mann führte uns in einem Gemisch von Stolz und Erbitterung seine Haushaltung vor, zeigte, was er selbst gebaut und gebastelt hatte und wies uns die Hühner und Geißen, mit denen seine Frau versuche, das Leben erträglicher, billiger zu machen, unabhängig von dem, was im totalen Staat nichts wert sei, vom Geld.

Wie die anderen dächten, fragten wir, ob nur er, der Weitgereiste, dies kritische Auge gebildet habe.

Durchaus nicht, beteuerte er; zwar hätten die wenigsten den dialektischen Witz seiner Zunge – aber die meisten fühlten genau so.

Das war also ein Erlebnis; tief in der Ukraine saß ein Arbeiter und wußte mehr von Politik und Sozialismus als Spengler, Ortega und die Hochgescheiten des Westens; er war frei vom Schleim zivilisatorischer Hoffart – rührende Kitschbilder zierten sein Haus, aber er war ein geschulter Marxist, kein Ideolog der Lehre, daher urteilsfähig und hatte die Wohnung zum Spiegel seines Wesens gemacht.

Am nächsten Morgen holten wir mit zwei Booten Heu aus den Sümpfen. Bei dieser Arbeit kam der Abmarschbefehl. Wir fuhren schleunig auf die Hauptstraße, gerade recht zum Einfädeln. Hier stand Hahn mit dem rotweißen Bändchen im Knopfloch, strahlend, daß er es bekommen hatte, denn lange schon hatte ihn gegrämt, daß, wenn andere ausgezeichnet wurden, seiner Verdienste niemand gedachte. »Weißt du, als Aktiver«, sagte er, als ich gratulierte, »braucht mans eher als ihr Reservisten!«

Auf einer neuen Straße, die nicht in den Karten stand, marschierten wir bis Josinowka, rasteten ein paar Stunden und brachen bei Beginn der Dunkelheit auf nach Woinowka, zwanzig Kilometer. Früh und dunkel kam die Nacht, leichter Regen ging nieder, Gott sei Dank blies kein Wind. Ein russischer Bomber erhellte für einige Minuten ringsum das Land mit Magnesiumkugeln an Fallschirmen, mucksstill saßen wir auf den Pferden, aber ob er uns gesehen hatte oder auf gut Glück die Straße bewarf: er ließ vier Bomben fallen, rechts und links von uns ins Gelände. Zum Glück erloschen jetzt die Kugeln, denn die Pferde stiegen und wollten davon. Die Flak schoß blind in den Himmel. Ein einziges Mal sahen wir den Feind unterm Wolkenschleier, als die eigenen Leuchtkugeln ihn bestrahlten.

Auf seinem Panjewagen etwas vor uns saß der slowakische Troßfahrer Csasny, ein Mann mit weit abstehenden Ohren, Froschmund und einer Gesichtshaut, die aussah, als wäre eine Ladung Schrot hindurchgegangen, und offenbar schlief er, denn plötzlich stand die Kolonne vor einem Maisfeld – eine der üblichen Stockungen, dachten wir wartend. Dann aber, als Csasny erwachte, war von den vor ihm Marschierenden kein Laut mehr zu hören, und wir fanden mehr tastend als sehend zurück auf den Weg und verfolgten ihn nun allein, denn vor uns war jedes Geräusch abgeschnitten, da lag nur die Finsternis gegen Osten, und hinter uns war ahnungslos ein halbes Regiment und mehr. Es dauerte Stunde um Stunde; Miksch, als Melder vorausgeschickt, kam nicht zurück; dann ritt ich selber, fand nichts. Die russische Nacht schien sie verschluckt zu haben. Endlich fanden wir, so stumm wie sie vor uns hergezogen waren, die Kompanien auf dem Wege. Sie standen und lagen, es waren unsere eigenen Leute, genau so wie wir sie verloren hatten, und sie hatten es nicht einmal bemerkt. – Ich ging auf ein Haus zu, das leer schien. Fuchs blinzelte hinter dem Hindenburglicht, nickte mir zu und schlief wieder. Ich zwängte mich auf den Boden. Ruckensteiner war da und murmelte: »Du bist's? Leg dich nieder, komm her!« An die Wand gelehnt standen seltsame Packen, nach Minuten erkannte ich, daß es im Stehen schlafende Männer waren. Draußen rupften die Pferde das Stroh vom Dach und steckten die Köpfe mit den mahlenden Gebissen durch die fensterlosen Öffnungen ins Innere. Kalt, feucht, kein Wort, Atemhauch und Geschnarch.

Um halb vier Uhr weitermarschiert, ein Dorf, ein Flüßchen, dann Sümpfe fett schillernd im Leuchten des rosigen Osthimmels, aber die Spitzen des Schilfs mit weißem Reif. Ganz dünnes Eis auf den Pfützen. Träge Wasservögel erwachten, auf einem winzigen Brückchen setzten wir über, dann schlugen Granaten ein, und als wir oben auf dem Hang ankamen, pfiff schon der Morgenwind.

Im Dorf Tschudowo sollten wir in Stellung gehen, die Höhen waren noch besetzt, also hinunter, zurück über Sumpf und Brükke: Wir kamen gut nach Tschudowo hinein. Der Küchenmetzger Konstanzer wirtschaftete in Fleisch und Speck. Da Pferde frei umherliefen, fingen wir sie ein. Das Dorf sah in dem ewigen Nieselregen grau und verlassen aus, im kalten Wind der Steppe war es zur

Hälfte noch vom Feind besetzt, jenseits des Bachgrunds, der das Dorf teilte.

Das Schwein war noch nicht gekocht, als die Infanterie zurückging. Man hörte keinen Schuß. »Was ist los?« riefen wir den Gruppen zu.

»Der Iwan kommt«, sagten sie. Der motorisierte Pakzug fuhr rasch auf der Hauptstraße nach Federowka zurück. Wir hatten keinen Befehl erhalten – vergaß man uns? Hybl befahl, alles zum Abrücken fertigzumachen; vor Anbruch der Dämmerung konnten wir nicht aus dem Dorf heraus, da Federowka und der Raum davor im Feuer der russischen Granatwerfer lagen. Plötzlich war Tschudowo leer von Truppen. Wir beschlossen, an den westlichen Dorfausgang zu fahren.

Jemand sagte: »Russische Panzer«. Wir wurden unruhig. Auf der Hauptstraße hörten wir Motorengeräusche. Hybl, Kolb und ich hielten Kriegsrat. Da man uns offenbar vergessen hatte, beschlossen wir, selbständig zu handeln, fuhren ab und kamen an einen Weg, der auf die Hauptstraße zuführte: Dort stand, olivgrün gestrichen, mit einem roten Stern am Turm, ein russischer Panzer.

»Jessas!« sagte Hybl. Wir spähten abwechselnd um die Ecke. Der feindliche Gast stand keine hundert Meter weit und drehte den Turm langsam hin und her.

»Er sieht uns nicht«, sagte Blank, »sollen wir durchgehn?«

»Unsinn«, sagte Hybl, »dann sieht er uns.«

»Wir verpassen ihm eins«, sagte ich.

»Nichts da – wissen wir, wieviele er hinter sich hat? Wir müssen durchbrechen.«

Der Metzger Konstanzer war bleich, Miksch drehte eine Zigarette.

»Los«, sagte Hybl, »Ferber mit den Reitpferden im Galopp nach Federowka! Sie mit den Geschützen und Munitionswagen über die neue Straße! Kolb und ich mit den Schützen decken den Rückzug!«

Die Fahrer setzten sich in Bewegung, fuhren im Bogen aus dem Dorf und hatten gerade den Sandkasten der im Bau befindlichen Straße erreicht, als die Artillerie auf uns zu schießen begann. Ich rannte verzweifelt hinter den Fahrzeugen her und brachte sie in einen ruhigen Trab. Der Vorderfahrer des ersten Geschützes wäre am liebsten im Galopp davongeprescht, wir hatten fünf Kilometer vor uns, ich jagte ihn vom Pferd und saß selbst auf. Glücklicherweise war der Sandkasten tief, und an den Seiten deckte uns der frische Aushub. Ich sah Ferber weit drüben galoppieren, eine lange Kolonne russischer Gefangener marschierte in aller Ruhe in Sechserreihen durch das Gelände; jedesmal, wenn die Granaten rauschten, legten sie sich samt ihren Posten auf den Boden. Ein Zugpferd stürzte, wir spannten aus und mußten es liegenlassen. Am Eingang von Federowka hielt ich und meldete Hölzl, was geschehen sei.

Er grinste mich an, unsere Sturmgeschütze hätten die Panzer bereits abgeschossen, die Infanterie kehre feindwärts zurück ins Dorf. Eine Panzerabwehrkanone sei verloren, leider auch ein schweres und zwei leichte Infanteriegeschütze – aber vielleicht kriegten wir sie wieder. Ich zog in eine große Scheune, die halb voll lag mit losem Korn. Zwei von uns waren verwundet, wie sich nun zeigte, von leichten Splittern; drei Pferde waren geritzt, zwei lahmten erschreckend. Dann fand sich Kolb mit den Schützen ein. Spät in der Nacht kam Hybl. Sie waren bei dem Versuch, ein Geschütz zu retten, versprengt worden und hatten noch zwei Pferde verloren.

»Um ein Haar hättens uns erwischt«, sagte Blank, »um ein Haar!«

»Die Panzer?«

»Infanterie, in Scharen kamen sie!«

»Und eure eigenen Schützen?«

»Davon! O je! weit weg! – Liefen ja genug Pferde herum, wollten welche einfangen und anspannen, da kommt der Iwan, und alle Schützen auf und davon – Panzerschreck, o je!«

»Sowas«, sagte Hybl, »läuft alles davon, sowas!«

»Na was«, sagte Konstanzer, »soll mal ein Panzer auf Sie zukommen, Herr Feldwebel, mit derer Kanon', und man sieht nicht, hat er dich gesehn oder net, Servus, gehn mer!«

»Der Iwan hats genau so gemacht, was glauben Sie, he? Als unsere Sturmgeschütze kamen, he? Wie die gelaufen sind! Das kommt davon, wenn das dritte Bataillon zurückgeht und das erste hält – da stößt er nach, der Feind.«

»San mr an Keil gwen, in derer Front alloans, he? Narretei!«

»Und der Ehrhard, habts dös schön ghert? Volltreffer aufs Geschütz, alle hin!«

»Ehrhard auch?«

»Na, der net, aber alle andern tot – denkens, Herr Feldwebl, an Volltreffer Platschari auf dena Röhrln!«

Die Straße von Federowka war bedeckt mit Trümmern von Häusern, Balkenstücken, Fahrzeugen, toten Tieren, Ästen und Dachstroh. Das früher schon leere Dorf schien ausgestorben zu sein; die Fensterlöcher der armseligen Häuser waren hohl, hie und da trieben im Wind Federn, und man konnte sich einbilden, daß sie aus Kissen kamen, aber auch tote Hühner, Hähne und Gänse hatten die Federn lassen müssen.

Am nächsten Tag lagen wir noch in der Kornscheune; Geschütze, Wagen und Pferde standen ringsum in Schuppen. Bei Tage durfte man sich, da gleich geschossen wurde, nicht sehen lassen. Das war sehr lästig für das Tränken der Tiere, und so schlüpfte denn Miksch mittags mit Eimern zum Brunnen. Da tat es einen Schlag, feiner blauer Dunst schwebte über der Tenne, wo die Männer fielen, mitten unter ihnen ich, denn ich gab das Essen aus einem Kessel in die Kochgeschirre. Ich verband einen Arm, ich schnitt eine Hand, die nur an der Haut im Gelenk hing, mit meiner Nagelschere ab. Dem stöhnenden Pfaffel, einem mährischen Bauernjungen, trennte ich Hautfetzen vom Bein. Mit glasigen Augen, vom Schmerz noch betäubt, sah er mich an, einer von denen, die nie begreifen werden, warum sie den Kanonenfabriken das Geld verdienen müssen. Wir hatten kürzlich russische Kanonen mit Krupps Namen erbeutet. »Was ist denn das«, hatte Pfaffel gefragt, »das Kapital?«

»Das sind die Flakgeschütze, die Rußland vor zwei Jahren von uns kriegte und aus denen sie uns heute beschießen: wie die AEG-Granaten aus Charkow, mit denen die Russen deinen Vater 1915 in den Karpaten erschossen haben.«

»Aber geh doch!«

Nun lag er da ohne Bein, ein Bauernknecht.

Ferber, der Gute, hatte schon einen Wagen für die Verwundeten besorgt. Kolb, eifrig wie ich beim Verbinden, fiel plötzlich erbleichend um, er hatte Splitter in Arm und Hüfte und wurde sofort mitverfrachtet. Dann sah ich Feldengut, schlief er? Er lag ausgestreckt auf dem Rücken, keine Verwundung war zu sehen, erst als wir seine Bluse öffneten, bemerkten wir den kleinen Splitterriß in der Haut, über der Herzgegend; er mußte sofort tot gewesen sein.

Spät nachts rückten wir wieder nach Tschudowo und bezogen Stellung. Wir fanden sogar das geschlachtete Schwein, die Russen hatten es liegen lassen. Wir hockten abends unser vierzehn in einer engen warmen Stube, die Läuse vermehrten sich, hunderte von Fliegen krochen aus ihren Winterschlafritzen. Den halben Oktober lagen wir hier. Die Infanterie spielte Karten, nur Posten pendelten in Gräben und hinter Sichtblenden die Stellung ab. Die andere Hälfte des Dorfes hielt der Russe. Da es fast stets regnete, überkam uns die Trostlosigkeit des Herbstes. Wir unterhielten uns: »Wir haben zwei Millionen Russen gefangen – wieviel sind es eigentlich?« Man sah mich an.

»Hundertsiebzig.«

»Millionen?«

Glücklicherweise kam Mingler mit dem Essens-, Munitions- und Postfahrzeug vom Troß in Woinaka, drei Stunden weit. Er war ein Volksdeutscher aus Kronstadt und hatte es bei den Rumänen zum Beamten gebracht gehabt. Er sprach viele Balkan- und Slawensprachen und war geschickt im Betrügen der Köche, Fouriere und Zahlmeister. Er hörte zu, wie unser Jüngster, Knittel, erzählte, sein Vater sei Besenbinder und habe ihn nicht aufs Gymnasium schicken können, so sei er Eisverkäufer geworden.

»Was hast du denn gelernt?« fragte Mingler.

»Gelernt? Was soll ich gelernt haben?«

»Wenn du fürs Gymnasium schlau warst, warum verkaufst du dann Eis, he?«

»Ist's nicht ein guter Beruf?«

Die Kameraden brachen in Gelächter aus, aber Knittel weinte. Ogasa, der Zauberer, nun bei uns im Zuge, fragte ihn nach den Frauen, aber er antwortete: »Ich bin unverheiratet«, und weinte über das schallende Gelächter.

Auch ein ehemaliger Landstreicher, jetzt Trambahnschaffner, war bei uns, Finda. Er hatte eine schöne Stimme und erzählte, daß er früher sein Brot mit Singen verdient habe. »Es war ein gutes Geschäft, verdiente doppelt soviel als heute – aber mei, der Sinn für Poesie ist dahin! Die Nazis verboten es mir.« Er lebte nun bei seiner Schwester, die er als schön und begehrenswert beschrieb.

Konstanzer fragte unverblümt, welchen Standort sie habe.

Finda lachte und nannte einen Platz. Wir konnten seinen Berichten entnehmen, daß die Schöne in den Geldbeutel des Bruders zu wirtschaften habe, und Mingler erwies sich als so weltkundig, ihn unverblümt zu fragen, ob die Wiener Straßenbahn ihn nicht entlasse, wenn er sich als Blutschänder ertappen ließe. Hybl gebot nun Schweigen. Wichtiger als Frauen war der Fußball. Religion gab es nicht, Politik war lästig. Das Essen wurde nach der Menge, das Getränk nach der Süßigkeit beurteilt.

Unser bester Mann war der Ofensetzer Ferber, ein Niederbayer, der im Gegensatz zu den Wienern keine Nerven hatte. Er und Blank verstanden sich sehr gut. Sie saßen über Eck und erzählten sich kichernd Geschichten. Hybl spielte mit ihnen Tarock, und da sie einen vierten Mann brauchten, ließ ich mich beiziehen.

Die Fahrer wurden von Miksch beherrscht, er schrie sie an und trieb zum Füttern und Tränken, er verteilte die Portionen und teilte die Stallwachen ein. Von Beruf war er Weinbauer aus Südmähren. Ich erzählte ihm die Anekdote von jenem sauren Mährer Wein, den der Papst nicht habe trinken wollen. Er war empört: »Da müßtens unsern Wein probieren, na wissens, der Heilige Vater!« Er schüttelte den Kopf.

»Euer Wein ist wahrscheinlich gut, wenn er an Ort und Stelle getrunken wird, ich habe noch nie mährischen Wein in Deutschland getrunken.«

»Ganz Wien trinkt südmährischen Wein – ha, Joslowitzer vom Grafen Spee!« Er schnalzte mit der Zunge.

Miksch war ein stämmiger großer Mann und hatte ein tüchtiges Mundwerk. Sein Freund und Gegner war Kogler, aus der gleichen Gegend, sehr pferdeverständig und ohne den schlitzohrigen Beigeschmack, den Mikschs Worte und Taten zu haben pflegten. Niemandes Pferde waren so gut im Futter, so stark im Zug. Er sprach übrigens nicht von Pferden, sondern von Rössern. Handelte es sich um Schinder, so brauchte er das Wort Heiter. Koglers Welt war winzig, sehr selten bekam er Post, fast nie ein Päckchen, er schien geizig zu sein und rauchte nicht. Er hatte keinen andern Gedanken als seine Rösser.

Einer unserer Munitionswagen war im Schlamm steckengeblieben. Ich schnallte mein Koppel mit der Pistole um und ging im Dunkeln zu den Fahrern hinüber. Sie hatten ein mächtiges Feuer im Herd und brieten einen Tränkeimer voll Kartoffeln, in einer Pfanne lagen Hühner. »Ihr lebt nicht schlecht!« Es roch nach Woilachen, Pferdemist und Schweiß. Die Schwaden der Kartoffeln mischten sich darüber – Fenster und Türen waren dicht verhängt, ein winziges Hindenburglicht stand auf dem wackligen Tisch. Krüger, der Schmied, hantierte am Herd, die andern saßen halb schlafend in den Ecken auf Sätteln und Stühlen.

»Wir müssen den Munitionswagen holen.«

»Ich fahre«, sagte Miksch.

»Ich glaube, Ihre Pferde sind zu schwach, Miksch – er steckt bis an die Achsen drin. Kogler, was meinen Sie?«

Kogler kratzte sich, er wußte, daß nur seine Pferde den schweren Wagen flottmachen könnten. Miksch aber war beleidigt: »Meine schaffen es auch, sie sind gut im Zug.« Es wurmte ihn mächtig, daß sein schweres Gespann tot war und man ihm Panjepferde gegeben hatte. Kogler erhob sich schwerfällig und sagte »Ich mache mich fertig.«

Es war stockfinster, als Kogler und ich mit den Pferden zu dem Wagen gingen.

»Könnten Sie ihm nicht ein Gespann verschaffen«, sagte Kogler zu mir, »Miksch wird akkurat eifersüchtig auf mich, weil ich meine Pferde behalten hab.«

Natürlich konnte ich nicht viel tun. »Ich will mit Dr. Schedel reden«, sagte ich, das war der Veterinär.

Wir zogen den schweren Wagen aufs Trockene.

Als ich zurückkam, war Hahn gekommen. Er mahnte uns zur Vorsicht. Ein russischer Artilleriebeobachter, ein Leutnant, sei in unsere Hände gefallen. Ein Posten erhielt Befehl, ihn zurückzuführen. Unterwegs mußten sie vor Fliegern in einen Keller flüchten. Dort saßen schon zwei Zivilisten, und mit ihrer Hilfe entwaffnete der Russe seinen Wächter und stach ihm ein Messer durch den Hals. Der war mit der Halswunde gerade noch entkommen, denn die Russen hatten sein Gewehr, das er zurückgelassen, nicht entsichern können. Solche Sachen geschähen ständig – die Russen seien zu den Ihren entkommen.

Hahn wußte noch mehr: »Das erste Bataillon wird aufgelöst.«

»Das geht uns an«, sagte Hybl. – »Es hat nur noch die Stärke einer Kompanie. Sie haben aber schöne Wagen und Pferde – seht zu, daß ihr was davon bekommt!« Hybl wollte gleich losgehen. Wir brauchten acht Pferde.

Hahn lachte: »Das Regiment brauchte zweihundert Pferde, die Panjepferde kommen mit den schweren Wagen nicht voran.» Die waren wie Katzen oder Ratten, legten sich mächtig ins Geschirr, zogen zu dritt oder zu viert oder zu sechsen einen schweren Wagen bis sie umfielen – und fraßen Heu und Stroh, während deutsche Pferde täglich zweitausend Gramm Hafer brauchten, den es längst nicht mehr gab. Wir fütterten Roggen und Weizen, die man vorsichtig in Wasser quellen mußte, das dauerte zwölf Stunden und war nur möglich, wenn wir nicht auf dem Marsch waren. »Es ist ein Elend mit den Pferden.«

Nun fluchte alles auf die Pferde – motorisiert sollte man sein! Aber Hahn wußte es besser: »Die Motoren gehen in Rußland kaputt; kürzlich kam eine Panzerdivision von der rumänischen Grenze mit eigener Kraft hierher. Sie war nicht mehr einsatzfähig.«

»Und dann der Schlamm«, sagte Hybl, »ein Pferd kann man antreiben, ein Motor bleibt stehn.«

Hybl machte sich auf und erhandelte vom ersten Bataillon einen schönen Wagen mit zwei starken Pferden; auf dem Wagen lagen ein viertel Schwein, wohl hundert Pfund Fleisch und Fett. Wir buken mit aller Gewalt Schnitzel. »Was haben Sie dafür gegeben?« fragte ich.

Hybl lachte: »Fünfhundert Zigaretten.«

Wir hatten zehn Nichtraucher im Zuge, das waren am Tag fünfzig Zigaretten, die solchen Geschäften dienten.

»Es sind Schimmel«, sagte Kogler, »Dr. Schedel kennt jedes Pferdehaar im Regiment.«

»Laßt mich sorgen, daß er die Schimmel nicht mehr kennt«, sagte Miksch; er war Pferdehändler im Nebenberuf.

»Ja, das verstehst du«, meinte Kogler, alle lachten.

»Es wird den Pferden doch nicht schaden? fürchtete Hybl.

»Noch nie hab ich einem Pferd geschadet«, verschwor sich Miksch.

Er nahm die Pferde bei den Köpfen und ging.

»Daß Hahn schweigt!« sagte Hybl, »was geben wir ihm? Zigaretten?«

»Er raucht ja nicht.«

»Eine Schweinshaxe?«

»Er ißt kein Fleisch.«

»Zum Teufel – Schnaps?«

»Auch trinken tut er nicht.«

»Armer Mensch – aber den Mund wird er doch halten?«

Dafür verbürgte ich mich, weil ich Hahn kannte. Am nächsten Tage ritt ich zu Dr. Schedel, dem Veterinär, und gab zwei kranke Pferde ab. »Ihr kriegt dieser Tage Ersatz«, meinte er, »das erste Bataillon wird aufgelöst.» Scheinheilig bedankte ich mich: »Das wird uns guttun.«

Dann ritt ich zu Hölzl, der jetzt die Kompanie führte, und meldete ihm dies und jenes. »Warten Sie«, sagte er, »in einer Stunde reite ich mit zu eurem Zuge.« Ich war froh, Zeit zu haben und ging zu Hahn und Ruckensteiner, traf sie zusammen bei einem Gefangenen, von dem Hahn behauptete, er sei ein Partisan, denn man hatte ihn hier hinten gefangen, und er wollte ihn töten. »Du Mörder«, sagte Ruckensteiner, »eben hast du mir von deiner Braut erzählt, und jetzt willst du einen Gefangenen umlegen?«

»Was verstehst denn du? Burkhard, nimm ihn mit.« Der Gefangene merkte genug, er schluchzte und schlug auf russische Art das Kreuz.

Burkhard sagte: »Weshalb soll er sterben, was hat er getan? Ich besorg' es nicht«, und blieb stehn.

»Du Vieh«, sagte Ruckensteiner zu Hahn, aber der wurde wütend und schrie: »Scher dich weg – los Burkhard, ab!«

Aber Burkhard blieb stehen. Ich sagte zu Hahn: »Das muß der Chef bestimmen.«

»Ich hab' ihn erwischt, im Kampf erwischt ...«

Ruckensteiner lachte: »Du Narr – im Kampf? Hier, hinter der Front?«

Da ging Hahn auf Ruckensteiner los, ich sagte zu Burkhard: »Bring ihn schleunigst weg zur Schreibstube.« Burkhard nickte eifrig, er war ein ziemlich frommer Eichstätter, und ging mit dem Gefangenen fort. Da nun ein Schwarm Ratas kamen und Bomben warfen, flüchteten wir in den nächsten Keller in einem Obstgarten, und dort begann Hahn schon wieder von seiner Braut zu sprechen, und ob er heiraten solle. Ich blätterte in einem Stoß russischer Schulbücher; sie waren voll mit politischen Sätzen, stehenden Parteibegriffen, Redensarten, so daß die grammatisch so lebendige russische Sprache wie zerlegt schien in vertauschbare Phrasen.

Es wurde Abend, als ich mit Hölzl zurückritt; er war im Polenfeldzug mein Feldwebel gewesen, ein tüchtiger Soldat von bedeutender Härte – er blieb in den Grenzen der Disziplin. »Ich befolge nichts als Befehle«, sagte er. Ich fragte, ob er auch Befehlen folge, die gegen sein Gewissen gingen. »Solche Befehle gibt es nicht unter Soldaten.«

Wir ritten scharf voran und kamen bei Dunkelheit nach Tschudowo, wo ich ihn zu unserer Stellung führte.

»Hybl, ich muß Sie enttäuschen«, begann er, »Sie müssen hier raus!«

»Jessas!«

»Wie?«

»Jawohl, Herr Leutnant.«

»Sie kommen zwei Kilometer weiter nach rechts, dort ist eine Mulde, der Iwan schaut rein – ich hoffe, es dauert nicht mehr lange. Vielleicht nehmen Sie nur die Hälfte der Männer mit und lassen die andern hier? Bei Tag ist Ablösung unmöglich.«

»Jawohl.«

In der Abenddämmerung erkundeten wir die neue Stellung. Sie lag in einer flachen Mulde. Es gab ein paar Schafhürden, hölzerne Staketen um Tröge und Mist.

In der Nacht zogen wir um und machten in der überdachten Hürde, hinter der unser Geschütz stand, Feuer aus den Prügeln der Krippe. Die Augen brannten uns von Tränen, der scharfe Urin und Mist der Tiere hatten die Prügel durchtränkt, und es gab einen beizenden Rauch.

»Wie soll das bei Tage werden?«

Wir sahen im Licht des Morgens den flachen Hang genauer, dort drüben auf den Höhen lag unsere Infanterie, aber von der Seite waren wir heillos eingesehen. Sobald jemand aus der Hürde trat, schoß ein Maschinengewehr. Wie sollten wir schießen? Es war feucht und windig; da bei Tage kein Feuer gemacht werden konnte, wickelten wir uns in Decken und Woilache und wühlten Dellen in den trockenen Mist.

Hybl sagte: »Heute abend gehn wir mit der Hälfte der Männer zurück.«

Es war abscheulich, wir verfluchten den Krieg; der Infanterist hatte wenigstens sein Loch, wir aber standen mit unserm Geschütz frei im Grunde des Tals. Die Läuse bissen uns so, daß man kaum ruhig liegen konnte, es schien, als rege der Mist ihren Blutdurst aufs äußerste an.

Am Abend zog ich mit der glückstrahlenden Hälfte der Männer ins Dorf zurück und quartierte uns bei den Fahrern ein. Die ärgerten sich nicht wenig, sieben Gästen bei ihren Schnitzeln und Bratkartoffeln zu haben. Sie hatten eine kleine Schweinezucht angelegt und hielten Kühe; es war das reinste Wohlleben. Es fror, und der erste Schnee fiel, es war die Nacht vom 10. auf 11. Oktober.

Nach zwei Tagen rückte ich mit meiner Mannschaft zu den Schafhürden, die andere Hälfte abzulösen. Sie hatten die Geschütze eingegraben und innerhalb der Hürde ein rauchloses Feuer zu unterhalten gelernt: die Asche mußte glühend sein, und nur stückweise durfte man nachlegen. Ständig mußte ein Mann neben dem Herd sitzen und aufpassen. Man hatte einen kleinen Raum abgedichtet.

Jeder aufgelegte Knüppel gab einen beizenden Gestank nach Schafmist, Urin und versengter Wolle, und weil ununterbrochen aufgelegt werden mußte, ließ der ätzende Dunst nicht nach. Die ersten Stunden flüchteten wir alle zehn Minuten ins Freie, dann gewöhnte man sich dran und schlief. Finda versuchte sogar seine Künste auf einer Balalaika. Wir gaben keinen Schuß ab und hatten nur die eine Sorge, daß unsere Telefonleitung nach vorne nicht riß. Wir hatten nämlich keine eigene Beobachtung, sondern schossen auf Anforderung der Infanterie auf bestimmte Zielpunkte und Flächen. Es blieb ruhig. Abends gingen Hybl und ich auf die Höhe zu den Infanteristen, sie hockten frierend in ihren Löchern und wurden abends und morgens abgelöst. Nachts wurde die Verpflegung gebracht. Wir sahen ein Loch mit einem Artillerievolltreffer.

Am 17. Oktober morgens war der Feind plötzlich abgezogen, wir jagten ihm zwölf Schüsse nach, dann marschierten wir ab in

Richtung Charkow. Für den ausgefallenen Kolb kam nun Freund Ehrhard zu uns, ich war sehr froh; wir ritten den ganzen Tag plaudernd dahin.

Durch Novoja, Wolodaja, dann wurde es finster, Landregen, der Ort war von Teilen einer fremden Division besetzt. Man hörte Schießen, es sollte unser drittes Bataillon unter Hauptmann Mäder sein. Ehrhard und ich suchten lange ein Haus als Unterschlupf, fanden es endlich bei der Bahn. Eine Frau lag krank von der Bombardierung durch unsere Flieger im Bett, der Mann war alt, bärtig und grimmig. Er sprach Deutsch, da er fünf Jahre lang in Deutschland als Kriegsgefangener gearbeitet hatte. Er zeigte uns eine Karte der Sowjetunion; da erschien Europa als Anhängsel dieser riesigen Landmasse. »Rußland ist groß«, sagte er, »und ihr habt dies Stückchen«, er beschrieb mit einer Nähnadel ein Fünfzigstel des Ganzen und schüttelte den Kopf. »In acht Tagen beginnt der Winter.«

»In acht Tagen? Wißt ihr das so genau?«

»Auf den Tag genau«, sagte er, »acht Tage Schlamm und in den ersten Tagen des November Frost.«

»Sehr schön«, sagte Ehrhard, »dann sind die Wege fest.«

Der Mann blies die Luft aus der Nase, verächtlich: »Eure Pferde erfrieren, die Motoren müssen Tag und Nacht laufen – und wo sind eure Mäntel?« Er befühlte das dünne straffe Tuch unserer Feldmäntel. »Bei zwanzig, dreißig Grad Frost braucht man Pelze. Jeder Russe hat einen Pelz.«

Achtzehn russische Bomber brummten über Charkow hin. Er wies mit dem Daumen nach oben: »In drei Wochen ist der Krieg zu Ende – wir fangen an, ihr hört auf. Ihr Deutschen seid so klug, aber ihr meint immer, die andern seien dumm ...«

Damals begann Napoleons Gespenst umzugehen.

Wir aber marschierten weiter, verbissen stapften wir durch den Schlamm. Wer nicht mitkam, blieb liegen – am Abend oder in der Nacht kam er nach. Die Regimenter und die Waffengattungen gerieten durcheinander, halbe Kompanien blieben stecken, die andere Hälfte lag im Kampf dreißig Kilometer vorne. Es kam vor, daß von einer Batterie nur ein einziges Geschütz die befohlene Stellung erreichte. Die Trosse rissen ab, zwei, drei Tage lang blieben ganze Bataillone ohne Essen und Futter. Wie Heuschrecken fielen sie in die Dörfer, um Brot zu requirieren. Es mangelte an Munition und Brennstoff, weil die Straßen für die riesigen motorisierten Nachschubkolonnen nicht zu benutzen waren. Die schnellbeweglichen Stäbe der Divisionen und Regimenter ließen ihre Wagen stehen und stiegen zu Pferde – viele der höheren Offiziere waren das Reiten nicht mehr gewöhnt und litten an lächerlichen, aber schmerzhaften Übeln, an Wundsein, Wadenkrämpfen, Rheumatismus und Bindehautentzündung. Die ganze Armee war erkältet.

So kamen wir durch endlose Kiefernwälder nach Merefa, einem Städtchen an den Sümpfen des in den Donez fließenden Udaflusses. Von den drei Brücken war eine zerstört. Schlechte Wege durch Sand, Ton- und Lehmgebiet, wilde Bäche, tiefe Einschnitte im Gelände, die sogenannten Balkas, Folgen der ungehemmten Erosion. Die sonst lieblichen Bäche in den Dörfern waren metertiefe reißende Flüßchen. Die Wege selbst waren ein knietiefe Schlammsuppe, wir fuhren lieber querfeldein über die Äcker, alle paar hundert Meter haltend, da die Pferde zusammenbrachen. Dann wurde umgespannt, einzelne Fahrzeuge wurden vorgezogen, Mann und Pferde quälten sich zurück und holten die stehengelassenen Teile. Wir kamen täglich drei oder vier Kilometer weiter und waren doch zehn, zwölf, vierzehn Stunden unterwegs gewesen. Es regnete ununterbrochen, die meisten Männer wagten nachts ihre Stiefel nicht auszuziehen, weil sie nicht wieder hineingekommen wären. Als General Muskat an einer tief im Schlamm festgefahrenen Artilleriekolonne vorbeiritt, begannen alle noch lauter als sonst zu schreien, die Peitschen zu schwingen und planschend im Schlamm zu waten. Er sah einige Sekunden zu: »Kinder, es dauert nicht mehr lange.«

Das Wort flog durch die Kolonnen. Würden wir abgelöst, ging es in Winterquartiere? Der Stabsbeschlagmeister Voigt, ein Wiener aus dem Bundesheer, stellte eines Abends schon eine Verladeliste für Pferde auf.

In winzigen Abschnitten marschierten wir im Bogen südlich um Charkow; Smijeff war ein Bahnhof in sandigen Wäldern, von dort sah man eine Brücke über den Donez, das wäre Tschugujeff, dann kam Wodinoie, und wieder aus dem Sandgebiet ins Schwarzerdeland, unergründlich schwammig, saugend, naß, suppig, auch den Feind schien der Regen mürbe zu machen, er lieferte uns nur

Scharmützel. Hosen und Stiefel klebten an den Beinen, nachts wagte man sich nicht auszuziehen, da wieder hineinzufahren in die nassen Teile unmöglich war. Wir stapften weiter, setzten Fuß vor Fuß, dann stockte der Marsch zwei Stunden, dann mühte man sich, einen Wagen achtspännig flottzumachen, oder ein Geschütz brach durch eine im Schlamm unsichtbar gewesene Brücke, und spähte man den Weg zurück, so sah man am Mittag noch immer durch Regenschleier die gleiche Gruppe von Bäumen, bei denen man am Morgen gestanden. Man ging langsam, zog Fuß um Fuß nach, den Pferden riß der Schlamm die Eisen ab, die Hufe faulten, Futterwagen und Feldküchen kamen nicht mit, es sah aus, als löse sich die Armee in einen tröpfelnden Zug von Verdammten auf. Tagelang sah man keinen Offizier, fehlte jeder Befehl, wurde kein Ziel erreicht, war jedes Quartier von Fremden besetzt, verfuhr, verlief, verritt man sich. Einmal traf ich Oberst Deutsch, er kam mir mühselig allein zu Pferd entgegen, ich wollte absteigen, mich melden, er winkte ab, fragte, ob ich wisse, wo wir seien? Er holte die Karte und wies auf einen leeren Fleck von acht Quadratkilometern Ausdehnung. »Hier liegt, steht, fährt das Regiment umher – und ich möchte wissen, wo … – aber Sie wissen auch nichts, wie?« lächelte, nickte und ritt langsam weiter.

Eines Abends wurde ich zum Kompaniegefechtsstand befohlen. Hölzl und Fuchs saßen hinter einer Karte; von sämtlichen vier Zügen waren Dienstgrade gekommen. »Wir beziehen Winterquartier in Prokowskoje«, sagte Hölzl, »hier liegt es!« Wir sahen das winzige Dorf auf der Karte. »Wir müssen unsere verschiedenen Teile in drei Tagen dort beisammenhaben. Es wird schwer sein, im Gewirr der fremden Einheiten durchzukommen. Die ganze Armee liegt auf engem Gebiet. Einige Teile sichern, die andern ruhen.« Er gab uns einen genauen Marschplan. Die Entfernungen waren winzig, im ganzen nicht mehr als zehn oder zwölf Kilometer – aber wir würden drei Tage brauchen. Hahn und ich sollten Quartier machen.

Am ersten November 1941 bezogen wir im Dorf Prokowskoje Winterquartiere. Es war sehr naß, die Pferde wurden in den Gutshof gebracht, die Mannschaften auf die Häuser verteilt, je drei bis zehn Mann, nach Kosakenart. Wir fuhren dann mit allen dreißig Wagen, die wir hatten, täglich in die Umgebung und holten Heu,

Roggen, Stroh, Rüben und Kartoffeln. Da einige tausend Fahrzeuge der Division dasselbe taten und die Feldpolizei nur fremde Einheiten verwies, gab es förmliche Wettrennen und Floßfahrten. Jede von Spähern entdeckte Scheune, Miete, jeder Strohhaufen wurden gleich von Posten besetzt, bis Wagen durch den dichten Nebel zum Abräumen kamen.

Sämtliche Handwerker der Kompanie arbeiteten an der Abdichtung des Stalles; da wurden Fenster und Türen eingesetzt, das Dach geteert und der Boden geebnet. Die Feldschmiede erhielt Auftrag zur Erfindung eines tragbaren Ofens. Am vierten November waren wir mit dem Gröbsten fertig, am fünften schneite es fünf Stunden lang, etwa zehn Zentimeter hoch. Nachts fror es. Nun wurden die Wege ungangbar, weil die oberste Schlammschicht fror, aber nicht so fest, daß man mit Pferd und Wagen darüberfahren konnte.

Die Hoffnung auf Heimkehr war aufgegeben worden.

Am 13. November fror es dreizehn Grad. Die Wege wurden fest, und jetzt kamen Berge von Post, frische Munition, einiges Gerät, Mannschaften als Ersatz, Stapel von eisernen Portionen und Futter. Wir schnallten die Geschirre von hundertundsechzig Pferden auseinander, jedes Geschirr hatte zweiunddreißig Teile. Alle Einzelteile wurden eingefettet und »auf Kammer« gehängt, wie in einer deutschen Kaserne; Hölzl, als alter Feldwebel, wollte es so. Ein Kämmerer wurde eingesetzt, und nun lagen da in schönen Stapeln und Stößen Sättel, Brustblätter, Umgänge, Zugtaue, Langtaue, Schlaufen, Halskoppel, Halsriemen, Bauchgurte, Trensen, Kandare, Trensenzügel, Kandarenzügel, Ausbindezügel, Steigbügel, Leinen, Peitschen, Deichselriemen, Aufhalteketten, Kinnketten, Strangträger, Strangschlaufen, Schweberiemen, Ortscheite, Vorderbracken, Kopfgestelle im ganzen und in Teilen, Sattelriemen, Packtaschen und leinene Tränkeimer – es war ein Vergnügen! Nur die Panjegeschirre und das Reitzeug der Melder blieben in Gebrauch.

Fuchs ließ mich rufen und befahl mir, innerhalb von drei Tagen eine Möglichkeit zur Entlausung ausfindig zu machen und zu probieren. Ich war sehr erfreut, und erbat für drei Tage Befreiung vom Dienst. Sie wurde gewährt, und ich setzte mich ins Quartier: Ich las in aller Ruhe die Frankfurter Zeitung der letzten vier Wochen. Es stand nicht zum besten, entnahm ich, und mit dem Winter hatte man nicht gerechnet.

Mein Entlausungsplan war schnell gefaßt. Ich schickte Ehrhard zu Wolf, er möge ihn vom Dienst befreien, er sei mein Entlausungsgehilfe. Dann heizten wir den Backofen, ließen ihn abkühlen auf etwa sechzig Grad und schoben unsere Unterhosen, Hemden, Pullover, Socken, Drilliche und Trainingsanzüge hinein. Sie hatten es am nötigsten. Nach meiner Ansicht konnten wir die ganze Kompanie in acht Tagen entlausen.

»Es muß vier Wochen dauern!« sagte Ehrhard. Er rauchte eine Zigarette, wir saßen nackt, nur unsere Mäntel umgehängt, auf der Ofenbank.

Als wir den Ofen öffneten, zogen wir braun gesengte Lumpen heraus und mußten uns bei Kameraden Hemden, Hosen, Socken und Pullover borgen. Ich meldete den Mißerfolg.

»Ihr habt zu stark geheizt«, sagte Hölzl, »erdenken Sie was anderes!«

»Ich hab' schon eine Idee«, sagte ich zögernd, »aber sie betrifft dienstliches Gerät.«

»Heraus damit«, sagte er.

»Wir haben noch Übungspatronen. Wir könnten die Läuse vergasen. Ich brauche bloß einen dichten Raum.«

Hölzl und Fuchs nickten beifällig, und wieder erbat ich drei Tage Zeit.

Als ich zu Ehrhard kam, grinste er. Ich las drei Tage Augustinus, dann verstopften wir den Backofen, schoben verlauste Kleider hinein und brannten eine Patrone an. Das Gas quoll in dicken Wolken aus dem Ofen, nach zwei Minuten begannen wir zu weinen und räumten das Haus. Nach einer Stunde kehrten wir zurück, sperrten auf, ließen das Gas verfliegen – die Läuse lebten.

Es wurde immer kälter, zwanzig Pferde starben an Entkräftung, Hunger und Kälte. Der tragbare Ofen reichte für den riesigen Stall nicht aus. Man schlug vor, die Tiere in kleinen Privatställen unterzubringen, aber Hölzl lehnte das ab, da der Dienst dann nicht überwacht werden könne.

Jeden Morgen um fünf Uhr wurde durch den Unteroffizier vom Dienst geweckt, um sechs stand die Kompanie vor dem Stall ausgerichtet wie Puppen, stillgestanden bei einundzwanzig Grad Kälte, und der Hauptfeldwebel mit dem Notizbuch kam ohne Mantel aus der Schreibstube und teilte den Dienst ein: Futterholen, Gerätereinigen, Putz- und Flickstunde, Wachen außen und im Stall und Singen, denn Hölzl hielt viel davon. Hahn mit seiner schönen Stimme wurde Chorleiter. – Die Illusion der Kaserne stellte sich trotz allem nicht ein.

Eines Morgens erschien Ruckensteiner in einem alten Schafpelz zum Dienst. Das Ding wurde über der Brust mit drei Knebeln geschlossen. Fuchs schrie: »Was macht der Zivilist? Raus mit dem Kerl!«

Ruckensteiner hatte seine Brille abgesetzt, die Fellmütze fiel mit Klappen in die Wangen.

»Koid is, Herr Hauptfeldwebel, mir ham ja koa Ohrnschützer und koa Handschuck – und die dünnen Mäntel, schaugns mi o!« Er trat vor und ging im Stechschritt auf Fuchs los: »Bin a öchter Iwan aus Amstetten-Donau.«

Brennholzkommandos brachten grünes Holz aus den Wäldern. Der einzige warme Ort im Dorf war die Schmiede. Morgens gab es braunes Wasser als Kaffee, mittags ölige Suppe, abends einen Drittel-Laib Brot, Hering und Marmelade, zwanzig Gramm Butter, fünf Zigaretten. Aber am 18. November mittags um 12 Uhr wurden wir alamiert: Der Russe eröffnete seine Winteroffensive bei Charkow. Wir mußten zwanzigtausend Teile der Sättel und Geschirre zusammenschnallen.

V

Der russische Winter

Schober kam von der Schreibstube und holte Ruckensteiner und mich zum Kompanieführer. Leutnant Hölzl besah die neuen Kessel, die man in der Küche hatte einbauen wollen. Seine grauen Augen schwammen in Wasser, das war nicht die Kälte, sondern der Alkohol. Er winkte uns mit dem Kopf in die Schreibstube. Fuchs packte seine Akten zusammen. »Es geht wieder los«, sagte er. Hölzl kam hinzu: »Ihr reitet sofort nach Malinowka und macht Quartier für die Kompanie. Nehmt fünf Mann zu Pferd mit. Das Nest soll voll sein. Heut nacht kommt die Kompanie nach – hoffentlich!«

»Wo liegt Malinowka?«

»Schauen Sie her«, er zeigte uns jenseits des Donez ein langgestrecktes Dorf: »Sie reiten über Tschugujeff, müssen sich durchfragen; eine Karte kann ich nicht mitgeben.«

Wir ritten los, sieben Mann, fast alle auf Panjepferden, durch winterlichen Kiefernwald, über vereiste Sümpfe, meistens trabend; im Wald, wo der Boden weich war, galoppierten Ruckensteiner und ich ein Stück voraus. Ruckensteiners längliches rotes Gesicht wurde von seiner struppigen Pelzmütze mit Backen gerahmt. Als unsere Pferde gleichfüßig nebeneinander trabten, sagte er: »Wir werden noch Russen, richtige Russen – schau mich an, Willy Ruckensteiner, Maler aus Amstetten, Russe geworden, Pelzmantel, Tschaperlhut, geh' über den Ring spazieren, trink' ein Kapuziner, Euer Gnaden, werden narrisch all miteinander, du?«

»Ja, ja.«

»Red doch was! Ich hab Zeitungen gekriegt, ha, der Feind geschlagen, Rußland am Boden, drei Millionen gefangen – und nun, hörst du?«

»Schwere Artillerien, denk ich.«

»Winterquartier, tragbarer Ofen im Stall – narrisch werd ich, was sagt der Iwan denn, schaut der bloß zu? Mei o mei, möcht jetzt spazierengehen, komm Mariandl, ist gar so kalt, Kaffee mit Schlag, Linzer Torte! Bin ich schon narrisch, sag mir's doch, wie?«

Wir überholten die Stabskompanie. »Wohin?«

»Malinowka!«
»Was ist dort los?«
»Hört's doch eh!«
Die schwere Artillerie schoß.
»Sollen dort in Quartier!«
»Wir auch.«
Wir überholten das zweite Bataillon. »Wohin?«
»Malinowka.«
»Was ist dort los?«
»Hört's doch eh!«
Schwere Artillerie!
Auf dem Glas der eisigen Sümpfe hämmern die Hufe. Manchmal streicht ein Häher schreiend ab. Wir sind allein, Ruckensteiner und ich, winterlicher Kiefernwald vor Tschugujeff, ehemals Frunse, eine Militärakademie, aber Frunse ist tot und auch sein Name im Grab. Die Dämmerung kommt, und nun taucht die Stadt auf, weitläufig, am hohen Westufer des Flusses, weiß verschneit und überall dunkle Bäume, Holzzäune, ein riesiger Zarenbau inmitten der Stadt, das ist die alte Militärakademie. An den breiten Straßen viele Holzhäuser in Gärten, hier müßte der Sommer schön sein, mit Sprossern und Finken. Wir fragten nach Malinowka. »Dort drüben, seht nur, da unten hinterm Fluß.« Das ist der Donez also, diese weite breite Ebene, vereist und verschneit, und gerade noch im Dunkel zu erkennen die Eisenbahnbrücke rechts, die Straßenbrücke tief unten links. Wir saßen ab und führten die Pferde auf der vereisten Straße zur Brücke, es schien ein von Pionieren gebauter oder an Stelle der eigentlichen Brücke ergänzter Übergang zu sein, und ein unabsehbarer Strom von Soldaten, Fahrzeugen, Lastwagen, Tieren schob sich nach Osten ins Dunkel. Hier hörte man deutlich das Gebrumm der Abschüsse schwerer Batterien, und in stillen Augenblicken das ferne schnelle Tacken eines Maschinengewehrs.

Die meisten Wagen lösten sich hinter der Brücke aus der Kolonne und fuhren nach Malinowka, Feldpolizei hielt uns an.
»Wohin?«
»Malinowka!«
»Welche Einheit?«
»Muskat!«

»Malinowka ist überfüllt, aber versucht euer Heil!«

Malinowka hatte etwa fünfhundert Häuser, dort lagen Teile der Regimenter, eine Artillerieabteilung, die Trosse der Schweren Artillerie, Brückenpioniere und Nachrichteneinheiten. In jedem Haus lagen zehn, zwanzig, dreißig Mann. Nach drei Stunden gaben wir die Suche nach Quartieren auf und krochen bei Pionieren in einen dunklen Stall. Da wir Angst hatten, man würde uns die Pferde stehlen, schliefen wir bei ihnen. Morgens um acht Uhr sahen wir Groschopf, unsern alten Koch, jetzt beim Schwesterregiment, er nahm uns gleich mit in die Küche, gab uns Brot, heißen Tee, Fischkonserven, Zigaretten und vor allem Wärme: »Ja mein Lieber, hier ist nichts zu machen, sind seit gestern hier, der Russe ging auf die Brücken los, drang vor zur Artillerie, fünfhundert Meter von hier. Die haben sechs Geschütze in der Abteilung verloren.«

»Und nun?«

»Wir machten einen Gegenstoß und kriegten die Geschütze wieder, sie konnten sie nicht fortbringen. Die Gefallenen hatten sie ausgezogen und massakriert. Niemand weiß was.«

»Und nun?«

»Zehn Kilometer vorwärts ist ein Bahnhof, dort lagern zehntausend Tonnen Getreide, brennend. Da steht nun die Front, ich glaube, ihr müßt mit heran. Brückenkopf, na ja!« Groschopfs großer Leib bog sich hurtig nach Kohlen, die er unter den Kessel schaufelte: »Hier gibt's nämlich Kohlen, zum erstenmal haben wir russische Kohlen gekriegt, von der Eisenbahn.«

Um neun Uhr sahen wir die große Badewanne des Regimentskommandeurs vor einem Haus stehn. Da war also die Stabskompanie, und dann sah Ruckensteiner Mikschs Schimmel, er kannte jedes Pferd. »Sieh nur«, sagte er, »der Miksch hat sie nicht mehr anstreichen können. Wird jetzt auch egal sein.« Die Kompanie war nachts um drei Uhr gekommen und untergeschlüpft, wo jeder Platz fand. Wir meldeten uns bei Fuchs. Hölzl war nicht da. »Alles belegt«, sagten wir.

»Wir kriegen schon Platz, acht Häuser für die ganze Kompanie, es muß gehen.«

In der gleichen Nacht war Heeresartillerie gekommen und ging vor uns in Stellung, ein paar russische Bomber suchten sie zu stören, aber auch Flak war da; wir meinten, alles sei nicht so gefährlich, wie es ausgesehen hätte. Tatsächlich: Wir blieben hier liegen und freuten uns, wie Wagen an Wagen eintraf, gar einer mit Post, darunter Ellens Bilder von Amalfi; das gab es also noch, nach Italien reisende junge Mädchen – Trost oder Hohn?

Wir räumten die Häuser um und zimmerten Lagerstätten, dichteten Ställe ab und hackten das Eis um die Brunnen weg. Es kamen sogar neue Männer: Dzurolei, Unteroffizier der rumänischen Wehrmacht, jetzt Volksdeutscher, Haarschneider von Beruf und gewesener Bursche rumänischer Offiziere; seine Geschichten strotzten von Fressen und Huren. Er war gekränkt, daß sein Dienstgrad hier nichts galt, hatte aber Aussicht weiterzukommen. Dann Hirtling aus der Batschka in Ungarn, Bauernsohn von zwanzig Jahren, der sich einen Schwaben nannte. Der dritte hieß Reif, armer Leute Kind, zwei Brüder gefallen, ein Taugenichts von bleichem Angesicht, schwer magenkrank, aß aber ein Brot auf einmal. Der übelste Neue war Koller, ein dreckiges Männchen, als Fahrer eingeteilt. Da ich ihm nicht zutraute, daß er die Pferde getränkt hätte, hielt ich ihnen Wasser vor, sie soffen jedes vier Kübel voll. Ehrhard sagte. »Man müßte ihn prügeln, sonst hilft da nichts!«

Auch eine Trauernachricht hörte ich, Benno Faltermeier, der Eisclown, mein Kamerad aus Regensburg, war gefallen. Er war auf dem Wege zum Weltruhm gewesen; ein schmales schlankes Gesicht, ein drahtiger Leib, gehüllt in schwere Kapuzen, bunte Mäntel, weiß und rot geschminkt, trat er auf und riß, Schuhmacher von Beruf, auf den stählernen Bügeln Linien und Kurven aufs Eis, erhob sich zur Pirouette, sank zusammen, tanzte wie ein Kosak und wirbelte sich in Saltos durch Ringe. Er war ein großes Vergnügen für alle, die ihn sahen. Nun also war er uns entrückt in Ränge von höherer Heiterkeit. Am zweiten Tag kam Krüger, der Schmied, mit nur einem Pferd zu uns, das zweite hatte er wegen Erschöpfung erschießen müssen. Ein Veterinär hatte es erlaubt und bescheinigt.

Zögernd hofften wir am dritten Tag auf einen ruhigen Sonntag – meistens aber gab es ja sonntags unangenehme Veränderungen; man wurde abergläubisch. Ehrhard und ich frühstückten Schinkenspeck, den seine Braut geschickt hatte, mit Eiern, und dann kam Schober, der Melder der Schreibstube: »Fertigmachen zum Abmarsch, um ein Uhr geht's nach vorne.«

Schon hörten wir Ruckensteiner draußen schreien: »Fahrer heraus zum Füttern und Tränken!« Mürrisch krochen die Männer hinter den Tarocktischen hervor.

Wir fuhren mit einem Lastwagen russischer Bauart, der kürzlich erbeutet worden war. Er sah aus wie ein Ford – aber nein, was Russisches stand am Kühler. Es war ein grobes schnelles Fahrzeug, das von Zanglers altem Burschen, dem Zauberkünstler Ogasa, gesteuert wurde. Er hatte ein rundes rotes Gesicht, und man konnte sich gut vorstellen, daß er in Kreuzburg und den umliegenden Dörfern im weiten Mantel wacklige Podeste bestieg und den Landbewohnern Tauben aus der Nase zog oder ein junges Mädchen in einer Kiste mit Degen durchbohrte. Unser Ziel hieß Grabowka, und da das Land jenseits des Donez flach wie ein Brett war und die Senken mit Schichten von Eisschnee ausgefüllt waren, fuhren wir querfeldein nach dem Kompaß: Hahn, Ruckensteiner, Blank und ich.

Das Land war wie betäubt unterm Schnee, mit Stangen wurden die Wege bezeichnet. Wir fuhren rasch durch den eigentlichen Ort und kamen nach Grabowka-Ost zu einem ausgedehnten Gutshof mit weißgetünchten steinernen Wirtschaftsgebäuden. Das war der Sowchos, das Staatsgut – im Unterschied zum Kolchos, dem »Eigentum« der Dorfgemeinschaft, sind die Sowchosen vom Staat in eigener Regie geführte Güter von erstaunlicher Ausdehnung. Allein der Wirtschaftshof war vierhundert Meter lang und zweihundert breit. Die Ställe waren massiv gebaut, große Schleppdächer hingen daran, oben gab es Futterböden. Ein Verwaltungsgebäude mit Zentralheizung hatte drei Stockwerke, etwas seitlich lag ein elektrisches Umspannwerk. Zahlreiche Maschinen, darunter Mammut-Mähdrescher, standen draußen; eine große Zahl von Werkstätten für Mechaniker, Tischler, Schlosser nahm einen Bau für sich ein. Die Wohnungen der Arbeiter waren lange niedere Baracken mit zahllosen Zimmern an einem langen Gang, nicht unähnlich deutschen Militärbaracken, aber winzig: die Zimmer waren kaum neun Quadratmeter groß und dienten jeweils einer Familie, Mann, Frau, Kindern, als Wohnung. Die Zwischenwände bestanden aus zwei Zentimeter dicken Kunststoffplatten. In dem Raum gab es ein schmales Feldbett, einen Tisch, zwei Stühle, einen Ofen, eine Ecke für Holz und Kohlen, einen Stoß blechernes Küchengerät, einen Verschlag für Kleider und Wäsche, ein sorgsam zugeklebtes Fenster, einen Lautsprecher auf einem Bord, einen Eimer, und fast überall ein Körbchen oder eine hölzerne Wiege für das jüngste Kind. Hier gab es keine Heiligenbilder und keinen Herrgottswinkel, sondern nur einen buntgedruckten Kalender der staatlichen Traktorenfabrik, eine Landkarte Rußlands von Wladiwostok bis Lissabon und aus Zeitungen geschnittene Bilder von Lenin und Stalin. Es gab drei Wohnbaracken, und in jeder wohnten etwa vierzig Familien mit zweihundert Personen. Sie hatten kein Vieh und kein Land; sie lebten in kommunistischer Idealgemeinschaft.

Die russischen Männer fehlten; auf diesem Hof hatten sich vor wenigen Tagen schwere Kämpfe abgespielt, hundert Tote lagen verstreut. Man sah, daß hier Mann gegen Mann, mit Bajonett und Kolben gekämpft worden war. In den großen Gebäuden war kein Fenster heil, die Öfen mit Handgranaten zerstört, die Zentralheizung des Verwaltungsgebäudes an vielen Stellen aufgefroren. Wir dichteten notdürftig einen Raum mit Latten ab und machten in einem gemauerten Ofen Feuer. Das Zimmer war so ausgekühlt, daß die Wände zu schwitzen begannen.

Ruckensteiner sah die Toten an: »Zertrümmerter Schädel – glaubst du an die Auferstehung des Fleisches?«

Etwas verblüfft, sagte ich: »Ja.«

»Wenn ich das hier sehe, zertrümmerte Hirnschalen!«

»Wir alle werden heil an Leib und Seele sein.«

»Dann ist es gar nicht so schlimm?«

»Theologisch gesehen ist ein zertrümmerter Schädel für den Täter schlimm.«

Das wollte er nicht gelten lassen und sagte: »Als Soldat kommt man in Lagen, wo man zuschlagen muß.«

»Es gibt sogar heilige Soldaten, St. Martin, St. Magnus.«

Dann fragte er: »Ist das nun Spaß von dir?« denn ich lachte.

»Das ist kein Spaß, ich glaube und beschwöre, daß dieser Russe und jener Deutsche (ich wies auf ein frisches Grab mit Stahlhelm) das ewige Leben im Himmel oder in der Hölle haben.«

»Ich glaube es ja auch«, sagte Ruckensteiner, »aber ich habe nie daran gedacht.«

Jetzt kam Ehrhard mit einer Haferkolonne. Er war in Charkow

gewesen und erzählte von ungeheuren Fabriken ohne Maschinen, »die haben sie nämlich fortgeschafft.«

Allmählich trafen unsere Züge ein, unser linkes Geschütz war in Tschugujeff in der Waffenmeisterei geblieben. Abends um acht Uhr kam als letzter der Troß mit ungeheurem Lärm auf den Hof gerumpelt. Es gab eine arme Kartoffelsuppe, die nur, weil sie heiß war, guttat. Dann krochen wir eng zusammen in dem geheizten Zimmer und vergruben uns unter Mantel, Decke und Zeltbahn.

Am frühen Morgen um sechs Uhr standen wir auf und streckten uns. Wir sollten hier als Reserve liegen. Weit hinten sah man die Rauchsäule des noch immer brennenden Weizens, oben löste sie sich in dem klaren Frosthimmel auf. Wir gingen umher, spähten nach Futter und Essen; die armseligen Bewohner des Hofes hatten ein paar Hühner, hin und wieder verriet uns einer, daß der Nachbar beim Abzug der Russen ein Schwein in Sicherheit gebracht habe. Sie waren sehr eingeschüchtert und gingen in entsetzten Bogen um die vielen Leichen herum. Ein Kommando zum Eingraben wurde bestellt. Nun kam das frischaufgestellte erste Bataillon anmarschiert, es waren lauter junge und im Krieg wenig erfahrene Männer. So war es also wieder da, das Bataillon, erstanden wie vergangen, und die Männer, welche damals von seinen Resten auf die andern Einheiten des Regiments verteilt worden waren, strömten ihm zu und stellten den Zusammenhang mit dem Vergangenen her, so daß es war, als sei das Bataillon niemals nicht gewesen, und es war doch etwas, das untergegangen war. Da liegt ein tiefer Sinn der Geschichte: der Tod dieser Männer des ersten Bataillons war nicht privat und elend, sondern vorbildlich für die, welche nun ihre Plätze einnahmen. Das Gemeinschaftsgefühl ist eine Vertrauensfrage. Hier lebte es. Es war das gleiche Gefühl, das die Armee zusammenhielt und im Kampf um Stalingrad mythisch wurde – bis dann plötzlich das Ganze, die Gemeinschaft, weil sie sich verlassen sah, in der Einsamkeit der Schneefelder an der Wolga aufgelöst in zahllose Einzelne ohne Trost, unterging, die Erde nichts Schönes mehr für sie hatte. Der Glaube an den Sinn der Geschichte, die ja keine Sache der Zeit, sondern der Gemeinschaft ist, ging damals dem Volk verloren, und darum kam der Zusammenbruch so folgerichtig.

Um zehn Uhr marschierten wir ab, der steinhart gefrorene braungelbe Lehmboden war nur leicht angeschneit. Miksch war in Sorge, als er das neue Bataillon sah: »Meine Schimmel – wenn sie meine Schimmel erkennen!« Sie leuchteten weißer als der Schnee, denn länger als vierzehn Tage hielt sein Mittelchen nicht und war auch nicht nötig gewesen. »Hätt' ich sie wieder zu Braunen gemacht.« Aber wir trösteten ihn, der alte Futtermeister des Bataillons sei nicht da; und so war es, niemand erhob auf die Tiere Anspruch.

Der Ort vor uns war nur eine halbe Stunde weit, Owrag (Bachtal, auch Schlucht) Gawrilowka; aber Hahn, der die Quartiermacher führte, stieß an den dreißig Häusern seitlich vorbei, glaubend, sie seien's noch nicht. Wir marschierten zu Fuß, der Wärme wegen, denn das Wetter war schön, die Sonne schien. Mit dem Wagen zu fahren, war jener Owrags wegen schlecht, das Reiten wäre zu kalt, also zu Fuß; und wir hatten den Vorteil, mit der Infanterie zu marschieren, unser zwanzig mochten es sein.

Auch Ruckensteiner war bei uns und Hahn. Der Maler nahm das Wort von der Auferstehung wieder auf, es hatte ihn nicht ruhen lassen. Hahn war erstaunt. »Auferstehung des Fleisches – was redet ihr da?«

Ruckensteiner wurde wütend: »Narrischer Schwab! Natürlich gibt's das, wenn auch bei euch vielleicht nicht. Wir erstehn auf, alle miteinander, nur du bleibst dann liegen, von Würmern zerfressen und stinkend.«

»Hoho – warum grad ich?«

»Weil du nicht dran glaubst.«

»Er wird schon auferstehn«, sagte Blank, »denn wenn auferstanden wird, dann doch alle.«

»Wirst aber bei den Böcken stehn müssen!«

»Wir werden Zipps fragen, wenn wir im Quartier sind diese Nacht.«

Dabei blieb es vorerst, denn nun tauchte vor uns eine Ortschaft auf. Wir gingen quer übers Feld auf sie zu und stießen von hinten durch den Garten in ein kleines Gehöft. Ein Mann empfing uns, russisch redend, fragte: »Wer seid ihr?«, denn alle seien doch fort. Mißtrauisch musterte er Uniformen und Waffen. »Njemezi?« fragte er.

»Ja doch – hier Russen?«

Nein, nein, er hob die Hände beschwörend und wich zurück, Russen seien fort seit Mittag, und er zog sich zum Haus und verschwand blitzschnell um die Ecke, war fort.

»Wir sind die ersten hier«, sagte Hahn, »gebt Obacht«, und wir zogen uns aus dem Gehöft zum Gartenzaun, um freies Feld zu haben. Jetzt kam auch der Infanterist, ein Feldwebel, fluchend, wir müßten uns verlaufen haben, dies Dorf sei unbesetzt, der Russe heute mittag fort, und Gawrilowka sei es nicht; also schleunig zurück, es wurde nämlich schon dunkel. »Das kommt von den Gesprächen über Auferstehung«, knurrte der Feldwebel.

Längst lag die Kompanie in zwei Häusern ohne Fenster und Türen, als wir im Finstern an das Bachtal kamen, das wir mittags keck redend hatten liegen lassen. Es wurde kalt und kälter, wir hatten weder Schals noch Handschuhe, nur dünne Mäntel, auch keine zweite Decke.

Ringsum dröhnte das Feuer der Artillerie, als würde der Krieg nur von ihr geführt. Im Süden, Osten und Norden stand der Feind, und was wir waren, schien ein spitzer Keil in seine Front zu sein, längs der Eisenbahn gegen Kupjansk gerichtet. Der schwere Zug bezog eine Feuerstellung zur Sicherung, gab ein paar Schüsse ab, um eine Richtung zu haben – und dann kroch die Mannschaft zurück ins schlafdumpfe dunkle Quartier, wo nur noch Fuchs an einem Hindenburglicht Helligkeit für sich und Detter, den Schreiber aus München, suchte. Sie stellten eine Verlustliste des Geräts auf, halblaut redend und rauchend. Ich schlief nicht, hörte das Stampfen träumender Pferde, den Schritt der Wachen. »Alles absetzen, Hauptfeldwebel«, sagte Detter, »auch gleich im voraus, denn wir verlieren viel.«

»Unsinn«, sagte Fuchs, »dies wird abgesetzt und jenes, mehr nicht.«

»Mei«, sagte der Kecke, »doppelte Arbeit; was wir in diesen Tagen wieder verlieren, können wir schon berechnen, Feindeinwirkung, Kälteeinwirkung, der große Ausverkauf beginnt.«

»Sst!« sagte Fuchs, und dann: »Gut, setzen Sie ab.«

»Na also, kenn doch den Schwindel!« Die Maschine klapperte. Ein Melder kam, legte einen Zettel vor Fuchs.

Der schrie, nachdem er einen Blick drauf geworfen: »Alarm!

Posten! Fertigmachen!« und wirbelte uns durcheinander, die Geschütze und Reiter zuerst, dann die Troßwagen, die Feldküche mit großem Feuer zuletzt, und eilte im Trab über den eisenharten Boden an die Spitze, ein unkluger Führer – mit seinem Satz, der Feind drücke mit Riesenkräften, obgleich noch nichts zu hören war, die biederen Fahrer zu wildem Einhauen auf ihre Tiere bringend. Er mochte ärgerlich genug sein, daß Hölzls Befehl, der Troß habe vorn zu sein, ihm nun Verderben zu bringen drohte.

Es war ein unsinniges Fahren, und zweimal kreuzten wir die Bahn. Dann kam Maschinengewehrrattern näher, Schüsse blitzten, einzeln schlugen Granaten ein, steigernd die Furcht und Ungewißheit, und als nun das Gerücht kam, die erste Kompanie, zur Sicherung Gawrilowkas zurückgelassen, sei bereits eingeschlossen, fehlte nicht viel, daß jeder mit seinem Fahrzeug querfeldein gefahren wäre, wo er am schnellsten weiterkäme. Dabei war das Ziel nah und deutlich: Wir brauchten bloß auf das nächtliche Hundegebell des Sowchos zuzufahren. Hier herrschten Aufregung und Angst in gleichem Maß, die Ankommenden sahen, daß die hier Einquartierten sich hastig nach hinten verfügten, und hätten sich am liebsten gleich angeschlossen. Doch fuhren wir nun, von gefaßteren Feldwebeln eingewiesen, in den Schutz der steinernen Ställe. In der Nähe waren Schafhürden aus geflochtenen Zäunen; aus ihren Knütteln und Reisern machten wir Feuer, der Feind mochte meinen, der Hof brenne, denn es war bitter kalt, und lagerten uns herum. Ich schrieb, Hahn spähte über meine Schulter: »Was schreibst du? Was für Schrift ist das?«

Ich gab ihm das Büchlein; griechisch geschrieben, konnt er's nimmer lesen. »Hm«, schnaufte er, »bin ich auch drin?«

Ich kannte diese Angst: »Jeder ist drin.« Fuchs nahm das Buch, sagend: »Ich war mal auf 'ner Penne. Vielleicht!« las und sagte zu mir: »Warum gehn Sie nicht zur Propagandakompanie?« denn er hatte mir das mehrmals geraten, Zanglers wegen.

»Ich mache keine Propaganda!«

»Bravo!« rief Stefan Kargl, Weinbauer aus Südmähren.

»Sind Sie verrückt, Kargl?« sagte Fuchs.

»Jawoll, jawoll!« sagte er und ging zu seinen Pferden.

Dieser Kargl war ein neuer Mann, schwer und ehrlich, ein tüchtiger Fahrer. Die etwas plumpe Pfiffigkeit seiner Aussprache brachte ihn mehrfach in Verlegenheit. Er war einer der wenigen, mit denen man über politische Dinge sprechen konnte. Er sagte, der Hitler habe in ihren Augen recht gehabt, solange er nicht nach Prag marschiert sei. Die nationalen Forderungen der Deutschen in der Tschechoslowakei habe Mister Runzimann aus London als rechtens bescheinigt, und in Hitler hätten sie den Befreier gesehen, Großdeutschland sei auch nicht das Schlechteste, freilich die Kirche und die Juden hätte Hitler nicht angreifen dürfen: »Aber dann ist er narrisch worden und möcht' alles packen. Ich weiß nicht. Er redet doch immer vom Herrgott – ist der jetzt bei uns? Ich glaube es nicht«, er lachte, »aber vielleicht der Teufel?«

Ich fragte, wo der Teufel stecke.

Er sah mich mitleidig an. »Ganz in der Nähe, im Hybl, im Hölzl, im Deutsch, im Muskat.« Er warf einen Knüppel ins Feuer: »Und wahrscheinlich auch in Ihnen und mir.«

Er war ein Mensch, dessen Fehler keine Gemeinheiten waren, und das ist schon viel auf Erden. Er war eine echte Wurzel wie die andern guten Leute, Ferber, Blank und Ehrhard. Die hier nichts sind, sind vielleicht die, von denen es heißt, sie würden auch auferstehen, aber nicht verwandelt werden.

Es wurde langsam Morgen, der Feind schien keine Artillerie mehr zu haben, und wir machten uns, da die Masse der Trosse sich verzogen hatte, in den Quartieren breit. Ich trat in das Zimmer eines hageren, adlernasigen Mannes, der im Bett lag. Er schlug die Decke zurück und zeigte eine entsetzliche Eiter- und Blutwunde an der Lende. Sein Blick war der Tod. Ich rannte hinaus.

Auf der Schreibstube lief das Gerücht um, Brauchitsch selbst sei in Tschugujeff gewesen und habe unsern weiten Stoß nach Osten mißbilligt, General von Reichenau hingegen habe Muskat gelobt wegen der kavalleristischen Kühnheit.

Um elf Uhr wurde eine Frau aufgehängt, eine Spionin.

»Was hat sie denn spioniert?« fragte ich.

»Ich weiß nicht, war halt eine Spionin.«

»Hat man ein Gericht gemacht?«

»Wird man einer Spionin ein Gericht machen?«

»Ich denke doch.«

»Willst einer Spionin ein Gericht machen? Hast wohl Mitleid mit der Alten, he?« Ich ging fort.

Ich sah mir die Spionin an, sie war fünfzig Jahre alt und hatte verarbeitete Hände, Lumpen als Kleider am Körper. Nun hing sie baumelnd im Eiswind, mit schrägem Kopf und langen Füßen. Die Pantinen hatte man ihr abgenommen.

Die Zivilisten waren am Packen, sie waren zum großen Teil schon in der Nacht abgezogen, nun aber war der Befehl zur Räumung des Hofes gekommen. Es war der 27. November 1941, bei etwa zwanzig Grad Kälte. Fahrzeuge gab es nicht, der Weg über die Steppe bis zum zugewiesenen Ort war zehn Kilometer lang: Frauen, Kinder, alte Männer. Ich sah die Adlernase wieder, sie war noch größer, als sie gewesen, das Fleisch fiel förmlich zurück. Der Mann hing an zwei Krücken.

Ich ging zu Ruckensteiner. »Sag mal, Willy, ihr holt doch Hafer in Tschugujeff; nehmt die Kranken mit auf die Fahrzeuge!« Ich zeigte ihm den Zug. Er war sogleich bereit und befahl Ogasa: »Sagen Sie den Leuten, sie sollen draußen vorm Hof warten. Ich nehme Kranke und Kinder mit.«

Ich sah dann einen Haufen von über hundert Menschen die Fahrzeuge stürmen, Ruckensteiner erzählte nachher: »Ich hab die Kerle mit der Pistole vom Wagen gejagt, damit Kinder und Weiber aufsitzen konnten, meinst du, sie wären von selbst gegangen? Miksch hat sie beim Kragen nehmen müssen. Auch die Hühnerställe habe ich in den Schnee gestellt. Stell dir das Gegacker vor! Hühnerställe soll ich mitnehmen, auf einem Heeresfahrzeug – sowas!«

Die erste Kompanie schlug sich durch, sie hatte ihre Verwundeten zurücklassen müssen. Hauptmann Mäder stieß mit dem dritten Bataillon wieder nach Gawrilowka hinein. Da war das Dorf leer, die letzten Türen, Fenster und Öfen waren zerstört, denn die Russen wußten, daß die Deutschen keine Nacht im Freien vertrügen; die Verwundeten waren erstochen, allesamt. Nun wurde der Hof in Verteidigungszustand versetzt, Panzerabwehr an den Ekken, Infanteriegeschütze hinterm Obstgarten, Granatwerfer an den Flanken. Weit links lag die Deutschmeister-Division, sie bildete mit uns den Brückenkopf Tschugujeff.

Wir richteten einen prächtigen Pferdestall her für dreißig Pferde, aber sie froren, dann stellten wir fünfzig Pferde in den Raum. Jeden Morgen waren die Wasserfässer mit Eis bedeckt; also achtzig, endlich einhundertunddreißig Pferde in einem Stall! Eine einzige Bombe könnte die Kompanie unbeweglich machen. Hölzl lustwandelte in weißem Schafpelz auf und nieder.

Eines Nachts drang ein russischer Stoßtrupp vor den Hof, er war früh gemeldet, und die Posten ließen ihn bis auf zwanzig Meter herankommen, dann schoß das Maschinengewehr. Fünfzehn Tote blieben liegen. Drei Gefangene wurden verwundet eingebracht. Sie erzählten von der anderen Seite: Dort gäb's weder Brot noch Fleisch, man lebe aus dem Lande. Bei Angriffen würde hinter den Stürmenden ein Gewehr in Stellung gebracht. Ja, die Kommissare! Sie schimpften, was wir hören sollten.

Ich wohnte bei Ruckensteiner und dem Stabsbeschlagmeister Voigt aus Wien. Als er das erste Pferd beschlagen hatte, den schwarzen Prinz, einen riesigen Wallach von sechs Jahren, lief die ganze Kompanie zusammen – sowas hatten wir noch nicht gesehen! Der Huf sah aus wie poliert, die Kante des Eisens lief wie ein ovaler Sockel zart drunterher, die Nagelspitzen waren kunstvoll gebogen, gefeilt, und saßen wie Augen in der Wand des Hufes. Voigt lachte: »Gell, da schaugt's« Er ging befriedigt um das Pferd, klopfte es und schrie plötzlich die Gaffer an: »Schaut, daß ihr zum Dienst kommt, marsch, will keinen mehr sehen!« Wir stoben lachend davon. Abends saßen, wenn wir wachfrei waren, Ruckensteiner und ich bei ihm. Er war ganz still, ein Mann von fünfundvierzig Jahren. Er besaß ein helles Licht aus seiner Schmiede, und hin und wieder kam ein Gehilfe, der eine Schaufel der kostbaren Kohlen in den Ofen warf. Er trank ein Schnäpschen und las.

»Gell«, sagte er, »wir sind doch gebildete Menschen, sitzen da mitten in Rußland in Eis und Schnee und lesen was Gutes – mach's einer nach!« Er war ein überzeugter Östereicher, aber viel zu gescheit, um die Deutschen zu schmähen. Er sagte: »Alles wird sich rächen, vielleicht erleben wir's selber, sonst unsre Kinder. Alles muß bezahlt werden auf Heller und Pfennig. Das Große Buch ist ganz genau mit roter und schwarzer Tinte, wie wir's auf der Schule mit acht Jahren hörten. Gestern sah ich einen Kerl, der schoß einen Gefangenen nieder, von hinten natürlich, während der Mann vor ihm herging. Ich auf ihn los, schreie: was tust denn da, du Kerl! Guckt der mich an wie nichts, sagt: ist schon der dreißigste. – Ist das nicht Mord, sag ich? ist glatter Mord! Von Mördern sind wir umgeben! Und wenn sie drüben zehnmal unsere Verwundeten erstechen, es bleibt Mord, hier wie dort. Teufel!« Er spie aus.

Rostow war gefallen. Nächtliche Angriffe der Russen gegen Gawrilowka mit dreißig bis hundert Mann, immer ohne Artillerie, blieben erfolglos. Das zweite Bataillon wurde rechts vom dritten im Felde eingeschoben, dort seien Schafhürden.

Oberst Philipp erhielt das Ritterkreuz. Er hatte mir damals das Leben gerettet. Japan mit im Kriege. Unsere Panzer sollten, weil sie geschweißte Nähte haben, die Temperaturen unter fünfzehn Grad Kälte nicht aushalten. Gerüchte von einer Schlacht um Moskau. Die Post regelmäßig etwa zwei Wochen alt. Im Hof wurde wieder jemand aufgehängt, ein Spion.

Westwinde milderten den Frost. In der Nacht begann die russische Artillerie zu schießen – nun war sie also wieder da. Hinter unserm Stall gingen eine schwere und eine leichte Batterie in Stellung, die mühsam besorgten Fensterscheiben sprangen bei den ersten Schüssen. Wir nagelten die Fenster mit Brettern zu. Als es wieder kalt wurde, benutzten wir den Mist, um den ganzen Stall drei Meter hoch einzupacken. Wir zogen um in fünf Häuser, die in einer Mulde lagen, den Rest des ehemaligen Dorfes; dort sah der Feind nicht hin. Ein Stoßtrupp drang an der Bahn vor bis zum Übergang, die drei Posten flohen. Das Dorf, zu dem wir damals übereifrig vorgedrungen waren, wurde von den Russen abgebrannt – nun lagen acht Kilometer totes Land zwischen uns. Oberleutnant Floreth von der zehnten Kompanie tat sich durch Verwegenheit hervor. Sein Bruder hatte als Flieger das Ritterkreuz, auch er wünschte es und zählte nächtlich Tote und Verwundete. »Auch ein Mörder«, sagte Voigt.

»Sie beschlagen den Mördern die Pferde?« sagte ich.

»Hast ganz recht, Junge«, sagte er, »wir stecken alle mit drin, oder stecken nicht alle drin. Aber der Floreth hat mehr Unrecht als du und ich.« Voigt duzte jedermann und nannte uns »Junge«, was in seinem Wiener Munde väterlich klang.

Die Tage und Nächte vergingen. Tagsüber machte ich kleine Dienstreisen zu den Zügen der Kompanie, spähte in Gasmasken, klapperte mit Hautentgiftungsmitteln, gab Puder für Gasplanen aus, denn die schimmelten, und ließ mir von den Neuen Klarscheibenwechsel zeigen. Die andern machten Stalldienst, holten Futter und Heu – hundert Sack Weizen, Roggen und Gerste kamen zusammen, fünfzig Wagen Heu und Stroh, aber viel zu wenig, um einhundertfünfzig starke Pferde durch den Winter zu bringen; die Mengen, welche der Nachschub brachte, waren winzig.

Eines Morgens kam ich von Gawrilowka zurück. Wenn das russische Störungsfeuer schwach war, konnte man als Einzelner bequem am Rand einer Schonung von Obstbäumen dahingehen. Der Wind war stark, der Himmel voll dunkler Wolken, auf der rechten Seite lag ein ausgedehntes Feld mit ungeschnittenem Weizen, nun lag Schnee darauf, hatte die Halme teilweise niedergedrückt, teilweise geknickt, so daß der Anblick trostlos war; manchmal standen noch Schwaden von Halmen und wiegten die leergefallenen Ähren raschelnd. Ein graues Rosa, dehnte sich das Weizenschneefeld unirdisch böse dahin. Der Wind sang in den Rispen, und hoch oben über den Wolken hörte man das Brummen eines Bombers.

Ein toter Russe lag am Weg, unverletzt. Er trug die wattierte Winterbluse, auf die wir neidisch waren, seine rechte Hand lag bloß auf der Brust, sie war von Vögeln oder Mäusen bis aufs Gerippe säuberlich abgenagt. Eine Verwundung war nicht zu sehen, nur unter der Nase zog ein Fädchen roten Bluts in den Mund. Das Gesicht war wächsern, die Augen zu, ein kahler Schädel; die Mütze aus Pelz trug nun wohl ein Lebender.

In der Schonung trieb eine halbverwilderte junge Kuh ihr Wesen, ich machte Jagd, holte sie ein, nahm sie kraulend am Kopf, aber sie ließ sich nicht mitziehen. Es tat mir leid, daß ich keinen Strick hatte. Ich ließ sie endlich laufen und stöberte im hohen Schnee nach einem Tannenbäumchen, denn in zehn Tagen war Weihnachten, fand aber nur Kroppzeug und ging leer zurück. Vor dem Hof war ein Pionierzug mit dem Bau von Drahthindernissen beschäftigt. Ich sah ein paar Minuten zu, ohne ein Wort, und plötzlich mußte ich fortgehen.

Als ich zurückkam zur Kompanie, war ich umquartiert; nun wohnte unser ganzer Zug in zwei Muldenhäusern, auf der einen Seite Hybl mit den Fernsprechern und Ferber, seinem Burschen, auf der andern Seite in zwei winzigen Kammern Ehrhard, Kolbs Nachfolger Müller und ich, und im Vorraum Dzurolei, Hirtling und der Landstreicher Finda.

Dzurolei und Hirtling hatten der Küche einer Infanteriekompanie zwei lebende Schweine und ein großes Ferkel gestohlen. Das Ferkel wurde schleunigst geschlachtet und in unserem neuen Quartier verzehrt, die Schweine wurden unter Hybls Haus in einen warmen Stall gesperrt und mit Kartoffeln aus einer Miete gefüttert. Hybl rieb sich die Hände, und der ganze Zug freute sich auf das erste Schwein, das wir Weihnachten essen wollten. – Dieser Hirtling kam aus einem deutschen Dorf in Ungarn und wußte mit seinen neunzehn Jahren viel zu erzählen von Serben, Kroaten, Ungarn, Weinbau und Hanf. Seine Familie war unter Maria Theresia aus dem Schwarzwald eingewandert und schien begütert zu sein. Er bekam von seiner Mutter fettige Pakete und einmal eine Medaille; ich sah, wie er sie küßte und eilig um den Hals hängte. Hirtling war sehr stolz, deutscher Soldat zu sein (obgleich er viel zu weich war, um ein guter Soldat zu sein), und enttäuscht, daß wir in Rußland nicht mit den gleichen Weinkrügen und gebratenen Lämmern von der Bevölkerung empfangen wurden wie bei ihnen zu Hause. »Das war ein einziges Fest«, erzählte er, »als die Deutschen kamen, haben die Männer geweint vor Freude.«

Dzurolei, das rumänische Schlitzohr, konnte nicht ohne Weiber sein. Es gelang ihm, die einzigen weiblichen Wesen, die auf dem Hof hatten bleiben dürfen, Natalja und Walja, in unser Haus ein- und ausgehen zu machen. Er und Hirtling sprachen Russisch, Dzurolei unterhielt die Küchenmädchen mit Späßen, bis sie die Schürzen vors Gesicht hielten. Hirtling aber sah sie lächelnd an, errötete, ließ sich streicheln und beklopfen, so viel sahen wir, und sie nannten ihn »Jussuh«, wir ahnten nicht, weshalb. Sie zogen ihm die Stiefel aus, wuschen sein Hemd, sie lockten ihn mit Reden – aber er blieb spröde wie Joseph in Potiphars Haus. »Du bist ein Trottel«, sagte Dzurolei, »versteh doch, was auf dich zukommt!« Da sah ihn Hirtling lachend an und ging hinaus, und Dzuroleis Späße allein konnten die Hübschen nicht halten.

Auch Ehrhard stach der Hafer: »Wir sollten ein Festchen machen mit den Mädchen, hier im Hause; es braucht nichts als eine wachfreie Nacht für uns alle. Ich backe einen Kuchen.«

»Schon gut, sagte Müller, in ein frisches weißes Hemd fahrend, »aber wie werden wir sie am Abend los mit Schick?« Natalja und Walja mußten nämlich bei Dunkelheit in ihrer Hütte sein. »Das überlaß nur Dzurolei und mir«, sagte Ehrhard.

Hirtling fand eine Flasche Schnaps und brachte sie uns; wir beschlossen, sie gleich anzugehen und luden Hirtling ein. Aber der dankte, er trinke nicht, und stöberte weiter in dem Loch unterm Haus, förderte ein Fäßchen mit Speck an den Tag und einen Topf mit Butterschmalz. »Nun geht's schon«, sagte Ehrhard, »laden wir die Weiber ein?« Dzurolei war schnell bereit, doch den rumänischen Unteroffizier mit seiner Kehle aus Pech und schlechtem Ruf bei den Frauen wollten wir nicht bei der Partie wissen. Hirtling aber, gefragt, ob er dolmetschen wolle, lehnte ab, der neunzehnjährige Engel.

Ehrhard und ich machten uns fertig zur Wache. Wir tranken zwei Gläser von dem Feuerwasser, es zog unsern Gaumen zusammen und lief wie Feuer in den Magen. »Daß du nicht weitertrinkst«, schärften wir Müller ein. Dann gingen wir zum Wachlokal, das in der Mitte unseres Bereiches lag. Alle Posten wurden doppelt gestellt, wegen der Kälte halbstündig abgelöst und laufend kontrolliert durch einen der beiden wachhabenden Unteroffiziere. Die Posten trugen von den Zivilisten zurückgelassene Pelzmäntel und aus Säcken genähte und wattierte Fäustlinge. An den Füßen hatten sie aus Stroh geflochtene Überschuhe. Es war in den Nächten etwa dreißig Grad kalt, man ging wie auf Eisschollen und hatte den Kopf gegen den sibirischen Wind mit Tüchern umwickelt. Am besten waren noch jene daran, die eine russische Winterausrüstung, wattierte Blusen und Filzstiefel, gefunden oder erbeutet hatten.

Die Runde des Wachhabenden dauerte eine halbe Stunde; dann ging er von einem der drei Posten zum andern, ermahnte sie zur Wachsamkeit vor Kälte, Feind und Dieben und schloff erfroren in die Wachstube zurück, wo der Kamerad sich inzwischen fertiggemacht hatte. Wir wurden mit der Zeit freilich lässig. Da Ehrhard und ich gern zusammen auf Wache gingen, hatten wir ein abgekürztes Verfahren besprochen, das in zehn Minuten mit der Kontrolle fertig wurde, indem wir auf den äußersten Posten einen zuverlässigen Mann unseres eigenen Zuges stellten, mit dem ein besonderes Signal verabredet wurde. Dann saßen wir in der überheizten Wachstube und brauchten bloß alle zehn Minuten die Meldung, daß alles in Ordnung sei, durch den Fernsprecher zu erwarten. Es war Ehrhards Plan, denn er war ja ein alter Fernsprecher, und wir sparten viel Zeit und Lauferei – der Plan wurde ein wenig später von Fuchs gebilligt und für ständig beibehalten.

»Will man uns wirklich für den Winter hierlassen?« fragte Rukkensteiner. Seine Brille war nach jedem Eintritt ins Wachlokal so dicht beschlagen, daß er fast blind war.

»Vielleicht kommen wir doch noch nach Frankreich – ohne Winterausrüstung wird man uns hier nicht lassen.«

»Vielleicht fehlt es an Transportraum?«

»O Wahnsinn – o Wahnsinn!«

Diese Wachgespräche gab es unter den alten Soldaten; die jungen zwanzigjährigen Burschen, Volksdeutsche aus aller Herren Ländern, litten unter Frostschäden, Verdauungsstörungen, Hexenschuß, offenen Beinen, Ausschlägen und Zuständen rätselhafter Art. Aber auch die reichsdeutschen Jungen waren verpäppelte Zöglinge des Dritten Reichs, konnten weder dividieren noch multiplizieren.

Ruckensteiner, die Pistole umgeschnallt, schlief nie in der wachfreien Zeit, er erzählte vom Umsturz in Wien und dem böhmischen Findling aus dem Männerasyl...

»Wer ist das?« fragte Ehrhard.

»Ja, wer wohl«, antwortete, umherspähend, der Anstreicher, »denk mal nach!« und flüsterte: »Hitler!«

»Wird sich mein Alter freun, wenn ich ihm das schreibe«, lachte Ehrhard.

Das Telefon klingelte, Ruckensteiner ergriff den Hörer: »Ja, was, Müller besoffen? Komme gleich.«

»Hat unsern Schnaps, der Kerl?« schrie Ehrhard voll Wut, »warte!«

Zehn Minuten später schleppten zwei Männer Müller herein, der kaum stehen konnte, aber Ehrhard begriff gleich: »Weiber im Quartier, zum Teufel – und ich hier auf Posten!« Er entlief, und wir erfuhren von Müller, zwei Frauen aus Tschugujeff seien gekommen, verborgene Lebensmittel zu holen.

Ehrhard kam schnaubend zurück, das schönste sei, daß an Hirtlings Bett wer, dächten wir, säße? Natalja und Walja! Und dazu die beiden Tschugujefferinnen, Hundsblut! und der Hirtling lasse sich streicheln, und sie raspelten auf slawisch ihr Süßholz. (Müller schnarchte laut von der Pritsche.) »Dies Schwein besäuft sich, statt sein Koppel umzuschnallen und mich abzulösen, wenn's ihn schon selbsten nicht juckt«, jammerte Ehrhard, daß Ruckensteiner und ich laut lachten.

»Der Mond nimmt ab«, sagte Ruckensteiner, »da wird es wärmer.« Wie alle Soldaten glaubte er fest an den Einfluß des Mondes auf das Wetter.

Weihnachten kam, das Fest, aber der Friede war ferner als je durch Hitlers Erklärung des Krieges an die Vereinigten Staaten. Es waren trübe Tage, und die befohlene Fröhlichkeit klang unecht; sollten wir froh sein, nachdem der alte Kontinent von unsern Waffen nicht bezwungen war, einen neuen als Aufgabe zu erhalten? Denn irgendwie mußte man sich in Berlin doch denken, wie ein Krieg mit Amerika zu führen sei? Die Engel der Nationen weinten wohl, sehend wie die Ebenbilder Gottes sich da schlugen. Käme nun jener Engel, der dem Propheten mit glühender Kohle den Mund gereinigt hatte, an Hitler – wie sollte ihm zumute sein als Geist eines Bösewichts? Denn die glühende Kohle hätte diesem Mund wohler getan als uns die Portiönchen Schnaps zu Weihnachten, wovon Stäbe, Zahlmeister und Fouriere ihren Überanteil gezapft hatten.

»Amerika« rief Ruckensteiner, »vielleicht stehn wir nächstes Jahr vor Minnesota, du lieber Gott, da wird mein Bruder schaun, er ist dort Anstreicher!« und leiser, daß nur Zipps und ich es hörten: »Der Führer beißt in Teppiche, wenn er wütend ist, der Böhmak!«

Nachts träumte mir, ich käme mit meiner Mutter und Ehrhard auf die Insel Borkum, suchte ein Hotel, spazierend mit Ehrhard. Bei einem der großen Strandhotels sagte er: »Zu fein für uns, nun folge nur mir!« Plötzlich blieb er stehn, wurde klein und verschwand übers Meer. Wir aber, Mutter und ich, fanden nach einigem Suchen ein großes, anscheinend leeres Haus. Man führte uns durch fünf mit Teppichen belegte Räume, der sechste war mit goldenen barocken Möbeln ausstaffiert, nicht überladen, sondern angenehm. Ich mietete sogleich für uns.

Ich erzählte Ehrhard den Traum, er schüttelte den Kopf, »'s ist Weihnachten«, sagte er, »weißt du noch vor einem Jahr – da war ich heimgefahren nach Ingolstadt und kam zurück mit Weihnachtsstollen für die ganze Kompanie?«

Am Silvestertag dieses Jahres ritten wir mit sechs Gespannen nach Tschugujeff. Ich hatte den Befehl bekommen, das geflickte Geschütz und zwei neue Munitionswagen zu holen. Wir sollten, sagte man uns, der Bahnlinie folgen, dort gebe es einen Feldweg, auf dem sich reiten lasse; wir hätten nicht den Kolonnen auszuweichen, die in beiden Richtungen mit Schlitten, Wagen und Autos die Hauptstraße blockierten. Wir ritten los, es war Schneesturm aus Nordwesten, etwa fünfzehn Grad Kälte; die Augenwimpern setzten weiße Bärte an, so daß die Augen zugingen, der Wind stand gegen uns, und in der ersten halben Stunde erwog ich mehrfach, ob wir nicht umkehren sollten. Aber mich lockte, die Stadt zu sehen, da gebe es elektrisches Licht und ein Brausebad, ein Kino und die vielen Mädchen und Frauen, von denen man sich erzählte, daß sie – aus dem ganzen Kampfgebiet – der Etappe von Tschugujeff zufielen: Hier lagen die Division selber und etliche Nachschubstäbe, es gebe Lokale zum Kaffeetrinken, ein Soldatenheim, und stets treffe man Bekannte. Es erschien uns als eine Art von Gelobtem Lande.

An den Nüstern setzten sich Eiszäpfchen an. Die Pferde hatten ein fingerlanges Haarkleid bekommen und schienen sehr froh zu sein, einmal tüchtig bewegt zu werden. So ritten wir Trab, beugten uns im Sattel vornüber, den Wind zu brechen, achteten auf unsere Nasenspitzen, daß sie nicht weiß wurden, und lachten über den Reif um unsere Münder und den allmählich auf unserer Brust sich bildenden Panzer aus Eis und Schnee. Miksch, Kargl, Kogler und drei Fahrer von andern Zügen, nicht minder gute, waren mit von der Partie. Jeder führte ein Handpferd neben sich. Ferber und ich ritten einzeln.

Manchmal hörte der Schneesturm auf, dann wurde es ganz still. Was war das? Ach, der Wind in den Drähten hörte dann auf, denn an der Bahn entlang trieb niedrig ein Gestell mit Telefondrähten hin, dessen Pfähle in der weiten Weiße immer kleiner werdend sich fortsetzten in die Unendlichkeit. Wenn der Wind stürmte, klang der Draht in hohen gespenstischen Tönen, schwellend und pfeifend, und es war dann dieses Singen, an dem wir wie Geister hintrieben mit den Beinen unserer trabenden Pferde. Von den Tieren, kräftig ausgeruht, warm, ging die flotte Bewegung auf uns über, hob und senkte uns in den Sätteln, angenehmes Gleichmaß des Dauertrabs.

Aber dann hörte zehnminutenweise der Schneesturm auf, und wir sahen die gleichmäßig gerade nach vorn und hinten laufende Reihe der Pfähle, die zerschossenen Drähte daran und ganz oben die blauen, grünen, grauen und gelben Wolken voll Eis und Schnee; und dann trieb eine Bö frisch heran, hüllte uns ein, und das Singen der Drähte wurde wieder laut.

Das Feld war eben, unendlich gedehnt, glatt, weiß, eisig und schneeig, kein Mensch begegnete uns auf diesen zwanzig Kilometern; man feierte wohl Silvester, trank Punsch, seliger Schlummer, Freudenschüsse – geh, altes Jahr! Irgendwo hinten im vergangenen Jahr hing oder trieb wohl das Selbst, verloren, vergessen und klagte und schrie aus den Drähten uns nach, wachsgelb wie die Toten, Gespenst unserer selbst, vergessen in den Einöden des Winters, auf panischer Flucht vor den stollenbewehrten Hufen der trabenden Pferde.

Wir wurden nicht kalt. Wäre der Gegenwind nicht gewesen und der eisige Ansatz auf unsern Wimpern, daß sie blinkten silbern wie bei Göttern, so hätten wir schwerlich gewahrt, daß wir bei starkem Frost über eisige Wüsten nach Tschugujeff ritten. Das konnte dann auch eine Fuchsjagd in England sein, und gleich stünd' im Steinbruch geschützt ein offenes Büfett mit Schnäpsen wie vor fünf Jahren in Derby als wir nach Llandudno fuhren. Ach wir trieben wie Geister, Räume und Zeiten durchdringend, war denn nicht alles doch Eines? Wenn aber Geister, dann auch vergessen, und irgendwo hinten trieb – auf dem Wege vom Bug – eine wächserne Larve tief in die Erde ein, gespalten das Gesicht, zerschossen die Brust, die Eingeweide in den Händen haltend und die Beine verkrümmt an den Nabel gezogen. Wartend wühlt sich die Larve in die Erde, auferstehendes Fleisch im Frühjahr, und lebend und frisch und farbig und glänzend und göttlich ist dann das Auge. Und am Rande dieses Lebens, das Nichts durchdrungen, stünden wir plötzlich auf, der Kette entrissen; Auferstehung des Fleisches: War das vielleicht der Sinn unseres Untergangs? Dann würde die eisige Braue, blinkend wie Silber, geläutert sein zur reinen Lichtgestalt der weißen Hundertvierundvierzigtausend; dort stünde auch das Urpferd vom Parthenon, und jeder wäre von uns selber das Urbild, unsterblich – und dies hielte dann gar den Blick aus, vor dem Moses sich geborgen hatte.

»Ich meine, wir haben's bald«, sagte Ferber, »wollen wir nicht Schritt reiten? Dann kühlen die Pferde sich ab.«

»Richtig – ist das schon die Brücke? Donnerwetter, ja!« Ich hob den Arm hoch in die Luft, senkte ihn langsam und fiel in Schritt, hinter mir alle andern. Ich sah auf die Uhr, knapp zwei Stunden waren wir unterwegs. Nun, das war schön, denn um vier Uhr begann ja das Kino: Wir müßten noch füttern und tränken.

»Dann, o Unsterblichkeit, bist du ganz mein«, ging mir durch den Sinn, als wir über die hölzerne Brücke ritten, vorbei an Malinowka, und dann hinauf den Berg und zur Kriegsschule des Zaren.

Wir waren nun plötzlich müde, die Pferde auch. Wir erhielten einen prächtigen Barackenstall, das gab es also hier. Dann gingen die sechs in das Kino, sie waren unangreifbar hart. Ich sah mir, bevor es dunkelte, den Ort an.

Tschugujeff hieß ukrainisch Tschuchuju und lag auf dem westlichen Hochufer des Donez, etwa dreißig Meter über dem jetzt vollkommen vereisten und verschneiten Strom. Es war weitläufig gebaut, aber nicht wie Tscherkassy schachbrettartig angelegt, sondern die Straßen folgten den Schluchten, Bächen, von verschiedenen Richtungen herankommenden Landstraßen, so daß es wie ein Spinnennetz wirkte, in dessen Mitte vor einem großen freien Platz die alte Akademie lag, ein Bau mit meterdicken Mauern, riesigen Gängen, jetzt Kommandantur, Kaserne, Verwaltungsbau. Die großen Öfen wurden vom Gang aus geheizt.

Soeben waren aus Deutschland fünfhundert alte Angehörige der Division angelangt, die aus Lazaretten entlassen waren. Ich entdeckte einige Männer unserer Kompanie und etliche von unserm alten, aufgelösten und wiederentstandenen ersten Bataillon. Sie wollten alles Mögliche wissen; die größte Erleichterung schien zu sein, daß Zangler die Kompanie nicht mehr führe. Für viele war es eine große Enttäuschung, daß sie noch einmal nach Rußland hinauskamen – sie hatten damals im Sommer hoffen können, mit der Verwundung sei der Krieg für sie zu Ende. Sie berichteten von der flauen Stimmung daheim, und daß man zu einer Wollsammlung aufgerufen habe. Ich versprach so viele mitzunehmen, wie auf den Wagen sitzen könnten, und morgen früh, um zehn Uhr sollten sie sich einfinden.

Miksch und Kargl überbrachten mir eine Einladung vom Verpflegungsamt zur Silvesterfeier. Sie hatten im Kino Landsleute und Freunde getroffen, die jetzt die allmächtigen Obergefreiten und Unteroffiziere dieser Stelle waren. Aber ich fürchtete, aus dieser Quelle des Alkohols und der Menage nicht gesund wieder herauszukommen, und blieb still im zugewiesenen Quartier bei der Lektüre der ins Deutsche übersetzten russischen Dienstvorschrift über den Winterkrieg, datiert vom 1. März 1941; sie war tadellos und machte vieles deutlich, was uns auf russischer Seite so gut wie unverständlich war, etwa die aufreibenden Angriffe bei Nacht, wie man eine Truppe auch bei starker Kälte tagelang im Freien liegen lassen kann (in Schneehütten), wie man Pferde abhärtet und Motoren warmhält, welche Handschuhe die besten sind, wann man Pelze trägt, wie man einen verschneiten Wald durchdringt und Eisbrücken baut, und über die Wirkung von Granatfeuer bei Schnee und Eis.

Am nächsten Tag fuhren wir bei 30 Grad Kälte zurück, die Luft war sehr rein, kein Wind bewegte sich, die Sonne schien. Man sah mehr als zehn Kilometer weit, und wir legten die Strecke bequem in zwei Stunden zurück. Wir waren mittags bei der Kompanie und empfingen zu drei Mann eine Flasche Neujahrsschnaps. Die Kälte nahm jetzt sehr zu, die Ställe erwiesen sich als zu kühl, das Geschirr fror steif. Der Bach, unsere Wasserader, war einen halben Meter tief gefroren, und wir fürchteten, er würde bis auf den Grund fest werden. Noch einmal versuchten wir, die Fenster und Türen der Quartiere dicht zu machen, der Stall wurde wieder mit Lagen von Mist und Dünger bepackt.

Aber der Feind sah in der Kälte seinen Freund, landete in Feodosia, bei Leningrad gingen wir anscheinend freiwillig zurück, vor Moskau sollte eine Niederlage erlitten worden sein – wir zerbrachen uns in langen Gesprächen den Kopf, waren wir so schwach? Dazu Brauchitschs Fall und die Ereignisse in Afrika! Der Russe aber wurde stärker statt schwächer, wir merkten es gut, seine nächtlichen Nadelstiche wurden zahlreicher, seine Artillerie vermehrte sich und schoß häufig Störungsfeuer bis zu uns auf den Hof.

Wie stets, wenn der Soldat ohne Führung bleibt, bildeten sich die wildesten Gerüchte: Urlaub, Portugal, Panzeraufmärsche bei uns und den Russen, Rundstedt sei gegangen, Postsperre, Offensive gegen England im Frühjahr, große Verluste durch die Kälte, Niedergeschlagenheit im Generalstab wegen der Niederlagen in Afrika und Rußland.

Das waren schlimme Dinge! Die Hitlerschen Tiraden und Ukase waren für den Heimatgebrauch. Aber die Übernahme des Oberbefehls durch ihn selber schuf Unbehagen bis zum letzten Geschützführer. Schließlich war er Gefreiter gewesen – sollte er das militärische Geschäft besser verstehn als die Generale?

»Der Führer hat den französischen Feldzug gegen die Generale beschlossen und gewonnen«, sagte Hybl.

»Ja, Frankreich! Die Franzosen sind keine Russen, sie zogen mit Angst zu Felde und gaben auf, sobald sie nicht mehr drei Meter Beton über sich hatten.«

Als Halder, Brauchitsch und Guderian gingen, war kein Mann mehr an der Spitze, dem die Truppe vertraute. Man hatte das fatale Gefühl, daß die Jasager, welche jetzt befehlen würden, es auch zum Nachteil der Truppe täten. So wie man uns ohne Handschuhe in den russischen Winter geschickt hatte, würde künftig alles möglich sein. Die Dinge wurden nicht öffentlich ausgesprochen, sondern nachts, wenn man zu zweit auf Posten stand, im Bunkerloch zu dritt, in Anspielungen beim Tarock oder Skat, auf langen Märschen und Ritten, in den Minuten der Panik und in den Briefen zwischen Front und Heimat. Hier wurde ein ungeheures Kapital in kleiner Münze ausgegeben. An diesem Neujahrstag konnte der grausige Witz entstehen von dem Schlachtenbild aus dem Jahre 1960 mit der Unterschrift: »Der greise Führer an der Spitze seiner Truppen beim Übergang über den Mississippi.« In diesen Monaten mußte der Gedanke der Beseitigung dieses Systems entstehen – überall gleichzeitig, wo noch Charakter war. Aber der Weg vom Gedanken zur Tat mußte durch Blut und Tränen gehen.

Als verspätete Neujahrsgabe erhielten drei Mann eine Flasche Wein. Es sollten eigentlich mehr sein, aber Fuchs erklärte, zehn Flaschen seien zerbrochen. »Zerbrochen, he?« sagte Ehrhard.

»Was sagen Sie?« Fuchs sah ihn scharf an, Ehrhard brummte, und Ruckensteiner schlug sich klappend auf den Mund.

»Also zehn Flaschen sind zerbrochen«, sagte Fuchs.

Am Abend klopfte es an unsere Türen, und Hirtling ließ Natalja und Walja ein, die sich die Schürzen über den Kopf zogen, klappernd vor Angst, und er verhörte sie. »Nix gutt, Mann Schnaps, nix gut, oh, oh! Bei euch!« Und so hockten sie denn gänzlich verschüchtert in unserer Stube, bis Hirtling sie kurz vor zehn Uhr, als er auf Posten ziehen mußte, zu ihrer Hütte brachte.

Er löste Dzurolei ab, und dieser kam frierend und böse, denn Hirtling hatte ihm erzählt, wer bei uns gewesen, und er schmähte ihn, uns, die ganze Armee: »So etwas, mein Gott! Das wäre in der rumänischen Armee nicht möglich gewesen! Ausgestoßen wärt ihr, sofort ausgestoßen...«

»Warum denn nur?«, unterfing sich Müller die Frage, ahnungslos, wie die Gebräuche der balkanischen Armeen seien.

»Warum denn, fragt ein Unteroffizier! Was denn? Zwei Weiber, die freiwillig kommen, um zehn nach Hause schicken, unter Postenbedeckung! Ich fürchte, wir verlieren den Krieg, wahrhaftig!« Und er warf sich stöhnend aufs Bett.

Am Tag darauf wurde Feldwebel Hybl, der abseits grollte wie stets, durch einen Oberleutnant Wolisa im Quartier aufgesucht, der sich als neuen Kompaniechef vorstellte. Hölzl begleitete ihn, welch ein Schlag für diesen! Der neue Herr, ein Schlesier, sprach nicht viel. Aber innerhalb weniger Tage erhöhten sich die Sätze des Schnapses, und es trat ein vorteilhafterer Schlüssel zur Verteilung von Kantinenwaren in Kraft. Hölzl wurde zu einem Kursus abkommandiert.

Auf der Bahnlinie kam abends hin und wieder ein russischer Panzerzug und beschoß die Stellungen. Unsere Flugzeuge hatten zweihundert Lastwagen beschossen, die zur Front fuhren.

Als der russische Angriff am 18. Januar morgens um neun Uhr bei strahlendem Sonnenwetter begann, waren wir nicht überrascht. Die Artillerien hämmerten eine Stunde lang aufeinander los. Ich sah das schön von einem Turm, wie ihn die russischen Güter haben, einem fünfzehn Meter hohen eisernen Gerüst mit Hühnerleitern. Es war ein glänzender Tag, die Kälte stach wie mit Nadeln, denn aus Osten pfiff ein eisiger Wind, und man meinte, der Turm schwanke hin und her. Das glitzerndweiße Eis- und Schneefeld war von hier aus bis an den zwanzig Kilometer entrückten Horizont wie eine kristallische Scheibe zu überblicken, und darüber wölbte sich durchsichtig blau, wie eine Glocke starrren Lichts, die Kuppel des Himmels. Hie und da sah man violette Wölkchen der

Abschüsse und die grauen der Einschläge. Obgleich Hunderte von Geschützen verschiedener Kaliber feuerten und die Menschen bebten vom Gedröhn, Eisen und Feuer nach ihnen schlug, damit sie bedachten, wie sie Staub waren und zu Staub wurden, schien vor der erhabenen Ruhe der weißen Winterflächen diese menschliche Regung und Bewegung wie nichts, fast ein Spiel. Da sah man das Bürstenwäldchen von Gawrilowka ganz aus der Nähe, in dessen Schutz jetzt Tote und Sterbende lagen, sah man weit drüben die winzigen Maulwurfhügel und Schneehäufchen, die das zweite Bataillon deckten, sah in der Ferne weit schwarze Hütten und davor, winzig im Okular, Fahrzeuge, Reiter, Menschen: Das war der Feind, und diese mikroskopischen Größen zählten einander den Tod vor, spieen Verderben – aber es war fast nichts zu sehen. Der Angriff der Infanterie würde an einigen Punkten Leben bringen.

Ich stieg nach unten, in zehn Minuten eiskalt geworden, und wärmte mich im Quartier.

Um zehn Uhr griff die russische Infanterie vor Gawrilowka und vor dem zweiten Bataillon an. Das Gedröhn der Geschütze wurde vom feinen Gehämmer der Maschinengewehre begleitet.

Wir lagen in Bereitschaft für den Fall, daß der Feind durchbrechen sollte, aber es kam nicht so weit; Ruckensteiner fuhr Munition mit acht Fahrzeugen. Er hatte einen großen Tag, er blieb die Quelle aller näheren Nachrichten, und die waren aus seinem Munde ein wunderliches Gemisch. Er kam in die Stube, nahm die Brille ab, denn sie beschlug ja gleich, und sagte: »In Schwärmen greifen's an, in Rudeln sag ich euch, so was hab' ich nicht gesehen, der Schnee schwarz von Menschen, und laufen vor und schmeißen sich hin, und dann schießt's hinein – da steht keiner wieder auf, kein einziger! Aber Kühner ist tot, Hermansa verwundet, ich hab' sie mitgebracht. Und keine einzige Deckung für den Iwan, sag ich euch, platte Ebene, so was!«

»Und kriechen sie nicht zu uns rüber?«

»Kriechen? Was sich regt, wird beschossen, was willst du denn machen? In Gawrilowka kamen von zweihundert Mann vierzig an den Ort, die andern waren gefallen im Schnee, aber alle erwischt man ja nicht, und was taten sie, die Kerle?«

Ruckensteiner blickte feurig um sich, aber wir wagten nicht zu schätzen, was die Russen getan hätten.

»Sie stürzten in die Bunker und Häuser und begannen gleich zu essen, trinken und sich an den Ofen zu drücken. Sie waren von ihren Offizieren nicht mehr herauszubringen, und da kam denn Floreth, das war für ihn das Richtige, kam mit Handgranaten und räucherte die Buden aus, und da lagen die Kerle wie Holz übereinander, tot und verwundet, und einige schon besoffen, weil sie ein paar Feldflaschen mit Schnaps gefunden hatten. Ich selbst hab' gesehn, wie einer mit geplatzter Haut über dem glühenden Ofen lag.«

»Und dann nahmen wir die Bunker also wieder?«

»Natürlich nahmen wir sie, was denkst du denn?«

»Und sicher sind die Bunker?«

»Natürlich, sie sind zu Eisblöcken gefroren.«

Mittags richtete sich eine frische Batterie hinter unserm Stall ein, auch schwere Mörser kamen, die Geschütze zerlegt auf drei Raupenfahrzeuge; und diese Batterien zu sichern, kam gar aus Gawrilowka eine Kompanie Infanterie zurück.

»Aber wie ist es möglich, braucht man denn euch nicht dort?«

»Uns brauchen – wieso? Die werden schon fertig, die Iwans laufen so stur in unser Sperrfeuer, daß keiner den Ort erreicht.«

»Aber es heißt doch, daß vierzig Mann eure ersten Bunker besetzt hatten?«

»Was sind denn vierzig Verhungerte? Die wollten sich wärmen.«

»Ihr seid aber tüchtig.«

Abends kam ein Trupp von sechzig Gefangenen bei uns vorbei, die meisten waren verwundet und saßen auf Ruckensteiners Fahrzeugen, ein trauriger Zug, und den meisten waren, da sie tagelang im Freien gelegen hatten, ein oder mehrere Glieder erfroren. Die Männer trugen dicke wattierte Blusen, Filzstiefel, Pelzkappen, hatten doppelt gefütterte Handschuhe und um die Brust schräg gerollt grünliche Wolldecken. Sie berichteten unsern Oberschlesiern, da sie angehalten und mit Suppe gewärmt wurden, daß hinter ihrer Front Maschinengewehre aufgebaut seien, daß keiner es wagen dürfe, zurückzugehen, und sie seien der Rest von zweihundert Mann. Auf den Wagen lag ein Mann, dem man den Mund weggeschossen hatte, Hände und wohl auch Füße waren erfroren. Eine Frau begleitete ihn, eine Sanitäterin mit Rotkreuztasche. Es war natürlich klar, daß der Mann nicht lange mehr zu leben hatte, und es gab wieder den Streit, ob man ihm nicht zum Tode verhelfen solle.

»Aber warum denn?«

»Er lebt ja kaum noch!«

»Brauchst ihn doch nicht umzubringen!«

»Hätte er uns geschont – umgekehrt?«

»Der Feind gehört totgeschlagen, Schluß!«

»Nix da«, sagte Ruckensteiner, »ich bin der Führer des Transports.« Er fuhr weiter und lieferte die Leute da ab, wo er frische Munition holte.

In der Nacht rasselten die Maschinengewehre, die Artillerie aber schwieg. Ununterbrochen stiegen Leuchtkugeln und ließen die vorderste Linie, zweitausend Meter vor uns, gespenstisch nah erscheinen. Um drei Uhr erhob sich der Feind aus dem Schnee und griff in mehreren Wellen an, wieder wurden wir alarmiert; aber die Schwärme brachen wie immer in den Riegeln der Speerfeuer zusammen, der ganze Hof war rot von den Mündungsblitzen der Geschütze. In Gawrilowka brannten einige Häuser. – Ich aber konnte nicht laufen, mein linkes Bein war steif, Zipps behandelte es mit einer schwarzen Salbe. »Du hast dich erkältet, gestern auf dem Turm«, sagte er, »bleib im Warmen sitzen.« So beobachtete ich, wie Hirtling, der auch krank im Bett lag, denn er war nachts im Hemd nach draußen gelaufen, von Walja, der treuen, alle paar Stunden mit Zwieback und schwarzem Tee gefüttert wurde.

Ruckensteiner besuchte mich und setzte seine Berichte tiradisch fort: Ein Überläufer habe dem Feind die Stellungen der Artillerie verraten.

»Haben wir Überläufer?«

»Vereinzelt gibt's solche, die haben den Krieg eben satt.«

Dann erzählte er, wie beim zweiten Bataillon ein Mann an ein nah vor der Front aufgebautes Maschinengewehr gekrochen sei, es mit einer Handgranate auszulöschen. Das gelang, die feindliche Bedienung regte sich nicht; als er nun auf das Gewehr zugekrochen sei, es mitzunehmen als Beute, habe er einen Schuß in die Brust erhalten – kroch zurück und starb.

»Ihr löst morgen das dritte Bataillon ab in Gawrilowka.«

Mein Bein bewegte sich am nächsten Tag wieder.

Das dritte Bataillon, das sich so glänzend gewehrt hatte, lag nun auf dem Sowchos, und das erste, unter seinem neuen Kommandeur, Hauptmann Hieber, lag in Gawrilowka. Unser Zug bezog zwei halbzerstörte Häuser, hinter denen die Geschütze standen. Ehrhard blieb auf dem Hof bei den Fahrern und Fahrzeugen zurück. Die erste Nacht war Kaltenbrunner, der Führer des dritten Zuges bei uns, um Hybl einzuweisen. Wir hatten drei Grundrichtungen, das sind feste Punkte, nach denen die rechts oder links abweichenden Ziele bezeichnet werden. Die Entfernungen betrugen zwischen 800 und 2000 Meter. Unser Zug war an die Ringleitung des Bataillons angeschlossen, konnte also mit allen Bunkern sprechen.

Diese Bunker lagen in einem flachen Bogen östlich vor dem Dorf, sie waren von uns ungefähr 400 Meter entfernt, und zwischen ihnen lagen jeweils etwa 150 Meter; es waren acht Stück, die Olga, Helga, Käthe und ähnlich hießen. Meistens forderten die Bunker telefonisch unser Feuer auf bestimmte Punkte an, und die kommandierenden Unteroffiziere verstanden so viel von der Feuerleitung, um uns nach Entfernung und Seite korrigieren zu können. In einem der Bunker hatten wir eine eigene Beobachtungsstelle, aber es war selten nötig, daß sie durch uns besetzt wurde – es sei denn, daß wir einzelne Punktziele hatten, die außerhalb des Zielplans lagen oder sich bewegten.

Das Gelände vor den Bunkern war eine ganz flache und sehr weite Ebene von Eis und Schnee. In der Ferne sah man am Horizont die Dächer von Hütten und Bäume, die für unsere Geschütze unerreichbar waren. Kurz vor Gawrilowka, drei- oder vierhundert Meter vor der Bunkerlinie, war eine flache Mulde, in welcher der Feind sich zu seinen nächtlichen Angriffen zu sammeln pflegte. Sie war von keinem Punkt unseres Verteidigungssystems einzusehen, wurde aber von mehreren Sperrfeuern überdeckt. Wenn sich ein Russe in ihr auf den Bauch legte, war er nicht zu sehn, sobald die armen Kerle aber, da sie schrecklich froren, die Füße in der Luft (auf dem Rücken liegend) zusammenschlugen, sahen wir die Bewegung und schossen.

So kam es, daß wir unter den Gefangenen und Überläufern immer wieder Leute mit Fersenschüssen fanden.

»Wann schießt du überhaupt mit Beobachtung?« fragte Hybl Kaltenbrunner.

»Beispielsweise auf Schlitten, mit denen der Iwan seine Granatwerfer in die Mulde bringt. Dieselben Schlitten nehmen dann Verwundete mit zurück.«

»Schießt du darauf?«

»Es wird auf alles geschossen, was nicht deutsch ist.«

In der Morgenfrühe griff der Russe mit sechzig Mann aus der Mulde heraus an. »Das macht er jede Nacht«, sagte Kaltenbrunner, »die sechzig sickern im Schutz der Finsternis in die Mulde, und morgens stürmen sie los.«

Den ganzen Tag über wechselte die Artillerie Schüsse, wir saßen in den kalten Kellern. Gegen Mittag gingen Hybl und ich nach vorne auf die Beobachtungsstelle. Wir beobachteten das Gelände, prägten uns seine Züge ein – wenn auch alles flach und weiß war, für uns war jede Kleinigkeit anziehend. Ich richtete das Scherenfernrohr auf jeden Punkt, den die Posten uns als Anmarschweg und Schneebunker bezeichneten. Etwa fünfhundert Meter links von uns lief die Bahn nach Osten. Auf ihr kam nachts der sagenhafte Panzerzug, den noch niemand gesehen hatte. Bei den Hütten am Horizont bemerkte ich Pferde, Wagen und Gestalten. Dort schien man sich sicher zu fühlen, wie wir auf dem Sowchos. Keine Infanteriewaffe erreichte diese Entfernung.

Dann begannen wir zu schießen, wohl zweihundert Granaten, um uns einzuschießen, Entfernungen herauszubekommen und die Wirkung in Schnee und Eis zu beobachten. Wir machten der Infanterie den Spaß, die nächsten Schüsse hundert Meter vor ihre Bunker zu setzen, wir ließen uns Ziele nennen, die wir zu ihrer Freude und Beruhigung mit drei Schüssen trafen. Viele dieser Männer waren zum erstenmal an der Front, sie hatten kaum das Gefühl, hier müsse einer für den andern stehen. Sie pflegten zu sagen: »Wir sind eine Ersatznummer und werden durch eine neue Nummer ersetzt, wenn wir ausfallen..«

»Aber nicht doch, wie kommt ihr dazu? Hat man euch schlecht behandelt, schlecht versorgt? Es geht allen hier nicht glänzend, aber der Kommandeur raucht nicht mehr Zigaretten am Tag als wir.«

»Wirklich?«

Welch eine Ausbildung durch Feiglinge, Drückeberger und Betrüger mußten sie erhalten haben, wenn das ihre Ansicht vom Militär war!

Unsere Unterkünfte bestanden aus Ruinen der Lehmhütten, die Hauptsache war der Ofen aus Ziegelsteinen. Die Fenster waren vernagelt. Die Männer umwickelten ihre Füße mit Lumpen, da wir jetzt viel im Freien sein mußten. Das Bataillon kündete Kälteverpflegung an. »Schnaps!« sagte Müller und pfiff. Seitlich lag ein Keller, ein in den Boden gegrabenes Loch mit Lukendeckel, zwei Meter tief. Hier quartierten sich unsere Helden ein: der Fleischhacker, der Eismann, der schönstimmige ehemalige Landstreicher. Der tüchtige Blank, Dzurolei und ich schliefen mit Burkhard, der zu uns versetzt war, im Hause, Hybl selbst mit Ferber und zwei Fernsprechern bewohnte die ehemalige Stube mit einem Fenster. Das nächste Haus bewohnte Unteroffizier Müller mit sechs Mann.

Vor unserer Häuserzeile her lief die Dorfstraße, jenseits lag der Weiher, dem jener Bach entfloß, aus dem der Sowchos unsere Rösser tränkte, eiförmig, zweihundert Meter lang, unter dickem Eis, aber auf dem Eis lag etwa sechzig Zentimeter hoch Schnee, nur Wasserstellen blinkten schwarz, die mit Äxten freigehackt wurden. Schlug eine Granate auf das Eis, so glitt sie mit sonderbar gurgelndem Getöse unter der Decke weiter. Am Ende des Weihers trat der Bach aus, hier lag in einem festen Ziegelbau der Gefechtsstand des Bataillons.

Der Schnee war einen halben Meter hoch, im Ort selbst aufgeschippt zu Mauern. Da die russischen Granaten nur auf festem Boden zu explodieren pflegten, waren sie treffliche Deckungen. Schon am dritten Tag setzte ein Schneesturm aus Osten ein, den ganzen Tag über blieb es fast nächtlich dunkel, der Schnee flog in dichten schwarzen Wolken heran, man sah kaum über die Straße, der scharfe Wind durchdrang jede Ritze wie ein Eisstrom, der Schnee trieb im Windschatten bis zu drei Meter hoch an die Hütten und Bunker; der Weiher aber war vom Orkan wie gefegt. Das Heizen war einfach, die gemauerten Öfen verschlangen Berge von Holz, das von zerschossenen Häusern, aus dem Akazienwäldchen, von Bahnschwellen und Leitungsmasten kam. Ein zerschossenes Haus pflegte nach vierzehn Tagen bis auf den letzten Span verfeuert zu sein.

Die Nacht begann um drei Uhr und zugleich ein qualvoller Postendienst aller Mannschaften und Unteroffiziere. Meistens mußte man eine Stunde stehen und konnte sich zwei Stunden auf die Pritschen legen, in der dumpfen Höhle, wo eine Funzel brannte, die mehr Sauerstoff als drei Männer verschlang. Wenn es sehr kalt und stürmisch war, wurde die Wachzeit auf eine halbe Stunde herabgesetzt. Bei Alarm – jede Nacht ein- oder zweimal – stürzte alles in Mantel und Mütze, Koppel umgeschnallt, mit Waffen ins Freie und an die Geschütze. Meistens dauerte es ein oder zwei Stunden, bis der Feind sich zurückzog. Wovon lebten wir? Es gab einen Drittellaib Brot am Tage, dreißig Gramm Fett oder Marmelade, mittags Eintopf aus der Feldküche, morgens und abends eine Flasche Wiesenblumentee mit Zucker. Butter, russischer Tee, gar Schokolade machten Festtage. Zigaretten gab's täglich, fünf – sechs Stück.

Wir besuchten Bekannte in den Bunkern. Erb fing einen Juden, der sich als ein Russe ausgab. Der Chef Erbs darauf: »Verdammter Kerl, ich krieg dich schon. Erb, gehen Sie raus mit ihm.« (Erb war Ordonnanz des Oberleutnants, ein wüster Bursche, mit mehreren Tapferkeitsauszeichnungen.) Darauf der Gefangene: »O Herr, ich bin Ukrainer«, in deutscher Sprache. Nun schien es gewiß, daß der Mann Jude war. Erb, auf einen neuen Wink des Oberleutnants, nahm ihn mit vor den Bunker, gab ihm einen Stoß und schoß ihn nieder.

Dies die Erzählung des Sanitäters vom dritten Bataillon: Beim letzten russischen Angriff, als der Feind hier eindrang, erwischte er in einem behelfsmäßig als Krankenrevier eingerichteten Haus sechs Deutsche. Sie stachen ihnen die Augen aus und schnitten die Zungen ab. So fanden wir sie beim Gegenangriff, noch lebend. Der Oberstabsarzt gab ihnen eine betäubende Spritze, die bald den Tod bewirkte.

Dies die Erzählung Dzuroleis, der aus dem Lazarett in Charkow zurückkam (er hatte ein Knie erfroren): Bei Merefa, wo wir damals über die Sümpfe gesetzt sind, landeten Partisanen aus der Luft und lieferten dem dortigen Baubataillon ein Gefecht. Dabei ging die Brücke in Flammen auf, die Partisanen wurden aufgerieben. – In Charkow, berichtete er weiter, lägen Tausende von deutschen Soldaten mit Erfrierungen. Viele stürben nach Amputationen, weil sie zu schwach seien, vertrügen auch keine Narkose mehr.

Eines Morgens brachten russische Überläufer, die nachts in der Mulde gelegen hatten, einen ziemlich schwer Verwundeten auf einem Schlitten mit. Als wir versuchten, ihm Tee einzuflößen, schrie er. Wir fragten, was wir mit dem Mann machen sollten. Das Bataillon antwortete:

»Wenn nicht transportfähig, erschießen.« Darauf erschoß ihn Feldwebel Hildebrand mit den Worten: »Du bist der sechsundvierzigste.«

Ein von den Russen gefangener Mann unseres Regiments kam zurück mit dem Auftrag, unsere Stellungen aufzuzeichnen. Falls er nicht zurückkäme, würde sein zurückgehaltener Kamerad erschossen. Er berichtete, der Feind habe hinten wenig Truppen und führe mit Ochsen. Was würde aus dem Mann? Zuerst käme das Kriegsgericht. Was würde aus seinem Kameraden, erschössen sie ihn? Was dachten jene Russen sich, was dächten unsere Vorgesetzten? Wo bliebe der Mensch zwischen diesen Mühlsteinen noch?

Wir hatten eigentlich, trotz der vielen Gefechte, Überraschungen und angestrengter Tätigkeit beim Ausbau der Stellung, Langeweile. Seit acht Tagen war keine Post mehr dagewesen. Dämmerige Bilder schönerer Zeiten beschäftigten, während wir auf den Pritschen lagen, Einbildungskraft, Hoffnung und Sehnsucht. Der väterliche Garten, der Phloxstrauch unterm Birnbaum, die Bienen, Familienfeste im tödlich stillen P. Diese Begehrungen sind wohl ein Zeichen von Schwäche, aber man gibt ihnen nach. Ich war froh, nicht in Deutschland zu sein.

Beim Läusesuchen drängte sich der Gedanke an den Krieg, in dem Menschen wie Läuse zerdrückt werden, immer wieder auf, eine Art Versuchung, der ja so viele erlegen sind. Das Volk ist wie Kinder: als Einzelne sind sie Engel, zusammen Bestien. Im Krieg tritt der engelhafte Einzelne in das Volk zurück und vergißt, daß er ein Einzelner mit Verantwortung und Gewissen ist.

Am 1. Februar eröffnete sich uns kalendermäßig eine schwache Aussicht auf den Frühling, aber die sternhellen Nächte waren 40 Grad kalt. Ich setzte eine lebendige Laus in einer Streichholzschachtel acht Stunden ins Freie, da die sonderbarsten Ansichten über ihre Unvertilgbarkeit umliefen. Als ich die Schachtel morgens öffnete, fiel mir die Laus hart wie ein Stecknadelkopf entgegen – nach zwei Stunden kroch sie wieder. Natürlich sind Läuse sehr zäh, aber darf man Menschen so behandeln oder betrachten? Übrigens kam jetzt auch der Tischler Breitsamer wieder zu uns, der an die Entstehung der Läuse aus der Mischung von Sägespänen und Urin glaubte.

An einem freundlichen Wintermorgen fuhr Oberleutnant Wolisa zu uns und hielt eine Belehrung über Spionage, die insofern sonderbar war, als er mehrfach sagte: »Ich darf euch das eigentlich nicht sagen«, und dann über die vorgeschriebenen Grundsätze sprach, nach denen Offiziere ihre Untergebenen über die Gefahren der Spionage zu belehren haben.

Nachher nahm er mich beiseite, er habe meine Papiere studiert. Ich sah ihn fragend an. »Wie kommt es«, sagte er, »daß Sie nicht Offizier sind?« Ich schilderte seine Vorgänger im Dienst, meine Ungefügigkeit bei Übergriffen und meinen Unglauben an zerbrochene Schnapsflaschen.

»Ich trinke auch gern einen«, sagte er, »ich bin Oberschlesier.«

»Und ich bin von der Nordsee«, sagte ich, »die mögen auch kein Wasser.« Er lachte.

»Ich muß Ihnen was erzählen«, sagte er und setzte sich auf die Lafette unseres Geschützes; es war in der Sonne schön warm. »Vor einigen Tagen kam Oberleutnant Floreth auf den Hof und suchte Quartier. Ich bot ihm mein zweites Zimmer an. Einen Tag ging es gut, dann machte ich die Tür zu. Der Mann sprach nur von Stoßtrupps und Ritterkreuzen. Als ich ihn zum Schnaps einlud, lehnte er ab. Seitdem ist die Tür zwischen unsern Zimmern zu.«

Ich wußte nicht recht, was ich sagen sollte. »Ich bin für leben und lebenlassen«, fuhr er fort. »Hölzl ist Oberleutnant geworden und kriegt die zwölfte Kompanie. Zangler führt die Genesendenkompanie des Marschbataillons; er schickt uns Leute zurück, das ist auch was wert – die meisten werden jetzt bei schnell aufgestellten Noteinheiten verschlissen.«

»Sieht es schlecht aus, dahinten?«

»Unsere Kompanien haben etwa sechzig Mann, aber für den Frühling gibt es Divisionen aus Frankreich, in Charkow von russischen Flugblättern begrüßt, und einen neuen Oberbefehlshaber, Paulus, der war Reichenaus erster Generalstabsoffizier, ziemlich jung.«

»Parteimann?«

Er sah mich blinzelnd an, zeichnete mit der Fußspitze in den Schnee, sah plötzlich auf: »Ich fürchte, er ist ein Gläubiger.«

»Sie sind aktiver Offizier?«

»Nein, ich habe meine zwölf Jahre längst hinter mir, Familie zu Hause«, er machte sich ans Gehen; umdrehend sagte er: »Sie sind Offiziersanwärter, denken Sie an die Kriegsschule!«

Am nächsten Morgen war der Himmel ein Kristall, dreiundvierzig Grad Kälte gemessen, und da stand ein russischer Spähertrupp vor Bunker Olga, jeder Gewehrschuß hallte wie Donner, und da die Gewehre sich klemmten, forderten sie unser Sperrfeuer an. Nach dem vierten Schuß schmolz der ins Rohr gestaubte Schnee, wurde sofort wieder Eis und hemmte unser Schießen. Selbst dichte Tücher hielten bei dieser Kälte den Schneestaub nicht von den Verschlüssen. Wir brannten also Holzkohlen und stellten sie in Eimern unter die Lafetten, ein Glück, daß wir so gewandte Handwerker hatten. Der Spähtrupp aber war nach jenen drei Schüssen abgezogen.

Anfang Februar sollte die Kälte den Höhepunkt erreicht haben, und es begann bei herrlichem Sonnenschein von den Dächern zu tropfen. Noch einmal brachte da ein Sturm aus der bucharischen Steppe schneidende Kälte, das war in den Tagen, als die Wollsammlung aus der Heimat kam, Damenmäntel, Schals, Unterzeug, Pelze; es war der 14. Februar.

Zur Teilnahme an Planspielen war ich auf den Hof befohlen und saß abends bei Zipps auf dem Sofa, er war ganz krank und ängstlich, erzählte von Floreths Wahnsinn; als seine Kompanie in Reserve auf dem Hof lag, fühlte er sich darob beleidigt, schrie und setzte durch, daß er vor der Frist rechts an der Naht der Division in ganz freiem Gelände eingesetzt wurde. Hier konnte er auf eigene Faust Krieg führen, und nun ereilte ihn bald sein Schicksal: von einem Stoßtrupp kam er nicht zurück und mit ihm zwanzig Mann.

»Seine Art hatte etwas Selbstmörderisches, es kann ja nicht nur die Jagd nach dem Ritterkreuz gewesen sein.«

»So, was denn?«

»Das Soldatische, der Landsknecht...«

»Räuber und Mörder«, sagte Zipps.

»Die Kreuzritter haben in Kleinasien alle Juden umgebracht und die Stadt Konstantinopel, damals eine christliche Stadt, vandalisch verwüstet«, sagte ich, um ihn zu ärgern.

Zipps räusperte sich ein wenig: »Ja, mein Lieber, sie hatten andere Argumente. Das waren Bluttaufen. Aber heute glaubt niemand mehr an Gott oder eine Idee – es ist reine Mordlust, wenn Feldwebel Hildebrand einen Verwundeten niederschießt. Er glaubt ja nicht, daß der arme Teufel dadurch nur um so eher in den Himmel kommt.«

Hatte Zipps nicht recht? Außerhalb des Christentums wird das irdische Paradies ein Sklavenleben? Wenn hinter der Moral oder Unmoral kein Glaube mehr steht, wird sie sinnlos? Auch die Brüderlichkeit der Russen oder der Nationalsozialisten bedeutete ja nichts als das Herabsinken aller auf das Niveau der Massen.

»Es ist keine Spur von Gewissen mehr da«, sagte Zipps, »wir sind ganz unten angekommen.«

»Dann gibt es also nur den Aufstieg«, sagte ich.

»Wenn wir nicht umkommen, muß es hinaufgehen«.

»Die Räuber und Mörder von heute sind, wenn sie heimkommen, biedere Postsekretäre, Bäuerlein, Metallarbeiter und Ärzte. Sie schaukeln ihre Kinder und können kein Blut sehen.«

»Sie bestehen die Versuchung und Anfechtung nicht«, sagte Zipps, »es ist doch eine Versuchung, einen Verwundeten zu erschießen – man könnte ihn ebensogut leben lassen und versuchen, ihn durchzubringen: wir haben das hier mehrfach gemacht, und sicher gibt es auch bei den Russen Leute, die Verwundete durchzubringen suchen. Aber die meisten bestehen die Anfechtung nicht, sie sind nicht wachsam, bemerken gar nicht, daß sie aufgerufen werden zur Entscheidung. Wachet und betet, damit ihr nicht in Anfechtung fallet, heißt es, und: was ihr dem geringsten meiner Brüder tut, habt ihr mir getan. Das ist doch so einfach! Man begreift nicht, daß die Historie sich in uns abspielt, sie ist keine anonyme Macht, sie ist die Frage nach dem Heil und Unheil des Einzelnen.«

Diesmal verstanden Zipps und ich einander gut. Am folgenden Tag ging ich wieder nach Gawrilowka, in der Nacht gab es viermal Alarm, mein Geschütz gab zweihundertdrei Schuß ab. Etwa zweihundert Russen, die sich in der Mulde gesammelt hatten, wollten in drei Gruppen das Dorf umfassen. Sie blieben in unserm Feuer liegen – aber plötzlich stürmte eine Rotte von sechzig Mann mitten ins Dorf und setzte sich in den Trümmern eines Hauses fest, dreißig Meter vor uns. Wir warfen Handgranaten, wobei das Haus in Brand geriet, aber die meisten wagten sich nicht aus dem Haus, das wir mit Bajonetten umstellt hatten. Als wir herankamen, waren fünfzehn Mann tot. Draußen wurden fünfunddreißig Tote gezählt, fünfzehn Gefangene, zumeist verwundet, kamen bei uns durch; einer von ihnen sagte, wenn sie ergebnislos von ihrem Angriff zurückkehrten, würden sie erschossen. Sie trugen Pelzmützen und waren entsetzlich durchgefroren. Ja, sie hätten auch Frauen bei der Kompanie, für Küche und Sanitätsdienst.

Im Laufe des folgenden Tages robbten einige Verwundete sich aus der Mulde zu uns vor. Sie bekamen heißen Tee und eine Zigarette und wurden mit dem Küchenwagen nach hinten gebracht.

Es waren strahlende Sonnentage; obwohl es fror, sank der Schnee nun langsam zusammen. Wir wurden vor Fallschirmtruppen gewarnt, die weit rechts abgesprungen sein sollten. Der Gedanke an Luftlandungen war unheimlich, man müßte also auf herabpendelnde Menschen schießen – denn Soldaten wurden sie ja erst, wenn sie Boden unter den Füßen hatten. Wir sprachen über die Frage und kamen zu dem Schluß, früher hätte man natürlich abgewartet, bis der Luftlandeschütze Fuß gefaßt und sein Maschinengewehr aufgebaut hätte – heute müsse man den Pendler töten, eine Sache von Mechanikern.

Abends hatte ich Fieber, vermutlich Grippe, Kopfschmerzen, lag den ganzen Tag, war zu schlapp zum Aufstehen, obgleich das Fieber im Sitzen und Stehen nachließ, bei Berührungen Schmerzen bis in die Haarspitzen. Hybl besuchte mich, wir sprachen und versöhnten uns. Ich merkte, daß er eifersüchtig auf die alten Feldwebel war, die Offiziere wurden.

Am 23. Februar war der Tag der Roten Armee, wir argwöhnten, daß ein größeres Unternehmen in Gang käme, wurden aber lustig enttäuscht, als abends fünfzehn Betrunkene singend vor unseren Bunkern auftauchten. Sogleich begann ein großes Palaver. Sprachrohre versprachen Freiheit, Brot, Schnaps und Zigaretten, wenn sie zu uns kämen. Ein Spähtrupp stellte dann fest, daß sie sich vorsichtig zum Bahndamm zurückgezogen hatten und erhielt Feuer. Auch den Panzerzug wollte man gehört haben.

Abends erhielt der Bataillonskommandeur, Hauptmann Hieber, das Ritterkreuz. Plötzlich stand unser Bataillon an erster Stelle in der Division, obwohl alle gemeint hatten, es tauge nicht viel. Hieber hatte seine Scharen freilich fest in der Hand, man merkte es schon am Sprechen im Telefon, er war stets ruhig, unbeirrbar und beinahe fröhlich.

»Da wird Hauptmann Mäder enttäuscht sein, er war eigentlich der beste Anwärter auf das Ritterkreuz«, meinte Hybl.

»So ist es beim Militär: *du* meinst, es verdient zu haben, und ein anderer steckt den Orden ein.«

»Dabei sind wir erst zwei Tage vor dem entscheidenden Kampf hierhergekommen, Hieber hat sozusagen Mäders Früchte der guten Stellung geerntet.«

»Seid nicht so ungeduldig, es wird schon recht sein«, sagte Müller, »langsam erwischt das EK uns alle.« Sie lachten.

»Wir müssen dem Kommandeur gratulieren, was tun wir bloß?« Schließlich beschloß Hybl, der sein Haus ungern verließ, mit mir zum Gefechtsstand zu gehen und uns beim Hauptmann zu melden. Wir machten uns also auf, baten, Herrn Hauptmann gratulieren zu dürfen, drückten ihm die Hand, erhielten einen gehörigen Schnaps und einen Kasten Zigaretten für den Zug. Mit: »Seht, es hat sich doch gelohnt!« wurden wir empfangen.

Mein Fieber dauerte drei Tage und verging, auch das Schwindelgefühl ließ nach, aber der Schädel schmerzte bei jeder Berührung. Es sei eine Vergiftung gewesen, meinte der Bataillonsarzt, den ich fragte. Ich hatte tiefdunkle Streifen unter den Augen. Mit dem Fieber waren meine Läuse vergangen.

Nun kam nähere Nachricht von Floreth, sie war traurig, man fand ihn und die Seinen erschlagen, nackt und zerstochen im Gelände.

In den ersten Tagen des März nahm das russische Artilleriefeuer wieder zu. Eine Granate traf unsere Schwelle, zersplitterte die Tür und zerriß das Blechdach wie eine Zeitung. Wir lagen noch auf den Pritschen, ich mit Zahnschmerzen und halb verhungert, da ich noch immer nichts zu essen gewagt hatte. Zum Zahnarzt zu gehen, fühlte ich mich zu schlapp. Es war eine Staubwolke, Schutt brach herunter, erstickte uns fast, das Zimmer war verdunkelt von Staub, Schreie. Ich wühlte mich los, tastete rundum, war anscheinend unverletzt und sah, anderthalb Meter über mir in der Wand, ein großes Loch. Eine Granate hatte die Balken zersplittert und war durch die andere Wand wieder nach draußen gefahren, explodierte im Hof und verletzte den Posten am Bein. Der Zünder lag auf meinem Bett.

Ich rief meine Stubengenossen an, sie erhoben sich, als der Staub sich legte. Hybl kam herbeigestürzt: »Jetzt hab' ich genug, sofort wird ein anständiger Bunker gebaut!«

Das starke Artilleriefeuer hatte eine unerwartete Wirkung: einige Futtermieten, die wir nicht erkannt hatten, waren angeschlagen worden. Nun standen wir jede Nacht drei oder vier Stunden mit Pickel und Schaufel im Schnee, um die Rüben, Kartoffeln und Kohlköpfe ans Licht zu holen, die als Pferdefutter auf dem Sowchos dringend gebraucht wurden. Kolonnen von Wagen kamen, das halbe Bataillon war beim Ausgraben der vegetabilischen Schätze. Als in den nächsten Tagen Schneetreiben einsetzte, konnten wir sogar bei Tage arbeiten und fahren. Es war eine entsetzliche Arbeit, die steinharte, sechzig Zentimeter tief gefrorene Erde mit unsern traurigen Werkzeugen zu öffnen.

In dieser Zeit brachen die Russen rechts und links durch, sie wollten offenbar den Brückenkopf abkneifen. Mittags und abends lagen wir unter schwerem Granatwerferfeuer. Das dritte Bataillon wurde schleunigst vom Sowchos mit der Bahn zu dem bedrängten Schwesterregiment gefahren, unsere Artillerie drehte ihre Rohre, den Gegenstoß zu unterstützen. Vor unserm eigenen Gelände stand, wie ein Stoßtrupp feststellte, kaum noch Feind. Ein eisiger Nordostwind ließ unser erschüttertes Haus nicht mehr warm werden, und am Sonntag, dem 16. März, verließen wir die Stellung, um in der Frühlingsschlacht um Charkow die Kompanien der Bäkker und Metzger, das letzte Aufgebot der Nachschubeinheiten, zu entsetzen.

Konstanzer versuchte, da er Schweineschlächter war, zur Küche abkommandiert zu werden. Sein häßliches Gesicht reizte mich zu der Frage, ob er Angst habe. Da biß er, seine Unerschrockenheit zu beweisen, einer lebenden Maus, die in seine Feldflasche gefallen war, den Kopf ab und spie ihn aus.

VI

Frühlings Erwachen in Babka

Es war eine dunkle Nacht, die Sterne funkelten kalt, irgendwo bellte ein Hund. Wir rafften unser Gepäck zusammen, schnürten und packten, da rumpelten draußen schon die Protzen, mit zwei Pferden bespannt, denn der Weg war fest.

»Vergiß nicht die Bratpfannen, Müller.«

»Sollen wir den Pferdeschinken mitnehmen?«

»Natürlich, wer weiß, was wir morgen zu fressen haben.«

»Vergeßt die Pickel und Spaten nicht, Äxte, Schanzzeug! Ehrhard, sehen Sie nach, ob alle Männer ihr Gerät haben!« Das war Hybls Stimme, mürrisch stand er irgendwo in einer Ecke.

»Und klappert nicht mit euren Ortscheiten – wer ist denn der Fahrer? Ah, Kogler! Sind sonst doch gescheiter.«

»Jawohl, Herr Feldwebel.« Koglers Ruhe lag auf der Waage eines bäuerlichen Gemüts.

»So was! Mitten in der Nacht die Stellungen verlassen! Wo geht's eigentlich hin, Herr Unteroffizier?«

»Weiß kein Mensch. Waldkampf, Russen vor Charkow; hört ja die Schießerei!« Die Nacht war erfüllt vom Grollen ferner Infanteriekämpfe.

»Das fehlt uns noch – Waldkampf im Schnee; daß ich nicht lache, mit vierspännigen Fahrzeugen von dreißig Zentner Gewicht!«

»Jaja.«

Dann fuhren wir ab, die Geschütze an die Protzen gehängt, hoch beladen, die Männer bepackt, stöhnend unter Decken und Waffen, in tröpfelnder Reihe: »Bleibt beisammen – soll ich euch auflesen?« Hybl und Müller waren die letzten.

Nach einer halben Stunde kamen wir auf den Sowchos zur Kompanie. Ich stieß die Tür zu Voigts Quartier auf, er saß und las, blickte auf: »Herein, Junge, durchgefroren? Setz dich nieder! Schwanda, mach einen Tee – oder nein, einen Schnaps, kommst ja von Gawrilowka, sollst einen Schnaps haben!«

»Danke, Herr Stabsbeschlagmeister«, ich trank, »was ist denn los?«

»Übel, mein Lieber, viertausend Russen setzten weit links von uns über den Donez und sickern durch die Wälder, wollen Tschugujeff abschneiden, nach Charkow. Dort sind die Bäcker und Metzger zu Kompanien zusammengestellt.«

»Wird ihnen guttun.«

»Jaja, aber schaffen's nicht – darum!«

»Geht die ganze Kompanie mit?«

»Weiß kein Mensch, Junge. Noch ein Schnaps? Schwanda, schenk ein!« Ich schlief drei oder vier Stunden in Voigts warmer Hütte, dann geweckt, die Fahrzeuge gezurrt, verladen, bepackt, alles mußte mitgenommen werden, wir sollten nicht zurückkommen, hieß es, und dann in die Wälder, das dritte Bataillon sollte eingeschlossen sein. Von Kaltenbrunner war eine karge Meldung gekommen, sie würden sich nicht lange halten können.

Ab acht Uhr schien die Sonne, der Morgenwind schlief ein. Rechts hinter der Eisenbahn hörte man immerzu Gefechtslärm, der klang wie tausend Meter nur weit, war aber in der klaren unbewegten Luft über zwei Wegstunden hergetragen. In großen Abständen verließ die Kompanie das Lager. Es war ein merkwürdiger Zug, halb mit Räderfahrzeugen, halb mit Schlitten. Die Geschütze standen auf Bauernschlitten, dahinter fuhr ein Munitions- und Gepäckschlitten gröbster Bauart, dahinter die Protzen und Wagen. Es war strahlender Sonnenschein, ein einziger Flieger könnte unsere Kompanie auf dem weißen Gefild versprengen, die Pferde abschießen wie Hasen.

Aber es ging gut, und wir kamen, ununterbrochen marschierend, um zwei Uhr mittags nach Tschugujeff, die Pferde dampften. In der neuen Kaserne wurden wir auf Abruf einquartiert, sehr gut, aber entsetzlich kalt, denn es gab weder Türen noch Fenster. Der Marsch hatte uns angegriffen, wir waren das Marschieren nicht mehr gewöhnt. Für die Pferde gab es Hafer, süß und golden, sie knabberten mit Lust. In der Stadt war es schön, sie träumte weiß im Schnee, darüber blauflüssig metallen der Himmel mit der diamantenen Sonne. Wir dehnten uns, streckten und reckten den Leib; Bewegungskrieg, Gott sei Dank, vergessen die funzelerhellten Büdchen des Winters!

Am nächsten Tag verließen wir bei einbrechender Dämmerung mit dem ersten Bataillon die Stadt, das war um 16 Uhr am 17. März, und fuhren elf Kilometer auf der Straße nach Charkow dahin zwischen meterhohen Schneemauern. Als uns zwei Lastwagen entgegenkamen, mußten wir die Ausweichstelle freischaufeln. Hybl und Ehrhard gingen mit mir voraus, müde aber vergnügt, selbst Hybl blinzelte und grinste über Ehrhards tolle Späße. Dann verließen wir, vor den Lichtern turmartiger Hochhäuser (das war Charkow) die Straße, bogen rechts ein und kamen um halb acht Uhr nach Kamenaja, einem Dorf mit guten Quartieren und aufgeregten Bewohnern; der Russe sei nicht weit.

Es war stockfinster, Licht durfte nicht gemacht werden. Wir mußten die Fahrzeuge längs dem Weg im Bachtal belassen, zerrten die Pferde ins Dorf hinauf, verliefen uns, gerieten bis zum Bauch in Schneewehen. Dann aber bei freundlich verschüchterten Russen ins Quartier. Ehrhard machte Kakao, uns war wohl, und dort stand ein herrliches Bett, ein halbes Jahr nicht mehr gesehen. Müller, Ehrhard und ich losten, wer nicht drin schlafen dürfe, denn nur zweien bot es Platz. Ehrhard traf's, er legte sich auf den hölzernen Boden, ich kroch fröstelnd und fiebernd ins Bett, fiel in Schlaf, nachtschwarz, bittersüß.

Nach zwei Stunden tappte Hybl fluchend herauf, hatte denn niemand unser Quartier gewußt? Raus und sofort, der Zug stehe schon marschbereit. Das stimmte freilich nicht, denn eben zogen Miksch, Kargl, Kogler die Pferde aus den Scheunen, stolpernd und schlaftrunken: »Ungefüttert die Rösser – so was! Sind sonst doch so narrisch bedacht drauf!«

Das Bataillon stand auf dem Weg. »Was ist los? Wißt ihr was los ist? Niemand weiß was!«

»Nun ja, der Feind überschwemmt die Dörfer bis Charkow.«

Hinaus aus dem Bachtal und dem Dorf, leichter Schneefall, weißflockig im Finstern, gar nichts zu sehn, nicht mal der Pferdeschwanz vor dir; das ist ja keine Straße! Mensch, Straße, denkste! Ein Bauernweg, bucklig und Achtung! schreit's – das ist dann ein Posten, der Fahrzeuge warnen muß, halbmetertief sind die Gumpen. Marschieren, marschieren, stundenlang, endet das nicht mehr? Dabei kommt man kaum weiter, denn alle Minute stockt's vor einem. »Wer seid ihr?«

Keine Antwort. »Wer seid ihr denn, he!«

»Achte Kompanie.« Sie schlafen im Gehen, fallen vorwärts, stolpern, stehn auf, Handgranaten an den Koppeln klappern gegen das Kochgeschirr: »Ruhe, zum Teufel, hängt eure Freßtöpfe nicht außen dran. Pst! – Es darf nicht geraucht werden, weitersagen!«

»Weitersagen!«

»Depp – was denn?«

»Es darf nicht geraucht werden, weitersagen.«

»Es darf nicht geraucht werden.«

Man nimmt die Zigarette in die hohle Hand. Aber das ist zu kalt, fünfzehn Grad.

»Keine Handschuhe, kein Rauch – und hatte mal wieder ein Bett.«

»Welche Kompanie?«

»Achte!«

»Achte Kompanie? Achte? Was tut ihr denn hier, müßt doch zum ersten Bataillon.«

Das ist der Major Wasser, Kommandeur des zweiten Bataillons. Sein kleiner Opel wird von Pferden gezogen.

»Kompanie halt!« – »Haaalt!«

»Ruhe, verdammt, wer schreit denn so? IG-Zug vorlassen!«

»IG-Zug vorlassen.«

Die Männer werfen sich seitlich vom Weg in den hohen weißen Schnee. Nun können sie heimlich rauchen, holen das Frühstück nach, Feldflaschenverschlüsse werden aufgedreht.

Wir quälen uns mühsam an den Schlitten der Kompanie vorbei nach vorne.

Vor der achten Kompanie marschierte nichts: abgerissen! Erstes Bataillon? Nun, das sei vorne. »Suchen Sie die Spur, gehn Sie den Spuren nach, weit können sie nicht sein, immer dem Weg nach.« Das war Hybls Befehl an mich. »Ich selbst«, fuhr er fort, »fahr mit dem Schlitten voraus, nehme Ferber und Blank mit. Ihr marschiert, bis ihr Anschluß habt oder auf uns stoßt. Verstanden?«

»Jawohl«, ich wiederhole den Befehl. Dann fährt er fort, wird verschluckt vom Schnee, von der Finsternis.

Ich marschiere vorne, Ehrhard hinten. Mühsam suche ich im frischen Schnee die Spur zu halten. Mit einemmal geschah, was kaum möglich schien: die Finsternis wurde noch dichter, man sah nun nicht einmal den weißen Weg zu Füßen, es war zum Verzweifeln.

»Warten«, sagte Müller, »gleich kommt die Dämmerung.« Es

war als habe die Nacht ihre Schwärze noch einmal versammelt; doch nach zehn Minuten lichtete sich der Himmel im Osten. Man glaubte körperlich zu spüren, wie eine graue magere Helligkeit auf einen zukam.

Um halb sechs Uhr wurde es hell, wir standen vor einem Ort und marschierten hinein, nun sah man wieder Spuren im Schnee, Soldaten des ersten Bataillons holten sich Kaffee. Links in dem tiefen Tal krebsten vier russische Panzer, verfolgt von den Schüssen der Pak, von Deckung zu Deckung. Das Gelände war schluchtenreich, bestanden mit Strauchholz, Akazien, Buschreihen und Waldbürsten, metertief der Schnee. Auf der jenseitigen Höhe standen die Troßknechte, Bäcker und Köche aus Charkow, sie hatten starke Verluste und sich wacker geschlagen. Nun winkten sie uns mit Tüchern zu, heilfroh, die letzten Panzer von uns gejagt zu sehen. Die entkamen uns nicht mehr. Nach einer Stunde gingen wir in einem ausgedehnten Dorf in Stellung, Hybl leitete das Feuer, über dem Babkatal sitzend; er schoß auf einen Wald jenseits des Baches, wo der Feind sich festgesetzt hatte: es war der Wald, in dessen Mitte das Dorf Babka lag mit unserm dritten Bataillon. Die zweite Kompanie trat zum Durchbruch an, blieb in Sumpf und Gestrüpp stecken, nächtigte auf Bäumen und verlor mit jedem Schritt Munition. Die fünfte Kompanie, ihr nachgeschickt, blieb im steigenden Wasser stecken, denn es taute nun mit Macht, die Sonne schien heiß. Wir saßen dösend gegen die Balkenwand eines Hauses gelehnt in der Sonne, hörten das Wasser gurgeln und glucksen – wurde es wirklich Frühling? Ich sagte zu Ehrhard, daß mein Geburtstag sei, der neunundzwanzigste.

Was ging in den Wäldern vor? Tagelang lagen wir müßig, während da vorne Handschlitten Brot und Munition trugen, Flugzeuge beim Abwurf die Waldinseln, wo die Unsern saßen, verfehlten. Kaltenbrunner jammerte: Dschungelexpeditionen mit Geschützen seien unmöglich. Uns schauderte selbst, und wir beteten im stillen, annoch verschont zu sein. »Denk dir nichts«, sagte Ehrhard, »das wechselt, morgen liegen wir im Dreck und jene huren umeinander«, denn er war immer drauf bedacht, ein Mädchen zu finden, obwohl das im spießigen Rußland schwieriger war als im leichtsinnigen Polen. Hahn kam in einem zweispännigen Schlitten, der war braun lackiert und sah fast französisch aus. Er trug einen Gehpelz um die Schultern. »Komm mit«, sagte er, »ich geh' auf die Hühnerjagd.«

Ich bewunderte zuerst den Schlitten, dann seine Hühnerjagd. »Feudale Sitten – geht's uns so gut?« Ich fuhr mit. Seine Jagd bestand darin, daß er in einen abgelegenen Zipfel des Dorfes fuhr und jeder Bäuerin ein Huhn für zwei Mark abzwang.

»Das ist aber billig.«

»Für Rußland genügt's, man soll die Leute nicht verwöhnen.« Er war nach Schwabenart sparsam.

»Du bist doch Vegetarier, Hahn?«

»Jaja«, lachte er, »Geflügel ist kein Fleisch, das ist Wildbret.« Ich staunte. Wir brachten zehn Hühner heim, von denen er mir drei verkaufte. Wir brieten sie abends, und die Hausfrau gab uns Backpflaumen dazu, denn wir hatten ihr an diesem Tag einen Schlitten voll Brennholz vors Haus gefahren. Die Pflaumen waren ungesüßt, denn im Sommer hatten nur die Bienen Zucker erhalten.

In der Nacht fuhren wir hoch: ein mannslanges Stück des Kamins brach mit Gepolter auf die Decke. Die Frau war untröstlich. Das war die Folge unseres Heizens: der Kamin, aus Lehm gemauert, war zu schnell aufgetaut. Ferber machte sich wortlos an die Arbeit und setzte den Kamin neu auf. Die Wirtin sah kritisch zu, dann merkte sie, daß ein Fachmann an der Arbeit war: »dobsche, dobre«, lobte sie laut.

»Gell a«, sagte Ehrhard, »da schaust, Alte«, und umfaßte sie, denn er war hahnhaft hinter ihr her.

»Zu dumm, wenn wir hier weg müßten, nun kommt der Schlamm – säßen so grad recht im Trocknen.« Wir erhielten in jenen Tagen Rationen für zwanzig Tage. Anscheinend war man inzwischen auch bei uns so klug geworden, während der Schlammperiode das Fahren auf den Straßen zu verbieten, wie es seit alten Zeiten in Rußland von Staats wegen gehalten wurde.

»Warum hier weg?« sagte Müller, »auch der Iwan sitzt bei solchem Wetter fest, er kriegt Charkow nicht mehr.« Wir waren dabei, in unserm Quartier die Verpflegung zu teilen; da alles aufs Gramm gewogen war, hätten wir eine Briefwaage gebraucht. Ehrhard schnitt den Klumpen Butter in kleine Portionen auf.

»Du hast gut reden«, sagte er, »tagsüber Schneefälle und Tauwetter, nachts Frost, der Iwan weiß das auszunutzen. Das erste Bataillon ist gestern abend ausgerückt zum großen Kesseltreiben durch den Wald.«

»Na also! Sie brauchen uns gar nicht, morgen abend sind sie zurück.«

»Ich hoffe es, Gott gebe es«, sagte Ehrhard.

Ich schnitt das Brot in Teile, jederman bekam zwei Drittel Laib.

»Sollen wir auch Pferdefleisch verteilen?«

»Ich glaube, wir braten es erst und verteilen es dann.«

Wir hatten uns das viele Essen angewöhnt, ein Laster aller Soldaten, das von magerer Kost kommt. Der Magen erweitert sich und braucht auch in guten Zeiten eine größere Menge als zur Sättigung nötig ist. So schlachteten wir jetzt jede Woche für unsere dreißig Mann ein Panjepferd.

Dieser Ort hieß Sarasnoje, er bestand aus zwei parallelen Straßen, die unten im Tal zusammen auf die Hauptstraße stießen. Hier hatte sich die Kompanie bequem eingerichtet. Krüger, der schlesische Beschlagschmiedgehilfe unseres Zuges, ging allabendlich in ein Troßquartier, wo Gitarre und Balalaika gespielt wurden. Auch der fromme Zipps und ein neuer Unteroffizier, Dr. jur. Bernhard aus Wien, unterhielten sich dort; sie luden die Dorfschönen ein, und wenn man Krüger glauben wollte, ging es ehrbar und vergnüglich zu.

Da Kaltenbrunner sich mit seinem Zuge bei der Befreiung Babkas fast aufgerieben hatte, löste unser Zug ihn ab – ohne mich, denn Hybl befahl mir zurückzubleiben, auf Pferde und Fahrer zu sehen, den Nachschub zu besorgen und die Verbindungen zu sichern. (Er war zu mißtrauisch, um Pferde und Protzen in der Hut des Hauptfeldwebels zu belassen.) So rückte er am 2. April morgens um fünf Uhr mit zwei Schlitten ab, und um zehn Uhr traf Kaltenbrunner ein. Er war ein Soldat des österreichischen Bundesheeres und überaus beflissen, jeglichen Ruhm und Schneid der Preußen zu überbieten. »Es war zuviel«, sagte er, »einfach zuviel, mit Pferden und Geschützen im Wald, im hohen Schnee – schau dir die Rösser an!«

Seine Männer sahen wie Greise aus, es waren die Schlesier vom Stamm des alten Zanglerschen Zuges, Bergleute und Bauern, sie sahen nun aus wie Sechzigjährige, wie ich sie nur einmal gesehen hatte, als sie vor zwei Jahren in Frankreich zehn Tage lang betrunken gewesen waren – damals als Lazarus in einem mit Wein überschwemmten Keller ertrunken war.

Ich zog mit den Meinen zum Troß und nahm Quartier im Brunnenhaus, mit Blick auf die Partisanenschlucht, wo noch zwei der abgeschossenen Panzer lagen.

Das Haus war sehr schön, das beste im Ort, und hatte ein grünes Blechdach. Drinnen hing eine Wanduhr mit Perpendikel, der Stolz der Familie. Der Mann hatte ein steifes Handgelenk, der Sohn war sechzehn Jahre alt, ein Balalaikaspieler, Marusja, die Tochter, vierzehn Jahre, mit rachitisch verkümmerten Beinen, sie hatte blaue freundliche Augen, in der Hand Splitter, die von Bombenwürfen rührten, denn der Ort war damals für Tage umkämpft gewesen wie Babka noch heute. Zipps war's, der dem Mädchen vor einigen Tagen mit septischer Vorsicht die Splitter entfernt hatte, jeden Morgen stelzte sie über die von Tauwasserbächen zerstrudelte Straße zum »Doktor«, um sich verbinden zu lassen. Sie kam dann mit der weißen Hand in Mull sehr stolz zurück und zeigte sie dem Vater, der drauf niederlächelte und das Töchterchen küßte.

Sie zeigte auch mir die Hand. Zipps hatte ihr eine dicke grünschwarze Salbe daraufgeschmiert, die gut sei. Sie kam mir bekannt vor. Ich sagte zu Zipps: »Hast du dich mit den Roßärzten vereinigt?« Er wohnte nämlich bei Krüger, der die Pferdekrankheiten behandelte.

»Ja, sagte Zipps, »die Praxis ist nicht schlecht. Ich hab' zu wenig Salben – und da bestreiche ich die Russen mit Maukensalbe, sie tut Wunder.« Er sah mich mit seinen tränenden Augen an. Früher hatte ich gemeint, er weine oft. »Es sind viele Evakuierte mit scheußlichen Krankheiten und Wunden vom Frontgebiet hier. Irgendwie suche ich ihnen zu helfen.«

Am zweiten Tage zog der neue Unteroffizier zu mir. Ich hatte von Bernhard nur einiges Sonderbare gehört, daß er Jurist sei, schiele und die bunten Abende in der Schmiede besuche. Da stand er nun in meinem Zimmer, einer großen Stube mit Holzfußboden und drei kleinen, sorgsam verklebten Fenstern. Der große Ofen stand in der Ecke, mein Bett davor. Ein Tisch und ein Stuhl dienten meiner Freizeit. An zwei Seiten des Zimmers lief eine Holzbank an den Wänden. In der Mitte lag ein handgeknüpfter Teppich. Ich war nie so gut untergebracht gewesen und verstand nicht recht, weshalb Fuchs mir solch ein gutes Quartier überließ. Bernhard klärte mich auf: »Es san d' Weiberleut«, sagte er, »d' Weiberleut hier san krank – und drüben (er wies auf den Bereich der andern Quartiere hin) san d' feschen Katzen.«

»Aha – also Marusja stört die Herrschaften, hier Wohnung zu nehmen?«

»Freili!« sagte er, »und no was! Nämlich, der Mo da is Kommissar.«

»Was sagst?« (Ich fing an, Dialekt zu sprechen.)

»Der is a Kommissar, der Gscherte da!« Er wies auf meinen Wirt, der lächelnd an der Wand stehend offenbar kein Wort verstand.

»Wieso denn?«

Bernhard klärte mich auf: Der Mann sei der Aufseher im Kolchos gewesen und habe im Ortssowjet gesessen. Ob mir nicht der Wohlstand aufgefallen sei?

Ich zuckte die Schultern, denn ich wußte nicht, was Bernhard von dieser Tatsache hielt. Er sagte:

»Mir macht dös nixn, i bin koa Nazi net – aber unsimpattisch is 'r mir, do stinkt 'r mir.«

Er sah im Winkel von fünfundvierzig Grad in die obere linke Zimmerecke. »Wo schaust du eigentlich hin, Bernhard?«

»Wohin? I schaug di o!«

»Aha«, sagte ich, denn er schielte so abscheulich, daß ich mir nicht vorstellen konnte, daß er mich ansähe. »Sag mal, Bernhard, du bist doch Akademiker, und man sagt, du seist Offiziersanwärter.«

»Ja, und?« Er nahm die Brille ab und beugte sich über den Tisch, als suche er Brotkrumen zu erspähen. Ich war wieder irritiert: »Was suchst du denn?«

»Suchen? Hä! I schaug di o!«

»Wie lange bist du schon Unteroffizier?«

»Drei Jahre.«

Nun wunderte ich mich nicht mehr. Ich wollte nur noch hören, wie es mit den »feschen Katzen« stehe.

»Ja mei, sagte Bernhard, die Herren Troßknechte, vom Spieß bis zum Sani, hätten sich eben, da das ganze Dorf frei sei, nur dort ins

Quartier gesetzt, wo a fesche Katz wohne. Ich fragte ihn, wo er bisher gewohnt habe, und er antwortete: »Beim Krüger, dem Schmied, dem Bock.« Er habe schon längst, der Quacksalberei an Rössern und Menschen im Weg, hierher ziehen sollen, aber er habe sich geweigert, allein zu einem Bolschewiken ins Haus zu ziehen. Er hoffe nun mit mir, der ja kein Gscherter sei, besser zu fahren als mit den Vulkanen und Asklepiussen drüben. –

Ich war mit dem drolligsten Soldaten der deutschen Wehrmacht zusammengetroffen. Bernhards Fronterfahrung bezog sich auf die Erlebnisse bei einem finnischen Marschbataillon, und er wußte eindrucksvoll von der wilden Kampfesweise der Finnen zu erzählen: wie sie dem Gegner mit einem raschen Schnitt den Kehlkopf aus dem Halse zu schneiden verstünden und als Trophäe heimbrächten. Er selbst hatte solch einen Mordsdolch in seinem Gepäck. Dann wollte er gesehn haben, wie eine russische Fallschirmjägereinheit im Fallen zu Eis erstarrt sei.

Bernhard schielte nicht nur, sondern war sehr schwerhörig. Er war bereits im österreichischen Bundesheer Soldat gewesen und anscheinend durch Protektion Offiziersanwärter geworden, hatte sich nie an der Front bewährt und war von einem Truppenteil zum anderen abgeschoben. Vielleicht hatte er sich in Finnland eine organische Krankheit zugezogen, denn mit den Gebrechen seiner Augen und Ohren wäre er von jeder Musterungskommission vor dem Kriege untauglich geschrieben worden. Sein Vater war hoher Staatsbeamter, jetzt auf Ruhegeld gesetzt. Von ihm sprach Bernhard als »mein Papa«, wobei er die erste Silbe betonte. Dieser Papa hatte den Sohn vor allem den österreichischen Tarock gelehrt, den man mit großen, schönen Karten spielt. Bernhard führte die Karten bei sich und brachte mir an einigen Abenden des Aprils die Regeln und die Karten bei. So lernte ich, was Skyss, Pagat und Mond seien – aber das richtige Spielen nicht, denn wir konnten zu zweit nur strohmandeln, wie er es nannte, ein Spiel vom naiven Reiz des Sechsundsechzig. Bernhard war darin unermüdlich, und wenn es einen Menschen gab, der sich pädagogisch endlose Mühen gab, so er, der an die Besserung der Menschheit durch Vernunft glaubte. Solcher Torheit entsprach seine Lektüre, Jugendbücher, die ich als Knabe gelesen hatte: Romane der Johanna Spyri und des Isländers Svensson, Heidi und Nonni. Er erzählte mit großer Begeisterung von Jugendlagern, wo er sich mit jungen Engländern, Schweizern, Franzosen, Italienern und Amerikanern über Moral und Demokratie verständigt habe.

Ich fragte ihn, was seine Freunde von damals sagen würden, wenn sie ihn als Offiziersanwärter in der Hitlerarmee sähen.

»Sie wissen halt, daß ich Österreicher bin und in diese Armee gepreßt wurde.«

»Du bist nicht freiwillig Soldat geworden?«

»In der Bundesarmee – das ist was andres.«

Ich konnte mir nicht verkneifen zu fragen, ob er dort eher befördert worden wäre.

Er antwortete: »Dort wäre ich schon Hauptmann.«

Um ihn nicht zu kränken, brach ich die Unterhaltung ab.

In unserm Hause wurde viel gelesen; ich entdeckte einen Band Puschkin, Gedichte und Erzählungen in russischer Sprache. Er gehörte Marusja, und auf meine Bitte las sie mir einige Gedichte sehr schön vor. Ich verstand zwar kein Wort, bekam aber den Klang ins Ohr. Die Kleine war entzückt, sie brachte mir ein Heft, in welches sie mit ihrer Kinderschrift Verszeilen geschrieben hatte, die mit bunten Ranken gerahmt waren. Ich war sehr überrascht – Marusja dichtete! Sie schrieb Vierzeiler und Gedichte von mehreren Strophen. Soviel ich verstand, dichtete sie über den Mond, den Frühling, den Schnee und den Brunnen vor dem Haus. Sie las mir einige Zeilen daraus vor, als aber jemand von den Hausgenossen ins Zimmer trat, hörte sie auf und steckte das Heft unter den Tisch.

Abends bat ich Marusjas Mutter, sie möge mir einen kleinen Topf leihen. Da ich jetzt von der Feldküche unmittelbar verpflegt wurde, suchte ich die gleichmäßige Kost mit Hilfe von gelegentlichen Kochereien zu unterbrechen. Ich kochte also zum Staunen der Familie Pudding. Sie konnten sich durchaus nicht vorstellen, was ich mit der Milch machen wolle, denn sie hatten gemerkt, daß ich mich vor der rohen Milch ekelte. Als sie nun sahen, wie das winzige Häufchen weißen Pulvers die Milch dickte, süßte, steif machte und, kalt geworden, köstlichen Krem gab, waren sie entzückt, alle kosteten ein Löffelchen voll. Marusja gab ich einen Teller voll, ihr Vater lachte. Am Abend übergab sie mir eins ihrer selbstverfaßten Gedichte, auf einen schönen Bogen gemalt und mit einem bunten Blütenkranz verziert.

Fast jeden Abend suchte die Familie unter irgendeinem Vorwand noch einmal unser Zimmer zu betreten. Sie hatten entdeckt, daß ich nachts einen seegrünen Schlafanzug trug, ein schönes seidenes Stück aus Paris. So etwas hatten sie wohl nie gesehen, und daß ein Mann es trug, brachte sie ununterbrochen zum Kichern und Lachen. Marusja aber umnähte mein Bett mit einem breiten weißen Volant, den sie aus einer Truhe gekramt hatte.

Übrigens erregte auch Bernhards Schlaftracht Erstaunen. Er zog nämlich nachts handgestrickte Unterhosen aus schwarzer Wolle an, so daß er einem Kaminkehrer glich. Seine Mama hatte ihm das sonderbare Kleidungsstück gestrickt. Es war viel zu groß, und er band es unter den Achseln mit einer Schnur fest. Die nackten Arme verschränkte er über die Brust.

Am Karfreitag las ich die Leidensgeschichte bei Markus. Dort steht das Wort der Schriftgelehrten und Hohenpriester »Andern hat er geholfen, sich selbst kann er nicht helfen.« Zuletzt stieß Jesus »einen lauten Schrei« aus und verschied. Die innere Wahrheit dieser Sätze ist so groß, daß sie zum Spott reizen, denn die Wahrheit ist ein so feiner Punkt, daß man ihn eigentlich immer nur verfehlen kann. Dieser laute Schrei Christi ist eines Menschen Schrei, und jener Spott betraf die Menschlichkeit dieses Christus. Jene Wahrheit im Spott der Hohenpriester ist schon deshalb abstoßend, weil sie aus einer barbarischen Rohheit der Herzen kommt.

Noch immer lag das zweite Bataillon im nassen Wald. Mit Stoßtrupps mußte die Verpflegung herangeschafft werden. Die beiden Panzer, die dies Geschäft besorgten, waren ausgefallen, dem einen brach die Raupe, dem andern riß das Kanonenrohr. Der Feind nahm an Stärke zu, natürlich war er viel widerstandsfähiger als wir in der freien Natur – als Quartier gab es Reisighütten auf Lagern von Ästen. Vier Offiziere des Bataillons waren schon gefallen.

Die Sicht wurde täglich klarer, weil die Wolken davonflogen, die Reste des Schnees schmolzen über der schwarzen Erde. Überall hörte man die Wasser rinnen, gurgeln, spülen, fließen, strömen, tropfen: es war die Auflösung des Winters. Die Schlitten verschwanden. Unsere Dorfstraße, jäh gegen das Tal fallend, wurde zum Gießbach, reißend, tobend, und wir planschten darin mit

Gummistiefeln, bubenmäßig, daß die Russen lachten. Karsamstag regnete es, Ostern schien die Sonne.

Um sechs Uhr morgens war in der Schule zum erstenmal seit vielen Jahren russischer Ostergottesdienst. Ich hatte keine Zeit, sah nur nach vielen Stunden die Schatten von Weiblein und Mädchen, in Tücher gehüllt, ärmlich, frisch gewaschen; so war das hier wohl, von Trachten keine Spur mehr, Altgläubigkeit auch kaum, sondern Erinnerungen und Überlieferung, die nicht ausgestorben waren. Wie leid mir tat, daß ich die Sprache nur stümperte! Auch die Hausfrau war zur Kirche gegangen, die Bolschewikengattin – ihr Mann, der hagere Schlot, lachte. Ich gab der Dichterin Marusja ein Stück Schokolade, nie geschmeckte. Auf den Feldern lag leichter Hauch von Reif, dunkelblaue Wolken oben, und darunter herschießend lange weiße Strahlen von Licht.

Die jungen Leute kamen in Trupps, nicht eben viele, denn die Burschen waren fort: Blond und blauäugig mit roten fleischigen Lippen und schönen Zähnen, die Haare heut sorgsam gestrählt. Uns gegenüber wohnte ein langer Schlingel, der Sonnenblumenkerne kaute und die Schalen auf den Weg spie. Er blieb daheim. Sie lachten ihn aus, sein Ruf war schlecht, wie der seiner Mutter.

Nachmittags nahm mich Bernhard mit zu Zipps in das Schmiedequartier. Wir trafen hier vier Balalaikas und eine Anzahl der Mädchen aus der Umgegend, unter ihnen fielen Pawlja und Natascha auf, Pawlja in gelbseidener Bluse. Sie drängten sich schwatzend in eine Ecke. Es gab russische und europäische Tänze. Miksch sang mit seiner heiseren Stimme, die hin und wieder falsettierte, ein Waldviertler Orpheus. Zipps machte den Patron, sogar Fuchs und Wolisa kamen. Krüger war Stammgast, er stieß mich in die Rippen und sagte: »Der Chef kommt, weil Pawlja da ist, sie ist seine Haustochter«, und grinste mich an.

Die russischen Burschen zupften ihre Instrumente, einer gab den Einsatz, und dann brauste die Weise, hüpfend, stoßend, ging den Mädchen ins Blut, sie wippten auf der Bank, eine trat vor, eine andere gegenüber, streckten im Rhythmus die Fußspitzen wechselseitig vor – winkten ab. Russische Worte – eine andere Melodie. Wieder dies mit den Fußspitzen Abklopfen des Textes, und plötzlich: links rechts wippen schnellen, Hände an der Hüfte, gedreht, gestampft, gewirbelt. Dann an den Händen gefaßt, Polkaschritt, vor zurück, kokett, blitzende Augen und Rhythmus im Blut; sie wurden warm, rote Gesichter, die Melodie ratterte, Mühlbergers Augen traten vor, wie die Mädchen sich drehten, reizende Anmut, und dann strömte die Musik, weil die Spieler sich gefunden, dahin in mächtig sich wendenden Rhythmen, Donnerwetter, Donnerwetter! Die Dielen dröhnten, die Paare ließen sich los, verhielten, dann stapften sie wieder, schwangen sich um, die Röcke flogen, die Gesichter glühten. Es schien nun, daß sie nicht zu halten waren, und die Musik wurde schneller, schlug den Takt noch rasender, wirbelnder – und brach plötzlich ab.

Hochatmend gingen die Mädchen zurück auf die Bank.

O deutsche Bauern und Biedermänner, gezähmtes Volk! da seht ihr was Tanz ist, und Zipps protegiert ihn! Plötzlich verstand ich die Welt, Ahnung geschlossenen Lebens, diese Art von Glück unter einfachen Männern, die morgen auf Reisig im Wald schlafen müßten; reinigend macht es vergessen; wo waren wir, hinter dem Donez? hinter der Wolga, am Jenessei oder am Ob, am Yalu: so weit reichte der Kontinent Rußland. Wir verstanden ja nichts, fühlten es aber, fast wie jener deutsche Pfarrer in der Slowakei, der uns vor zweieinhalb Jahren Brüder genannt. Da wird auch der Tod süß, wie uns Horaz verriet. Diese Ahnung unnennbarer Freude, russische Ostern, der Frühling im Kommen, Schneewasser rinnt, die Dorfstraße von Sarasnoje hinab hallt der Krakowiak – o heile Welt!

Dann sangen die Burschen, Krüger sprach sie drum an; schwermütig nennt man den russischen Liederschatz, das war er für uns. Aber Miksch dort, der heisere Sänger aus dem Waldviertel, war doch ein Rest davon, vorgeschichtlich, unzeitig, dauernd und bleibend als der Grund, auf dem auch einmal der Sowjetstern blitzen konnte.

Fuchs hieß hier Pan Wolfgang.

»Pan Wolfgang soll tanzen!« riefen die Mädchen, aber er weigerte sich.

Wolisa lachte: »Tanzen Sie doch, tanzen Sie mit Pawlja!«

Dann trat Krüger vor, ein Bärlein, und versuchte, die Beine kosakisch im Rhythmus zu werfen, daß sich alle schieflachten. Weg mit ihm!

Einer der Russen trat vor, schmal in der Taille. Er legte Gürtel und Pelz ab, gab mit dem Finger ein Zeichen. Aufgepaßt! So tanzt man! – Wir klatschten den Takt mit.

In der Pause rauchten wir, Zipps goß Tee von Wiesenblumen mit Zucker ein. Plötzlich saß Wolisa neben Pawlja. Sie hatte mit Krüger gesprochen. Wolisa verstand und redete als Oberschlesier Russisch, das war ein Vorteil. Er erzählte wohl vom Kriege, denn er ahmte einen Stuka brummend nach. Ich saß neben Fuchs in der Ecke; »nun bespricht er gar taktische Fragen mit ihr«, sagte er.

Detter hielt sich an eine kleine Dralle, die ihr Kopftuch nicht abnahm, weil's ihr so gut stand, Walja. Sie drehte ihm kokett den Rücken, und da klopfte er sie wie in der Münchner Müllerstraße.

»Gehn Sie in die Schreibstube, Detter«, sagte Fuchs streng.

»Schober wacht dort.«

»Sie gehn!« Der Oberleutnant sah gestört herüber. Pawlja lächelte Krüger zu.

»Es ist gut gewesen, gehen wir alle«, sagte Wolisa, erhob sich, sah sich um, sah die beiden schwatzen und lachte: »Jaja, der Krüger und Pawlja! Gehn wir, Pawlja?«

Man sah ihren Augen an, wie gern sie geblieben wäre.

Da war noch ein Mädchen, Quilja, sie wurde von Bernhard verehrt, meinem schielenden Hausgenossen. Er spielte Mandoline nach Noten. Lächelnd sah man ihm zu, wie er mühselig Griff um Griff vom Notenblatt auf die dreisaitige Balalaika zu übertragen suchte.

»Eine Kunst«, schrie er, »eine Kunst! Gesetzt für sieben Saiten, gespielt auf drei Saiten!« Ganz langsam fielen die Töne ihm von den Fingern, eine Melodie war nicht zu erkennen. »Diese Gscherten spielen ja wild! Aber nach Noten, so hört doch!« Er sah gegen Quilja, die kicherte, denn sein schielender Sehstrahl ging zu Zipps, links am Tisch. Da wurde er ärgerlich und ging heim, verfolgt von Gelächter.

Die Tür flog auf – Merz trat ein. Wir hatten ihn zuletzt vor anderthalb Jahren bei Wien gesehen, den närrischen schwäbischen Kaufmann, damals wie heute Unteroffizier. Er hatte in Brünn beim Ersatztruppenteil Tschechisch gelernt und brachte es an, laut und gewöhnlich. Er zupfte die Mädchen am Rock.

»Merz, vertu dich nicht, die sind anständig«, sagte Zipps.

»Haha«, schrie er, »anständig? Gibt's ja gar nicht!« Er sang:

Kimmst auf d' Nacht
Kimmst auf d' Nacht
Kimmst auf d' Nacht
Machn mr an Bummer, Bummer, Bummer!

Dann sprach er Tschechisch, die Russen horchten auf, verstanden dies und jenes, wahrscheinlich waren es Anzüglichkeiten. Sie gingen nun nach Hause.

Wir sahen Stukas über uns weg nach Osten ziehn, sie warfen in den Wäldern heulend ab, acht Kilometer vor uns. Die Artillerie hatte keine Beobachtung dort. Die Russen, hieß es, machten Teilangriffe in den Tälern, wurden aber sehr vom Wasser behindert. Im Dorf gab es Scherereien, da man einer Frau, als sie in der Kirche war, das Strohdach zum Stallgebrauch abgedeckt hatte. Mühsame Verhandlungen, die immer wieder daran scheiterten, daß wir kein Stroh hatten. Sie nahm weder Geld noch Waren, jammerte nur um ihr Dach. Ich ritt hin, eine halbe Stunde weit, den Schaden zu besehen. Der Tag war strahlend heiß in der Sonne, ich wurde braun wie ein Skifahrer. Das Dach war auf einer kleinen Scheune gewesen. Ich sagte ihr zu, Blechstücke aus Tschugujeff zu besorgen, das Dach zu decken.

Drunten der Bach in der Partisanenschlucht war ein schäumend nach oben sich wölbender Fluß geworden, wir mußten eine Stunde Umweg reiten, um die sonst so harmlose Rinne passieren zu können. Nachmittags fotografierte Pan Wolfgang die Mädchen. Dann tanzten sie wieder in der Stube bei Zipps. Ich versuchte, mir die Schritte des Krakowiaks einzuprägen. Pawlja und Walja waren in Charkow gewesen und konnten europäisch tanzen. Fuchs und Krüger machten die Herren, es war ein peinlich-lächerlicher Anblick: Plötzlich waren die frischen Mädchen lockende Früchte. Sie sangen ihrer fünf mit gewöhnlichen Stimmen – aber daraus stieg dann doch ein sonderbar rührendes Wesen und gab den Liedern Riesenkraft.

Das Satyrspiel folgte: Pawlja schlich um halb elf Uhr nach Hause. Aber Wolisa merkte es, alamierte die Posten, jedermann aufzuschreiben, der zu dieser Stunde außerhalb der Quartiere betroffen würde, befahl, Waljas Haus zu beobachten und zu melden, wer sie nach Hause bringe. Fuchs und Detter saßen im Hemd in den Quartieren, ich im Brunnenhaus lesend, Bernhard schlafend. Zipps war auf Dienstfahrt in Tschugujeff: So wurde niemand gefaßt, nur Merz rannte auf Umwegen heim und geriet bis an den Bauch ins Wasser.

Dies war das schnöde Etappenleben, das wir ins Sarasnoje führten! Da alle ein wenig schuld waren, sah einer dem andern nach. Fuchs lud mich zu sich ein. »Dieser Bernhard«, sagte er, »was ist mit ihm? Was meinen Sie?« Ich war vorsichtig und sagte Freundliches. Aber Fuchs winkte ab: »Reden wir offen, der Kerl ist ein Narr, ich suche einen Grund, ihn abzuschieben. Er hat den ganzen Krieg bei Marschbataillonen zugebracht.«

»Er ist Offiziersanwärter und braucht Frontbewährung.«

»Ich kann den Mann nicht an die Front schicken, er fällt ja über eine Baumwurzel! Und überhaupt, Offiziersanwärter!« Plötzlich wurde er wütend: »Ich mag nicht mehr, dieses Herumhocken hinter der Front. Ich mach' selbst den Zugführer, werde Hybl vorne ablösen!«

Ich kannte Fuchs seit über zwei Jahren, er hatte den Krieg in den Schreibstuben mitgemacht. So sagte ich: »Feldwebel Hybl kann niemals den Hauptfeldwebel machen.«

»Natürlich kann er, Detter und Schober verstehn den laufenden Betrieb, er braucht bloß inneren Dienst zu machen, Appelle und Wachen einteilen.«

Draußen traf ich Merz; der lachte: »Fuchs will Offizier werden, die Krankheit aller Spieße – aber hab' keine Sorge, er geht nicht nach vorne. Vielleicht, daß er hier was braucht.« Er tippte an die Brust, wo man die Auszeichnungen trug.

In dem Brunnenhaus war Besuch: Eine zweite Tochter, siebzehn-, sechzehnjährig, war aufgetaucht und wurde mir von der Familie vorgestellt: »Deutsches Soldat brav, nix Panienka, gut. Marfa hierbleiben?«

Es war mir gleichgültig. Bernhard las sein Büchlein. Ich machte Pudding und Marfa kostete mit spitzer Zunge.

»Jetzt können wir einen bunten Abend veranstalten«, meinte Bernhard, »ich lade Quilja ein.« Wir hatten einen schönen Holzfußboden im Hause, und so stimmte ich zu. Aber es zeigte sich, daß die eingeborene Jugend das Haus nicht betreten wollte. »Das kommt, weil unser Wirt Kommissar ist«, sagte Bernhard.

»Unsinn, Kommissar – er ist Vorarbeiter.«

»Aber Bolschewik, Parteigenosse heißt's bei uns.«

»Du bist imstande, dem Postschaffner übelzunehmen, daß er Parteigenosse ist?«

Nun wurde er böse und pries die Demokratie. Ich neckte ihn: »Im Zeitalter der Massen ist Demokratie die Herrschaft der Zahl, das Regiment der Funktionäre, schlechtbezahlter und bestechlicher Parteisekretäre.«

Er wurde immer zorniger: »Bei uns in Österreich ...«

»Dollfuß und Schuschnigg«, sagte ich, »waren das Demokraten? Die Zeiten sind vorbei, wo ein Volk mit bürgerlichem Wohlwollen zu regieren war. Es sind zu viele Bestien darunter, sieh dich um, jeder Dritte stiehlt, hurt, lügt und mordet.«

Die Täuschungen über den Menschen! Die Illusionen des Westens – es sind die tiefsten Punkte des europäischen Gedankens. Ich beschwor meinen Kameraden, die Augen zu öffnen: »Sieh dich im Hause um! Ist der Wirt ein Bolschewik? Ein Vorarbeiter auf der Kolchose, ein rachitisches Kind, das Gedichte schreibt ...?«

»Was?« er sah mich an. »Die schreibt Gedichte? Auf Stalin schreibt sie Gedichte?«

Ich nannte ihn einen Esel und ging hinaus. Die Dummheit der Bösewichte war mir lieber als die seine. –

Die Männer des Dorfes mußten einige Hohlwege freischaufeln, wo der Schnee sich hielt. Unser Hausherr kam mit Schwielen an den Händen zurück, er war vielleicht keine harte Arbeit gewöhnt. Hinter seinem Hause fanden wir vergraben eine Truhe mit Korn, Mehl und Speck. Ich rief ihn und sagte, er solle sie in sein Haus tragen. Von nun an war sein Vertrauen grenzenlos.

Um elf Uhr abends wurde ich aus dem Bett geholt, ich sollte am folgenden Morgen in Tschugujeff sein, um Ersatzmänner in Empfang zu nehmen.

Ich fuhr mit einem Panjewagen des Regiments, zusammen mit dem Regimentsschreiber, Hauptfeldwebel Schröder, nach Kamenaja Jeruga, wo wir damals zwei Stunden geschlafen hatten. Schröder war ein wichtiger Mann. Je öfter die Kommandeure wechselten, desto mehr nahm die Macht seiner Schreibstube zu; vor allem unterstanden ihm alle Personalsachen der Mannschaften. So entsann er sich auch gleich meines alten Straußes mit Tresko. Er war ein ländlicher Oberbayer und erzählte Einzelheiten von dem Rückzug vor Moskau, der zur Flucht geworden sei. Guderian habe Not gehabt, die Panzer zu retten. Auch Rostow und Tichwin seien auf ähnliche Weise unserm Zugriff entgangen. Aber er schien zu meinen, es würde uns gelingen, die Sowjets in diesem Jahr auf Sibirien zu beschränken, um im Westen einen faulen Frieden schließen zu können. In zwanzig Jahren gehe es dann wieder los. Er seufzte: »Gott sei Dank ohne uns.«

Ich suchte ihn ein wenig auszufragen über die Verhältnisse im Regimentsstab, aber er ging nicht darauf ein.

Der Schnee war auf den weiten Hügeln fast geschmolzen. Wir verfolgten die Bildung der kleinen Tauwasserströme, wie sie den Geländeeinschnitten folgten und Rinnsale und Bäche bildeten. Da sie sehr reißend waren, fraßen sie das Gelände aus. »Sehen Sie«, sagte Schröder, »die Frage der Entwässerung ist hier im Osten kaum beachtet. Die Erosion zerstört den Ackerboden.«

»So sind in früheren Zeiten bei uns in Europa die Flüsse und Stromtäler entstanden.«

»Diese Schluchten und Tälchen, die Balkas, welche die Landwirtschaft so stören, wären zu vermeiden, wenn man das Wasser regulierte. Haben Sie die Weichsel einmal auf polnischem und deutschem Boden gesehen? (Ich verneinte.) Das sind Unterschiede!«

In Kamenaja bestiegen wir einen Lastwagen der Panzerjäger und fuhren auf der Charkower Straße nach Tschugujeff. Am Horizont im Westen sah man die Hochhäuser von Charkow, weiße Betonklötze am Rande des klaren Himmels.

»Wozu das alles?« sagte Schröder, während wir an einem ausgedehnten Feldflugplatz vorbeifuhren. »Da stehn die Maschinen zu Hunderten, wir holen jetzt Ersatz aus Deutschland, wieder Hunderte von Männern: es ist immer dasselbe. Ich bin nun drei Jahre beim Regiment und sehe genau, wie das vor sich geht: wir haben einen Stamm von tausend Mann, die sind von Anfang an dabei, sie werden nie verwundet, überstehn alle Krankheiten, halten jede Strapaze aus – aber die Männer, die wir jetzt holen, sind schon zwei- oder dreimal bei uns gewesen, nach vier Wochen fallen sie wieder aus.«

Von dem Platz der ehemaligen Kadettenanstalt des Zaren holten wir dreihundert Mann, junge Leute, viele Schlesier. Das Auszählen und Zuteilen war schwierig, da man die Mannschaften zu ihren alten Einheiten schicken wollte. Die Begleitoffiziere aber hätten nichts lieber als ihre Listen übergeben, abzählen lassen und zurück, zurück! Denn hier war Front, wie die Leute vom Divisionsstab mit drolligem Recht zu den Herren aus der Heimat sagten.

Man hörte aus der Ferne die Artillerie, und unten vor dem Platz her floß breit der Donez, blauwasserig, ruhig. Teile von Malinowka waren überschwemmt – es sah aus, als blicke man von einem Hügel auf einen See. Zum erstenmal sah ich den Donez als Fluß, wie er herkam in weitem Bogen aus Norden, den Wäldern.

Bei den Ankömmlingen war auch, nun schon zum zweitenmal als Genesener, Dzurolei, der rumänische Unteroffizier, er verbrachte alle paar Monate vier oder sechs Wochen im Lazarett; Gott mochte wissen, wie er's verstand. Ihm konnte ich mein Häuflein Männer übergeben und Fuchs' Aufträge erledigen, Post abholen, Seife fassen (»verzähl dich nicht, du Schlitzohr!«), Gummistiefel übernehmen und gebrauchte Schlitten abgeben.

Dann marschierten wir entlang der Straße zurück. Dzurolei unterhielt mich mit Erlebnissen in Merefa, wo er im Divisionserholungsheim gewesen war. Die Schülerinnen des dortigen Gymnasiums hätten prächtig Deutsch gesprochen, Russinnen von sechzehn, siebzehn, achtzehn, er schnalzte mit der Zunge, kein Kalbfleisch. »Du lieber Gott«, sagte er, »ich hab' bloß zwei Pfund zugenommen, haha – und sie haben Theater vor uns gespielt und russisch getanzt.« Ich erzählte ihm, daß er auch bei uns nicht zuzunehmen Gelegenheit hätte.

An der Kreuzung in Kemenaja erwartete uns ein Wagen der Kompanie für das Gepäck.

Im Wald links auf dem Weg waren Lerchen, ein Buntspecht wurde erkannt, aber Grün war noch nirgends zu sehen.

Waljas Geschichte: Sie bewohnte ein Haus mit ihrem Bruder zusammen, der aber vor zwei Jahren als Soldat gefallen war. Das Haus geriet vor vier Wochen, als die Russen eindrangen, in Brand und wurde halb zerstört. Walja zog zu ihrer Mutter und deren Mann. Mein Haussohn Pjotr, der junge Balalaikaspieler, stellte ihr in verliebter Absicht nach, seine Eltern sahen es gern wegen des Grundstückes des Mädchens und wegen des Hauses ihres bärtigen Stiefvaters.

»Der hat wohl selbst keine Kinder mit der Mutter?«

»Na eben!«

Es war bekannt, daß der Bart Walja prügelte, wenn sie von Soldaten kam, sie klagte es selber – er wollte, daß sie Pjotr nähme, das Gänschen, aber sie war lose geworden in Charkow als Fabrikmädchen, hatte dort Geld verdient, kannte Kleidung und Hüte, Klappersandalen und wechselnde Männer.

Sie verdrehte die Blauaugen und spielte jetzt, wurde es arg, mit Bernhard: »Du brav, Panienka nix tun, anständig«, und er legte den Arm um sie, rollte die Augen – und niemand wußte, wen der Schielende ansah. Er mußte auch hier den Narren machen, und sie bat ihn dann, nach Noten auf der Balalaika zu spielen.

Schober kam manchmal auch, der Schreiber und Haarschneider, der in Orchestern spielte. Wieso Orchester? »Hab's schon gelernt, Pech gehabt, spiele aber im Orchester als Liebhaber zu Wien mit.« Das machte uns neugierig, und er erzählte von seinem Papa, der ein böhmischer Zuschneider gewesen sei und des Söhnleins Musiksinn erkannt habe, so daß er aus ihm einen akademischen Geiger machen wollte. Gut und schön, aber nun sei es schon zwölf Jahre her, da sei der Papa in der Donau, am Kahlenbergfuß badend, vor des damals vierzehnjährigen Sohns Augen ertrunken – aus der Traum, aus die Musik, Friseur geworden und Haare geschnitten, aber privatim weitergegeigt! Und was man will, das erreicht man auch, und so geige er denn im Staatsopernorchester am Ring, drunten in der Versenkung, habe aber mal gedacht, droben zu stehn auf dem Podium. Daher also verstehe er was. –

»Mäder hat das Ritterkreuz erhalten«, kam Detter herein.

»Ah, endlich, freuen wir uns, der hat's verdient!«

»Und Major Wasser das Eiserne Kreuz zweiter Klasse.«

»Da schau her, er hat's geschafft, Leutschinder der ! Ob er nun Ruh gibt?«

»Seine Männer lagen fünf Tage im Babkawald für nichts und wieder nichts, nie war er selber vorne.«

»Umlegen sollt' man ihn, na wart nur.«

Dann sagte Detter: »Die Kompanie kommt morgen zurück zum Sowchos, der Einsatz ist beendet.«

Wir sprangen auf, rufend: »Einen Abschiedsabend, sofort alles herrufen, Balalaikas, die Mädchen!«

Als ich mit Marusja kam (sie war entzückt, noch nie im Leben hatte man sie mitgenommen), war Fuchs schon da und erzählte, Voigt und Ruckensteiner hätten die Häuser auf dem Sowchos geputzt, geweißt und mit frischen Strohsäcken ausstaffiert.

Ich fragte, was mit mir geschehen würde, da der Zug doch in Babka liege. –

»Sie müssen mit zum Hof, dort findet ein Zugführerkurs statt.«

Ich war nicht begeistert von der Aussicht, von hier fortzukommen, Müller sollte meine Stellung übernehmen. Bernhard erhielt einen Befehl, ins Hinterland zu reisen, um Pferde und Wagen zu besorgen – man schob ihn ab.

Nun kamen die Teilnehmer des Festes, Ogasa der Zauberer, Zipps und der freche Detter, Schober, Krüger in eine ukrainische Fahne gehüllt, Küchenunteroffizier Strobl und sein Gehilfe Blümel, der Schwarm der Mädchen wie bisher und bei ihnen Moza, ein süßes Geschöpf mit festem Fleisch; sie nahmen gleich die Kopftücher ab. Walja war als einzige europäisch gekleidet mit einem Fähnchen von Charkower Tanzkleid, billig bedrucktem Kattun.

Pan Wolfgang Fuchs hielt eine Rede. Er sagte nichts von unserm Abrücken, aber die Mädchen mochten ahnen, daß der Anlaß kein gewöhnlicher war. Auch die Balalaikaspieler, die ohne den eifersüchtigen Pjotr kamen, zogen die Pelze ab und saßen da in prächtigen Leinenhemden mit Stickerei.

Sie spielten alle Tänze nochmal, die Mädchen tanzten allein und im Reigen, dann sprang ein Bursche in die Mitte, dann versuchte der Unsern einer zu ihrer Freude den Kosakentanz; sie lachten sich schief. Dann trat Ogasa auf, er hatte Krügers Fahne umgehängt und trug auf dem Kopf eine russische Pelzmütze. Er zog Moza einen Rubelschein aus der Nase, dann beschrieb er den Inhalt von Wolisas Brieftasche – und wirklich, der Oberleutnant legte die Bilder von Weib und Kind, das Soldbuch, einen Totenzettel, Briefe auf den Tisch, genau wie Ogasa gesagt hatte. Dann schlang er einen brennenden Strohwisch hinunter.

Die Hütte dröhnte vom Beifall, die Zuschauer drängten sich im Vorplatz, das halbe Dorf schien an den Scheiben zu kleben. Ogasa befahl allen Anwesenden, die eine Hand um die andre zu drehen. Widerwillig gehorchten wir, die Mädchen zuerst. Ogasa sah starr in den Raum, uns das Herz prüfend, wir drehten die Hände umeinander, dann erzählte er eine Geschichte, sie dauerte zwei Minuten lang. Er sah sich erstaunt um: noch immer drehten die meisten die Hände. Dann erzählte er einen Witz von der schlesischen Mastgans, wir brüllten vor Lachen, er wiederholte den Witz auf russisch, auch die Russen brüllten – noch immer drehten die Mädchen und Burschen und ein Teil der Soldaten die Hände umeinander. Er sagte: »Was habt ihr denn?«

Da merkten alle den Spaß, die Mädchen drehten wie verrückt die Hände, sie weinten vor Zorn, aber sie konnten nicht aufhören. Die Zuschauer fielen fast um vor Lachen.

Ogasa war der größte Zauberer, den sie gesehen hatten. Endlich nahm er ein wenig Wasser in den Mund und sprühte es über die Mädchen, da konnten sie aufhören, die Hände zu drehen. Er griff Moza an den Hals und zog eine Maus am Schwanz heraus. Das war ihr zuviel, sie lief schreiend davon.

Der Morgen des 22. Aprils war herrlich, die Sonne schien auf die naß funkelnde Erde. Am großen Brunnen vor dem Hause waren die meisten Frauen des Dorfes versammelt. Da er sehr tief war, mußten sie lange aufeinander warten – so entstand der Morgenklatsch von Sarasnoje, dem glücklichen Dorf.

Wir rückten also ab, es gab Tränen. Nie würden wir in diesem Krieg so fröhlich sein, wie wir hier gewesen. Die Fahrzeuge wurden sechsspännig gefahren, um über die Äcker zu kommen. Eine Zugmaschine war vom Regiment zu Hilfe geschickt. Ich fuhr mit der Feldküche nach Tschugujeff voraus. Neben mir saß Blümel, der Hilfskoch, und erzählte vom Kochkurs in Charkow: »Weißt du, abends ging man mit einem halben Kommißbrot in die Stadt – die herrlichsten Weiber, sag ich dir.«

»Wie war der Kurs?«

»Na, großartig, sag ich dir, morgens Unterricht, mittags gekocht, nachmittags Grundausbildung mit dem Gewehr. Aber dann, sag ich, mit einem halben Kommißbrot ...«

»Wie habt ihr denn abgeschnitten beim Kurs?«

»Ich hab ›sehr gut‹, Strobl hat bloß ›gut‹ gekriegt – dem hat er gestunken! Aber abends, sag ich dir, mit einem halben ...»

»Halt dich fest!« Die Feldküche rutschte von der Straße in den Graben. Die Erbsensuppe schwappte über, das Feuer fiel unterm

Kessel hervor. Blümel mußte nachheizen. Nachher saß er wieder neben mir.

»Die Walja, so ein Luder, sag ich dir! Wir hatten sie ja in der Küche, und sie wohnte nebenan. Jede Nacht Hochbetrieb, die ganze Schmiede, die Schreibstube, die Fahrer – ist halt ein richtiges Luder.«

»Und die Küche?«

»Na logisch, auch die Küche!«

»Respekt!« sagte ich. –

»Du!«

»Ja?«

»Der Bernhard auch!«

»Unsinn, hat doch ständig bei mir im Zimmer geschlafen.«

»Na ja, aber versucht – mit der Balalaika abends, hat ihm abers Potschamperl 'naufgeschmissen.«

Ich entsann mich, daß Bernhard eines Abends benäßt gekommen war, und sagte:

»Soso!«

»Er ist doch Doktor, gell?«

»Ja, er ist Jurist.«

»Hätt' ich nicht gedacht.«

»Daß er Jurist ist?«

»Nein, nein, das mag schon sein – aber daß er abends so hinschleicht.«

»Ist auch ein Mensch.«

»Na ja, in euren Kreisen ...«

»Meinst du?«

»Ihr macht was aus und geht hin. Das ist klar.«

»Du hast aber Vorstellungen!«

»Was sich halt unsereins denkt!«

Wir kamen glücklich nach Tschugujeff und fuhren in die Kaserne. Da ging ich zum Donez, er war noch immer sehr breit, aber beträchtlich gefallen, Malinowka lag trocken. Man sah drüben die mit Bohlen überlegte Eisenbahnbrücke, sie sollte für Panzer befahrbar gemacht werden. In der Stadt war es nun längst nicht mehr so lebendig wie einst – oder lags daran, daß ich damals von Gawrilowka, jetzt aus Sarasnoje kam? Kinder hielten auf den Straßen klares Wasser feil für Brot und Zigaretten.

Ich stand lange auf dem Aushub der Splittergräben hoch über dem Fluß. Teile der gesprengten Brücke lagen im Bett des Stroms, Artilleristen tränkten ihre Pferde am Ufer. Die Luft war lau, ein sachter Wind kam aus Osten, schleierhafte Wolken.

Als ich zur Kaserne zurückkam, war die Kompanie eingerückt. Die Männer hatten, kaum das Gepäck auf einen Schlafsack geworfen, Eile, ins Kino zu kommen. Eine Fußballmannschaft lieferte auf dem großen Platz vor der alten Kadettenanstalt zahlreichen Zuschauern ein Schauspiel. Unser Krüger ging zum Arzt und kam nicht wieder, er hatte sich bei einem angenehmen Fräulein krank gemacht. In Rußland hörte man dergleichen selten, und sicher war die Krankheit aus Ottakring oder Giesing eingeschleppt. Russische Frauen waren nicht krank, seit die Regierung in den zwanziger Jahren dafür gesorgt hatte, daß die schweifenden Jugendlichen, die Träger solcher Übel, ausgerottet wurden: man hatte sie im Winter unter das Eis der Flüsse versenkt, im Sommer verbrannt.

General Muskat war in Urlaub, und Oberst Deutsch führte die Division. Einmal besuchte er unsern Zugführerkurs auf dem Sowchos, stand schweigend am Sandkasten und ging wieder. Vermessungswesen, Schießlehre und Karten waren die Gegenstände des Unterrichts, den Wolisa erteilte. Er genoß guten Ruf bei uns, war straff im Dienst, stets freundlich, genau, aber wohlwollend. Man hatte bei ihm das Gefühl, in väterlich guten Händen zu sein – und gleich erschienen auch die wüsten Früchtchen wie verwandelt!

Die Übungen am Geschütz fanden vorne in Gawrilowka statt. Die kleinen Kanönchen waren längst ausgeleiert. Wir besprachen unsere Waffe und verglichen sie mit der Artillerie. Nachteile waren die schwierigen Verbindungen von der Beobachtung zur Feuerstellung, die umständlichen Richtverfahren, die für östliches Gelände zu schweren Munitionswagen. Nachmittags exerzierten wir. Bezeichnend für Wolisa, daß er vom Fenster aus Notizen machte.

Auf dem Rückweg zum Sowchos gingen wir einzeln, die russische Fliegerei hatte sich erholt und kam auch bei Tage. Früher flog sie nur nachts mit ungefüg langsamen Maschinen, die wir mit verschiedenen Spitznamen nannten. Der Sage nach hatten sie keine Abwurfvorrichtung, sondern wälzten die Bomben mit der Hand über Bord. Nun zog ein Verband von fünfzehn Bombern hoch über uns weg nach Tschugujeff, von Jägern umspielt. Doch während wir schon die Rauchpilze der Bomben in Tschugujeff steigen sahen, schoß eine Messerschmitt einen der Jäger ab; er landete nicht weit von uns auf dem Bauch. Der Pilot stieg aus, verband sich mit einem weißen Tuch den Kopf, grüßte die Maschine und rannte davon. Da rollte auch der schwache Donner von den Bomben her aus Tschugujeff.

Den Absturz des Russen hatten nicht wir allein gesehen. Schon sprengte ein Reiter heran, dem der Flieger das Pferd unterm Leib erschoß, rannte eine Schar ukrainischer Hilfswilliger wild schießend hinter ihm her. Der Mann erwiderte das Feuer und fiel plötzlich zusammen. Als wir näherkamen, sahen wir, daß er Major gewesen war, geschmückt mit vielen Orden, und einer von uns wollte wissen, daß der höchste darunter sei. Er war durch den Kopf geschossen, sein Gesicht mit Blut überströmt, aber die Hände schneeweiß, und auch die Wäsche des Fliegers blitzte tadellos. Da er fünfzig Jahre alt sein mochte, erlaubte ich mir, ihn für einen jener Aristokraten zu halten, von denen man sagte, sie seien, die Auswanderung mehr als den Bolschewismus fürchtend, in den Dienst der neuen Macht getreten, die ja ihr Vaterland, die russische Erde vertrat. Das schien mir gut gehandelt, denn Emigranten gelten wenig in der Welt, wir hatten es selbst erlebt seit 1933, und niemand lohnt ja persönliche Opfer schmählicher als der Pfeffersack.

Nachdem der Feind hinter Nebelwänden Truppen ausgeladen hatte, griff er am nächsten Morgen keineswegs an, sondern hatte Last, unterm Feuer unserer Artillerie seine Feldstellungen zu erreichen. Aber aus Babka kamen schlimme Nachrichten, dort sei der Russe mit sechzig Panzern überraschend erschienen, und abends schon schleppten Traktoren die Masse der Geschütze ab; zwei Panzerregimenter seien von Charkow aus zum Gegenstoß angetreten. Wir fürchteten um unsre Leute, hörten aber nichts als das Grollen der Kanonen und in der Nacht das feine Rattern und Sägen der Schießmaschinen. Spät trafen Dzurolei und Ferber als Reiter bei uns ein, wußten aber noch nichts von dem, was in Babka geschehen war; sie hatten den Angriff der Bomber auf Tschugujeff erlebt.

»Was wurde dort getroffen?«

»Na, ein Teppich sag ich euch, ein Bombenteppich, und wir mit unsern Pferden, das sehend, stiegen die Böcke, und auf und davon, kein Stein blieb dort heil!« So Dzurolei.

Ferber sagte: »Das Verpflegslager wurde getroffen, sonst nichts von Wichtigkeit.«

»Verpflegslager ha!« schrie der ehemalige rumänische Unteroffizier, »und hast nicht gesehen, wie die Wand von Honig troff – und die Zivilisten kratzten mit Löffeln das süße Zeug von den Wänden? Sie hungern, Herrgott, hungern die Leute, sie backen Brot aus Kartoffeln, und die Kartoffeln pickeln sie aus steinhart gefrorenen Mieten aus! In Charkow erhält man für Brot echte Goldrubel.«

Dann kam Ruckensteiner vom zweiten Bataillon: »Dreihundert Russen liegen vor dem Draht und trinken aus den Schmelzlachen, trauen sich nicht zurück, da ihr Angriff mißlungen ist. Sie schießen schon nicht mehr, frieren und hungern, schreien nach Brot, und man hofft jede Nacht, daß sie überlaufen.« Es seien Völkerschaften darunter, die unsereins nur aus dem Zirkus kenne, Sibiriaken, Mongolen, Tungusen. »Da legst dich nieder«, schrie Ruckensteiner, »mit derer ganzen Welt im Kampf, und unter ihnen liegt nackend Leutnant Egbert, der hat einen Stoßtrupp versucht und ist tot.«

Dann brachen die Russen in Gawrilowka ein, wurden zurückgetrieben mit Handgranaten und Kolben. Sie waren so durchfroren und naß, daß sie wie damals in die Bunker stürzten, sich zu wärmen. Sie wehrten sich erst, als die Unsern mit den Kolben vor Türen und Fenstern standen. In jedem Haus verbrannten zwanzig Mann lebendig.

Der 24. Mai, Pfingstsonntag. Nördlich Charkow eine Panzerschlacht im Gange. Neben unserm Quartier standen junge Bäume mit glänzend glatten Stämmchen, kein Mensch kannte sie. Endlich bekam ich heraus, daß es Ebereschen waren. Südlich und nördlich donnerte Artillerie. Oberst Deutsch bei unserm Kurs sagte nicht viel, schaute wie im Traum, sprach dann: »Das ist bei Isjum, wir haben zwei Armeen glücklich eingekesselt.«

Am zweiten Pfingsttag war Gottesdienst in einem zerschossenen Raum der Verwaltung des Guts. Der Oberst nahm teil. Der Divisionsgeistliche sprach im Anschluß an das Evangelium vom römischen Hauptmann. Er gab unserm Feldzug eine tiefe Deutung: Es gehe gegen die nihilistischen Mächte der Erde, Amerika und Rußland, die innerlich gleich seien im Streben nach dem größten materiellen Glück der größten Zahl. Man hörte heraus, daß er den Kampf für verloren hielt, da ja wir selber nicht mehr das Gute täten, obgleich es uns bekannt sei. Jeder Einzelne müsse von Fall zu Fall unterscheiden, ob er das Richtige tue. Weiter darüber mit Zipps geredet, nachher in dessen freundlichem Krankheitsrevier. Weil Pfingsten war, schenkte er Schnaps aus seiner Sanitäterflasche ein: »Gesegne's Gott!« sagte ich trinkend, und ob er auch meine, daß die Russen gottloser seien als wir?

»Sie sind nicht über den Nullpunkt weg, weißt du, als Volk. Bei uns ist die Intelligenz über das neunzehnte Jahrhundert hinaus, sie fängt zu glauben an. Hast du den Oberst heute bei der Messe knien sehen? Da folgt wie von selber das Volk, man muß ihm nur Zeit lassen, ein, zwei oder drei Generationen – so wie es auch mit dem Materialismus um ein paar Generationen hinter den Professoren herhinkte.«

»Aber die Russen«, sagte ich.

»Die sind noch später als wir; mag sein, daß demnächst ein theologisches Zeitalter von den Russen ausgeht, wie Spengler meinte. Der Glaube ist da, weil die Kraft da ist; sie sind nicht müde, sondern unverbraucht – und warum sollten wir dann nicht eher mit den Russen gehen als mit den Amerikanern?« Er lächelte und fuhr fort. »Wenn wir für wahr halten, daß der religiöse Glaube entscheidend ist, dann liegt die Hoffnung bei Rußland. Der Bolschewismus staut die Kraft, verbraucht sie teilweise für sich, aber er kann doch auf die Dauer nicht genügend spenden und nähren – dann fängt es wieder an mit der russischen christlichen Frömmigkeit.«

»Du hast wohl Instruktionen von deinen Freunden?« fragte ich lächelnd (denn ich wußte nicht, welchem Orden sich Zipps gelobt hatte – ich sollte es auch nie erfahren).

»Nein, nein«, sagte er. »Es gibt in Rom ein russisches Institut. Dort bereitet man die theologische Rückeroberung vor.«

»Was tut man?«

»Man bereitet zum Beispiel eine dogmatische Annäherung der Kirchen vor. Die Russen haben im siebzehnten Jahrhundert schon dogmatisch die leibliche Aufnahme Mariens in den Himmel verkünden lassen: das ist ein Vorsprung, und wir werden wahrscheinlich erleben, daß dies Dogma auch von Rom definiert wird.«

»Ich hab davon gehört.«

»Den Russen ist solch ein Dogma selbstverständlich – in unserer Welt wird es Staunen erregen; das ist das, was man den geistlichen Vorsprung der russisch-orthodoxen Kirche nennen kann. Diese Dinge entscheiden die Geschichte, nicht Siege und Niederlagen. Die marianische Konzeption schwebt über unserer Welt: Das schwächste Wesen ist die holdeste Stärke. Das geht vielleicht vom Osten aus, denn die russische Kirche ist die weibliche, die römische die männliche.«

»Du hast in Sarasnoje an den Festchen teilgenommen, sie patronisiert?«

»Ja«, sagte er, »das habe ich, ich wollte die Russen zu uns ziehen, sie sollten uns kennenlernen, wir sie – daß die Mädchen mit unsern armen Schnickeln ins Bett gingen, konnte ich nicht vermeiden. Aber lassen wir das. – Von Rußland verstehn wir nicht viel. Es ist eine geschlossene Blüte. Übrigens bin ich überzeugt, daß die Mädchen von Sarasnoje besser sind als die deutschen oder französischen. Ich habe von Rußland nicht viel gewußt, aber nun weiß ich einiges. Du hast doch viel drüber gelesen?«

»Ich habe bestätigt gefunden, was ich immer geahnt habe: daß Dostojewski und Tolstoi ein Chaos zeigen, das in ihnen selber war. Rußland und die Russen sind kein Chaos. Kürzlich fand ich einen Satz bei Puschkin, ich hab ihn notiert.«

Ich kramte einen Zettel aus der Tasche und las: »Die Geschichte des Altertums ist die Geschichte Ägyptens, Persiens, Griechenlands, Roms. Die neue Geschichte ist die Geschichte des Christentums. Und wehe dem Land, das sich außerhalb des Christentums befindet. - Soweit Puschkin. Er spricht nicht von Russen, Deutschen und Franzosen, sondern von den Christen als einer Nation. Sein Wehe gilt im Augenblick Rußland und Deutschland – aber du sagst ja, das werde sich ändern. Übrigens halte ich diese Dinge gar nicht für mystisch. Die Befolgung des Evangeliums ist sehr einfach, wenn man guten Willens ist.«

Am nächsten Tage, der Kursus war beendet, ritt ich nach Babka, denn Hybl verlangte, daß ich käme. Am Flugplatz Tschugujeff arbeiteten zweitausend Frauen mit Schippe und Karre. Dort lag das Jagdgeschwader Udet. Auf der Dorfstraße von Sarasnoje traf ich, mit Wäsche schwer beladen, Marusjas Mutter. Im Dorf lag nun eine Division frisch aus Frankreich, mit dicken Pferden. Die Männer waren erschrocken über dies Land. Dann durch feuchtdampfenden Jungwald in hundert Minuten nach Babka geritten. Überall sah man die Spuren der Bomben. Wie immer, wenn es nach vorne ging, hatte ich ein beklemmendes Gefühl, nicht um des Sterbens, sondern um des Lebens willen. Todesfurcht hatte ich nie empfunden. Es stach wie mit Nadeln, wenn ich hörte, daß ein Bekannter, während ich hinten weilte, gefallen war. Alle starben mit Wehmut, staunend, ohne Gedanken an Vaterland und Volk – aber doch freiwillige Opfer.

Ich meldete mich bei Hybl und sprach freundlich zu ihm; zweifellos war der magere, bleiche Mensch kranker als er wußte. Er gab mir ein Zimmer neben dem seinen. Die Feuerstellung lag auf einer kleinen Heide mit verkrüppelten Eichen und Wacholdern, jeder Mann hauste für sich in einem winzigen Erdlochbunker. Auch Ehrhard und Müller lagen hier, sie hatten Hybl seit vierzehn Tagen nicht gesehen.

Der 12. Mai war der Tag des großen Angriffs auf Babka: »Die Infanterie hat 240 000 Schuß abgegeben«, sagte Ehrhard.

»Wie konnten die Russen angreifen, Panzer und Infanterie - zwischen den Fronten liegt doch der Bach, der Sumpf, der Donez?«

Er sah mich mitleidig an: »Lehr mich die Russen kennen! Damals im März kamen sie über das Eis – das hätten wir auch gekonnt. Diesmal aber kamen sie auf einer Brücke unter Wasser!«

»Unter Wasser - wie das?«

»Gell, da schaust! Haben eine Brücke über den Donez gebaut, aber ein Viertelmeter unter dem Wasserspiegel, kein Mensch bei uns hat was geahnt, und plötzlich fahren sechzig Panzer auf uns zu, seelenruhig, und waren schon vor unsern Löchern, als die Artillerie zu schießen begann.«

»Und unsere Flieger?«

Er machte eine wegwerfende Bewegung: »Die Udetleute taugen nichts mehr, sie sind in der Minderzahl, und da ist ihr Schneid dahin – sie greifen nicht an. Die Russen schirmten die Brücke schön ab.«

»Und was kam außer den Panzern?«

»Acht Bataillons, eine ganze Division. Wir mußten bis Sarasnoje zurück.«

»Aber die Brücke muß man doch bemerkt haben, das Hämmern, das Plantschen im Wasser.«

»Hat man auch gemeldet, man wußte sogar, daß es die Brücke gab, aber nicht bei uns. Der linke Nachbar wußte es, der Teufel weiß, was er sich dachte, denn er ist tot.«

»Wer?«

»Der Oberst, der's wußte, hat sich erschossen, als die Kerle bei uns ankamen. Vermutlich hat er was ganz Schlaues vorgehabt, wollte den Feind rüberlassen und dann abzwicken. Jedenfalls ist er tot, und das Kriegsgericht muß sich an seine Unterführer halten. Er hatte die Stellungen kaum ausbauen lassen.«

»Wie war es bei euch?«

»Bei uns war doch Mäder, das heißt, als es losging, war er bereits in Urlaub, hatte aber alles fein ausbauen lassen – was willst du aber machen, wenn sechzig Panzer und fünftausend Mann plötzlich angreifen?«

»Wie ging es also?«

»Wir mußten davon, der Wald war für die Panzer schlecht. Weirich, der schwere Granatwerfermann, hat uns gerettet, feuerte bis zuletzt in die Infanterie, Werfer um Werfer, bis auf zwei fielen sie aus.«

»Ist noch kein neuer Kommandeur da?«

»Nein, Mäder scheint krank geworden zu sein, nun sollte ein Neuer kommen, traurig, traurig! Mäder ist nicht zu ersetzen.«

»Es wird wohl losgehen, hinten bei Tetlega stehen Spähwagen und Panzer in Rudeln im Wald. Hab sie selber gesehn, und eine neue Division aus Frankreich, mit dicken Pferden.«

»Das wird dann wohl am Sonntag sein.«

»Wie sieht der Feind aus?«

»Mongolen, Tungusen, was weiß ich. Kürzlich kam nachts ein russisches Mädchen durch die Linien, aus Furcht vor jenen Kerlen. Wir sehen sie durch das Scherenfernrohr, wenn sie sich waschen.«

»Und sind also hinter den Mädchen her?«

Ehrhard lachte: »Und wie! Scheint überall gleich zu sein. Aber die Kleine graulte sich, und nun geht's ihr gut.«

»Du kennst sie?«

»Werd ich nicht kennen – das einzige Weib im Dorf!« Er pfiff listig und fuhr fort: »Wie war es übrigens – ihr sollt in Sarasnoje so eine Art Puff gehabt haben, eh?«

Ich erzählte, wie es gewesen war, berichtete von der Kompanie, von Wolisa und Hölzl, Fuchs und Ruckensteiner.

»Wie hielt sich Hybl?«, fragte ich.

Erhard und Müller schüttelten die Köpfe: »Bist ja gut Freund mit ihm, wir kommen ihm nicht unters Auge. Der Mann ist krank.«

Abends zeigte mir Hybl die Beobachtungsstelle des Zuges. Das Dorf war gesprenkelt von Einschlägen der Artillerie und Bomben, zermahlen von Raupen, alle Häuser stark beschädigt, kein Zivilist zu sehen außer ein paar Alten, die sich kriegsmäßig bei der Feldarbeit verhielten. »Sie legen sich hin, wenn Bomber kommen oder Artillerie schießt. Wir bewegen uns nur nachts. Es ist scheußlich. Die Kerle da oben auf der Heide haben's besser als wir.«

Die Beobachtungsstelle lag in einem Buschstreifen, der oben am Rand eines Wiesentals hinlief. Das Tal mochte vierhundert Meter breit sein, unten floß der Bach, die Babka. Auf der andern Seite zog sich ein ähnlicher Buschstreifen hin: »Tal und Wiesen sind Niemandsland, aber Büsche und Hecken leben.«

»Wie konnte der Einbruch damals geschehen?«, fragte ich nun auch Hybl.

»Es war links von uns, sie kamen auf einer Unterwasserbrücke; die Unsern sprengten drüben die eigenen Geschütze. Es war aussichtslos, Widerstand zu leisten, denn sie hatten keine Stellungen ausgebaut.«

Babka war ein Waldnest, langgezogen und kümmerlich, aber mit herrlichen Baumbeständen und Waldwiesen.

In den Nächten kamen die langsam segelnden Flugzeuge und warfen einzelne Bomben. Die Artillerie auf beiden Seiten schoß fast ohne Unterbrechung. Hier gab es eine Kanonenbatterie, die jedermann mit scharfen Abschüssen und niedrigen Flugbahnen erschreckte.

Jede Nacht gingen wir in den Keller, wenn eine schwere Batterie den Ort unter Feuer nahm. »Die kommen um zwei Uhr, man kann seinen Wecker danach stellen.«

Am Morgen gab es eine Überraschung: der Feind hatte den Nordteil des Ortes geräumt. Wir stießen nach, da dieser Teil des Dorfes gegen feindliche Sicht gedeckt war; er lag am Fuß des Hügels, auf dessen Kuppe der Feind saß. Nun erreichten wir schnell den Grund; etwa dreihundert Leichen lagen unbeerdigt umher, auch vierzig Deutsche, und in der warmen Sonne des Vormittags verbreiteten sie einen fast unerträglichen Gestank. Da lag auch in ihren alten Stellungen eine Gruppe von neun Deutschen mit ihrem Unteroffizier, Gewehr im Anschlag in ihren Einmannlöchern, jeder mit Kopfschuß, wie das Gesetz es befahl. Scharen von Vögeln über den Leichen. Zwei Massengräber geschaufelt, eins für die Deutschen, eins für die Russen.

Gerüchte von einem großen Angriff.

Nachts ein Gewittersturm mit Wolkenbrüchen, die Löcher der Feuerstellung liefen voll Wasser.

General Paulus erhielt für die Schlacht bei Isjum das Ritterkreuz. In einem Armeebefehl ermunterte er uns, die Zeit des Wartens sei vorbei. General Muskat besuchte Babka.

Nachts ein Traum: nächtliches Moskau, wilder Sturm in den Straßen. An einer abgerundeten Ecke zwei schwarzbärtige Juden in hellen Viehtreibermänteln. Der eine stammte aus Frankfurt, und seine Frau, mit Namen Jochanaan, wurde ihm, so erzählte er, in seinen Armen erschossen. – Dann Stalin selber in Gesellschaft von Erdarbeitern, freundlich jovial. Wir drückten uns, wenn Flieger kamen, an die Mauern. Plötzlich hieß es: die Deutschen kommen! Ich sagte zu Stalin: nehmt euch acht vor den Preßluftgranaten, sie waren südlich von Charkow schon euer Verderben, habt eine halbe Million dort verloren. Dann raste ich auf dem Sozius eines Kraftrads davon und schrie: bis morgen! und die dunkle nächtliche Stadt verschwand.

Alles deutete auf unsern Angriff hin. Schon lag der Regimentsstab kurz hinter uns, die Kompanie samt Troß zog in Korobotschkino ein. Für die schweren kamen leichte Wagen. Jede Nacht mußte ein Offizier als Befehlsempfänger bei der Division sein. Wir schliffen unsere Spaten, putzten die Munition, legten den Pferden vor, soviel sie fraßen. Der arme Hybl hatte starke Schmerzen in den Schienbeinen, wurde immer apathischer, aber er wollte sich nicht krank melden, hoffte noch immer.

Am 19. Juni hörte man den Donner der Artillerie an der ganzen deutschen Front entlangrollen, Bomber flogen in Geschwadern nach Osten: die Panzer stießen auf Kubjansk. Nachmittags schoß der Feind seine Rohre leer. Abends hieß es fertigmachen. Plötzlich war mir, als sähe ich Puschkin ins Herz, den innersten Kern von ganz Rußland, strahlend weiß von Licht, so hell, daß ich die Augen schloß und einen Schrei ausstieß. Scharen von Menschen kamen aus dieser Lichtflut auf mich zu, in der Mitte vorn ein rotgegürteter Jüngling, und als ich genauer hinsah, war es Puschkin selber, den ich von Bildern kannte.

VII

Die Steppe vor Stalingrad

Strahlendes Wetter, die Sonne stach, regenverkündend dampfte der Wald in der Hitze, die Vögel lärmten. Wir waren auf dem Weg nach Kubjansk. Wo hatte er begonnen, wo endete er? Der Soldat sieht es nicht, er gehorcht.

Um sieben Uhr hatten wir schon mit Pferden und Fahrzeugen auf der Heide gestanden, aber es kam kein Befehl zum Abmarsch. Gewittergüsse hatten die Wege schlammig gemacht, da mußte man warten, daß sie trockener würden; wir rauchten und schliefen, starrten zum Himmel, der von Flugzeugen dröhnte, gab es das noch?

»Dort wieder achtzehn, das sind Bomber.«

»Drüber die Jäger.«

»Eine neue Kette!«

Es war das, was man einen rollenden Einsatz nannte. War plötzlich alles Material da? Wir hätten es gern geglaubt. Wir hatten fünf neue Männer bekommen, drei frische Pferde, ein überholtes Geschütz, zwei leichte russische Wagen. Unser Zug war zwei Jahre zusammen, davon eines in Rußland. Es hatte, mit wenigen Ausnahmen, keinen Urlaub gegeben, und dies neue Unternehmen führte in Gegenden, wo eine Reise nach Deutschland und zurück eine Expedition war. Wir sprachen nicht davon, denn für Wochen und Monate wurden wir uns selber zur Sage: Als wir vor Stalingrad lagen, hielt Rommel vor Alexandrien. Einen Augenblick konnte man an eine Begegnung mit den Japanern am Roten Meer denken, oder in Persien. Für diesen Augenblick lohnte es sich, unser Elend, unsere Verlassenheit zu vergessen, Alexanderträume.

Nicht zufällig erschienen in großen Blättern damals Aufsätze über Ameisenstaaten und Gruppenseele, wo der Einzelne nichts, die Gemeinschaft alles war. Konquistadoren und Normannen, Cecil Rhodes, Clive und Peters muß ähnlich zumute gewesen sein. Was waren Leiden und Schmerzen der Person vor dem Erfolg des Gedankens? Der ungeheure Leviathan wird – von Gott selbst – als herrlich in seinem Schrecken beschrieben. Nun war auch dem einfachen Mann ein Ziel sichtbar. Es brauchte nicht die kleinen Gründe der Nützlichkeit – das Großartige als Gattung genügt sich selbst.

In den Wochen des französischen Feldzugs, als wir die goldenen Kugeln hatten auf uns zurollen sehen, war die Hochstimmung ähnlich wie jetzt gewesen, wo wir zur Wolga, Rommel zum Nil marschierten. Plötzlich war die Mythe lebendig, den Geist beflügelnd, warum auch nicht? Das widerspenstige Fleisch ließ sich züchtigen. Ein letzter Stoß würde den Koloß umwerfen wie Frankreich. Und doch war alles anders. Wir waren sehr erschöpft, ausgemergelt, trotz jener Flugzeuge in der Luft zu schwach, Panzer keine vierhundert Stück, Benzin mangelte immer, Futter für die Pferde kam gar nicht. Mit Geist und Willen allein war es nicht zu schaffen. Wir waren bisher im Großen gescheitert am Raum Rußlands, an schlechten Straßen, an Armut des Landes. Ein Heer, das zivilisierte Verhältnisse (Straßen, Bahnen, Wasser, Fabriken) brauchte, begab sich in Wüsten – so wie es ohne Handschuhe in den russischen Winter gegangen war.

Die Weltgeschichte weiß, daß der Versuch mißlungen ist. Der Umschlag von höchster Erwartung zur Erniedrigung einer erbarmungslosen Verlassenheit bis in den Tod brach das moralische Rückgrat des deutschen Heeres. Zug und Kampf dieser Dreihunderttausend sind deshalb so denkwürdig, weil hier zum letzten Mal im alten europäischen Stil zu Fuß und zu Pferd gekämpft wurde. Entscheidend waren körperliche und sittliche Kraft des Soldaten. Der Panzerplatten und Maschinen waren ja wenige! Nachschub und Luftwaffe reichten nie aus. Trotz großer Arbeit und unablässigem Bemühen der Beteiligten wurden die länger werdenden Wege immer zeitraubender, und statt Ergänzung der Verluste, mit Clausewitz zu reden: statt Nährung des Angriffs aus der Tiefe des Hinterlands, gab es nur die feige Rechnung, die Armee brauche, wenn Männer und Geschütze ausfielen, auch weniger Verpflegung und Munition ...

Unsere Kampfesweise gegen die Russen war richtig. Man mußte im Sand, in der Sonne, im Schlamm und im Regen kämpfen. Der normale Weichling des Westens wird nie dazu imstande sein. Wir tranken ja das Wasser der Pfützen, schliefen in nassen Kleidern, lagen fünf Tage in glühender Wüstensonne unter schattenlosem Himmel, lebten vom Fleisch der Pferde und Krähen, aßen

Sonnenblumenkerne und brieten Hammel an offenem Feuer. Nur weil die Soldaten der Sechsten Armee dazu fähig gewesen, hielten sie ein halbes Jahr aus. Ehrhard drückte es mit den Worten aus: »Wir sind Russen geworden.«

Da die Technik nicht mehr funktionierte, die Fliegerei matt war, lagen die Zweihunderttausend, die den Marsch aushielten, endlich der vielfachen Zahl von Gegnern gegenüber – ohne Verpflegung, mit rarer Munition, vom Radio als Helden verhöhnt, vom Volk betrauert. In Rußland war Napoleon schon unterlegen. Wenn man das Riesenland nicht mit Bärenarmen umklammern und erdrükken konnte, würde es jeden Angriff in eine Niederlage verwandeln.

Wir hatten Karten der Kaspischen Steppe und sollten anscheinend nach Astrachan. Das hätte vorausgesetzt, daß der Sowjetstaat tot sei. Nun aber waren die Lastwagen amerikanischer Herkunft; wir fanden Stapel amerikanischer Konserven und Zigaretten: Das war jene Nährung des Angriffs aus der Tiefe der halben Welt, die man auch uns hätte sichern müssen, als die Sprecher der Stäbe die Armeen an den Dämon des böhmischen Hitler verrieten.

Am Nachmittag des nächsten Tages kamen wir nach Tetlega, einem bunten Waldnest, versteckt im Grünen der Büsche und Bäume, tief drin im Wald, schlafend, weiße Häuserwände und Strohdächer; die Einwohner staunten den riesigen Troß an, der die breite Dorfstraße in dreifacher Fahrbahn befuhr, denn es ging weiter nach Piatnizkoje, in Regengüssen, die wie Vorhänge um uns wehten. Fünf Stunden brauchten wir für zwölf Kilometer, abends weiter nach Belgorod-Petschenegi. Wir kamen unter in zwei Häusern. Spät in der Nacht brachte Tiemann, ein Rheinländer, uns das Gespann, welches sich Ponten vor zwei Tagen hatte stehlen lassen. Tiemann war unser Melder beim Bataillon. Die Luft dröhnte im Dunkeln von Flugzeugen. Die Erregung der Bevölkerung über die mächtigen Marschsäulen sprang auf uns über. Es war, als sei ein starres Element plötzlich flüssig geworden. Alles war naß; die Kanonenbatterie schoß in die Schwärze.

Am nächsten Morgen sollten wir über den Donez rücken, warteten stundenlang, endlich ritt ich allein voraus, zu sehen, was uns aufhielt: die Pionierbrücke war unter einem zu schweren Panzer versunken. Die Sandwege standen voll Artillerie, Flugabwehr,

Panzertrossen, bespannten Kolonnen, stundenweit, drei-, vierfach nebeneinander. An der Brücke im Kübelwagen ein Kommandierender General, ich vermute, Paulus selbst, nervös wie alle: Ein Fliegerangriff der Russen in die dichten Kolonnen wäre nicht gutzumachen. Über der Brücke kreisten unsere Jäger. Ein deutscher Bomber landete in den Wiesen, eine Tragfläche fehlte ihm. Sie war von einem Artilleriegeschoß in der Luft abgeschlagen.

In der Kolonne fand ich auch unsere Troßwagen, nur wenige hundert Meter vor uns, holte den Zug, damit wir Futter und Verpflegung aufnähmen. Hier sah Hybl den Futtermeister Ruckensteiner, schoß auf ihn los: »Schau meine Pferde an – was hast draus gemacht? Damit soll ich weiterkommen?«

»Was sagst – tu dir nix an, Hybl!«

»Was sagst – ich bin Feldwebel, meine Pferde hast verkommen lassen da hinten. Ich lieg in Babka, und ihr habt umeinandergehurt.«

»Jessas – was sagt er? – Feldwebel, jawoll.« (Ruckensteiner war schwer betrunken.) »Besoffen bist jetzt noch, aha, drum! Heda!« Hybl rief uns heran: »Den Wagen abladen, ist zu schwer, die Kompanie soll sehn, wie sie mit dem Zeug weiterkommt!« Sprach's und befahl, hundert Granaten in den Weg zu stellen.

Nun kam Fuchs: »He, was fällt dir ein, Bauernspitz – wie soll ich die Granaten mitnehmen? Aufladen!«

»Abfahrn«, schrie Hybl, »Zug marsch!« Wir fuhren an, im Trab davon, soeben ging die Spitze des Bataillons über die Brücke. Noch immer saß dort der General mit dem Monokel. In den Dünen hinter dem Fluß – der war hier ein schwarz-silbern Wässerchen, keinen Meter tief, fünfzig Meter breit – sahen wir verlassene russische Bunker, Geschütze und Protzen.

Artemowka, das Dorf, lag langgestreckt auf einem Hügel, so daß die Horizontlinie ringsum sonderbar tief unter unserm Standpunkt lief. Weit vorn lagen zwei Bataillone im Gefecht mit Nachhuten. Es hieß, hier würde ein Kessel gebildet, sieben russische Divisionen darin, die im Osten und Süden von unsern Panzern umfaßt seien. Die Häuser ärmlich, abendlich still, alles zeltete auf dem frischen grünen Rasen hinter den Häusern, die Pferde standen am Hang, wo Weidenbüsche den Rand der Sümpfe bezeichneten – dröhnende Froschmusik.

Morgens kam der Oberleutnat Wolisa, Eiserne Kreuze verleihend, und sprach mit Hybl über den gestrigen Streit begütigend. Er kannte die Temperamente von Galle und Suff, die so hart aneinandergerieten. Ja, die Granaten brächten sie uns.

Aufbruch! Ich ritt voraus mit Feldwebel Dollmann von der zwölften Kompanie, Quartiere zu machen, große Säulen marschierender Truppen überholend, der Durchbruch war also geglückt, die Bewegung löste das Feuer ab. Wir kamen nach Dorschtjenoje, einem hochliegenden Gutshof mit teilweise zerstörten Gebäuden und unten einer gelichteten Zeile von armen Häusern, keine Bewohner. Es dämmerte, und wir sahen nördlich von uns ein Dorf in heftigen Bränden, immer wieder von unserer Artillerie beschossen, worauf neue Brände entstanden, Rauchwolken riesig schwarz, fast senkrecht zum ruhigen Himmel. Ein deutscher Bomber, angeschossen, stürzte plötzlich schräg ab über die Fläche, drüber lüfteten sich Fallschirme, wie von den Strahlen der Sonne gehalten, rosenrot senkten sie sich, während das Flugzeug wie ein Stein auf den Boden schlug und in einer blitzschnell entstehenden Lohe verbrannte.

Nun schoß es zurück aus dem brennenden Dorf, anscheinend wirkungslos, aber wir nahmen Deckung in einer gut ausgebauten Protzenstellung.

Dann strömten von allen Seiten Infanteristen, Artillerie und motorisierte Teile ins Dorf, Quartier zu nehmen. Wir schliefen gut, aber nachts um zwei Uhr weckte Hybl, vom Bataillon kommend, zum Abmarsch – zurück nach Artemowka und Nowo Alexandrowo! Dort liege das Regiment. Ein schmeichelhaftes Gerücht lief jetzt um: Timoschenko sei vor zwei Tagen in Artemowka gewesen und habe gewohnt im Hause der Feldküche der zwölften Kompanie, möglich, daß er nun gefangen würde.

Also zurück! Wieder der Andrang vor der Donezbrücke, zumal wir jetzt vermehrt waren um Kolonnen von einigen Tausend Gefangenen. Wieder Regen, dann Wind, mittags starke Hitze. Es hieß, wir bezögen Bereitstellung und sollten jene Panzerdivision ablösen, deren Trosse hier alles belegt hatten.

Im Quartier schauten wir die Karte an. Wir waren nicht weit gekommen. Plötzlich entdeckte Ferber etwas: »Ich sehe zwei Nowo Alexandrowo.«

»Hier, im westlichen sind wir.«

»Und zehn Kilometer weiter schon wieder eins, der Kuckuck hol's, niemand kennt sich aus. Ich glaub, wir sind schon zehnmal durch Nowo Alexandrowo.«

»Wann hört die Ukraine auf – da der Strich ist die Grenze?«

»Das ist die Grenze – was kommt dann?

»Donsteppe!« Ah, Donkosaken, Wolgalied; die Männer sahen sich strahlend an, hoben die Köpfe hochrot vor Vergnügen und stimmten an in tiefen Bässen: »Tam-tata-taa!« Russisches Schmalzgebäck und die Erinnerung ans Kino, Seligkeit der Schmerzen, edle Wolgaschiffer, traurig, traurig konnte man sein, trieb dahin in melodischen Worten: »Tam-tat-taa!« Verzauberung durch die Kunst – denn die hier sangen (ein ganzer Chor trat zusammen) würden vielleicht schon in drei Wochen die Weiden an der Wolga kappen, um Schußfeld zu kriegen.

»Fertigmachen zum Abmarsch!« Die Singenden liefen nach allen Richtungen auseinander, auf den Lippen noch den letzten Ton, schrien die Pferde an, riefen ihre Kameraden herbei, schnallten das Koppel fluchend um den Leib. Nach zwanzig Minuten marschierten wir ostwärts über offenes Land. Ein Glück, daß es bewölkt war und die russischen Flieger über den Wolken uns nicht sahen. Wir kannten sie an dem langsam auf- und abschwellenden Brummen der Motoren.

Wir kamen an einen Wald und hörten starkes Artilleriefeuer einsetzen, sahen aber nichts, es dauerte fast eine Stunde, es wurde dunkel. Hybl sagte zu Dzurolei, der bleich und ängstlich auf seinem Pferd saß: »Hauen Sie ab mit sämtlichen Reitpferden, auf dem Marschweg folgt die Kompanie, melden Sie sich beim Spieß.«

Der Wald war finster, aber in der Dunkelheit sahen wir wenigstens, woher das Feuer kam. Die Front müßte zwei Kilometer vor uns liegen. Hybl machte sich auf, Verbindung zu suchen, während Ehrhard und ich die Fahrzeuge auseinanderzogen. Dabei entdeckten die Fahrer einen russischen Wagen, vollgeladen mit herrlich duftendem Brot. Leider war es so grob und so schlecht durchgebacken, daß es ungenießbar war, nicht einmal die Pferde fraßen es. Das Feuer kam näher, verlor sich wieder und hörte auf. Im Walde hörte man Querschläger sirren. Die Pferde schliefen, die Fahrer saßen an Baumwurzeln gelehnt. Dann kam Hybl wieder, er hatte

Teile der Panzerdivision gefunden, die wir ablösen sollten. »Weiter drüben soll ein Gutshof sein – wir wollen versuchen, Ställe zu kriegen, also marsch.« Als wir beim Gutshof ankamen, fanden wir unser Regiment schon im besten Haus einquartiert, und auch unsere Kompanie rückte lärmend ein, Dzurolei mit unsern Pferden an der Spitze. Wir hörten gerade seine laut plärrende Stimme: »Und dann, mitten im Artilleriefeuer, gab mir der Zugführer die Pferde: ›Reiten Sie, Dzurolei, retten Sie die Pferde‹ und ich ...«

»Was sagt der Quatschkopf?« schrie Hybl.

Fuchs' Stimme: »Hybl?«

»Ja, hier!«

»Ist was los?«

»Gar nix ist los, ich such Quartier für meinen Haufen.«

Mit Schreien, Peitschenknall, Räderrattern rumpelten die dreißig Fahrzeuge in tiefer Dunkelheit auf den viereckigen Hof. Aus dem matt erleuchteten Haus stürzte eine Ordonnanz: « Wer ist das, sind Sie verrückt geworden? Regimentsgefechtsstand!«

»Habe Befehl, hier unterzuziehen«, sagte Fuchs, »dreizehnte Kompanie.«

Wolisa trat aus dem Haus. »Der Troß muß zurück! Die Zugführer zu mir!«

Zehn Minuten später rückten wir ab und bezogen Feuerstellung hinter dem Wald. Die Beobachtungsstelle lag achthundert Meter weiter ostwärts in einem zum Feind hin abfallenden Hang inmitten eines anscheinend unabsehbar weiten Hanffeldes. Wir übernahmen sie von den Panzerleuten. »Bei Nacht geht es, aber bei Tag könnt ihr die Nase nicht in die Luft stecken«, sagten sie, »alles eingesehen – man kann nur kriechend durch den Hanf nach hinten kommen, und dann quer zum Feind.«

Da lagen wir also, Ferber kam mit dem Telefondraht angekeucht. »Wieviel Rollen?«

»Beinah drei Rollen, mögen tausend Meter sein. Immer durch Hanf.«

»Bin neugierig, wie wir da aufspulen sollen, wenn's mal wieder hopp hopp geht.«

Die Pflanzen waren fast zwei Meter hoch, zähes dunkelgrünes Zeug, dick wie ein Unterarm, rauh anzufassen. Wir waren sehr neugierig, was wir am Morgen sehen würden. Nur ungefähr merkten wir an den hier und da steigenden Leuchtkugeln, wie die Front lief. Die Nacht wurde immer kälter, wir waren kontinentales Klima noch immer nicht gewöhnt: es war Mitte Juni und konnte nachts bis zum Nullpunkt kalt werden – gegenüber Tagestemperaturen bis zu dreißig Grad im Schatten. Wir bauten ein kleines Zelt und legten uns auf Bündel nasser Hanfzweige nieder. Wir besahen die Karte im Schein einer Kerze.

»Unten der Bach ist der Burluk – Donnerwetter, schöne Sümpfe auf beiden Seiten.«

»Natürlich, das war nix für die Panzer; überlassen sie uns. Und dahinten die Eisenbahn Belgorod-Kubjansk.« Der flach steigende Hang schien ein einziges Hanffeld zu sein, oben lag der Wald als dünne Kulisse. In der Nähe mußten Dörfer liegen.

»Blödsinn hier im Hanffeld! Wie heißt das Nest?« Hybl buchstabierte einen unaussprechlichen Namen. »Ich glaub, das ist tatarisch, russisch können wir doch bald.« Ferber nahm die Karte: »Tichy Werek, Ssredny Burluk – hol's der Kuckuck – Iwanowka.«

»Na also, Iwanowka! Immer dasselbe.«

»Donnerwetter, ist das kalt. Habt ihr Tee?«

Niemand von uns hatte Tee außer Hybl. Er nestelte seine Flasche los und reichte sie uns: »Trinkt – vom Regiment.«

Ferber trank und hörte kaum auf: «Haben Schnaps drin, die Burschen!«

»Dann hör auf zu trinken!« Wir tranken die Flasche leer, sie enthielt heißen Tee mit reichlich Schnaps.

»Ob wir eine Zigarette rauchen können, Herr Feldwebel?«

»Meinetwegen, aber draußen, und aus der hohlen Hand, wenn i bitten derf.«

Die Fernsprecher krochen auf allen vieren ins Freie, rissen ein Streichholz an. Es war still. Unsere Kerze qualmte.

»Keine Schießgrundlagen, gar nichts! Braucht morgen früh bloß ein Flieger zu kommen, der schießt uns hier raus wie nichts.«

»Schlafen wir.«

Wir legten uns hin, krochen eng aneinander und schliefen zehn Stunden lang. Als wir aufwachten, war es kalt und feucht im Zelt. Der Russe schoß mit Schrapnells, deren Splitter dreißig Sekunden weit sausten.

»Was heißt hier Sekunden?« fragte Ferber.

»Du siehst sie in der Luft platzen! Bis die letzten Splitter kommen, vergehn dreißig Sekunden.«

»Aha – bist doch ein feiner Uhrmacher.« Andächtig lauschten wir auf das Surren und Purren der Splitter und kontrollierten die Zeiten. Achtzehn, fünfundzwanzig, zwölf Sekunden! »Volle Dekkung!« Ganz in der Nähe zersprang eins der Bällchen in der Luft. »Nimmt mich wunder, ob wir lange hier liegen bleiben.«

Wir hatten, seit es hell geworden war, versucht, das Gelände beim Feind auszukundschaften. Vorsichtig schoben wir unser Scherenfernrohr über den Hanf. Drüben, auf der andern Seite des Baches, saß der Iwan. Seine Stellung war womöglich noch schlechter als unsere, denn der Hang stieg etwa drei Kilometer weit sacht mit Wiesen und Getreidefeldern an. Man sah Maschinengewehrnester hinter Büschen, sah Schanzarbeiten und fern am Hang Panjefahrzeuge. Was wir nicht sahen, war der Bach und waren die eigenen Stellungen, die kurz vor dem Bach im Sumpf sein sollten. Die Verwendung von Schrapnells war nicht die schlechteste Taktik.

Mittags bekamen wir Hunger. Ferber wurde mit unsern Kochgeschirren fortgeschickt, er sollte sich im Zickzack durch den Hanf nach hinten bewegen. Hybl selbst wollte den Gefechtsstand der zwölften Kompanie suchen, seinen Freund Weirich. »Vielleicht sieht der mehr als wir. Ich bring dann eine Skizze mit.«

Hybl kam nicht wieder. Ich rief die Feuerstellung an. Hybl war nicht da, ich ließ Ehrhard bei der zwölften Kompanie fragen. Hybl war dort nicht aufgetaucht. Nun begann man zu suchen, und sie fanden ihn siebzig Meter vor der Feuerstellung am Boden liegend, mit einem Splitter in der Kniekehle, er hatte viel Blut verloren. – Ich sah ihn erst im Herbst wieder, an Krücken.

Hier endete für Hybl ein Leben. Er war als Bauernjunge zu Hause unzufrieden gewesen und ins österreichische Bundesheer eingetreten. Er hatte vorzüglich reiten gelernt und war nach vielen Jahren Unteroffizier geworden, das heißt, als durch den Anschluß an das Deutsche Reich die Wehrpflicht auf Österreich ausgedehnt wurde und alle Gefreiten notwendig Unteroffiziere werden mußten. Feldwebel war er seit dem französischen Feldzug, auch das eher aus Gründen der langen Dienstzeit als aus solchen der Bewährung. Er war langsam und bedächtig, sah, daß Flinkere und Gewandtere vor ihm davonzogen; so wurde er ärgerlich und verfiel der Grundstimmung seines Lebens, dem Mißvergnügtsein. Er mochte niemanden um sich haben, war sehr mißtrauisch, hatte wochenlang allein mit seinem Burschen Ferber in Bunker und Quartier gelegen und war erst in den letzten Wochen, nachdem er sich mit Ehrhard ganz zerstritten hatte, freundlicher zu mir geworden und hatte sich endlich weitgehend an mich angeschlossen. Wir hatten auf den langen Ritten Seite an Seite geplaudert und geraucht, die Quartiere geteilt und über die Landwirtschaft gesprochen. Er hatte sehr aufmerksam zugehört, wenn ich ihm, auf seinen Wunsch, von früheren Reisen erzählte. Die Politik, der Krieg interessierten ihn nur so weit, als sie seine Betätigung als Zugführer bedingten. Er bezog Stellungen und schoß nach den Geboten der taktischen Notwendigkeit, die seine Vorgesetzten ihm befahlen. Er kannte keine Kritik und hörte staunend zu, wenn jemand eine eigene Meinung über Gott und die Welt hatte. Er fand Wohlgefallen, wenn er seine Aufträge erfüllte und wurde eigentlich nur dann, wenn er meinte, man verkenne seine Autorität, ärgerlich. Ich wußte nicht, mit welchen Gefühlen er uns jetzt verließ – aber selten hat sich jemand so herzlich wie er gefreut, als ich ihm vier Monate später im Barackenlager von Brünn entgegenkam.

Um acht Uhr abends wurde unser Zug von Kaltenbrunner abgelöst. Ich übergab ihm Leitung, Skizze, Zelt und kroch zurück. Der frisch zur Kompanie gekommene und vor acht Tagen erst beförderte Leutnant Skaliger übernahm das Kommando unsres Zuges. Es regnete und wurde schon dunkel, als die Zugmaschine der Kompanie sich vor unsre beiden Fahrzeuge spannte und wir in ein enges heißes Quartier beim ersten Bataillon kamen. Es waren zwei Häuser, in das eine nahm Skaliger zwölf Mann zu sich hinein.

Am folgenden Morgen war es bewölkt; wie in einem Treibhaus herrschte feuchte Hitze. Das Dorf Nowo Alexandrowo bestand aus zwanzig Hütten auf der einen Seite des schwärzlichen Fahrwegs, Bewohner waren nicht zu sehen, es waren Lehmkästen mit hölzernen Stützen, bedeckt mit einer dicken und vor Alter grauen Schicht Stroh. Skaliger nahm mich mit zum Bataillon. Es wurde, da Hieber abgelöst worden war, von Hauptmann Weber geführt. Skaliger kannte ihn noch nicht. »Wie habt ihr es mit der Verpflegung gehalten?« wollte er wissen.

»Wir haben uns am liebsten vom Bataillonsstab verpflegen lassen, das sind wenig Leute, und sie leben gut.«

Aber es zeigte sich, daß der neue Kommandeur anderer Meinung über unser Wohlleben war, wir sollten zur zweiten Kompanie in Kost gehen, die von Oberleutnant Kupfer geführt wurde, einem bebrillten Juristen; wie es hieß, stammte er aus dem Norden, hatte ein Gesicht wie ein Nußknacker, eingedrückt in der Mitte, mit Knollennase. Er betrachtete seine Kompanie als Räuberbande, und war wegen der formalen Gerechtigkeit gefürchtet, mit der er Brot, Fleisch, Marmelade aufs Gramm zuwiegen ließ. Es gab bei ihm keine Extraschweine.

»Das ist schlecht«, sagte ich, »da werden sie schimpfen. Kupfers Küche ist mager.«

»Wir schlachten selbst«, sagte Skaliger.

Später führten wir dem neuen Zugführer die Pferde vor, er sagte zu mir:

»Ärgern wir uns nicht! Bringen Sie die drei schlechtesten zur Kompanie und besorgen eine Zugmaschine.« Über der Maschine wurde das Schwein fast vergessen. Der Metzger Konstanzer kam ratternd mit einem Traktor.

»Einen Wagen mit Benzin und Öl besorgen!«

Eine halbe Stunde später stand ein Wagen da, aber ohne Öl. Skaliger zog die Brauen hoch: »Das ganze Dorf liegt voll von motorisierten Trossen der Panzer – wer ein Faß Öl bringt, kriegt hundert Zigaretten.«

Nach einer halben Stunden lagen drei Fässer Öl bereit.

»Buchstaben abkratzen und Fässer mit unsern Zeichen bemalen!«

Der Maler machte sich ans Geschäft.

Dann mußte die Mannschaft antreten. Ehrhard stellte Mann für Mann vor. Da waren Miksch, Kogler und Kargl, die alten Fahrer seit Beginn des Feldzugs. Bei den Schützen waren Breitsamer, der schwäbische Schreiner und Luftikus, Burkhard, die alten Fernsprecher, als Entfernungsmesser Ferber, die Geschützbedienungen mit dem Maurer Blank und dem böhmischen Eismann Knittel, dem rumänischen Unteroffizier Dzurolei und Finda, dem Straßensänger.

Das waren die Alten, die von Anfang an dabei gewesen, trotz

mehrfacher Verwundungen waren sie immer zu uns zurückgekommen – der Schwarm der Jüngeren wechselte ständig; längst waren die in Tschugujeff frisch zu uns gekommenen Männer wieder fort. Nur einer hatte durchgehalten, Lögler, ein ganz junger, ernsthafter Schwabe.

Mittags gab es Gulasch von der zweiten Kompanie, gut gekocht, aber wenig, und viel zu klein war die Haferration für die Pferde.

»Die betrügen uns«, sagte Ehrhard, »die füttern unsern Hafer an ihre Panjepferde.«

Skaliger sagte: »Müller, reiten Sie zur Kompanie, ich habe was gehört von Schnaps.«

Müller brachte pro Mann eine halbe Flasche französischen Cognac.

»Sehr schön«, sagte Skaliger. »Wer trinkt nichts? Hand hoch!« Zehn Mann hoben die Hand hoch. »Ich gebe pro Portion Schnaps eine Tafel Schokolade, einverstanden?« Er zog die Schokolade aus der Tasche. Ehrhard verteilte sie und brachte den Schnaps. »Heute abend wird gesoffen. Jeder der will, soll in mein Quartier kommen.«

Nachmittags saß Skaliger mit uns im Zimmer. Ehrhard hatte versucht, den Ofen in Gang zu bringen und buk Plätzchen. Da er keinen Zucker hatte, nahm er Saccharin, die Plätzchen schmeckten wie Lebkuchen süß. »Das macht das Hirschhornsalz – riech einmal.« Er ließ mich riechen, ich nieste. »Prost«, sagte er, «»das ist die Stärke, die niesen macht«, und schob das Büchschen ein. Wir tranken Cognac aus unsern Feldbechern.

»Gut«, sagte Ehrhard, »schmeckt nach Seife!«

Skaliger sah auf: »Seife, wie kommen Sie drauf.«

»Cognac muß nach Seife schmecken«, sagte Ehrhard.

»Der spricht, als wenn er mit Cognac großgezogen wäre. Seife! Ich kenne das nur aus der Literatur.«

Skaliger war ein belesener Mensch. Ich erfuhr von ihm, daß sein Vater evangelischer Pastor in Brandenburg sei und er, der Sohn, Oberfeldmeister beim Reichsarbeitsdienst. Ich meinte, das sei ein weiter Sprung. »Sagen Sie das nicht. Ich wollte Ingenieur werden und bin beim Arbeitsdienst rechtzeitig eingesprungen. In ein paar Jahren bin ich in der höheren Führung.«

Ehrhard sah erst ihn, dann mich an. Dann ging er nach draußen.

»Was hat er?« sagte Skaliger.

»Er wird Holz holen.«

»Ach was, er ist plötzlich scheu geworden.«

»Was hat denn Ihr Vater, der Pastor, gesagt, als Sie zum Arbeitsdienst gingen? Sie mußten doch allerhand Gepäck abwerfen.«

»Das mußte ich, aber nicht so viel, wie Sie vielleicht meinen. – Es geht darum, daß wir Platz nach Osten kriegen.«

»Der Platz gehört aber den Russen.«

»Die Russen haben ihn gewaltsam genommen. Wenn Sie Gogol lesen, wissen Sie, daß hier die Kosaken und Ukrainer wohnten. Aber es ist müßig, darüber zu streiten. Wenn der Küster in der Kirche die Kerzen anzündet, so dient er, auf seine bescheidene Weise, Gott genauso, wie der Bischof, der die Predigt hält. So geht es auch uns. Alles andere ist Literatur.« Nach einiger Zeit fuhr er fort: »Ich habe kirchlich geheiratet und meine Kinder taufen lassen. Wenn Leute wie ich nicht in den Arbeitsdienst gehen, wer, meinen Sie, wird dann Feldmeister und Arbeitsführer? Sehen Sie sich unsere politischen Führer an. Revolutionen müssen die machen, die noch einige Kenntnisse, Bildung und Überlieferung haben. Sollen wir uns in die Ecken stellen?«

»Die Frage ist, ob man nicht mißbraucht wird.«

»Fühlen Sie sich mißbraucht?« Das war sie wieder, die Frage, die immer kam, die nicht mehr aufhören würde und uns lähmte. Man konnte keine Antwort darauf geben. Es war wohl keine Frage, die man einem Soldaten stellen durfte. Fühlten sich die Flieger, die jetzt die deutschen Städte bombardierten, mißbraucht? Was war das für eine Größe, das große X in der totalen Kriegführung der Gegenwart, die jeden Einwand der Moral zunichte machte? Die in Urlaub in Deutschland gewesen waren, sagten, schlimmer als die russische Front sei die Bombardierung der Frauen und Kinder in der Heimat zu ertragen. – Die siedenden Krebse röten sich vor Schmerzen, aber hat dieser Schmerz einen höheren Sinn?

Am nächsten Abend marschierten wir mit dem Bataillon ab, wieder war es ein Sonntag. Ich saß krumm vor Schmerzen auf meinem Pferd. Die gestrigen Mengen Cognac lösten Magenkrämpfe aus. Wir zogen am Rande eines großen Getreidefeldes im Dunkeln dahin, rechts suchten die Strahlen der Flakscheinwerfer schon den Himmel ab, das mußte Kubjansk sein. Während wir das

Schauspiel der fahl sich treffenden Lichtsegmente am Himmel verfolgten, erschreckte uns das Niederfallen riesiger feuriger Birnen in das Feld seitlich von uns, und dann folgte nach einigen Sekunden ein mächtig donnerndes Grollen. Die Gleichzeitigkeit der Explosionen ließ uns schließen, daß nicht Einschläge einer Stalinorgel diesen Effekt hervorriefen, sondern ein hochgehendes Minenfeld – optisch war der Anblick der feuerrot leuchtenden Birnen von herrlich schrecklicher Wirkung. So hätte man sich einen Pfuhl in Dantes Hölle vorstellen können: Daß alle paar Minuten glühend gemachte Eisenbirnen sich herabsenken.

Es wurde ganz finster. Nie waren uns die Nächte so dunkel vorgekommen wie in diesem Sommer. Als leichtes Störungsfeuer vor uns lag, auf das wir langsam zurückten, da wir nicht die militärische Lage und den Ort genau kannten, wurde das Gefühl des Unheimlichen groß. Wir wußten nur, daß der Angriff auf die Stadt beginnen sollte, daß die 14., 16. und 22. Panzerdivision mit Unterstützung der 44., 71. und unserer Infanteriedivision antraten, daß wir ganz links standen und den Anfang eines Bogens bildeten, der sich bei Kubjansk am weitesten nach Osten spannte.

Um zwei Uhr kam Wolisa und brachte genaue Anweisungen: Der Angriff der Infanterie über den Burluk liefe so schnell, daß die schweren Waffen nicht folgen könnten. Die ärmlichen Brücken wären in der Finsternis völlig blockiert.

Das feindliche Feuer kam wirr und schwach, der Russe schien von einem Angriff zu dieser Stunde über den Bach nicht geträumt zu haben, schoß ein paar Granaten aufs Geradewohl in die Nacht. Wie sollte er wissen, wo wir steckten, wenn uns selbst in der Finsternis nicht deutlich war, wo wir in den weitlaufenden Zeilen der Häuser, die senkrecht gegen den Fluß stießen, standen? Denn es war Nacht, und Wolisa sagte: »Hier bleibt! Hier seht ihr, wenn's Tag wird, die ganze Gegend, ich war gestern da – seht kilometerweit ins Gelände des Feindes.«

Schön – aber es war Nacht, wir hörten Geratter von Maschinengewehren, Schläge wie von Böllern, sahen Einschläge und die flinke Kette der Leuchtspurmunition.

Skaliger, die Fernsprecher und ich lagen in einem Häuschen, Zivilisten waren nicht zu sehen, ein halbverhungertes Kätzchen mit blutender Pfote kam gehumpelt. Skaliger nahm es auf den Schoß, streichelte das verwilderte Fell. »Es wird hell werden, Ferber; schau, ob es hell wird!« Ferber stieß die Tür auf und kam nach einigen Minuten: »Nichts zu sehen im Osten.«

»Schießt es noch stark?«

»Artillerie weit weg, Maschinengewehrstöße vereinzelt.«

»Leuchtkugeln?«

»Ja, aber man weiß nicht, wie weit sie sind.«

Wir rauchten und sahen die Karte an, Ssredny Burluk schien das Dorf, in dem wir lagen, zu sein, links vor uns am Sumpfrand müßte dann Tichy Werek liegen, rechts Iwanowka, und links in der Mulde, von hier wahrscheinlich unsichtbar, wäre noch ein Dorf.

»Nichts zu machen bei Nacht. Prost!«

Skaliger zog eine Flasche Cognac hervor, sie machte die Runde. Dann ging Ferber hinaus. Als er wiederkam, sagte er: »Es wird hell, der Osten ist schon grau, aber man sieht nichts.«

Nach einer halben Stunde starrten wir alle in die Morgendämmerung, sahen das nächste Haus, die Gespenster der Bäume, das übernächste Haus, und nun dämmerte die Straße, ein Weg mit Pflänzchen gesprenkelt, feucht riechend, es wurde kühl, ein Wind strich atmend vom Tal her, das Burluktal erwachte mit Hahnenschreien und Hundegebell, tackten schon die Gewehre, gab die Artillerie Richtschüsse.

Wir sahen nun durch die Bäume der Gärten, hoch genug stehend, das Tal vierhundert Meter vor uns, sahen – wie uns Wolisa verkündet hatte – drüben die ansteigenden Pläne mit Getreide und Wiesen fünf Kilometer weit, und über der gewölbten Sehlinie stand senkrecht die Stahlwand des Himmels blaugrau, durchschossen von den Strahlen der oben wie ein Ball aus dem Nichts blitzenden Sonne.

Unsere Infanterie stieg in breiten Ketten den Hang hinauf, von uns in den Okularen verfolgt. Skaliger sagte: »Sie sind schon so weit, daß wir sie nicht schützen können. Gehen Sie zum Bach, den Übergang zu erkunden!« Ich nahm Burkhard und Ferber mit, die Wegzeile war nur auf einer Seite mit Häusern bebaut. Die Sonne wärmte uns schon. Ein Trupp sehr alter, müder Gefangener stieg uns entgegen.

Unser Bataillon stand an der linken Flanke des Nachbar-Regiments und sollte sie nach Norden sichern. Es war jetzt vier Uhr morgens, vor einem Jahr hatte dieser Feldzug begonnen: das brennende Sokal, die goldenen Spitzen der Türme, Reichenau ging mit der Infanterie über den Bug. Nun war also Burkhard, der mir damals staunend entgegengekommen, bei uns im Zuge.

Die Brücke bestand aus Stößen von Balken, die man in den offenbar unergründlichen Sumpf geschoben hatte. Der Fluß war nur ein Bächlein mit zwei Hand hohem Wasser; der Sumpf, auf den ein Damm zuging, war dreißig Meter breit. Die zerstörte Brücke war durch diese Balkenpackung kürzlich ersetzt. Soeben leitete ein fremder Infanteriegeschützzug mit Hott und Hüh und Schrei seine Geschütze hinüber, ein Pakzug folgte – aber den Kraftwagen gelang es nicht.

Es war ein Unglückstag für viele. Als auch wir mit unseren Geschützen über die Brücke wollten, setzte Feuer ein, zerriß zwei Vorderpferde, und wir hatten Not, den Hang hinauf, in Deckung zu kommen. Burkhard lief neben mir. »Blutest du?« Ich hielt meinen Arm, den ein Hammerschlag getroffen zu haben schien. Der kluge schwarzhaarige Eichstätter streifte mir die Bluse ab; ein Stück der Muskulatur, mandelgroß, war ausgekerbt und blutete, es war der Jahrestag des russischen Feldzugs, »ein schönes Jubiläum«, sagte er, den Arm verbindend.

Es war ein Unglückstag, die Russen stürmten die Brücke und waren nicht zu vertreiben, jenseits aber auf dem Hang lag unsere Infanterie und wurde von der Höhe und vom Tal beschossen. Skaliger saß im Hause, auch das Kätzchen war noch dort. »Wir müssen die Brücke freihalten«, sagte er, und wir schossen nun so lange, bis ein Stoßtrupp der Pioniere die Brücke nahm, wobei sie die letzten Russen unter der Balkenlage fanden. Ich ging in einen Keller, mich verbinden zu lassen, es war ein alter Rübenkeller, und dort lagen an dreißig Verwundete in Lehm, Wasser, Blut und Auswurf, und ein junger blasser Arzt stieg von einem zum andern, spritzte, verband, die Ärmel hochgekrempelt. Ein Mann hielt sich stöhnend den Bauch, einer ohne Bein rauchte eine Zigarette, einer mit Steckschuß im Rücken schnellte auf und nieder, hohe Schreie ausstoßend wie den hundertfach verstärkten Pfiff von Feldmäusen. Ich ging nach draußen, ganz bleich geworden, daß ein Unteroffizier mir eine Zigarette bot, ein Gefreiter gab mir eine Spritze und verband den Arm. Dann ging ich zu Skaliger: »Können Sie

hierbleiben?« Ich sagte ja, und er: »Fein, lesen Sie Don Quichote, hier ist ein Band«, es war ein Reclambuch, und ich hob alle fünf Minuten die grüne Flasche mit Gold auf weißem Etikett mit drei Sternen an den Mund, die Skaliger mir zum Trost geschenkt hatte. »Tetanus gekriegt?« fragte er. Das alles war mir nun spanisch, Grausamkeit und Armagnac, französische Mädchen – die Wunde hämmerte bis in die Fußspitzen das Blut hinab.
»Du bist ja besoffen!« sagte Ehrhard, als ich zu ihm kam, »gib mal die Flasche her, Panzer sagst du?« und rief vorne an. »Ja, sie krebsen auf den Höhen vor uns, die arme Infanterie!« kam die Antwort. Aber die Artillerie schoß nun rauschend über uns weg ihre Lagen und deckte mit Schwaden den Hang da drüben zu. Einzelne Infanteristen kamen jetzt auch, beschmiert mit Modder, sie waren zu Fuß durch den Sumpf gekommen. »Panzer!« keuchten sie, »Panzer!«

»Doch nicht durch den Sumpf, ihr Trottel!« schrie Ehrhard sie an, daß sie sich umblickten und ein Herz faßten. Dann erzählten sie. »Macht, daß ihr weiterkommt, macht mir die Leute nicht verrückt«, sagte Ehrhard.

Das halbe Bataillon war verwundet, versprengt, gefallen; erst nachmittags um vier Uhr griffen die Unsern von rechts her an und befreiten jene. Wir unterdes fingen zwölf Pferde, die bis über den Rücken bespritzt durch den Sumpf gekommen waren. Ich trank meinen Cognac aus, sprach mit Burkhard über seine Heimat um Eichstätt. Der Einbildungskraft Cervantes' mochte und konnte ich nicht mehr folgen, wir hatten ja selbst zuviel Gold im Flugsand unserer Tage, das grausam Schöne des wilden Abenteuers, und nahm Augustini Gründe des Bösen in der Welt erneut zur Betrachtung.

Noch zwei Tage lagen wir in dieser Gegend um die große Flußschleife bei Tichy. Schipatowoje war ein schöner Ort, eins der seltenen Haufendörfer mit einem Weiher zum Pferdetränken, ja Baden inmitten. Hier sah ich Herrn von X., einen Pommer; der allmächtige Generalstäbler, wie Ehrhard sagte, sei Muskats ehrsüchtig böser Jasagegeist. Ich saß und schrieb Notizen, auf einem umgestürzten Regenfaß, und hörte Lehár, denn unser Regiment hatte vorübergehend die Divisionskapelle von fünfunddreißig Musikanten in Kost und Genuß, damals als unsere zweite Kompanie noch dreißig Mann zählte.

Das Dorf war von schönbestellten Gärten umschlossen und machte infolge des Wasserreichtums, der Menge Häuser, der freien Plätze einen wohlhabenden und gesunden, sehr russischen Eindruck. Alle diese Häuser waren – nach europäischen Begriffen – einstöckige Lehm- und Balkenhütten, die meisten mit Stroh, einige mit Blech und Tetanit gedeckt. Über dem Dorf erhoben sich ein paar grünbewachsene Hügel. Wir bestiegen sie und fanden, in diese Hügel eingeschnitten, verlassene russische Geschützstellungen. Die Bewohner waren zum großen Teil nicht da, die verbliebenen gingen verschüchtert umher. Die Häuser reichten bei weitem nicht aus zu Quartieren, und so zelteten viele Kompanien in den Gärten. Überall waren Pferde an die Bäume gebunden, Fahrzeuge abgestellt.

Am nächsten Tag lagerten wir in gleicher Weise in Oktuschowa Chwija; der Ort glich einem mitteralterlichen Heerlager, da lauter bespannte Truppen unter freiem Himmel kampierten. Das Wasser war schmutzig, wir benutzten es unabgekocht zu allen Zwecken. Die weißen Häuser wurden, da ein paarmal russische Flieger uns anzugreifen drohten, mit verdünntem Kuhmist graugrün gestrichen. Die Gegend wurde ärmer. Die Zivilisten schleppten Getreide und Kartoffeln auf dem Rücken zwanzig Kilometer weit her.

Wieder war das Wetter launisch, eisige Nächte, glühende Tage; es ging ruhig zu, und wir hofften, ein paar Tage nicht marschieren zu brauchen. Ich kochte mit Ehrhard auf einem selbstgebauten Herd Kaffee. Das Dorf, nur wenige ärmliche Hütten, lag in einer sanft geschwungenen begrünten Mulde. Der vom Rindvieh wie eine Schur abgefressene Weideteppich ging bis an die Fußbalken der Häuser – nur vor der Tür war ein kleiner von den Füßen der Bewohner grau getretener Platz, daneben am Haus ein Brett zum Sitzen.

»Daß du immer noch Kaffee hast«, nahm Ehrhard wunder.

»Es gibt eiserne Bestände in Pappkartons.«

Wir spazierten durch das Dorf und sahen, wie ein armer Teufel, den es beim Waschen seiner Pferde getroffen hatte, eingegraben wurde von drei rauchenden Troßknechten. Angewidert gingen wir weiter, da rief uns Detter aus der Schreibstube an, wo Wolisa und Skaliger Radio hörten, Patiencekarten vor sich, in Hausschuhen;

die blecherne Stimme sprach von Rommels Afrikazug. »Das ist die Parallele zu uns«, strahlte Wolisa.

Dann sprachen wir Hahn, der Feldwebel geworden war, unsern Glückwunsch aus. Der drahtige Sportsmann und Vegetarier aß nun Fleisch und trank Schnaps. »Soll ich auch heiraten?« fragte er.

»Je weiter du bist, desto dringender möchtest du heiraten«, spottete Ehrhard.

»Ich komme bald auf die Kriegsschule«, sagte Hahn, »noch vor dir.« (Ich gratulierte.) »Wenn man so weit ist,«, fuhr er fort, »muß man wissen, was man sich schuldet. Nun hab ich's erreicht – ohne hohe Schule.«

Wir gingen weiter, Ruckensteiner putzte seine Sporen mit feinem Sand. Auch in der Steppe trug er stets gewichste Stiefel und blanke Sporen. »Prinzip ist Prinzip«, sagte er, »der depperte Österreicher hat was gelernt, das er nicht vergißt.«

»Hast du gehört, Willi, Rommel bei Marsa Matruk? Da in der Wüste!«

»Würde ich auch die Stiefel wichsen«, sagte Ruckensteiner.

Ich hatte gestern zu meinem Staunen Ehrhard, Ruckensteiner und gar Hahn zur Kommunion oder zum Abendmahl gehen sehen, und wir hatten uns entrüstet, daß der Divisionsmusikzug nicht gespielt hatte, dessen Lehár uns nun wieder ins Ohr brach.

»Ich soll Duliöh singen, weil Narren in Afrika wie Narren in Rußland ihre Schutzengel weinen machen? Wo führt es denn hin, das Marschieren? Immer marsch, Panzer voran; weiß schon, bis Minnesota, warum ich mir die Stiefel wichse.«

Weitergehend kamen wir zu den Häusern, wo die Musik lag. Sie übten unentwegt Lehár mit erstaunlichem Getöse, Trommeln am Bach, Hörner am Hang, Posaunen hinter der Hauswand. »Da sieh! eine Hebamme«, schrie Ehrhard und wies auf eine Frau in weißem Umhang, die Schüsseln trug. »Das muß ein Kind sein – unter Posaunenschall geboren!«

»Davon wird man ihm erzählen, wenn wir längst nicht mehr sind«, sagte ich, »kommt es dir nicht merkwürdig vor, daß die Musik zum Gottesdienst nicht spielte, hier aber Vilja, mein Mädchen, übt?«

»In Ingolstadt bließ Regimentsmusik, weißt du noch? Die hier, alle im Rang von Feldwebeln – was sollen sie uns blasen?«

In der gleichen Nacht brachen wir auf zum Oskol, zelteten in Tscherwona Chwija, am Tag drauf in Swatschenowka. Ich ritt meistens allein mit Skaliger und Ferber voraus durch die Tälchen, über die Hügelchen, über Bäche und am Rand der Sümpfe. Manchmal gab es Obstplantagen mit strengen Quadraten von Pflanzungen, wohlbewässert durch klar rinnende Bäche. Eine sonderbare Landschaft: man holte das Wasser aus tiefen, kühlen Brunnen. Man konnte meinen, in der Tiefe stehe alles Wasser, das oben fehlte. Eines Nachts schliefen wir in solch einer Brunnenoase, verschmähten die Zelte und legten uns auf Strohschütten unter den freien Himmel. Die Wege waren gefaßt mit schön geschnittenen Sträuchern, man ging und ritt wie durch Hecken dahin, – aber draußen öffnete sich trostlos die Steppe, verbrannte in der Sonne Distelgestrüpp, das kein Pferd fraß.

Viele Trosse eigener und fremder Truppen schoben sich, wenn wir rasteten, an uns vorbei. Bei Otrodnoje gab es eine Brücke über ein Flüßchen, davor stauten sich Kolonnen von Wagen, hohe und technische Stäbe, Muskat selbst in seinem Kübel, Dzurolei schnitt mir die Haare am Wegrand. Es hieß, Rommel stehe vor Alexandrien. »Jaja«, sagte Dzurolei, und dann schoben sich Massen von Fahrzeugen in langen Marschreihen nebeneinander über die Wege, am Ende schien die ganze Division sich mit allen Teilen über dies Nest als einen Kreuzungspunkt zu schieben. Das war Sswjatschenowka. Dann hinter einer Maschinengewehrkompanie einen ganzen Tag lang dahingeritten, marschiert, getrottet, kurze Rasten, Stockungen in der Kolonne, Futterpausen, Tränkpausen. Vorbei über Gräben, vorbei an Windmühlen, an kurios geformten Hügeln, vorbei an erodierten Kalkblöcken: da kam der Untergrund des Landes zum Vorschein. In den Schanzlöchern sah man mit Kalkbrocken vermischten Lehm unter den vierzig Zentimetern des schwarzen Humus: die Böden, allmählich leichter, auch heller werdend, waren immer noch über unsern besten.

Die Sonne schien brennend heiß, die Infanteristen öffneten Blusen und Hosen. Der Schweiß lief in Bächen übers Gesicht. Manche tranken nichts, andere aus jedem Bach und Brunnen. Einige suchten Schutz vor der Sonne, indem sie sich Schirmmützen verfertigten, andere ließen die Sonne auf den Schädel scheinen. Man wußte nicht, ob die tiefbraune Farbe unserer Hände und Gesichter Staub,

Schmutz oder Bräune war. Bei einigen veränderten Fieber- und Gallenkrankheiten die Hautfarbe. Die Ernährung mit Fleischkonserven war in diesem Klima wohl die ungünstigste.

Skaliger und ich ritten oder marschierten nebeneinander dahin. »Das kann man nur mit Deutschen machen«, sagte er, »diese Prozessionen der Macht und Geduld.«

Ich sagte – eingedenk so mancher trüben Voraussage – mit den Russen sei es auch möglich, und erinnerte an jenen kürzlich gefangenen russischen Major in Schipatowoje, der Deutsch gesprochen hatte: »Ich bin ein Bewunderer der Deutschen, viele bei uns sind es, vor allem in der Armee, aber ihr werdet, wenn ihr so weitermacht, den Krieg verlieren!«

»Wie das?« hatte der Vernehmende gefragt, und die Antwort: »Ihr redet vom totalen Krieg – wir führen den totalen Krieg. Eure Soldaten kriegen Haarwasser und Briefpapier an die Front geschickt – wir haben bei der Einnahme von Nikopol Männer und Frauen, Kinder und Greise mit Munitionskästen nach vorne geschickt, vierzig Kilometer weit zu Fuß.« Das erzählte ich Skaliger.

»Waren Sie in Frankreich?« fragte er.

»Zweimal, bei der Einnahme von Paris und einmal vorher, im Frieden.«

»Wir stehen zwischen Franzosen und Russen in der Mitte, zwischen mißtrauischen Feiglingen und robusten Barbaren. Das erklärt die Lage – die Franzosen sollen uns dankbar sein, daß wir den Kampf gegen den Bolschewismus auch für sie führen.«

Er vertrat eine bekannte Ansicht; ich sagte, die Franzosen seien nicht so sehr feige als schwach, und über das Barbarentum der Russen könne man des Lobes voll sein. Mir seien die barfüßig Munitionskästen schleppenden Frauen von Nikopol immer noch lieber als die auf Film und Radio versessenen Damen von Ottakring.

Das gebe er zu, sagte Skaliger, wir seien mächtig ins Rutschen gekommen, und die Partei versuche mit allen Mitteln, die Dinge ins Lot zu bringen.

Über diese Mittel stritten wir uns.

»Sie sind Katholik«, sagte er, »Ihnen müßten die meisten Maßnahmen einleuchten«, wie überhaupt für ihn, als Protestanten aus Brandenburg, die Partei katholische Züge habe, die ihm widerlich seien, er gestehe es offen, nämlich die Umzüge, die Pracht der Uniformen, die kultischen Feiern. Auch habe man, meinte er, manches gute Propagandastück den Jesuiten abgeguckt.

Ob er die amerikanischen Prunkfilme katholisch fände, fragte ich, oder einen Fußballkampf.

»Ich weiß, Sie wollen auf die Massen und deren Seele hinaus.« – »Ob sich die Seelen der Vielen unter den Eindruck der Luftangriffe daheim ändern werden?«

Bis zum Oskol lagen Wälder, vier Stunden lang, an unserm Weg. Die Infanterie ging in Ketten hindurch, Rufverbindung haltend, und wenn man auf versprengte Russen stieß, nahm man sie, die sich selten wehrten, gefangen. Ich hatte den Zug nachzuführen, folgte dem Geschieße und Geschrei, und sah, kurz vor einem Dorf, wie der Major Wasser vom Soziussitz seines Motorrads geschossen wurde, er war gleich tot, der Ekazwomajor, wie er hieß, ein berüchtigter Leuteschinder. Ich hatte eine ungenaue Karte zur Hand und folgte meinem Gehör; wenn hier ein Maschinengewehr in den Wald bellte, dort eine verschwitzte Gruppe der Unsern ins Unterholz fiel, hier ein Trupp Gefangener kam, dort ein Wagen über die Sandwege schwankte, dann nahm ich an, die Luft sei rein, und folgte auf der nächsten besten Straße der befohlenen Richtung und kam so eher als Skaliger selbst zum Oskol, denn der ritt beim Bataillonsstab mit, der durch den Tod seines Führers vorsichtig geworden war.

Wir erreichten die östlichsten Höhen des Flußufers, fünf Kilometer nördlich von Kamenka, wo eine Brücke war. Wohl sechzig Meter tief unter uns sahen wir den schwarzen Oskol, jenseits dehnte sich das flache Gelände unendlich weit mit Wäldern und Äckern vor unserm Blick nach Osten.

Hier fand uns Skaliger; tadelnd meine Schnelligkeit, nahm er das Gespräch wieder auf: »Wir sind keine Engel mit Flügeln«, und ich erwiderte, wir seien mehr, wenn wir schon übernatürlich sprächen, weil dereinst die Cherubim unter den Ebenbildern Gottes zu sitzen kämen. »Wie das?« fragte er.

»Wir haben genaue Verheißungen darüber.«

»Aha, aber hier befehle ich«, sagte er und bot mir Rauch an. Bald kam Muskat selbst und lobte Skaliger, daß die Infanteriegeschütze so schnell mitgekommen seien. »Jawohl, Herr General«, sagte er grüßend; ich grinste ihn an.

Am Morgen des 4. Juli in einem Sonnenblumenfeld hoch überm Oskol sah ich, wie die Sonne den Tau sog. Unten blitzte wie eine feuchte Schlange der Fluß, schönes schwarzes Wasser wie die Maas, jenseits dehnte sich die Landschaft weit gegen Osten. Am Ufer drunten lag ein ärmliches Dorf, dort begannen einzelne Kamine zu rauchen, Soldaten liefen zum Brunnen, andere holten Heu. Am Horizont, etwa sechs Kilometer weit, lief die Bahnlinie Kubjansk-Waluiki. Hinter ihr sah man noch Windmühlen. Daß ihre Flügel sich drehten, stimmte fast fröhlich, man meinte die Drehung des Erdballs unter der Atmosphäre an diesen Rädchen zu beobachten. Senkrecht unter mir mußte die Brücke von Toroli liegen, die zerstört war.

Bei stundenlanger Betrachtung wurde die spröde Landschaft reicher, man mußte sie durchgehen wie ein Schulbuch, ihre Gliederung verstehen und begreifen; Erscheinungen des bloßen Daseins haben einen Sinn, der über sie selbst geht, sie werden Bilder, Sinnbilder. Da saß ich hinter dem Scherenfernrohr, gehüllt in eine Decke und frühstückte Brot mit Wurst und trank Kunstkaffee. Vom Süden stießen Panzer herauf, und hier warteten wir; der Wald war voller Fahrzeuge, Pferde, Geschütze, Wagen, und das, was wir erobern sollten, lag vor uns breit und flach in der Morgensonne, die Rauchwolken der russischen Kamine quirlten über den Tannenwald hin. Aus der Ferne kam der schwarze Oskol geflossen, Toroli hieß das Nest zu meinen Füßen, das ich nicht sah im toten Winkel. Auf der andern Seite wurde es lebhafter, sie spürten mich und meine Augen, die Schere verborgen in Sonnenblumen, nicht. Wir waren in der Nacht gekommen.

Man sah die russischen Soldaten aus den Häusern treten, sie reckten, räkelten, wuschen sich am Ziehbrunnen, kämmten die Haare und verschwanden wieder in den Hütten. Andere eilten mit Armen voll Heu zu den Ställen. Dann stieg dünner Rauch aus den Kaminen: ich stellte mir vor, wie sie ihr Frühstück bereiteten, denselben künstlichen Kaffee wie bei uns, trockenes klebriges Brot, vielleicht hatten sie Honig oder Fett. Ich stellte mir ihre Gespräche vor – ob die Deutschen schon am Fluß seien – sie schössen noch nicht – ob sie jemals wieder angreifen würden – nein, sie müßten immerzu laufen. Auch sie würden auf den Krieg schimpfen und fragen, ob man in Moskau immer gute Politik gemacht habe. Ich sah diese breiten Gesichter vor mir, die stämmigen frischen Jungen und die verarbeiteten mürrischen Alten, die Schlauberger und die Stumpfsinnigen. Die Sibirier würden prahlen, die Ukrainer würden Späße machen, die aus den von uns besetzten Gebieten würden an ihre Angehörigen denken, und sicher gäbe es genau wie bei uns ein paar mißtrauisch beobachtete Parteimitglieder, bei deren Eintreten die Gespräche verstummten. Die Soldaten konnten ja nicht anders sein, als Tolstoi und Leskow sie beschrieben hatten, nur daß das Christliche stumm geworden war.

Skaliger kam zu mir gekrochen und ließ sich in den zweiten Sitz gleiten. »Was Besonders?«

»Soldatenidyll.«

Er spähte durch die Schere: »Tut mir leid, wir müssen sie ein wenig aufmuntern.« Er nahm den Fernsprecher und gab ein Feuerkommando. Der dritte Schuß saß im Stroh eines Daches. Die russischen Soldaten quollen aus der Tür und rannten zum Tannenwald. Unsere Geschütze schwenkten auf ein anderes Haus. In dieser Weise ermittelten wir Entfernungen und Winkel, und ich fertigte eine Skizze mit Zielpunkten an. Die Russen wurden vorsichtig, nur in Sprüngen bewegten sie sich von Haus zu Haus, jede Deckung benutzend, sonst lag das Dorf reglos, nicht einmal Hunde und Hühner liefen umher.

Ich fragte Skaliger nach der Lage.

»Weiß kein Mensch, es heißt, die Panzer seien bereits im Angriff auf die Donbrücken, weit vor uns. In unserm Abschnitt ist alles am Fluß.«

»Und rechts und links?«

»Soll in Ordnung sein.« Man hörte keinen Gefechtslärm. Russische Bomber zogen über uns weg nach Westen. Man vernahm die Echorufe der Flak von hinten: Am Himmel zerplatzten die violetten Wölkchen viel zu tief.

»Sieh an«, sagte Skaliger, »Geschwaderflug – sie müssen also noch Maschinen habe.«

»Ich glaube, sie haben mehr als früher – diese metallen schimmernden Vögel …«

»Sie werden im Winter nicht geschlafen haben. Unser Nachbar erbeutete dieser Tage Wagen von Dodge und Chevrolet. Die müssen also übers Eismeer oder Alaska gekommen sein!«

Ich bekam viel Besuch, Hauptmann Weber kroch zu mir, sein Adjutant, sogar der Assistenzarzt, der am Burluk so viel zu tun gehabt hatte. Mittags kam Ferber mit Linsen und Speck, bei dreißig Grad Hitze.

»Ich hab Zeltbahn und Tarnnetz mitgebracht.«

»Wie sieht es hinten aus?«

»Dreiviertel Stunden zum nächsten Brunnen!«

Der Fluß lag silbern vor mir, welch ein schönes Wasser! »Hat man nicht versucht, nach Toroli hineinzukommen?«

»Die Russen schießen auf jeden Hund.«

Ich fing an zu essen: »Verdammt heiß!«

»Das ist ja das Gute«, sagte Ferber und kroch zurück. Einzelne Wolken – wenn ihr Schatten über den Oskol fiel, wurde es kühl. Ich spannte mein Sonnensegel auf und ab.

Hahn war mein nächster Besucher. »Hast du Post mitgebracht?«

»Nein, die Kompanie liegt zwanzig Kilometer weit hinten mit dem Troß.«

Wir warteten seit acht Tagen auf Post und bildeten uns ein, wenn wir zwei Tage am gleichen Fleck lägen, müsse sie kommen.

»Aber ich habe was anderes«, sagte der junge Feldwebel und entfaltete eine Übersichtskarte der Gegenden nördlich des Kaspisees, ein weißes Blatt mit wenig drauf; rote Bahnlinien von Norden nach Süden, gestrichelte Straßen als fraglich bezeichnet, und hin und wieder jene kümmerlichen drei Strichlein im Büschel, die nach Ausweis der Erklärungstafel Sandsteppen bedeuteten. Ganz unten lag blau das Kaspische Meer. Die Namen der Orte klangen fremder als je. Dort im Delta Astrachan.

»Schöne Aussichten!«

»Hier: Kalmückow!«

»Dort ein Brunnen!«

»Da steht: Salzsteppe!«

»Alle dreißig Kilometer ein Ort!«

»Der Uralfluß!«

»Die Wolga mit Stalingrad!«

»Das mögen dreihundert Kilometer sein.«

Hahn klappte die Karte zusammen. Ich fragte, ob er wisse, wann er zur Kriegsschule müsse.

Er sagte, es sei soweit, eigentlich rechne er täglich mit dem Befehl.

»Dann werdet ihr heiraten?«

Er seufzte und sagte, fast bliebe er lieber hier draußen.

Ich lachte: ob er sich fürchte?

»Ich weiß es selber nicht, soll ich heiraten oder nicht? Nun bin ich aktiv, werde Offizier – sie ist ein einfaches Mädchen.«

Der Ehrgeiz verzehrte Hahns Eingeweide, und er sollte bis an die Grenzen europäischer Siedlungen geritten sein, um einzusehen, daß er nicht mehr lieben konnte. Ich suchte ihn zu trösten: »Du sitzt als Bataillonskommandeur nach dem Kriege in der deutschen Garnison von Kalmückow, und ich sitze als Dozent für germanische Sprachen in Astrachan – hin und wieder besuchen wir uns.«

»Ich möchte nach Deutschland«, sagte er, »lieber Elektriker in Biberich als Kommandeur in Kalmückow!«

Er war im Zivilleben Elektriker gewesen, und so suchte ich ihm zuzureden, nicht aktiv zu werden, da er doch Elektriker sei, er solle nach dem Kriege ein Geschäft eröffnen, wenn jenes Mädchen ihm mit etwas Geld beispringen könne.

Das könne sie freilich, sagte er, die Karte einschiebend.

»Wie macht sich der neue Chef?« fragte ich.

»Gut, ein tüchtiger Mann, er redet nicht viel und sieht auf Ordnung. Übrigens, der alte Muskat übernimmt das Korps, da Seydlitz magenkrank ist. Deutsch, seit 1. Juli General, übernimmt die Division und Major Mäder das Regiment – ich glaube, das sind gute Lösungen – aber Deutsch verträgt sich nicht mit dem Herrn vom Divisionsstab, heißt es.«

Dann ging er. Ich sah ihn erst im Herbst wieder, als er, Leutnant geworden, von der Kriegsschule kam. Dann ging er nach Belgrad und fiel im Straßenkampf. –

Es war sehr heiß, und gegen Abend erhoben sich aus der Niederung Schwärme von grünen Aasfliegen und Mücken. Das grüne Schnakennetz erwies sich als Kopf und Speise schützend wirksam, tagsüber auch die Schere tarnend. Wir lebten ja unter Umständen, die uns als Tertianern Freude gemacht hätten.

Abends stießen Spähtrupps gegen das feindliche Ufer. Da es unbewacht war, sickerte die Infanterie nach und besetzte einen Brükkenkopf in tausend Meter Tiefe. Für schwere Waffen war kein Hinüberkommen. Der Auftrag hatte gelautet, bis an die Bahnlinie vorzustoßen, aber gewarnt durch die Katastrophe am Burluk, blieben die Kompanien im Bereich unseres Feuers liegen.

Noch ein Tag, noch ein Abend. Um den Abmarsch, der für die Dunkelheit bestimmt war, zu tarnen, beschossen wir in der Dämmerung die Häuser auf der andern Seite mit Streufeuer. Wie immer war die Vorstellung, daß nicht nur Soldaten, sondern auch Zivilisten drinnen lägen, peinlich.

»Der Don ist in breiter Front erreicht«, sagte Skaliger, »was meinen Sie dazu? Der Angriff rollt, und es wird höchste Zeit, daß die Brüder drüben abhauen. Tut mir leid, daß wir sie hinausschießen müssen.«

»Wie sieht die Brücke von Kamenka aus?«

»Eine Holzbrücke, hinüberkommen ist keine Kunst, aber dann muß der Brückenkopf erweitert werden, wir müssen in das Dorf Liman.« Er zeigte mir die Karte. »Sie führen den Zug nach, ich gehe mit dem Bataillon und zwei Meldern vor. Ehrhard paßt auf, daß alles mitkommt! Sie müssen sehn, daß Sie in einer Feuerpause über die Brücke kommen.«

In tiefer Dunkelheit kam ich vor die Pionierbrücke, man hörte Schießmaschinen und sah die Leuchtspur, tiefes Schweigen ringsum, wir hatten die Hufe der Pferde mit Lappen umwickelt, und die Männer hielten die Fahrzeuge am Berg mit Händen und Schultern zurück, damit wir die kreischenden Bremsen sparten. »Nur zu«, hieß es, und wir kamen glücklich aufs andere Ufer. Es war verboten, zu rauchen und zu sprechen. Wir folgten der Sandbahn der Straße, die in das Dorf führte. In einem Wäldchen seitlich der Straße ließ ich den Zug zurück und machte mich auf, Skaliger vorne zu suchen. Der Feind schoß nervöse Garben in das Dorf. Die Luft zitterte vor Spannung. Ich ging mit Burkhard und Blank.

Zum Bataillon zu finden war leicht. Oberleutnant Schmidt, der Schwab, saß in einem runden Loch, einer ausgenommenen Miete. Hinter Häusern und Scheunen lag die Infanterie am Boden, die Garben strichen meterhoch über uns weg. Die eigenen Gewehre versuchten die Ausgangspunkte der feindlichen Leuchtspur zu treffen. Der größte Teil des langen Dorfes war noch in russischen Händen.

»Ducke Se sich«, schrie Schmidt, »damische Säckel, damische, mei Gefechtsstand zu verrate! Was isch denn?«

Ich sagte, wer ich sei.

»Euer Zugführer ist auf Erkundung; gebe Se Obacht, da vorne schießts fei net schlecht – achtzig Meter das nächschte Emge!« Er versank in die Tiefe. Ich kroch zurück; Burkhard hatte Skaliger schon entdeckt und lotste Blank und mich über eine lange, endlos mich dünkende Wiese, die aus der Nähe von feindlichen Gewehren bestrichen wurde. Der Feind schoß wild: »Kein Mensch kennt sich aus«, sagte Burkhard. Die Wiese war bedeckt mit liegenden Infanteristen, die sich eingruben. Man hatte Mühe, den Leibern, dem Schanzzeug, den Gewehren auszuweichen. Burkhard fragte, und die Schützen antworteten: »Dorthin könnt ihr gehen!« oder »Halt, nach links halten!« und so fanden wir in einem runden Sandloch Skaliger und richteten uns ein.

»Neun Batterien unterstützen den Angriff im ersten Büchsenlicht. Die frische Division hat den Sturm fünfmal versucht; vor zwei Tagen brachten Panzer das Unglück, sie fuhren bis an die Brücke alles platt.«

»Der Iwan sitzt in den Backöfen, Teufel auch, wenn ich einen erwische«, sagte Blank, aber er bebte. In diesem Augenblick nämlich begannen die neun Batterien zu schießen. »Alles in Deckung!« schrie Blank. Die nächsten Granaten lagen hundert Meter vor uns, hupften weg, kehrten wieder zurück; sechzig Geschütze pflügten den kleinen Abschnitt, Rauchschwaden trieben, feurige Lohen stiegen, Häuser brannten, Schießmaschinen rasselten, und die Ketten der Leuchtspurmunition wirkten wie liebliche lautlose Perlen, immerwährende Prozessionen von Flugtieren. Die Schatten hin- und herrennender Schützen setzten über uns weg. Tief in der Grube kauerte Ferber mit dem Apparat, und ich hörte seine gleichmäßige Stimme: »Hallo Feuerstellung – Hallo Feuerstellung! Hier B-Stelle, hier B-Stelle! Hallo, hallo ...« Warten, keine Antwort, und dann begann er: »Ferdi, was is, hallo Ferdi rühr di doch!« Keine Antwort. Er richtete sich auf und meldete: »Keine Verbindung – er ist mit der Leitung nicht durchgekommen.«

»Ich schau nach«, sagte Burkhard, »ich nehm den Draht in die Hand und lauf an der Leitung entlang.«

»Warten Sie noch«, schrie Skaliger, denn in diesem Augenblick begannen die schweren Waffen zu schießen. Das Feuer der brennenden Häuser prasselte lauter als die Gewehre, dann wölbte sich ein Dach in der Glut, flog auf und fiel als Regen von glühenden Funken nieder.

Nun machte sich Burkhard auf. Nach zehn Minuten meldete sich die Gegenstelle im Fernsprecher.

Skaliger instruierte mich: »In einer halben Stunde greift die Infanterie an, dann schweigt die Artillerie. Ich weiß nicht, ob wir viel sehen werden (es war noch immer stockfinster), aber wir sollen in kleinen Sprüngen vor den Schützen herschießen: alle fünf Minuten zweihundert Meter zulegen! Ich gehe mit der Infanterie vor – Sie schießen, bis ein Melder kommt, dann machen Sie Stellungswechsel nach vorwärts. Ich richte die neue Beobachtung ein.«

Ganz schwaches Grau am Horizont, mit einem Schlag schwieg die Artillerie, die Infanterie sprang aus den Löchern nach vorne. Nun hörte man die russischen Maschinengewehre langsam takkend schießen, Handgranaten, Wurfgranaten, Geschrei. Skaliger nickte mir zu, mit ein paar Sprüngen verschwand er im Feuer, gefolgt von Blank und Ferber, der ein Kabel hinter sich abrollen ließ. Ich war allein und schoß wie befohlen. »Wenn sie mir bloß die Leitung nicht abreißen«, dachte ich; »wo mag Burkhard stecken?« Ich rief Ehrhard an.

Burkhard sei nicht bei ihm gewesen, ob der Angriff laufe?

Ja, sagte ich, in vierzig Minuten würden wir Stellungswechsel machen müssen. Die Infanterie war in den Gärten und Klüften des Dorfes Liman verschwunden, der Gefechtslärm wich, und ich legte an Schußentfernung zu. »Sei vorsichtig«, sagte Ehrhard, »der Angriff scheint schnell zu gehen.«

»In Ordnung«, sagte ich, »noch immer nichts von Burkhard?«

In diesem Augenblick kam er und ließ sich ins Loch vor meine Füße fallen, totenblaß und voll Blut.

»Was hast du?«

»Mich hat's erwischt – mach nur weiter«, er lehnte sich in die Ecke. »Hier«, sagte er und zeigte gegen die Brust. Sein schwarzes Haar glänzte von Schweiß.

»Ich sag Ehrhard, sie sollen dich holen, sobald ein Fahrzeug durchkommt.«

»Nicht nötig, es geht schon«, sagte er und blieb in der Ecke sitzen, nun schoß unsere Artillerie, es schüttelte ihn. »Legen sie zu?« fragte er.

»Es sieht so aus, zweihundertmeterweise.«

»Ob der Zipps nicht in der Nähe ist?«

»Zipps wird nicht hier sein – soll ich einen Sanitäter holen?«

»Nicht nötig«, sagte er.

Ich wandte mich ihm zu, ich sah ihn in der grauen kalten Morgendämmerung, er hatte das Äußere eines Angestellten in einem ländlichen Laden, wo man Gewichtssteine und Harken kauft. Ich wußte nicht, was für einen Beruf er hatte, er war totenblaß, und sein Gesicht – ich kannte dies Gesicht schon!

»Wenn der Zipps es nicht ist – der ist doch geistlich, ja?«

»Er hat die niederen Weihen.«

»Kann schon beichthören?«

Ach, ich kannte ja Burkhards Gesicht, kannte es lange schon und wußte, daß er es seit vier Wochen hatte, dies Signum unter der Wolke, daß er sterben müsse.

»Ich möchte so gern noch den Buben sehn, weißt!« Er zog ein Bild aus der Tasche. Die Artillerie schoß heulend über uns weg, die Schießmaschinen rasselten, die Abschüsse der Werfer sprangen erbsengleich, ein ärgerlicher Ton, und manchmal zwitscherte um uns das Geratter der Pistolen. Dann wurde es ruhiger, und der Lärm schien fern.

»Zwei Jahre alt, und ich hab ihn noch nie gesehen! – Ich hab gehört, wie du mit Zipps geredet hast über Unsterblickeit – gibt's das?«

»Wir haben drüber gesprochen.«

»Glaubst du dran? Ich hab's anders gelernt, es heißt doch Auferstehung des Fleisches – bei uns nämlich.« Er schwieg und wurde immer blasser. Ich öffnete seine Bluse, er sank zusammen. Ich rief Ehrhard um einen Wagen an, legte dann die Kompresse meines Verbandszeugs auf die kleine schwarze Wunde. Er bäumte sich auf: »Jesus Christus.« Dann Ferber im Telefon: »Bauen Sie B-Stelle ab, sofort vorkommen!« Ich sagte, daß Burkhard schwer verwundet bei mir liege. Skaliger kam an den Apparat: »Bleiben Sie bei ihm, bis Hilfe kommt, dann hierher, auch Blank ist ausgefallen.«

Jetzt kam der dicke Metzger Konstanzer mit seinem Panjewagen, er sprang ins Loch und hob Burkhard auf den Armen ins Freie. Dann fuhr er davon; aber Burkhard war tot, als er ihn ablud.

Das war also ein Mann gewesen, stammend aus Eichstätt, und hatte sein Kind von zwei Jahren noch nicht gesehen. Er war ein Soldat wie alle, sehr anständig, trug mehrere Auszeichnungen, hatte die Feldzüge in Polen, Frankreich und Rußland mitgemacht, und war nun in dem Gedanken an die Auferstehung gestorben, Jesus Christus auf den Lippen. Ich hatte nie mit Burkhard über solche Fragen gesprochen; über Eichstätt, das ich flüchtig kannte, hatte er sehr genau Bescheid gewußt, über die Kirchen, Orden, Kapellen. So war er denn wohl nicht gestorben, sondern in einer mächtig wie sein eigen Blut ihn überflutenden Verzückung mit seinen Auszeichnungen jung hinübergegangen in die Hände Gottes – ohne Widerspruch, und obwohl er nicht, wie gedacht, hatte beichten können, ruhig und friedlich, auch ohne Furcht, nur mit Wehmut wegen des Kindes.

Ich stolperte wie betäubt durch das zerstörte Liman, hatte doch, was er mir sagte, ohne kränken zu wollen, mich mächtig getroffen: »Eigentlich heißt es doch Auferstehung des Fleisches bei uns.« So wird die griechische Weisheit zuschanden. –

Blank kam mir entgegen, den Arm in der Schlinge, von einer Wurfgranate zerschlagen. In seinen Augen brannte eine Art von Haß, er sagte, wenn er ohne beide Eisernen Kreuze heimkäme, eins hatte er schon, erschösse er sich. Ich tröstete ihn, und ging weiter, er mußte große Schmerzen haben.

Skaliger saß vorne hinter einer Hauswand: der Feind verteidigte sich verzweifelt. Neben uns feuerte ein Werfer Granate um Granate scharf in die Luft.

Hätten unsere Schützen nicht warten müssen, bis die eigene Artillerie das Feuer vorschob, so wären sie eher am Bahndamm gewesen. Ein Schienenstrang war abmontiert, und wir zogen in den dichten Waldstreifen, der die Bahn säumte, mittags standen alle Bataillone nebeneinander am Bahndamm; es war geschafft, vom Feind sei kein Mann entkommen, er hatte sich in den Resten der Häuser totschlagen lassen.

Mit diesem Gefecht hatten wir den letzten Widerstand auf ukrainischem Boden gebrochen und marschierten tagelang über eine dürre, kaum bebaute, wenig besiedelte Steppe. Es gab weit und breit kein Wasser, die Märsche mußten so eingerichtet werden, daß wir abends eine Ortschaft erreichten, dann wurden die zwei oder drei Brunnen ausgeschöpft, waren oft leer, bevor die Hälfte der Pferde gesoffen hatte. Das faserige Steppengras war braun und zäh, auf den dürren Äckern stand kümmerliches Getreide, das man nicht sicheln konnte. Es gab keine Wälder und also kein Holz. Zur Feuerung wurde getrockneter Mist verwandt, zum Bau Blocksteine. Der Boden war hell und staubig, in geringer Tiefe kalkig, es gab Dörfer, deren Häuser französisch oder italienisch wirkten, da sie ganz aus Steinen gefügt waren. Der silberige Hauch des Südens lag in der Luft, bloß die Agaven fehlten, sonst hätte man meinen können, hier sei das Mittelmeer.

Wir marschierten am Tag dreißig, vierzig, dann fünfundzwanzig Kilometer, der längste Marsch waren zweiundfünfzig Kilometer fast ohne Halt. Am vierten Tag kamen wir über das Flüßchen Eidar, in der Gegend von Rowenki, dann siebundzwanzig Kilometer bis zum Bach Kamenk, dann in ein Dorf namens Bozeluskaja, wo die Eingeweide von den Russen geschlachteter Tiere die Luft verpesteten. Die Zivilisten wußten vom russischen Soldaten nur Jämmerliches zu berichten, sie hätten um Brot gebettelt, seien völlig erschöpft, die Ukrainer seien in Scharen desertiert.

Aber auch uns ging es nicht gut. Die Konservenverpflegung schmeckte nicht, die Pferde brachen zusammen – vielfach handelte es sich bei den Märschen bloß um die Erreichung von Wasserstellen – die Mannschaft litt unter der Hitze, die schirmlosen Schiffchenmützen wurden verflucht, die ersten Sonnenstiche traten auf. Die Artillerie fuhr teilweise mit Ochsen, hin und wieder sah man Kamele, vor denen die Reitpferde mit geblähten Nüstern flohen. Heu und Stroh gab es nicht, nachts lagerte alles im Freien, obwohl die Nächte so kalt wie die Tage heiß waren. Magen- und Darmkrankheiten nahmen zu.

Mit der Sonne im Rücken waren wir eines Tages siebzehn Kilometer geritten, da das Gelände erlaubte, von der Straße abzuweichen, querfeldein, den Weg den staubenden Motorfahrzeugen überlassend, und kamen zur Abendzeit gerade recht in einen Ort, wo Ehrhard sich zur Lehrerin beim Essen einlud. Sie war dunkel, jung, sprach Deutsch und lächelte freundlich. »Hinein, nichts wie hinein, bevor die andern da sind«, sagte Ehrhard, und es ergab sich, daß sie froh war, poussiert zu werden, denn sie stammte aus Kischinew und beklagte das Landleben: »Hier nix gut, o Kischinew, schöne Stadt, große Stadt, Männer (sie schnalzte wahrhaftig mit der Zunge), Musik!«

»Eine Spionin, ich wette«, raunte Ehrhard, ließ sich's aber nicht verdrießen, mit Zigaretten aufzuwarten. Ich spendete Kaffee, und sie hatte auch Zucker. Wir streckten die Beine über den Fleckerlteppich ihrer Behausung von uns. »Ah, Njemezy dobre, schönes Land.« Wir wurden gestört durch den Bataillonsstab und Skaliger. Man nötigte uns dienstlich hinaus; ich hatte Not, die Kaffeebüchse zu retten.

Um elf Uhr wurde es dunkel, wir drangen in ein eilig vom Feind geräumtes Städtchen, wußten den Namen nicht mal, da wir keine Karten hatten; das ganze Regiment lag zusammen. Nach drei Stunden schon zogen wir nach schleunigem Frühstück weiter, um rechtzeitig bei Morgengrauen in der Ausgangsstellung zu sein. Über einem großen Talkessel, fünfzig Meter hoch, baute ich das Scherenfernrohr im Schatten eines Schuppens auf. Unten lag noch im Schatten die Sohle des Kessels, und erst langsam fand ich, daß es ein Kraterkessel war, wo die Erde mit einem großen Rund plötzlich hinabgesunken. Da lagen Waldstücke und Dörfer, sah man Schneisen und Bäche, eine Welt im Kleinen.

Ich sah die beiden Bataillone vorgehen, entfaltet in breiter Front nebeneinander, wie ein Planspiel überschaubar, manchmal blitzte es metallisch auf im Sonnenlicht der Vier-Uhrs-Frühe, der Nebel stieg in Schwaden aus silbrigem Tau. Man sah die ersten Gruppen vorsichtig über offene Pläne gehen, sichernd, spähend, auf den Nachbarn wartend, sah die Einschläge der vor der Infanterie herschießenden Artillerie. Unmittelbar vor mir in der Tiefe stand Skaliger mit dem Zuge, bereit, der Infanterie zu folgen. Die Beobachtung lag heute – das einzigemal im Kriege – hinter und über der Feuerstellung.

Plötzlich erschien der Major Mäder bei mir, der das Regiment führte, ein Kartenbrett unterm Arm, ein kräftiger Mann, Mitte der Dreißiger. Er sagte: »Lassen Sie mich durchschauen.« Dann: »Sagen Sie mir, was Sie sehen und was etwa auffällt.« Ich war einigermaßen verlegen. Er sagte lächelnd: »Ich frage schon, was ich wissen will«, und setzte sich nieder auf einen Stoß Reisig.

Mäder mußte ein scharfes Auge haben, denn er nannte die Führer einzelner Züge bei Namen, auch wenn sie mehr als tausend Meter entfernt waren.

»Hat Hildebrand die Waldspitze erreicht?«

»Nein, Herr Major.«

»Sagen Sie mir, wenn er sie erreicht. – Ist die Gruppe Steidel schon aus dem Waldstück herausgetreten?«

»Der erste Mann kommt.«

»Passen Sie auf, ob die Gruppe beschossen wird.«

»Es scheint ruhig zu sein.«

Mäder wandte sich zum Artillerieoffizier hinter sich: »Lassen Sie das Feuer vierhundert Meter vorverlegen.« Dann wieder zu mir: »Beobachten Sie das Bürstenwäldchen rechts, sehen Sie Einschläge?«

»Das Feuer liegt davor.«

»Dann sind es Russen.« Er wandte sich zu einem Melder: »Rufen Sie Ihr Bataillon an, es soll den Reservezug gegen das Bürstenwäldchen vorschieben und beobachten lassen.«

Er warf einen Blick ins Gelände: »Es geht links nicht flott genug vorwärts – warten wir noch fünf Minuten, dann sagen Sie mir, ob die fünfte Kompanie noch immer nicht weiter kommt.«

Ich sah angestrengt zur fünften Kompanie, es bewegte sich nichts, mattes Granatwerferfeuer lag auf den Plänen. Dann traten die ersten Gruppen der Kompanie zögernd in den Wald – sie erhielten Feuer. Ich meldete es.

»Artillerie bitte auf den Wald.«

Einige Minuten später rauschten die Granaten über uns weg, ich sah die Einschläge. »Haben Sie Verbindung? Dann feuern Sie auf den Gutshof.«

»Der Zug macht Stellungswechsel, ich kann nicht schießen.« Mäder nickte. Plötzlich trat das zweite Bataillon aus den Wäldern und stürmte einen offenen Hang, der winzig aussah, aber weit sein mußte, denn das Bataillon brauchte, um ihn zu überwinden, acht Minuten. Dann sagte Mäder: »Es ist geschafft«, und nickte mir zu: »Im Herbst also zur Kriegsschule!« und ging. Alles war wie nach einem genauen Plan abgelaufen. Ich ging in unsre Feuerstellung, wir hatten keinen Schuß abgegeben, der Zug stand schon auf der Straße mit den Pferden und Fahrzeugen. Allmählich erst lösten sich die Knäuel der nachdrängenden Trosse und Artillerie. Oben fanden wir eine Traktorenstation und ein Öllager. Wir nahmen zwei der schweren Maschinen in Dienst, die eine begann zu brennen, die andere ließen wir nach ein paar Stunden stehen, da sie für jeden Kilometer zwei bis drei Liter Öl brauchte.

Wieder wurde es glühend heiß, fünfundzwanzig Kilometer auf schnurgeraden Wegen über eine trostlos verbrannte Fläche marschiert, kein Wasser zum Tränken. Endlich brachte Dzurolei von weither zu Pferde einen Eimer voll Wasser, damit wir trinken und uns das Gesicht benetzen konnten. Eine Art von Wüstenstaub verdunkelte den Himmel.

Nachts schliefen wir auf freiem Felde vor einem armseligen Nest. Auf der Straße stand ein funkelnder Dodge-Lastwagen, den die Russen stehengelassen hatten. Da wir kein Korn Futter besaßen, gaben wir den Pferden russisches Brot. Ein Faß Butter kam gelegen: wir bestanden aus Knochen und Sehnen und hatten weder Fleisch noch Fett. Das Dorf dieses Abends war reicher als das letzte, es gab Speicher voll Weizen, und alle bespannten Truppen begannen fieberhaft Säcke zu füllen; Ehrhard behauptete, die Artillerie habe Granaten abgeladen, um Raum für Futter zu gewinnen. Ein Mädchen brachte uns in einem Krug sauberes Trinkwasser, das sie vor unserm Kommen geschöpft haben mußte, denn jetzt waren alle Brunnen im plötzlichen Ansturm verschmutzt.

Es war fünfunddreißig Grad heiß im Schatten, sechzig in der Sonne. Die Gegend war sandig, das Getreide wurde in hölzernen Speicherhütten, die auf Pfahlrosten standen, aufbewahrt, angeblich damit Mäuse und Ungeziefer es nicht angreifen konnten. Wir schlachteten ein Schwein, denn die Rast dauerte, und Ehrhard, den die Butter lockte, buk zwei schöne Torten, eine für uns und eine für Skaliger, der dem Hauptmann Weber ein Stück verehrte, es mochte die Hälfte sein, eingewickelt in schönes Papier, das wir gefunden. »Finda, tragen Sie das dem Kommandeur zu, wir brauchen den Mann, und er freut sich.«

Finda ging hinüber zum Stabshaus, wenige Schritte, und fünf Minuten später kam der Hauptmann, sich zu bedanken bei Skaliger und Ehrhard, dem Bäcker.

Wir marschierten wieder Tage um Tage. Ich fuhr meistens mit einem erbeuteten Wagen als Quartiermacher voraus. Der Marsch ging friedensmäßig vor sich, denn der Feind setzte sich schleunig nach Osten ab, ließ manchmal Minen auf dem Weg zurück, oft tote Pferde und schwarze Feuerstellen, wo er Tiere am Spieß gebraten hatte. Kamen wir dann in ein Dorf, wurden die Häuser gezählt und verteilt, meistens gab es für unsere dreißig Mann nur ein Haus oder bloß einen Garten mit Bäumen, und selbst dann hatte ich Last, das Quartier gegen Eintreffende zu verteidigen: es war eine Frage der Höflichkeit und List. Abends kam dann der Zug in der verstaubten Kolonne, oft wieder um ein oder zwei Pferde vermindert, mit Männern auf den Protzen, die keinen Schritt mehr gehen konnten, ausgemergelten, übernächtigten Infanteristen, Darmkranken und Leuten mit Hitzschlag. Sie stiegen ab, fielen ins kümmerliche Gras, während die Fahrer und Reiter schleunig die nächste Tränkstelle erfragten und sich beeilten, dorthinzukommen, bevor das Wasser ausgeschöpft, beschmutzt, von den Küchen beschlagnahmt war. Aus Furcht vor plötzlichem Abmarschbefehl wagten viele die Stiefel nicht auszuziehen, keine Zelte zu bauen – denn nichts schien uns ärger, als nach zwei oder drei Stunden aus todestiefem Schlaf gerissen zu werden, und das war oft der Fall; um elf Uhr niedergelegt, wurde um zwei Uhr aufgebrochen. Einmal kam Finda als Melder aufgeregt vom Bataillon, wir meinten: »Es geht schon wieder los«, aber nein, er brachte den Befehl, morgen sei Rasttag. Wir schliefen zehn Stunden, wuschen, putzten, aßen, tranken gründlich.

Die Landschaft war stets gleich, Busch- und Gräserflora, Schluchten, die wenigen Äcker spärlich, die Wiesen mager. Wir sehnten uns tagelang nach dem kühlen Fluß Tschir, wo uns Halt und Rast versprochen wurde, denn der Feind verteidigte die Landbrücke zur Wolga, wo Stalingrad lag.

Wenn der Wind ging, wirbelten Sandstürme auf, die motorisierten Kolonnen hüllten uns in ihre Staubfahnen. In den Orten hegte man Dromedare und Trampeltiere. Wir suchten sie einzuspannen, wurden aber nicht fertig mit den störrischen Temperamenten. Die Pferde flüchteten vor dem Geruch Asiens. Fing der Orient an? Es gab Wasserstellen in der Ödnis, umstanden von dreißig oder vierzig Bäumen auf einem Blumenteppich, Inseln der Erquickung. Wir waren ja näher bei Astrachan als bei Charkow. Die Bewohner hatten spitze Wangenknochen, der allrussische Typus erschien hier vermischt, vielleicht mit Kalmücken, die Frauen waren nicht so fleischig wie bisher – man warnte uns vor ihrer Liebe, da sie Krankheiten hätten, die einem Europäer tödlich wären. »Da legst di nieder«, sagte Ehrhard und schrieb's einer seiner Bräute.

VIII

Die Brücke über den Tschir

Wir waren so weit geritten, daß eine Taube Mühe gehabt hätte, die Strecke zu erfliegen. Hier hörten Europas Vögel auf, fremde Arten verfolgte ich durch das Okular des Scherenfernrohrs, und die bekannten hatten eine andere Art.

Wir marschierten jetzt etliche Tage lang über die freie Steppe, waren froh, zur Nacht eine Balka zu finden, eine tief ins Gelände schneidende Schlucht, die vom Erosionswasser gebildet war. Einmal marschierten wir fünfundzwanzig Stunden weit über die Grasheide, ohne einen Tropfen Wasser zu finden. Die Pferde soffen am ersten Brunnen acht Eimer. Im Dunkeln wagte der Feind kleine verzweifelte Attacken mit Maschinenpistolen in die Flanke des Heerwurms. Dann fanden wir am Morgen hinter einem niedrigen Gebüsch Maschinengewehre mit toten Schützen. Manchmal rollten wir uns nachts auf der Ebene zu Igeln ein. Der schwäbische Oberleutnant fluchte: »Sind zu weit vorgeprellt mit unserm Haufen!«

»Die Panzer ohne Benzin.«

»Luftwaffe unsichtbar.«

»Verluste – Tausende.«

»Latrinen.«

»Steigleder ist auch gefallen.«

»Was sagst du, Steigleder, der vom Polenfeldzug, der in Frankreich immer Champagner fand?«

»Das war sein letzter Spaß im Leben.«

Mit Bränden, Feuer, Bomben kam die Ahnung großer Kämpfe uns entgegen: der Feind sperrte die Brücken über Tschir und Don. Und dann sahen wir den Fluß in sandigem Bett.

Wir waren das Hochufer hinabgefahren, wenn wir auch den Sand drunten zu fürchten Ursache hatten – aber die Tiere, das Wasser witternd, zogen gewaltsam hinab, und auch uns selber gelüstete, die Hände ins Wasser zu tauchen, Schweiß und Staub abzuwaschen. Schon warfen einige blitzschnell Bluse und Hose ab und stürzten ins Wasser. Wir wunderten uns, daß wir nicht den Fluß kreuzten, eine Kompanie der Infanterie watete auch gleich hinüber und erstieg den wilden Hochrand der andern Seite, eine weite braune Fläche, jener ähnlich, über die wir gekommen waren, und doch ihr ungleich, denn in der Ferne erhob sich gegen den Horizont ein breiter, lang nach Süden und Norden laufender Rücken: es waren die Hügel des hohen Donufers.

Wir zogen, teils unten im Flußtal, teils wieder oben, wo die Wege besser waren, über Ormowka fünfundvierzig Kilometer dahin, vorbei an den schmutzigen und stinkenden Brunnen der kümmerlichen Nester. Da war es einfacher, die Pferde den Hang hinab an das lebendige Wasser zu führen. Bei einem der kurzen Bäder drunten sah ich Ogasa, den schlesischen Zauberer und Pferdeburschen. Er trug ein weißes Seidenhemdchen mit Trägern über die Achseln weg. »Nanu, ein Damenhemd?« Er grinste mich an, zog es über den Kopf und nickte: »Von meiner Frau, weißt du.« Es war staubig, verschwitzt und mehrfach geflickt. Ogasa warf sich ins Gras: viele Blumen standen um ihn her. Er fluchte, Pirunje!

Am späten Abend erreichten wir unser Ziel, Quartiere waren vom Bataillon gemacht. Wir lagen im Obstgarten einer Bäckerei, wo niedrig halbwild das Obst wuchs, noch unreif. Vergebens suchte Ehrhard die Bäckerei in Gang zu bringen.

Die Leute lebten hier in quadratischen und länglichen Lehmhütten oder Bretterhäusern, die keine Decken hatten, wo das flach gegiebelte Dach des Hauses das Zimmer oben enden machte. Statt der Fenster sah man Holzschieber in den Wänden. Der eine Raum von beiden war für das Vieh.

Die sauren Äpfel des Gartens, auf die wir verzichtet hatten, wurden von den Schützen geplündert. – Um fünf Uhr früh marschierten wir ab, es war schon heiß. Flieger der Russen kamen über uns und ließen sich gegen sonstige Gewohnheit eifrig schießend herab; einige Pferde wurden verwundet, auch Biritz, ein Mann unseres zweiten Zuges. Nach drei Stunden wiederholte sich der Angriff – es mußte leicht sein, diesen endlos langen Bohrer ins russische Fleisch, die Spitze gerichtet gegen den Punkt der Näherung der Riesenflüsse, aus der Luft zu finden. Die Spitze hatte Kämpfe zu bestehen, wir rasteten zwei Stunden und nutzten die Muße, ausgiebig im Fluß zu tränken und zu baden. Dabei suchten wir unsere Pferde zu waschen, die Panjepferde schwammen davon, landeten unterhalb und ließen sich nur mit Mühe wieder fangen. Meine noch immer halbwilde Stute, durch die endlosen Ritte freilich zahmer, überschlug sich, als ich sie halten wollte, und schwamm an Land.

Unterdes hatte das Regiment fünf oder sechs Tote von jenen Angriffen eingegraben. Dann marschierten wir weiter und kamen auf die ödeste sonnverbrannte Hochfläche, reinste Steppe, die wir je gesehen. An ein paar Stellen war sie spärlich beackert, aber man konnte die Hälmchen auf dem Quadratmeter zählen. Drei, vier Stunden zog sich die Fläche hin, neigte sich dann wieder flußwärts, und ein System von Teichen kam in Sicht. Skaliger sagte: »Seh ich recht, Teiche?«

Ich rieb mir die Augen, Fata Morgana? Aber nein, es waren Teiche; als wir näher kamen, erkannten wir, daß ein ehemaliges Sumpfgebiet in ein System von Fischteichen verwandelt worden war, und in der Nähe lag ein Schloß. Teiche und Schloß waren vernachlässigt, anscheinend stammten die Anlagen aus zaristischen Zeiten. Die Äcker waren von Knicks, Wallgräben mit Büschen drauf, umgeben; erst dachten wir an alte kosakische Erdwerke gegen die Tataren, erfuhren dann, es seien Wallhecken gegen den Flugwind.

Wieviel Tage dauerte der Marsch längs dem Tschir? Marschierten wir auf die Fata Morgana, die Riesenbrücke mit den farbigen Bändern zu, die Brücke ins Nichts, jenseits welcher die Umkehr nicht möglich war? Die Erinnerung an ein Lager unter Holzapfelbäumen, die Erinnerung an schmutzige Wasserlöcher zum Fluß hinunter, drei Kilometer weit auf nackten Pferden, in Sporthosen, so daß die Schenkel blutig wurden: man lernt ja nie aus. Und bei der Rückkehr hatte Ehrhard Kuchen mit dem Kompott der Holzäpfel gebacken; ihn nicht zu kränken, fanden wir sie schmackhaft. Feiung gegen die Fata Morgana, keine Post, Mühlberger spielte den Deutschmeistermarsch auf der Harmonika mit einem unanständigen Refrain, den er, absetzend, sang; er kannte von den vielen Texten der Lieder und Schlager fast nur die Parodien, und so schallte sein lautes Organ über die Steppe hin, mittags bei 33 Grad Wärme im Schatten der Holzapfelbäume. Hoffmann, der deutsche Serbe, sang: »Bei Przemysl auf der Höhe«. Przemysl in Polen kannten wir gut – das Lied besang aber das serbische Heiligtum.

Ein Ruhetag wegen Benzinmangels der Panzer, und immer

mehr russische Flieger, silbern schimmernd flogen sie durch die Garben unserer leichten Flak: »Es sind Amerikaner.«

»Auch die Piloten sind Amerikaner, die Russen haben nicht so viel Schneid.«

»Hältst die Amerikaner für schneidig?«

Täglich lieferten die Bataillone zwanzig Mann mit Hitzschlägen in die Lazarette, Pioniere rollten mit Brückengerät vorüber. Bald seien wir am Don, Nischnitschirskaja sei Brückenstadt, und der Russe habe sich gesetzt, mächtig wie damals am Dnjepr. Wir sahen uns an. Die zweite Kompanie hatte noch dreißig Mann.

Die Fliegertruppe baute Leitungen, und die Blaujacken wunderten sich, daß im Kriege zu Land geschossen würde. Sie waren prächtig ausgerüstet und rollten die Trommeln von riesigen Spulen hinten von den Autos ab. »Wundert mich, was sie machen, wenn eine Schlucht kommt«, sagte Ferber, »ich wette, sie bauen fünf Kilometer Umweg.«

Zähe Gräser, drahtige Kräuter, Flechten, Hartmoose; wir marschierten im großen Bogen um die Stadt, denn die Korps kämen dort hinein, und dann also die Brücke! Wir erblickten sie eine Stunde vor Sonnenuntergang, die papierenen Schlangen von der Einweihung hingen noch dran.

Das Dorf unmittelbar an der Brücke war ein Doppeldorf, Blishni-Podgorskoje und Meletschnig: wir hatten Karten erbeutet im liegengebliebenen Gepäck der Russen. Die Kämpfe waren hier schwer, nun hörte man nachts und sah auch, etwa fünfundzwanzig Kilometer weit, die Feuer der Schlacht bei Kalatsch. Links neben uns fehlte eine Division, sie hätte die Lücke bis ungefähr Kalatsch schließen sollen; die russischen Heuwagen fuhren wie die unsern ins Niemandsland, und dann lieferten sich die Ackerknechte Gefechte mit Heugabeln, denen sie mehr als Gewehren vertrauten.

Wir waren jetzt da, wo sich Don und Wolga bis auf fünfzig Kilometer näherten. Hier wurde das Land zur Brücke nach Stalingrad. Die Brücke über den Don lag jenseits Nischnitschirskaja, wo der Tschir in den Don mündete.

Stalingrad wurde von Russen und Deutschen sinnbildlich verstanden. Die russische Zettelpropaganda drohte, dort sei die letzte revolutionäre Schlacht gewonnen worden, und die zweiseitige deutsche Armeezeitung schrieb, mit der Stadt Stalins werde dessen Reich fallen. Noch war das alles ein Spiel mit verkleideten Gespenstern der Historie – was ging denn den österreichischen Weinbauern und schwäbischen Arbeiter die Symbolik der Geschichte an? Die Wirklichkeit schafft sich eigene Symbole; die hier marschierten und kämpften, wurden ihre Opfer.

Die Brücke über den Tschir, zweihundert Meter lang in zwanzig Meter Höhe, ganz aus Holz, war die schönste, die je von Handwerkern gemacht worden war. Man roch den Wald aus ihrem Holz, sie war ein Wunderwerk russischer Pioniere, straff wie eine Wäscheleine. Als wir ankamen, war sie bereits in der Hand der Unseren, das zweite Bataillon lag auf dem jenseitigen Ufer. Der Himmel über dieser Gegend war leuchtend blau, ohne die Ahnung einer Wolke, die Sonne strahlte wie ein Götterschild, und das klare kühle Wasser drunten spiegelte die Sandufer ockerig und bläulich.

»Wir sind ja schon drüben! Da wird's gleich weitergehen –.«

»Schaut nicht nach Weitermarsch aus; die Division liegt in Meletschnig, sieh drüben die Flagge, im Lehmhaus.«

»Na und die Trosse, schau dir die Trosse an, holte man sie so nah heran, wenn es nicht weiterginge?«

»Redet nicht so viel, schaut, daß ihr Hühner und Schweine findet, auch Futter tät not.«

Sehr leicht, hoch und doch fest, ging die Brücke mit den Girlanden über den Fluß, unterhalb ihrer war eine zweite, die offenbar dem Bau gedient hatte. Sie wurde jetzt von leichten Fahrzeugen, Meldern und Fußgängern benutzt. Man konnte auch den Fluß durchwaten, einen Meter tief war die Furt. Wir trieben stundenlang im Wasser. Wir lagen in den Dörfern in Reserve, in einem Schafpferch, zwanzig mal zwanzig Meter, wo der trockene Mist knietief lag, in die Hürde hatten wir (gegen die Fliegersicht) Fahrzeuge geschoben. Die Pferde waren am Fluß oder auf den Auen. Wir hatten einen Radioapparat gefunden, und ich ging zum Divisionsstab, eine Anode zu erbetteln, kriegte sie auch. In engen, ärmlichen Nestern lagen die Stäbe und Teile der Trosse. Die Stadt Nischni steckte voll mit Panzern und Fliegern. Die Gefechtsrosse des eingesetzten Bataillons lagen gar jenseits der Brücke im Auwald, das war ein mehr als dreihundert Meter breiter Niederungsstreifen am Fluß, bewachsen mit feucht atmenden Dschungeln, befahrbar auf Bohlenwegen.

Im Dorf gab es die Schreibstube der Kompanie; als ich zum Zahnarzt ging, rief mich Detter: »Du kommst im Herbst nach Döberitz. Freust dich anscheinend nicht?«

»Die Nachrichten von der Heimat sind nicht gut, die Leute glauben nicht mehr recht.«

»Hab ich immer gesagt! Wir rennen uns kaputt – aber was willst' machen?«

Ich ging zum Zahnarzt, noch nie hatte er uns so nah gelegen, und ich ließ mich in einen knarrenden russischen Großvaterstuhl nieder. Der Mann war geschickt und tat mir nicht weh. Ich hatte ihn mehr gefürchtet als einen nächtlichen Überfall mit Seitengewehren. Er war Unteroffizier.

»Was habt ihr denn dort?« fragte ich, nach links sehend.

»Das sind Gefangene, jede Nacht werden sie nach hinten geführt, täglich kommen zwei- oder dreihundert zusammen.«

Die russische Artillerie begann zu schießen. »Wir müssen aufhören«, sagte er, »die Russen suchen die Brücken, und dabei kriegt das Dorf immer was ab.« Wir gingen seitlich in Splittergräben.

Auf dem Heimweg ging ich an dem Gefangenenpferch vorbei, da gab es trostlos breite und braune Gesichter, Kahlköpfe, Hinkefüße, Jugendliche und die hochgewachsenen Sibiriaken, die für sich saßen. Als Flieger Bomben zu werfen begannen, legten sich alle auf den Boden: wenn eine Bombe in diese Masse fiele, müßte es ein Blutbad geben; ich rannte spornstreichs davon zu den Meinen. Dort lief nun das Radio, und sie hockten rundum wie Raben, horchten mit angezogenen Knien auf unwirkliche Trostsendungen.

»Wo mag der Musikzug bloß sein, der Lehár übte?«

»Ist auch hier«, sagte Knittel, »hab sie spielen sehen beim Stab, ach so schön, wie auf der Promenade in Brünn.«

»Kompaniestärken dreißig Mann bei den Schützenkompanien«, sagte Kargl.

»Wenn die Stukas in die eigene Artillerie hauen!«

»Schon wieder?«

»Gestern nachmittag fünf Mann und dreißig Pferde.«

»Heut früh ist ein russischer Panzer durchs Dorf gefahren, über die Brücke, durch die Stellungen, und hat dann, als er schon über die Posten hinaus war, zu schießen begonnen.«

»Ist es möglich?«

»Tatsache! Die Posten haben gedacht, es sei ein russischer Beutepanzer mit deutscher Besatzung.«

»Über die Brücke weg – Konstanzer hat ihn gesehn.«

»Freilich, ich hab ihn gesehn.«

»Und hast nicht Alarm gegeben – Tschaperl!«

»Na soll ich! Sitzen drauf, die Kerle, und winken uns zu, rauchen ganz keck.«

Am nächsten Morgen wurden wir alarmiert, hörten Schüsse, Geschrei und die Brücke voller Fahrzeuge. Wir kannten das schon; setzten uns hinter der vierten Kompanie in Marsch, die Brücke war verstopft mit Troßwagen aus dem Auwald. Ein Hauptmann mit der Pistole zwang uns den Weg frei. »Die Russen!« schrien sie, »die Russen kommen!«

»Dann bleibt stehn und schießt«, schrie es zurück.

Die hölzerne Brücke schwankte und knarrte unter den Kolonnen der Wagen und Pferde.

»Alles verloren«, schrien die Troßknechte, »kein Mensch mehr am Leben.«

Der Kommandeur verhaftete einen Feldwebel, der mit seinem Zug zurückging. »Warum?«

»Weil. . .«

»Ich verhafte Sie, gehn Sie zurück in Ihre Stellung.«

Da war nicht viel zu machen. Nach dem Tod dreier Offiziere war Panik im Bataillon ausgebrochen, schon rückten Sturmpanzer vor. Rehberg hatte sein letztes schweres Geschütz hinter einen Lastwagen gehängt und fuhr nach vorne, die Trosse wurden zur Seite geschoben. Er lachte uns zu und winkte. Aber nun kam Sarbacher von vorne, er habe ein Geschütz stehenlassen müssen, als die Russen mit Hurra gestürmt hätten. – Nun gingen die Ketten der Schützen des ersten Bataillons vor.

»Daß nur kein Flieger kommt!« Nervös drehten die Flaksoldaten an ihren Sesselchen. Dann schoß unsere Artillerie heulend über uns weg, kamen eigene Sturzkampfbomber: dort also lag der Feind, die Sturmpanzer klirrten nach vorne, von Schützen gefolgt. Wir hieben auf die Pferde, nur nach! und preschten den Hang im Galopp hinauf.

Teils durch Sand, teils über Bohlenwege zogen wir durch den

Sumpfwald hinter eine Bodenwelle, wo die Artillerie stand. Stukas bombardierten in zehn Anflügen die russischen Stellungen, die Einschläge lagen ein paar hundert Meter vor uns. »Es ist alles da«, sagte Ehrhard, »was wollt ihr denn?« Unsere Männer waren nervös. »Seht, die Stukas hauen schon rein!«

»Achtung, Panzer!« schrie jemand. Es fuhren Sturmgeschütze sandaufwirbelnd an die Einbruchstelle, die Infanterie im Dauerlauf hinterher: im Augenblick nahm sie die verlassenen Stellungen; Sarbachers Geschütz fanden wir unversehrt, in seinem Loch daneben hockte verwundet Schütze Haubenwallner, tote Russen über sich: er hatte, als sie auf ihn losstürmten, mit dem Gewehr geschossen, die Toten waren auf ihn gefallen und hatten sein Loch gedeckt, ein Schuß hatte ihm den Arm zerschlagen.

Wir zogen die Geschütze nach vorn, denn bei der Artillerie konnten wir nicht stehenbleiben. Das Gelände war sandige Heide mit kümmerlichen Büschen Wacholder, Akazien, Dorngestrüpp, Schlehen und Strauchwerk. Hinter solchen Büscheln gingen die Geschütze in Stellung, während Skaliger mit Finda und mir nach vorn sprang, bis wir genügend Sicht hätten. Dabei fanden wir einen durchbohrten Gefreiten. Er hatte den Rock ausgezogen, die Hosenträger noch über den Schultern, und lehnte gegen den Fuß eines Bäumchens; vorn sah man den Einstich des Seitengewehrs, hinten den viel größeren Ausstich mit Blutschaum davor. Er blickte uns kläglich entgegen, lächelte aber, als wir nach Sanitätern riefen. Er mußte eine Bärennatur haben und machte nicht den Eindruck, als wenn er es aufgeben wollte. Er wurde von einem Wagen mitgenommen.

Nun fuhren unsere Panzer in breiter Front vor, die Russen duckten sich in ihre Löcher und schossen nicht mehr, sie wurden von den erbitterten Infanteristen, die zwischen den Panzern gingen, in den Löchern erschossen, soweit sie Waffen zeigten, die andern zog man zitternd heraus und brachte sie truppweis nach hinten. Die Panzer stießen über die alten Stellungen bis an die Bahnlinie und berichteten, der Ort stecke voll von Russen, auch die Zivilisten hätten geschossen – das waren Soldaten, die keine Uniform hatten, wie sie sagten, aber man gab kein Pardon und erschoß sie in Rudeln mit grausiger Kälte. Ich beobachtete den Tod, er war schnell und schmerzlos, die Männer nahmen ihn stumm hin, einige schlugen das Kreuz oder küßten eine Medaille. Die toten Gesichter der Jungen waren friedlich.

Wir fanden nun in den Löchern zahlreiche Tote, russische und eigene. Die Russen hatten die Gefangenen gleich erschlagen. Ein Kommando wurde zum Eingraben bestellt.

Im Schatten eines Schlehen- und Akaziengesträuchs richteten wir unsere Beobachtung ein. Hier war zugleich der Gefechtsstand des Oberleutnants Jansen von der ersten Kompanie, der ein kühler und gescheiter norddeutscher Aktiver war. Sein Zugführer war der junge Leutnant Berger, frisch von der Kriegsschule, ein freundliches Kerlchen, ich hatte ihn öfter auf dem Marsch gesehen, als er das Gepäck eines Mannes trug. Auch hatte er ein angebotenes Reitpferd abgelehnt. In dem Busch kam es zu bevölkerungspolitischen Gesprächen zwischen Skaliger und den beiden. Da kam denn auf, daß Berger Hitlerjugendführer war und des naivsten Glaubens an seine Welt voll. Er betrachtete sie als einen Gegenstand der Rassenmathematik. Skaliger schlich verdrossen davon, Jansen winkte ab und besuchte seine Züge, so daß Berger allein mit einem Melder blieb, den er nun, einen biederen Gefreiten aus dem Bauernstand, mit Gesprächen über die frisch gelernte Taktik unterhielt. Der Gefreite sagte »Jawohl!« und rauchte.

Ich beobachtete das Gelände, es lag unter leichtem russischen Granatwerferfeuer. Rechts bildete ein Ausläufer des Uferwalds den natürlichen Pfeiler unseres Brückenkopfes. Man sah an der Seite zwei Bauernhäuser, hinter ihnen stand schwere Flak zur Abwehr russischer Panzer: sie beherrschte die Heide bis zur Bahn. Vor uns lag die erste Schützenkette mit einem Maschinengewehr, tief eingebaut und kaum erkennbar. Vor ihr war es flach; dann kam die Bahn mit dem weißen Bahnwärterhaus. Auf dies lief die Straße zu, ein schwarzer Zinnerweg. Das Vorfeld war mit toten Russen bedeckt, die nach zwei Tagen derart zu riechen anfingen, daß sie von nächtlichen Kommandos mit Kalk und Erde bestreut werden mußten. Hinter der Bahnlinie, die in feindlicher Hand eine natürliche Befestigung bildete (denn der Damm war mehrere Meter hoch), stieg das Hochufer an. Schräg führte eine Straße, mit Masten bestanden, nach oben. Auf den Höhen standen russische Batterien, deren Feuerschein man nachts sah.

Viele Häuser des Ortes waren beschädigt. Im Nordteil standen

Gebäude aus roten Backsteinen, ganz links ein niedergebrannter Gutshof. – In der flachen Steppe ging ein Spähtrupp der Kompanie Kupfer vor. Vor dem Ort trat die Bahnlinie ins Freie, es gab dort eine kleine Brücke, weidende Kühe – ein Lastwagen fuhr quer vor der Front her, später die Straße am Hang hinauf. Im Norden traten die Höhen weit zurück: dorther kam der Tschir in seinem Tal mit Weiden und Auwäldern. Die Au war etwa tausend Meter breit, aber nur auf der östlichen Seite mit fast tropischem Wald bewachsen.

Auf der anderen Seite des Flusses, in unserm Rücken, war ein schmaler Uferstreifen; hier lagen die Dörfer Blischni und Melitschnig an der Sandstraße mit ihren Gärten und Äckern, dann stieg das Ufer fünfzig Meter hoch, und da droben war wieder Steppe mit zähen Gräsern, Schluchten, armen Orten und dürren Flächen.

Die Russen beschossen uns mit leichten Granaten, hier fiel eine in die Büsche, dort eine vor uns ins Feld: Streufeuer und Störungsfeuer, es bewirkte, daß unser Bewußtsein von der Anwesenheit des Feindes erfüllt wurde, und wenn solch ein Geschoß traf, so war das Zufall. Aber gab es Zufall? Es war ein Gottesurteil, wie die Geschichte selbst. Wenn wir austreten wollten, krochen wir auf allen Vieren fünfzig Meter zurück, in Deckung der frischen Grabhügel, zu einer kleinen Mulde, dort konnte man über ein paar Löchern hocken, ohne gesehen zu werden. In einer solchen Mulde standen – etwa dreihundert Meter hinter uns – die Geschütze.

Die Bewölkung wurde gegen Abend graublau, ein lichter Streifen im Osten verblaßte, je tiefer die Sonne sank, der Himmel war bedeckt von einer schleierigen Wolke, von Morgen nach Abend, mit wenig blauen Öffnungen von Licht. In der Dämmerung gingen die Essenholer ungestört mit ihren Trauben von Feldflaschen am Koppel zurück.

Es wurde nun kühl im Loch unter dem Busch, ich zertrat zwei kleine Kröten, hängte die Decke um die Schultern und starrte nach oben: da waren ein paar deutsche Flieger, auf die wir den ganzen Tag gewartet hatten, sie sollten die russische Artillerie auf den Höhen erkunden. Der Mond kam nicht, was sollten wir ohne Mond? Dann kamen feurige Kugeln, zerplatzend in bunte Punkte – einen Augenblick konnte man meinen, ein Netz sei geworfen, deutliche Abpraller, dann ein Feuerüberfall.

Die Nacht über fielen Bomben auf Blischni und Meletschnig, die Luftstöße der Detonationen schlugen als Echo vom Hochufer über uns hin.

Wir schliefen, wenn wir nicht Posten standen, im Zelt. Einmal wachte ich auf, der Mond beleuchtete magisch die Tarnfiguren auf der Zeltbahn. Ich hörte ein Nagen und Wühlen. Sollten Mäuse hier sein? Skaliger wachte auch auf.

»Was ist?«

»Hören Sie nur!«

»Der Wind und der Sand – weiter nichts.« Er drehte sich um und schlief weiter.

Um vier Uhr kroch ich hinter das Fernrohr, obgleich ich das Bild schon auswendig kannte. Zwei Kanonenbatterien hatten einander mit Licht und Schall in der Nacht erkannt und gemeldet, jetzt duellierten sie über zehn Kilometer weg.

Vom Niemandsland her trug der Wind den süßlichen faden Geruch. Eine Dunstwand senkte sich von oben und ließ über dem Horizont nur einen schmalen Streifen Licht: Die Sicht wurde bei minderer Blendung besser. Ich nahm das Netz von dem Glas und zog es über den Kopf. Die drehenden Säulen der Mücken über dem Auwald suchten schon wieder das Blut. Mäuse und Kröten fielen in unsere Löcher. Die Essenholer sprangen zurück – genau wie auf der anderen Seite, ich verfolgte die Russen zwischen den Häusern, sah sie sich begrüßen und in Gruppen gehen.

Der Bursche des Oberleutnants legte ein winziges Frühstück appetitlich zurecht, Brot und Marmelade auf ein Stück Zeitungspapier, und wedelte die Fliegen fort, bis sein Herr kam. Ich rief die Feuerstellung an, verlangte Ehrhard, nein es gebe nichts Neues.

Ich verfolgte aufsteigende Krähen und Lerchen mit den Okularen, sah rüttelnd oben die Lerchen stehen und hörte ihr Trillern, sah die ausschwingenden Krähen, die sich plötzlich nach Fliegerart über einen Flügel schräg abgleiten ließen. Dann eine Elster, war es wirklich eine Elster? Schwarzweiße Federn, und war schon davon. Dies Trillern der Lerchen, der eklig süße Geruch.

Plötzlich begannen alle Gewehre zu schießen. »Was ist denn?« Ich sah, wie überall die Zugführer aus den Löchern guckten, Telefone rasselten. »Was ist denn bei euch?« Auch Ehrhard fragte an.

»Ein Hund, sonst nichts.«

»Wieso ein Hund?«

»Ein Minenhund!« Landserspäße! Und wieder die Stille, das Duell der Kanonen, sie suchten einander. Plötzlich feindliche Kampfbomber, herunterdonnernd auf uns zu, in Deckung! in Deckung! Verdammt, wie nah die auf uns zuschossen! Die Maschinengewehre tackten, und dann fielen die kleinen Bomben, wie Konservendosen, die mit Nägeln voll waren. Und da lag der Oberleutnant neben seinem Frühstück auf Zeitungspapier tot.

Wieder die Ruhe, der ekle Geruch vom Feld. Eine Zigarre auf nüchternen Magen geraucht.

Skaliger kroch zu mir ins Loch: »Vertragen Sie das?«

»Hoffe es, der Geruch ist zu schlimm.«

»Auch gut gegen die Mücken.« Er zog sich das Schnakennetz über den roten Kopf; er war blond und wenig behaart, sommersprossig, die Haut begann sich in Flächen schon verbrannt zu lösen.

»Da drüben geht ein eigener Spähtrupp vor. Behalten Sie ihn im Auge.«

»Jawohl! Müßte heut wieder zum Zahnarzt.«

»Der Don ist im Süden in zweihundert Kilometer Breite überschritten.«

»Wurde auch Zeit. Noch immer das Getöse von Norden.« Man hörte ganz fern das Wummern der Geschütze.

»Also, hauen Sie ab zum Zahnarzt.«

Ich ging in unsere Protzenstellung, zu sehen, wie die Nacht sie erschreckt hatte. Hammerbacher war totenblaß, ein Neuer, er wühlte sich einen tiefen Bunker.

»Erst wollte er nicht«, sagte Miksch, »aber nun buddelt er Stunde um Stunde, einmal ist schon alles über ihm zusammengestürzt, wir haben ihn ausgraben müssen.«

»Wie steht's mit Futter?«

»Nichts!«

»Ihr müßt ins Niemandsland fahren, sieben Kilometer, zu fünft, und Gewehre mitnehmen!«

Dann ging ich zum Zahnarzt; er fragte, wie es vorne aussehe. »Gut«, sagte ich, »aber hier?« Ich sah mich um, drüben im Verbandsplatz lagen die Männer in Reihen.

»Heut nacht gab es fünfunddreißig Verwundete und ein paar Tote.«

»Da ist es vorn besser.«

»Was gibt's denn vorn zu fressen?« fragte der Zahnarzt.

»Wenig Brot, gar kein Aufstrich, gestern abend süßen Hirsebrei, Kaffee.«

»Ich dachte, ihr kriegtet was Besseres als wir.«

Ich ging wieder nach vorne, der Spähtrupp kam soeben zurück, vermehrt um ein paar Mann, das waren Gefangene.

Wieder ein Tag, wieder eine Nacht, braune Fläche, blauer Himmel, Streufeuer, Flieger. Nachts um zwölf Uhr Alarm: ein feindlicher Spähtrupp vor Kupfers Kompanie. Große Spannung, aber kein Schuß fiel, Kupfer alarmierte zu gern. Tiefer Schlaf von drei Stunden mit ausgezogenen Stiefeln. Am Tag wieder das ärmliche Essen von Hirsebrei, abends Erbsensuppe ohne Fett und Fleisch. Zum Frühstück für den folgenden Tag gab es dreißig Gramm Butter, einen Drittellaib Brot für den Tag. Der Körper kam damit aus, er mergelte wie der dürre Sandboden, auf dem wir lagen; asketische Züge prägten sich aus.

Am folgenden Morgen wieder zum Zahnarzt, die Einlage schmerzte so stark, daß ich auf einem Wacholderstengel zu kauen begann. »Schnaps wäre besser«, sagte Skaliger und schickte mich zurück. Hinten erfuhr ich den Erfolg unserer Fahrer bei der Futtersuche. Sie waren gestern zu fünfen ins Niemandsland gefahren, und da es leer war, beschlossen sie, in ein brennendes Dorf zu stoßen. Ein Panzerspäher warnte sie.

Sie seien also in den Ort gefahren und hätten ihr Heu geladen, schöne Fuhre, scheunenhoch wie zu Hause, vier Pferde davor, und wurden dann von dreizehn Russen überfallen.

»Nanu!«

»Jawohl – und wir hatten unsere Gewehre hübsch beiseite liegen, als die Kerle schon mitten unter uns standen.«

»Na, na!«

»Jawohl – aber Kogler und Kargl waren im Ort und kamen nun zurück, sie hatten nach Eiern sehn wollen, schossen drei von den Kerlen nieder, verwundeten zwei, die andern liefen davon.«

Ich ging zur Schreibstube und traf Wolisa, erzählte ihm den Fall und bat, Kargl und Kogler fürs Eiserne Kreuz einzugeben.

»Mache ich«, sagte er, »und Sie halten sich bereit, ich glaube, es dauert nicht mehr lange.«

Ich ging wieder nach vorne, bei Ehrhard brieten sie ein Schwein auf offenem Feuer, und ein Kalb blökte.

»Wart ein wenig, dann kannst du Portionen mitnehmen.«

So kam ich mit Schweinebraten zu Skaliger und Ferber. Als wir noch beim Essen waren, entdeckte Kupfer vor seinem Bereich Bewegungen. Von Norden her sickerten sechzig Russen in seinen Abschnitt, verschanzten sich in einem violetten Feld und Sumpf vor der Bahn. »Das ist für mich«, sagte Skaliger und legte einen Draht nach links und kroch so weit vor, bis er die Kerle sah. »Kein Wunder, daß ich sie sah«, berichtete er, »sie lagen mit ihren Zigaretten in den Löchern – haben wahrscheinlich nicht gedacht, daß ich auf ihren blauen Dunst schießen könnte.« Auch die Artillerie schoß jetzt, dann die erbeuteten russischen Granatwerfer, eine vorzügliche Waffe. Da man für die Nacht einen russischen Angriff fürchtete, wurden wir verstärkt, unser zweiter und vierter Zug dem Bataillon unterstellt. Aber es blieb ruhig: nachts sahen wir, daß die 44. Division links von uns eingerückt sein mußte, die deutschen Flakgeschosse waren am nördlichen Nachthimmel. Die Russen fürchteten unsern Angriff wohl mehr als wir den ihren. Man hörte die ganze Nacht von Westen her schweres Motorengeräusch; das war die Panzerdivision.

Am Tag lag ich wieder hinter der Schere, das Feld vor uns verbrannte zu grauvioletten Streifen. Wir bewegten uns frei von Loch zu Loch.

Die Läuse vermehrten sich, der Sand kratzte, das Schlehengebüsch ritzte die Haut. Viele große Vögel schwebten ins Niemandsland, eine Art von Geiern, durch die Leichen angelockt. Vor ihnen waren alle andern Vögel geflohen außer den trillernden Lerchen, die ich am Himmel betrachtete.

Skaliger lag dämmernd im Zelt, manchmal kroch ich zu ihm, dann sprachen wir über alles mögliche, aber die Gespräche waren fruchtlos, wenngleich ich seiner munteren Art nur schwer widerstehen konnte. Nur wenn er von Frau und Töchterchen sprach, wurde er still und dumpf. Rommel war in Afrika in ein tolles Tempo gefallen, auf Suez zu.

»Afrikanus!« sagte Skaliger.

»Bewegung, das wäre auch für uns gut.«

»Das elfte Korps ist morgen oder übermorgen hier, dann wird es wohl losgehen.« – »Das ist doch Seydlitz?«

»Bei Seydlitz ist immer was Besonderes zu erwarten.«

»Das sagt Fuchs auch.«

»Schauen wir die Karte an.« Skaliger zog eine neue Karte heraus, die von der Kartenstelle der Armee nach frischen Beutekarten bearbeitet war. Wir konnten uns endlich klarmachen, wo wir lagen. Der Ort am Bahnhof hieß Alt- und Neu-Maximowsky. Das Nest hinter der Waldspitze, von dem wir zwei Häuser gesehen hatten, hieß Jeritzkij.

»Hm, das ist ein Dorf, dort stand die Flak.«

»Ehrhard erzählte von diesen Häusern, da gäb's Mädchen.«

»Wie, hier vorne – in der Feuerstellung?«

»Die ganzen Troßknechte vom Auwald reden davon.«

Rechts von uns begann eine Schlucht, die wir noch nicht durchforscht hatten: »Sehen Sie, es ist eine große Schlucht mit einem besonderen Namen: Trechtubotschnajaschlucht.«

»Und nun die Bahnlinie, aha, sie läuft von Lichnaja nach Stalingrad!«

»Ihr Damm ist so etwas wie die russische Hauptkampflinie. Werden ja bald sehen.«

»Und hier der Don – ah, der Don, das sind noch sechs Kilometer, und drüben die Brücke, hübsch breit der Fluß, schätze fünfhundert Meter.«

Das Stromtal des Don war bis zu fünfzehn Kilometer breit mit Auen, Altwässern, toten Armen, Verschlingungen des Laufes; denn kaum regulierbar war der Fluß, heute wie vor tausend Jahren, eine Wasserbarre und Sumpflandschaft, mit sandigen Ödflächen, warmen Sumpfwäldern.

Wieder eine Nacht mit Bombenangriffen auf die Dörfer, und wieder am Morgen das Gelände betrachtet, die kleinen Hügel und Mulden, Schluchten, Büsche, Gruben und Bäume. Das Land, nun schon vertraut und immer violetter werdend, mit Leichengeruch überhaucht, war belebt von Millionen Insekten.

Den Heupferden fehlten oft, da jeder sie jagte, Beine und Fühler, aber ihre Beweglichkeit schien ebensowenig wie ihre Lebendigkeit dadurch beschränkt. Man hatte Mühe, den Gedanken abzuwehren, daß sie ein Gleichnis für den Menschen auf der Erde seien, sowohl nach Anzahl als auch nach ihrem lebhaften Springen.

Ich hing dem Gedanken nach, mein Sehrohr zum Himmel schraubend, und sah die trillernden Lerchen hoch in der Öde, selige Feiung; Getriller, Lüge, Verstellung, Täuschung über die Wahrheit der eigenen Lage – das alles hat tiefe Wurzeln in jedermanns Herzen, grundverschieden von Gerechtigkeit und Vernunft wie der Krieg, den wir führten. Ach, die Seufzer der Öde, die Schreie der Schmerzen, die fünfzig Meter hohen Säulen sich drehender Insekten über dem tropischen Auwald, voll innerer Vernunft, dennoch sinnlos, wenn nicht, wie die Geschichte, unmittelbar zu Gott! Was ist mit dem Buch der Natur und der Geschichte, ihrer geheimnisvollen Zuordnung und Grammatik, wenn nicht der höhere Schulmeister uns die Regeln auch an die Hand gibt, nach denen er sein Wort und seine Schrift eingab? Da fehlen uns denn wie den Insekten Organe und Fühler, die zwar nicht unsere Triebe, wohl aber das Vermögen, verborgene Zeichen zu kennen, beschränken – in dürrer Ödnis.

An diesem Tage Mitte August maßen wir achtunddreißig Grad Wärme im Schatten unseres Akazien- und Schlehengebüsches. Tausende von Fliegen strichen über das Feld, Grillen sägten. Wunschträume von einem kühlen Zimmer in Norddeutschland, einer Bierkneipe, stellten sich ein.

Abends besuchten fremde Offiziere unsere Stellungen, nachts rückten wir ab, spulten die Leitungen auf, trafen uns hinter der Bodenwelle mit den Geschützen. Der Russe schoß aufgeregt Wurfgranaten, bis es ganz dunkel wurde.

Skaliger ritt zur Besprechung, aber Ehrhard wußte schon alle Neuigkeiten: wir würden morgen links von unserer jetzigen Stellung eingesetzt. »Und was geschieht hier?«

»Schau dich um!« Es war dunkel, der Mond noch nicht da, so lief ich ein wenig spazieren, es tat gut, sich die Beine zu vertreten, da sah ich also sechzehn Sturmgeschütze. »Es ist alles da«, sagte Ehrhard, »morgen wird es ein großes Getöse geben – Nebelwerfer!«

Ich bewunderte sein Wissen. Er lachte: »Du weißt ja, ich hab Beziehungen«, und erzählte, er sei nachmittags beim Regimentsstab, seinen alten Freunden, gewesen. Auch Heeresartillerie sei mit schweren Mörsern zur Stelle.

»Wir werden Staromaximowski überraschend nehmen, hier nämlich stoßen die Sturmpanzer vor auf den Bahnhof. Werden ja sehn.«

Als der Mond kam, brachen wir auf, marschierten etwa eine Stunde durch den Auwald auf engen Wegen nach Norden hinter der Front her, in aller Heimlichkeit.

Im ersten Licht begann der große Angriff, die Artillerie schlug zehn Minuten hämmernd gegen den russischen Damm, dann mahlten die Panzer, gleichzeitig traten wir aus dem Wald auf ein offenes Melonenfeld. Vor uns lag ein flacher Hügel, Deckung bietend, kaum aber war die Spitze der Infanterie mit den Köpfen über den Hügel weg, begann heftiges Gewehrfeuer der Russen. Sie ließen sich nicht überraschen, wir gruben uns hastig ein. Die Sonne schien uns ins Gesicht. Das Bataillon hatte sich im Vertrauen auf die Überraschung nicht entfaltet: nun mußte die schwierige Bewegung bei Licht auf freier Fläche gemacht werden. Die Granatwerfer der Russen fanden ihre Ziele.

Plötzlich hörten wir ein Donnern, scharfes Knallen, ein Stoß trieb die Luft weg. »Nebelwerfer«, sagte Skaliger, »nun los!«

Das Bataillon nutzte die Überraschung des Feindes aus und machte einen Sprung in die Umgebung eines trigonometrischen Punktes. Da seine kleine Höhe die einzige Deckung bot, sammelte sich hier die Masse der Waffen, die Deckung brauchten. Vergebens schrie Schmidt, der Schwabe: »Die Granatwerfer zurück, buddelt euch hinten ein!« Aber da waren die Beobachter der Artillerie, der vorgeschobene Gefechtsstand des Bataillons, die vielen Fernsprecher. Dann kam sogar ein leichtes Pakgeschütz im Mannschaftszug. »Seid ihr verrückt?« schrie Schmidt, aber der Feind hatte es schon erkannt. Alle seine Maschinengewehre legten ihr Feuer auf uns. Sarbacher brach zusammen. Oberleutnant Sappok erhielt einen Kopfschuß und wälzte sich in Deckung, die Kopfhaut war geplatzt, er lebte und sprach.

»Genau wie in Liman«, sagte Skaliger, »die Kerle liegen in den Backöfen.«

Ferber kam mit dem Draht und schloß den Apparat an. Sprach, horchte, kurbelte – keine Verbindung. »Eine Feldflasche!« Aber niemand hatte eine volle Feldflasche. Er blickte verzweifelt um sich.

»Was ist denn mit der Verbindung?« schrie Skaliger.

»Boden vollkommen trocken.«

Das Melonenfeld war reiner Sand. Wir lagen platt auf dem Bauche, es war nicht möglich, dem Erdstecker des Telefons mit unserer Blase zu Hilfe zu kommen. Wieder knallte der Donner von den Nebelwerfern, hob sich das Bataillon aus den Löchern und sprang. Ferber zerhackte mit dem Seitengewehr eine dicke Melone und bedeckte den Brei mit Sand, steckte die Erdleitung hinein und sprach. Ehrhard meldete sich.

Wir nahmen nun die Backöfen des Dorfes unter Feuer, Entfernung vierhundert Meter; die Kugeln der Maschinenpistolen zwitscherten, man sah im Sand die Spritzer der Einschläge.

Wieder war die Verbindung gerissen. »Ich geh ins Dorf, schießen Sie weiter, wenn Verbindung kommt.« Skaliger nahm selbst den Draht in die Hand und hängte sich einen Apparat um. Ferber ging nach rückwärts, die Störung zu suchen. In zwei Minuten rief Ehrhard an: dieser Ferber war doch tüchtig!

»Achtung Feuerkommando!«

Ehrhard sagte: »Kann nicht schießen, bin eingedeckt von Granatwerfern.« Wieder war die Leitung unterbrochen. Ich spähte nach rechts hinüber, dort drangen die Sturmpanzer in den Bahnhof vor unserer alten Stellung; verdammt, die fehlten uns! Rund um mich her lagen die Männer mit Kopf-, Arm und Schulterschüssen. Wer nicht kriechen konnte, blieb liegen. Da war ja noch Sarbacher, er rauchte.

»Was ist denn?«

»Schulterschuß, werden mich schon holen.« Er war ein ausgezeichneter Soldat, Feuerwehrmann im Zivilberuf. »Nimm meine Leitung«, sagte er. Ich sprach mit seinen Leuten, sie wollten einen Melder zu Ehrhard schicken – doch da meldete sich Ehrhard schon, es sei ruhiger geworden, »aber sobald ich schieße, krieg ich die Schnauze voll«. Ich gab die Kommandos auf den nächsten Backofen.

Dann sprang die Infanterie in das Dorf, es hatte keinen Sinn mehr zu schießen. Ich gab Ehrhard durch: »Fertigmachen zum Stellungswechsel«, packte mein Koppel, den Apparat und gab Sarbacher die Hand: »Also, mein Lieber, mach's gut!« Er nickte, mochte froh sein, hier wegzukommen, noch vor zwei Tagen war er kriegsgerichtlich vernommen worden wegen jenes Geschützes, das er vor vierzehn Tagen hatte stehenlassen müssen. »Wie ein Verbrecher kam ich mir vor«, sagte er, »ich fürchte, dem Oberst geht's nicht gut.«

»Dem neuen?«

»Ja, dem Österreicher; Mäder führt heut wieder, merkt man gleich.«

Im Dorf war nicht viel los, Einzelschüsse, Skaliger wartete auf der Straße, ich meldete ihm, daß der Zug kommen würde. Er sah auf die Uhr, es war sieben. Ich wunderte mich: wir hatten vier Stunden gebraucht, sie waren mir wie dreißig Minuten erschienen. Das Bataillon war wütend, daß alle Sturmgeschütze rechts eingesetzt waren.

»Dort ist die Straße!«

»Natürlich, immer hübsch die Straße.«

Alles wartete auf Munition und Verpflegung. Wir gingen, den Schein zu wahren, in Feuerstellung und gaben ein paar Schuß ab auf das Brückenhaus an der Eisenbahnbrücke. Vor uns floß in tiefem Bett ein künstlich angelegter Bach. Sein Südufer war ohne Bewuchs, das schattige Nordufer feucht und mit dichtem Grünzeug subtropischer Art bewachsen.

»Unpassierbar für uns«, sagte Skaliger. Auch er war wütend, in der Protzenstellung waren uns vier Pferde ausgefallen und Kargl am Fuß verwundet.

»Alle Panzer sind drüben – bleiben wir stur stehn!«

Der Entschluß war richtig. Die Panzer schwenkten, als sie sahen, daß das Bataillon nicht aus dem Dorf kam, auf uns zu, und dann ging es weiter, nachdem wir uns an den Melonen sattgegessen und -getrunken hatten, denn Munition und Verpflegung kamen nicht nach. Hinter uns auf den Höhen jenseits des Tschir sah man die endlosen Staubfahnen der heranrollenden Panzertrosse. »Da sieht man, wie der Russe alles hat sehen können. Er wußte genau, daß wir mit Panzern kämen. Von Überraschung konnte keine Rede sein.«

Die Verluste waren hoch. Viele Kompanien hatten ein Viertel ihrer Männer verloren. Mäder ließ mit seinem großen Wagen die Verwundeten zurückfahren, darunter Kargl. Nun wurde auch das Melonenfeld von Sanitätern abgesucht.

Auf dem Wasser des Baches betrachteten Ehrhard und ich, die Füße waschend, Libellen mit vierteiligen, durchsichtigen Flügeln, der Leib war weinrot oder gelb.

»Was ist nun die Farbe der Flügel?« wollte Ehrhard wissen, »sie sind so durchsichtig, daß man die Eigenfarbe nicht sieht.«

»Ich glaube Schwarz.«

»Ob sie auch mit zwei Flügeln weiterfliegen?«

»Wahrscheinlich haben sie vier, damit sie zwei verlieren können, wie Flugzeuge mit vier Motoren auch mit zweien fliegen können.«

»Das hat der Teufel erfunden«, sagte Ehrhard, »oder weißt du eine andere Antwort?« Wir schälten zwei Melonen, schnitten sie in Streifen und suckelten an dem faden Fruchtfleisch.

Abends erreichten wir eine Stellung am Liskabach, die der am Oskol sehr ähnlich war, nur zehnmal verkleinert. Wir saßen nämlich in von den Russen noch ausgehobenen Löchern und Einschnitten zwanzig Meter über dem jenseitigen Ufer und bewachten das mit Gebüsch und Bäumen bewachsene Gelände. Es bewegte sich nichts, unten im Bach badeten Männer, ein Pferd mit geschwollenem Gelenk hatte man zur Kühlung ins Wasser gestellt. Dann brachte uns Kainz das Essen, ein großes Stück Braten mit kalt geronnenem Saft. Gegen acht Uhr kam Konstanzer mit Post und Munition.

Nachts um zwei Uhr kamen die Russen in Haufen angestürmt, blindlings vor sich herschießend, von Artillerie unsicher aus der Ferne unterstützt. In unserm Rücken schossen sie ein Haus in Brand. Es waren zähe Burschen, verzweifelt tapfer, denn sie wußten, daß sie verloren hatten. Unter den Gefangenen waren auch Frauen, die als Sanitäter dienten. Eine Gruppe von zwanzig Mann stellte sich am Boden liegend tot. Als Skaliger auf sie zuging, stachen sie mit Seitengewehren um sich und warfen ihre kleinen Handgranaten. Wir schmissen uns auf den Boden und rollten vor den Handgranaten weg. In der Morgendämmerung klang das Gefecht ab. Die Sonne kam und beleuchtete das vor uns liegende Land. Wieder lagen die Toten in der öden Steppe. Wir hatten neunzig Granaten verschossen. Das Bataillon legte eine Fernsprechleitung zu uns. Wir lagen den ganzen Tag müßig auf dem Höhenrand.

Am folgenden Tag ritt ich früh, da es ruhig war, von der Stellung fort, um nach den Protzen zu sehen. Das war ein Vorwand, um im Tschir zu baden. Dann mit dem Pferd in den Fluß und ein Stück neben ihm hinabgeschwommen. Auf der schönen Brücke war jetzt großer Verkehr in beiden Richtungen. Dann drang ich in den Auwald, er war dicht, wild, warm, prächtig grün und üppig, von unzähligen Tieren, Insekten und Vögeln bewohnt.

Als ich zurückkam, war das Bataillon abgezogen, hinter den Russen her. Nach einigen Kilometern holte ich unsern Zug ein. Abends hatten wir den erreichten Ort zu sichern. Es hieß, die Front sei ruhig, der Feind setze sich mit allen Teilen fluchtartig zur Wolga ab. Über uns weg flogen in östlicher Richtung bereits die Ju 52, die Lufttrosse der schnellen und gepanzerten Truppen. Es wunderte und ärgerte uns oft, wie die Nachrichten- und Propagandapolitik sich in den Ruhm der technischen Waffen verrannte, der Panzer und Flieger, obgleich dieser Ruhm nur einzelnen zukam, den sogenannten Assen, während die meisten Flieger, je stärker der Feind wurde in der Luft, sich sorgenvoll zurückhielten. Die Vorsicht der Panzer hatte uns im Gefecht oft geärgert. Freilich hatte diese Propaganda sehr deutliche Gründe. Vor dem Kriege versprach man sich alles von Panzern und Flugzeugen, sie schmeichelten dem Bewußtsein der Massen, dem Aberglauben an Zahl, Fortschritt und Technik.

In Wirklichkeit leistete der Mensch das meiste, der Infanterist. Im Gefecht stiegen die »schnellen Truppen« aus und kämpften zu Fuß. Die Technik erzog zu Vorsicht und Feigheit, die mit Rücksichten auf die Unersetzlichkeit dieser Maschinen und ihrer Kenner bemäntelt wurden. War es bei der Infanterie heute schon so, daß hinter jedem einzelnen Grabenkämpfer neun Nachschübler standen, so war dies Verhältnis bei den technischen Truppen etwa zwanzigmal ungünstiger. Das ist kein Vorwurf, es muß so sein im modernen Krieg, aber dreihundert wirkliche Flieger verzehrten den Ruhm von dreihunderttausend Infanteristen. Es wird zu zeigen sein, wie nach der Fliegerei die Panzerwaffe zu kämpfen aufhörte. Als Techniker und Sportsleute, die sie waren, neigten sie zur Aufgabe des Kampfes, sobald die technischen und sportlichen Bedingungen nicht mehr gegeben waren. Sie konnten von Haus und Erziehung aus nicht das, was für die Infanteristen aller Ränge und Dienstgrade das A und O war – dreitausend Feinde mit einem Eselskinnbacken erschlagen. Nur Rommel konnte sich taktisch mit den lähmenden Apparaten bewegen, er bewies es gerade in diesen Wochen – aber im höheren Sinne war hier nichts mehr zu wollen.

Nach drei oder vier Tagen lagen wir in der Stadt Nischnitschirskaja und warteten auf den Flußübergang. Eines Nachts war ich mit Skaliger und Ehrhard zum Don geritten; der Mond kam nicht durch, und wir sahen nur eine breite Wasserfläche blinken, rochen das Schwemmgut und hörten das Gepolter der Brückenbohlen.

Am nächsten Morgen wurde ich zur Schreibstube befohlen, man eröffnete mir, ich würde morgen nach Deutschland in Marsch gesetzt. Ich war benommen, daß es soweit war. Ich fragte, wieso denn schon jetzt? Detter lachte: »Idiot, sei froh, daß du fortkommst, bei den Kämpfen der letzten Tage sind zwölf von zwanzig Offiziersanwärtern ausgefallen; das scheint den Herren zuviel geworden zu sein.« Ich nahm den zugeklebten Umschlag mit den Papieren und ging zu Wolisa und Fuchs, mich abzumelden. »Schauen Sie zu, daß Sie ein Flugzeug erwischen«, riet Fuchs. Wolisa nickte: »Kommen Sie wieder!«

Dann nahm ich Abschied von allen, mit denen ich zwei Jahre lang zusammengewesen war, seit Frankreich.

»Junge, bist du wohl froh«, sagte Voigt, der Oberbeschlagmeister; er bat mich um mein Stöckchen mit Silberknopf, er habe nie ein schlechteres Pferd geritten als jetzt. Die Sprache erstickte mir fast. Ehrhard gab mir einen Schnaps, Skaliger eine Zigarette. Es war ja nicht viel zu sagen. Ich ging nach Deutschland – aber sie?

Bei der Feldküche erwartete mich Strobl, Gastwirt und Metzger aus Böhmen, Küchenunteroffizier, mit einer Schweinshaxe, die ich kaum unterbrachte. Er sagte: »Vergiß uns nicht!« Hier wartete ich auf das Verpflegungsauto der Division, es setzte unser sechs an einem Flugplatz ab. Wir kletterten in eine leere Heinkel, und ich sah, als sie sich donnernd hob und hob, ein herrliches Land, die Steppe, die Äcker, die Schluchten, die Bahnen, die silbernen Flüsse, die Städte Woroschilowsk und Stalino, und alles war fremd, und etwas Schwarzes flog unten immer mit, und als wir fragten, was das sei, sagte man: unser eigener Schatten auf der Erde.

IX

Kriegsschule Döberitz

Wir fuhren nach Olmütz, ich war nie dort gewesen; es war eine schöne Stadt mit grünen Anlagen, wohlgepflegten Gärten, sauberen Straßen, heilen Fenstern mit Gardinen. Es gab Farbe an den Wänden und hölzerne Ruhebänke. Am meisten wunderten wir uns über Menschen in neuen Anzügen, Frauen mit Hüten und Herren mit Spazierstöcken. In den Schaufenstern der Bäcker türmten sich knusprige Brote, die Fleischläden hatten Ketten von Würsten an den Scheiben hängen. Es gab ein Geschäft mit Messern, Scheren, Rasierklingen, Bestecken, Haushaltmaschinen. Und dort ein Zeitungsstand – sofort zwölf Zeitungen gekauft, sie waren alle von gestern und heute. Und Eisverkäufer! Wir stürzten an den Stand und kauften Nußeis.

»Mensch – eine Kneipe, schau her!«

»Hinein!«

»Ein Pilsner.«

»Donnerwetter, ist das gut!«

Wir hatten zwei Jahre lang kein frisches Bier getrunken, nun zündeten wir Zigaretten an und besahen unsere Finger.

»Wir müßten uns waschen.«

Dann fiel uns auf, daß die andern Leute uns anstarrten; wir wurden verlegen, zahlten und gingen.

»Schau dir die Frauen an!«

»Ob das Deutsche sind?«

»Ich versuch's mal.«

Unteroffizier Gilles ging auf ein junges Mädchen zu, grüßte und fragte nach der Uhrzeit.

»Halber finf!« sagte sie lächelnd und ging weiter.

Als wir zur Kaserne kamen, meldete man uns dem Kommandeur, das war der Oberstleutnant Sonntag, er kam in einer Sommerbluse aus schneeweißem Pikeestoff, ein Stöckchen in der Hand, auf uns zugetänzelt. Gilles meldete, jener winkte ab: »Vorgestern von der Donfront abgeflogen?« Er schien es nicht recht zu glauben, dann schrie er ins Gebäude: »Ordonnanzen!« Drei oder vier Obergefreite von fünfzig Jahren stürzten mit einer Geschwindigkeit aus dem Tor, die nur aus der Angst kommen konnte, man könne sie nach Rußland schicken. Sie standen still vor ihrem Gott.

»Flasche Cognac – aber dalli, und Gläser!« Nach zwei Minuten trank er auf unser Wohl, wir kippten zwei französische Cognacs in den Schlund.

»Sofort die Bäder heizen und ein anständiges Essen im Kasino, der Zahlmeister soll Fleischbüchsen hergeben!«

So wurden wir in Olmütz empfangen. Einen Tag später fuhren wir nach Brünn zum Vorbereitungslehrgang; ihn leitete Oberleutnant Zimmermann, den ich noch als Feldwebel aus Polen kannte. Führer unserer Ersatzkompanie war Freund Götz, dem ein Finger fehlte. Kolb lief mit einem steifen Arm über den Exerzierplatz, für ihn als Bäcker doppelt schlimm. Hybl humpelte mir am Stock entgegen, elender als je aussehend. Schon erfuhr ich, daß Oberleutnant Kupfer und Hauptmann Weber gefallen seien, das Regiment liege im Südteil von Stalingrad.

Kommandeur des Ersatzregiments war Oberst Silberlöffel, eine sonderbare Mischung altpreußischer Offiziersgrundsätze mit SS-Gedanken prägte seine Redeweise. Er hielt Vorträge über taktische Fragen, dann einen sehr merkwürdigen über die Beziehungen des deutschen Soldaten zum weiblichen Geschlecht, der ihn um unsere Achtung brachte. Später wurde er Inspekteur des Erziehungswesens, trat aus der Wehrmacht und zog die schwarze Uniform an. Er schien ein guter Soldat zu sein, war offenbar ehrgeizig, aber in sittlicher Hinsicht das, was man früher in Preußen ein »Subjekt« nannte. Zu bewundern war die Sicherheit, mit der dieser Mann von Himmler als seinesgleichen erkannt und von seinem bedeutungslosen Posten auf den eines Inspekteurs berufen wurde. Er betrachtete den Staat als ein riesiges Gestüt: Er gab zu verstehen, daß wir die Zeit in der Heimat zur Zeugung möglichst vieler Kinder zu verwenden hätten. (Leider war seine Ausdrucksweise in Wort und Grammatik so unzulänglich, daß man sie nicht schreiben kann.) Meinen Kameraden und mir waren diese Ausdrücke aus dem Munde eines Obersten neu. Offenbar hatten sich Dinge abgespielt, von denen wir nichts ahnten. Dazu gehörte auch das Gerücht, der tschechische Bürgermeister und fünfzig Brünner Bürger seien kürzlich aufgehängt worden. Wir erfuhren das durch unsern Fahrlehrer, einen Obergefreiten, der im Zivilleben Taxichauffeur war. Auf unsern Fahrten in die Umgebung Brünns zeigte er uns einen Galgen, der hoch über die Mauern des Gefängnisses ragte. »Da werden die Tschechen aufgehängt«, sagte er.

»Wieso aufgehängt?«

»Verschwörungen!« sagte er, und dann fuhren wir weiter. Einige Zeit darauf stiegen wir vor einer Kneipe ab. Dort sagte er: »Ich habe nichts gesagt, meine Herren!«

Wer die Mahnung des Obersten Silberlöffel befolgen wollte, fand in Brünn bei deutschen und tschechischen Mädchen die schönsten Gelegenheiten.

Da ich lange nichts gelesen hatte, kaufte ich mir ein paar Bücher, die zweite Fassung des Abenteuerlichen Herzens von Ernst Jünger, einen Teil der sehr seltenen Schriften Postl-Sealsfields, der aus der Gegend des nahen Znaim stammte, und – weil ich ja auf die Kriegsschule ging – Clausewitz' »Vom Kriege«. Dies Buch beschäftigte mich sehr, weil in ihm alles beieinander ist, was man für unvereinbar zu halten immer wieder lehrt, nämlich Kriegstheorie, philosophische Bildung, Geschichte, Kriegserfahrung, Menschlichkeit und Kunst. Der Stil ist nicht der beste, aber seine Schwäche, ähnlich wie bei Kant, bezeichnet zugleich eine Art Qualität: äußerste Abstraktion.

Clausewitz hatte zwei große strategische Meister vor Augen, Friedrich den Großen und Napoleon, und er wuchs geistig an der Seite Scharnhorsts. Seine Urteile klingen selbstverständlich, seine Axiome sind kraftvoll und glaubwürtig, seine Grundgedanken kreisen um die Vernichtung des Feindes. In Nebensätzen streift er geschichtliche Vorgänge, die man für welterschütternd hält: für ihn lösen sie sich in unwichtige Episoden auf, etwa die englischen und französischen Kolonialkriege. Großartig ist seine wiederholt ausgesprochene Ansicht, daß der Durchschnittserfolg ebenso wie der Durchschnittsmißerfolg nicht viel bedeute, daß erst die fehlerlose Befolgung der Kriegsgesetze den großen Erfolg bringe.

Seine Nüchternheit ruht auf Klugheit: »In der verlorenen Schlacht ist die Macht des Heeres gebrochen worden, noch mehr die moralische als die physische. Eine zweite, ohne daß neue, vorteilhafte Umstände ins Spiel kommen, würde zur Niederlage, vielleicht zum Untergang führen. Das ist ein militärisches Axiom.«

In solch einem Satz liegt das Urteil über Hitler; für den Soldaten, der in einer verlorenen Schlacht mitgekämpft hat, ist er selbstverständlich. Wenn man den vergangenen Krieg betrachtet, so haben nur die Deutschen und die Russen nach Clausewitz gekämpft und gesiegt; die Angelsachsen haben solides Handwerk gezeigt.

Ich stürzte mich also in das Meer Clausewitzscher Wahrheiten. Ähnlich wie das der Dogmatik ist es unendlich und unserer Zeit so überlegen, daß es nur unzulänglich wahrgenommen werden kann. Ich habe später dienstlich und privat mit Stabsoffizieren und Generalen zu tun gehabt: sie kannten von Clausewitz nur den Namen. Die deutschen Siege über Polen und Frankreich, die Anfänge in Rußland las ich jetzt bei Clausewitz nach. Die Verbindung von Überlegenheit, Schnelligkeit, Überraschung und Ausnutzung des jeweils Erreichten war das Werk seiner Schüler, man konnte es – wie das Leben der Heiligen aus der Befolgung der schlichten Gebote eines Katechismus – ablesen. Nach der Tat erscheint das Große selbstverständlich. Es war klar, daß die Mißerfolge der Heere begannen, als ihre Führer statt Clausewitz den Maximen eines wirr genialen Dämons folgten. Hier lag eine tiefe Schuld – aber nicht krimineller, sondern moralischer Art wie im Fall des Obersten Silberlöffel. Hier mündete die Überlegung in die Fragen der Geschichte überhaupt.

Mitte Oktober schickte man uns auf verschiedene Kriegsschulen. Ich fuhr mit Gilles, einem Wiener, der in Mähren geboren war und kurz vorher landwirtschaftliche Verwandte besucht hatte. Wir beschlossen, was käme, gemeinsam zu tragen. Gilles packte Wurst und Schinken aus seinem Koffer, und wir stärkten uns gehörig. Er hatte vor den Preußen den höchsten Respekt und fürchtete allerhand ausstehen zu müssen, was die Erlebnisse in Rußland überträfe. Er schien sie für eine Rotte von ungemein tüchtigen Bösewichtern zu halten, und je näher wir Berlin kamen, desto mißtrauischer sah er aus dem Fenster. Noch in Brünn hatte er sich auf dem Bahnsteig von einem Weibsstück verabschiedet und wurde, wie sich zeigen sollte, auf dem Anhalter Bahnhof von einem solchen empfangen – im übrigen aber versicherte der sonst so kühne Mensch sich meines Beistandes gegen die Preußen von Döberitz. Ich hatte ihn liebgewonnen und belustigte mich über seine Furcht.

»Mein Vater ist Polizist«, sagte er, »und war sein Leben lang Soldat«, er hielt mir eine Zigarette hin, »aber nach Döberitz zu reisen, hätte er sich nie getraut.«

»Sie werden uns nicht fressen«, meinte ich tröstend. Seine Augen lagen tief in den Höhlen, die Haare trug er zurückgekämmt nach hinten. Obgleich er Volksschullehrer war, sprach und schrieb er falsch. Im Dienst erregte er Heiterkeit durch sein Zögern und Schwanken – aber dann fand oder sagte er plötzlich das Richtige. Persönlich war er keck und liebenswürdig, mir gegenüber fast zärtlich treu.

Wir fuhren durch die Stadt zum Lehrter Bahnhof. Die Stadtbahnzüge erregten Gilles' Einbildungskraft ungemein: »Diese Preußen«, sagte er, »kein Wunder, daß sie mehr können als andere – solch ein Betrieb!« Ich hatte Mühe, ihn in den sogenannten Dampfzug zu schleppen, der uns nach Döberitz brachte. Dort holte die Kriegsschule unsere Koffer ab; wir waren verblüfft. »Nobel san's«, meinte er und überraschte mich mit dem Vorschlag, mit ihm auf Zimmersuche zu gehn.

Ich fürchtete, er wolle die Kriegsschule als möblierter Herr durchstehen.

»Na, na«, sagte er und lachte, »wegen der Madln!«

Ich war so überrascht, daß ich seiner Bitte folgte, und wir fanden nach einigem Suchen ein Dachzimmer bei einem Schneidermeister. Da wir fast jeden der kommenden Sonntage dienstfrei waren, verbrachte Gilles sein Wochenende in dieser Dachkammer. Er war der einzige auf der Kriegsschule, der sich diesen Luxus erlaubte, und hob sein Ansehen dadurch ungemein.

Wir lebten die folgenden acht oder zehn Wochen wie in einem Kloster. Der preußische Ton war den vielen Süddeutschen und Österreichern anfangs so unheimlich, daß sie befangen waren, aber bald merkten sie, daß äußere Straffheit und durchdringende Disziplin die Schale eines in seinen besten Vertretern edlen Kerns war. Zu diesen gehörte der Inspektionschef Major von Bothmer. Da vier seiner Brüder gefallen waren, hatte man ihn gegen seinen Willen hierherkommandiert. Er sagte etwa: Die Vorrechte unseres Standes sind, als letzte zu schlafen und zu essen, als erste vorzugehen und zu fallen. Er hatte eine unnachahmliche Art, Leute zu erkennen und zurechtzuweisen. So bemerkte er, als einer der

Lehrer, ein Oberleutnant, eine nicht sehr sachlich begründete These vortrug: »Das sagt er, um Sie zu täuschen! Haben Sie es nicht bemerkt? Sie müssen besser aufpassen!«

In diesen Wochen landeten die Amerikaner in Algier, und Rommel ging zurück. Bothmer sagte: »Sie haben unsere Schwerpunkttaktik übernommen, die Rommel schulmäßig vorgeführt hat.«

Der Nationalsozialismus wirkte krampfhaft, besonders beim Major. Er sagte einmal, als wir auf äußere Umgangsformen, etwa die Anrede in der dritten Person, zu sprechen kamen: »Wir halten eisern daran fest, meine Herrschaften!«

Es gab viel Vergnügen, viel Lachen, aber wenig richtige Heiterkeit. Die meisten mußten schwer arbeiten. Gilles saß abends bis ein Uhr hinter den Heften. Die Ausbildung im Gelände war eine Spielerei; das Exerzieren wurde geübt, um die Kommandosprache zu erlernen. Der Tag begann um sechs und endete um sieben Uhr abends. Dann gingen wir in die Kantine und tranken kleine Helle bis gegen zehn Uhr. Sonntags fuhr man nach Berlin, wo sich balkanisches Gesindel breitmachte. Einmal spendeten wir Blut und bekamen Rotwein, den wir schleunigst vertranken. Hauptfach war die Taktik, die im Lehrsaal und Gelände durchgespielt wurde. Daneben gab es eine ganze Reihe von Lehrstunden über inneren Dienst, Verwaltung, Geldfragen, Ehrenfragen, Standesfragen, Rechtsfragen. Jeder Teilnehmer mußte aus seinem Berufs- oder Privatleben einen Vortrag halten. Zweimal wöchentlich machten wir einen Dauerlauf in das nahe olympische Dorf, wo wir in der Halle turnten. Einmal wöchentlich hielt ein Major einen weltanschaulichen Vortrag, und alle vierzehn Tage hielt ein witziger Oberstabsarzt eine Belehrung über Gesundheitspflege.

All das war selbstverständlich und in seiner Art gut. Etwas anderes war der Mangel an dem, was Clausewitz in seinem Kapitel von den moralischen Hauptkräften behandelt. Er sagt: »Indessen ist es wahr, daß in der neueren Zeit die Heere der europäischen Staaten ziemlich alle auf denselben Punkt von innerer Fertigkeit und Ausbildung gekommen sind, und daß das Kriegführen sich, mit dem Ausdruck des Philosophen, so naturgemäß ausgebildet hat, dabei zu einer Art Methode geworden ist, die ziemlich alle Heere innehaben, daß auch von seiten des Feldherrn auf die Anwendung besonderer Kunstmittel im engeren Sinne (etwa wie

Friedrichs des Zweiten schiefe Schlachtordnung) nicht mehr zu rechnen ist. Es ist also nicht zu leugnen, daß, wie die Sachen jetzt stehen, dem völkischen Geist und der Kriegsgewohnheit des Heeres ein um so größerer Spielraum bleibt.«

Wir lernten alles Praktische und Technische des Kriegführens, aber es fehlte doch an Geist und Sinn. Diese Schule hatte die preußische Überlieferung der Disziplin, sie hatte hervorragende Lehrer und Offiziere. Die Schüler waren ausgesuchte Soldaten von allen Fronten, etwa die Hälfte hatte das Abitur, ein Zehntel hatte Universitäten und Hochschulen besucht – und doch gelang es nicht, jenen völkischen Geist aufzurufen. Die »Nationalsozialistische Schulung« bestand aus Phrasen einer halb analphabetischen Führerschaft. Der monarchische Gedanke, der in den älteren Offizieren leben mochte, durfte nicht laut werden, die Religion war tot, die Wissenschaft schwieg, die Generalität ließ sich dekorieren. Waren nicht auch die soldatischen Ehrbegriffe, nach deren Formeln wir hier lebten, tot?

Es gab einige Kameraden, mit denen man offen über solche Dinge sprechen konnte. Einer sagte: »Wahrscheinlich wird Hitler selbst im Sportpalast zu uns sprechen. Nehmen wir unsere Pistolen mit, und auf ein Stichwort schießt jeder sein Magazin leer – zu zehn Mann, das sind sechzig Schuß!«

Aber dann machte sich eine Beklemmung spürbar. War das erlaubt? War das Mord? Wo blieb unser Eid? Und auch die bittere Frage, was kommt danach? Daß über diese Dinge Unklarheit herrschte, war unsere Schwäche, war die Krise.

Kurz vor Weihnachten wurden wir, unser vierhundert, auf dem Kasernenplatz aufgestellt. Fünfzig Mann hatten am Morgen abreisen müssen, sie waren durchgefallen. Der Kommandeur der Schule nahm die Meldung entgegen und sagte: »Ich erkläre Sie hiermit zu Leutnanten befördert. Auf der Stelle wegtreten, gegenseitig gratulieren!« Es war preußischer Stil. Wir schüttelten uns die Hände und fuhren über Weihnachten in Urlaub.

Nach den Feiertagen trafen Gilles und ich wieder in Brünn ein. Im Kasino wurden wir dem Oberst vorgestellt. Es gab gutes Essen. Die Blicke der älteren Offiziere waren kritisch. In den drei Tagen, die wir dort verbrachten, ließ man uns merken, daß wir überflüssig waren. Sie fürchteten wohl alle, daß man zwei von ihnen an die

Front schicken könne, wenn man uns nicht schickte. Es waren die letzten Wochen Stalingrads. Wir hatten nicht Hitler, wohl aber Göring im Sportpalast gehört: er werde bis auf den letzten Mann seine Luftwaffe zum Einsatz bereithalten. Er hatte eine Pause gemacht, tiefe Stille, dann hatte er weitergesprochen, es gab keinen Beifall.

Am dritten Abend kam ein Fernspruch, wir seien zur soundsovielten Division versetzt; sie liege in Stalingrad. Ich betrank mich, und Gilles fuhr zu den Eltern. Man bewunderte uns mit Schrecken im Kasino, plötzlich waren wir Helden, der Oberst ließ uns eine Flasche Wein schicken. Um zwölf Uhr taumelte ich auf unser Zimmer, versah mich aber in der Tür und sah mich plötzlich vor einem alten Bekannten: Oberleutnant Zangler, meinem Kompanieführer aus den Anfängen des russischen Feldzugs. Er saß, das eine Bein weit von sich gestreckt, am Tisch; vor ihm standen eine Flasche und ein halbvolles Wasserglas mit Schnaps.

Auch er hatte mich sofort erkannt und sagte, mit erstaunter Dehnung, meine Achselstücke anstarrend: »Sie?« Ich gab ihm die Hand und bat um Entschuldigung für mein Eindringen. Er stand auf, humpelte an die Tür, schloß sie, nahm mich an der Hand, zog mich zum Stuhl, schenkte das Glas voll und bot es mir an. Ich sah das viel zu Weiße seiner Augen, das krause Haar, und setzte das Glas an. Dann sagte ich: »Ich gehe morgen nach Stalingrad.«

»Ich bin ein Krüppel«, sagte Zangler und setzte sich auf den Bettrand, »das ist mein künstlicher Fuß – mein Gott, Sie wissen doch, was für ein Bärenkerl ich war?« Ich sah ihn vor mir, wie er im Winter in Polen bei zwanzig Grad Kälte inmitten der Reitbahn stand und uns kommandierte, ohne Mantel, ohne Handschuhe, an einem Fleck stehend, nur sich drehend mit dem Karussell der Pferde, fünfundvierzig Minuten lang. »Saufen wir wenigstens. Wissen Sie, was ich hier erlebe?« Er schüttelte den Kopf, »da gibt's Offiziere, Aktive, die nie an der Front waren. Jeder Neue wird argwöhnisch beobachtet, ob er es versteht, sich anzuklammern, und wenn er dann seine Versetzung zur Front in der Tasche hat, dann atmen sie auf, und man ist der beste Kerl, diese ...« (er brauchte einen ungemein anschaulichen Ausdruck).

»Sie haben zum Teil sehr schöne Auszeichnungen an der Brust.«

Er lachte: »Wissen Sie, es gibt Kerle, die kann man nackt von Brünn nach Wien schicken – und sie kommen mit einem Orden an der Brust zurück.« Ich suchte ihn abzulenken, fragte nach gemeinsamen Bekannten, aber er war so bitter, daß er immer von neuem begann: »In Olmütz liegen Flieger, die seit sechs Wochen auf Benzin von uns warten, damit sie ihre Scheine machen können und an die Front dürfen – das Benzin ist nicht da! Wie soll das gehen, mein Lieber, was denken Sie? Draußen läßt man sich zum Krüppel schießen, und hier stimmt es vorn und hinten nicht. Da sitzt ein Fliegerhorst mit tausend Mann – und sie haben kein einziges Flugzeug in der Luft!«

Ich verabschiedete mich und ging zu Gilles aufs Zimmer. Er saß wartend am Tisch und pfiff einen Schlager. Er hielt mir die Fahrscheine hin: »Alles besorgt!« Ich warf einen Blick darauf, las: Zielbahnhof Montpellier. Ich sah ihn an: »Mach keine dummen Witze!«

Er sprang auf und nahm mich in die Arme: »Unsere Division liegt in Südfrankreich – es war ein Irrtum!« und küßte mich auf den Mund.

X

Die schöne Magelone

Morgens früh erwachten wir im Rhonetal, Gilles und ich, in einem aus winzigen Wagen bestehenden Schnellzug. Es war warm, angenehm, dunstig; als es hell wurde, sahen wir braune Mauern, Weingärten, hie und da den Fluß, steingraue Berge; es war der Süden Frankreichs, wo ich nie gewesen war. Der Name Montpellier klang mir romantisch im Ohr, ich wußte von einer Universität des Mittelalters, aber das war schon der Höhepunkt einer Entwicklung, die weit über tausend Jahre früher begonnen hatte. Es war Geschichte, und ich wollte mich frei davon machen. Müßten wir nicht durch Avignon kommen, Nîmes in der Nähe? Sahen ein Schild Lunel, und dann wieder eins, blau mit weißer Schrift: Montpellier, waren also am Ziel und kletterten schleunig ins Freie. Es mochte acht Uhr sein.

Die Stadt erinnerte mich an Verona. Wir fielen in ein hübsches Wirtshaus, der verschlafene Wirt im weißen Hemd. In Wien hatte es zehn Grad gefroren, und Gilles hatte die letzten Handküsse seinem Weibsbild auf dem Bahnsteig des Westbahnhofs durch Schneeflocken zuwerfen müssen. Hier schien die Sonne, man konnte im Freien sitzen. Wir hatten eine Droschke vorm Haus stehen. Wir hatten das Meer sehen wollen, la mer.

»Ah, la mer! Monsieur!« Der Kutscher wies mit dem Peitschenstiel auf den armen Schimmel und erklärte, das Meer sei acht Kilometer weit durch die Dünen, und was wollten wir dort? Sollten lieber zum déjeuner, Frühstück, mit huîtres, Austern und Champagner! Er kannte seine Leute.

»Aber das Meer«, jammerte Gilles, »ich hab' noch nie das Meer gesehen – Wasser, nichts wie Wasser, aber Champagner und huîtres! Allez!« schrie er dem Kutscher zu, denn er konnte nur wenig Französisch.

Wir tranken Sekt und aßen ein Dutzend frische Austern. Gilles schüttelte sich vor Ekel.

»Du hättest nach Stalingrad gehen sollen«, sagte ich zu ihm und bestellte die zweite Flasche. Außer Sekt und Austern gab es nichts zu kaufen. Wir überlegten die Spruchformel, mit der wir uns bei der Division vorstellen müßten.

Der Stab war im »Bristol«, man wies uns zum Personalchef, dem Herrn Major von Itzenplitz. Wir betraten ein winziges Kämmerchen, und dort saß hinter einem weißgedeckten Tisch ein Mann im Wehrmachtspullover. Er hatte die längste Nase, die ich je bei einem Lebenden gesehen habe, und an dieser Nase hing ein blanker Tropfen. Er erschrak über unsere rasselnd geschnarrte Meldung, fuhr hoch, bot uns mit krummem Rücken beide Hände und nötigte uns auf sein Bett zum Sitzen. Er trug rote Streifen an der Hose, und während er uns Zigaretten anbot, nach gehabter Reise fragte, zog er seine Listen unter dem Frühstück hervor und trug unsere Data ein. Ein dicker Tropfen fiel von der Nase aufs Papier.

»Meine Herren!« sagte er, »meine Herren, es freut mich außerordentlich, Sie werden, wir werden gleich sehen, jawohl, noch eine Zigarette? Wir leben hier bescheiden, sehr bescheiden, es ist so, der General, ich danke.« Er gab uns die Hand, und wir waren draußen. Das Hotel Bristol stammte aus dem Ende des vorigen Jahrhunderts, auf den Gängen standen Plüschsofas mit Troddeln und häßliche Kleiderschränke. Wir grinsten uns an und brachen, noch vor der Tür des Majors, in schallendes Gelächter aus. Daraufhin steckte ein Feldwebel den Kopf aus dem Zimmer nebenan, hob beschwörend die Hände, als er uns sah: »Meine Herren, ich bitte Sie, der General!« und wies gegen das Ende des Korridors, wo ein Gefreiter, anscheinend ein Posten, auf dem Sofa saß, und er nahm uns zu sich herein, besah die Papiere und teilte uns mit, daß Gilles und ich zur dreizehnten Kompanie des gleichen Regiments versetzt seien.

»Und nun melde ich Sie dem IIa, Herrn Major von Itzenplitz.«

Wir sagten, wir seien bereits vom Herrn Major empfangen. Der Feldwebel lächelte und sagte: »Er muß noch unterschreiben!« Er verschwand mit einigen Papieren, kam wieder und sagte, der Herr Major bitte uns, zehn Minuten zu warten, er habe eine Besprechung mit dem Ia (Chef des Stabes).

Wir setzten uns auf eins der Sofas.

Nach zehn Minuten kam der Feldwebel, trat beim Major ins Zimmer, der Bursche huschte mit gewichsten Stiefeln hinein.

»Jetzt rasiert er sich«, sagte Gilles.

Der Feldwebel öffnete die Tür: »Der Herr Major läßt bitten.« Der Mann, auf dessen Bett wir vor zwölf Minuten gesessen hatten, war vollkommen verändert. Er trug eine tadellos geschneiderte Unifrom, hohe blanke Stiefel, die weiße Kante seines Kragens blitzte. Er kannte uns nicht. So traten wir denn einzeln vor ihn hin und meldeten uns nach der Vorschrift. Er reichte die Hand, verbeugte sich und sagte: »Ihr Marschbefehl ist bereits fertig, beide Herren gehen nach Ternier. Eine Meldung beim Herrn General ist nicht erforderlich. Sie benutzen den Linienautobus.«

Wieder die leichte Verbeugung, er winkte mit der Hand, wir waren entlassen. Der Major trug eine einzige Auszeichnung, das Kriegsverdienstkreuz zweiter Klasse. Der blanke Tropfen hatte während der Audienz an seiner riesigen Nase gehangen wie schmelzendes Wasser.

Am Nachmittag kamen Gilles und ich nach Ternier, das war ein Ort zwanzig Kilometer westlich von Montpellier am Südhang der Cevennen, die ein nacktes graues Steingebirge sind. Die Ebene war bedeckt mit Wein. In Ternier kletterten wir über Hühnerkörbe und Fischreusen aus dem Omnibus und blickten uns in einem Straßendorf um, wo man außer den bäuerlichen Wagen der Einwohner drei oder vier Soldaten sah. Sie wiesen uns zur Regimentsschreibstube. Dort empfing uns Oberleutnant Reich, der Adjutant. Er bot uns Platz auf einem Ledersofa und fragte nach Woher und Wielange. Es stellte sich heraus, daß er vor dem russischen Feldzug, als wir in Polen lagen, Adjutant unseres ersten Bataillons gewesen war und den Frankreichfeldzug als Feldwebel in meinem Regiment mitgemacht hatte. »Und seitdem sitze ich hier, stellen Sie sich vor: seit anderthalb Jahren bin ich in Frankreich, zuerst bei Bordeaux, dann auf der Insel Olleron, dann in Paris beim Wachregiment, und bei der Besetzung Südfrankreichs kamen wir in den Raum Montpellier!«

Wir erlaubten uns die Frage, wer der Kommandeur des Regiments sei.

»Der Oberstleutnant de la Valle – Sie werden mit ihm zufrieden sein können.« Er sah unsere Papiere an. »Ich sehe, Sie haben studiert. Sie finden bei uns keine Zwölfender, der ganze Stab besteht aus gebildeten Herren. Sie werden viel mit dem Stab zusammensein; wir haben ein reizendes Kasino, und Papa Dorsch wird froh sein, wenn er von seinen Leutnants vertreten wird. Können Sie singen?«

Wir sagten, daß wir Annemarie, der Förster und die Tochter und das Engellandlied zur Not singen könnten.

Er lachte, in diesem Augenblick vernahm man Pferdegetrappel, und wir sahen eine schneeweiße Feldbluse vom Pferd gleiten. Reich sagte: »Der Herr Oberstleutnant.« Wir griffen nach unsern Mützen.

Die Tür flog auf, und ein zierlich gebauter Mann betrat mit kleinen, drehenden Schritten den Raum, ein Reitstöckchen in der Hand. Reich meldete, daß nichts Besonderes vorgefallen sei, aber zwei neue Zugführer für die dreizehnte Kompanie, die man seit längerem erwartet habe, eingetroffen seien, und machte so den Kommandeur, der uns nicht gesehen hatte, aufmerksam, so daß wir unser Sprüchlein abschnurren konnten.

Der Oberstleutnant hatte ein rotes Trinkergesicht von ungemein gepflegter Art und trug das Eiserne Kreuz erster Klasse von 1914. Er fragte, wo wir bisher gewesen seien, empfahl, gute Quartiere zu nehmen, und bat mit freundlicher Ironie, ihm und den Herren seines Stabes abends im Kasino Gesellschaft zu leisten. Er ging hinaus, drehenden Schritts, die linke Hand gegen das Herz gepreßt. Gilles öffnete die Tür und wurde mit einem Nicken des Kopfes bedankt.

Reich bat uns, eine Karte auf seinem Schreibtisch näher anzusehen, es waren die Stellungen des Regiments. In belehrendem Ton erklärte er, wo die Bataillone lägen, und wer sie führe. In Ternier selbst lagen nur die Regimentseinheiten, also außer der Stabskompanie die dreizehnte und vierzehnte Kompanie.

Zu mir gewandt, sagte er: »Sie müssen Dorsch doch kennen!«

Ich kannte ihn nur zu gut, den Augsburger Bierbrauer, er war mein Zugführer im Polenfeldzug gewesen.

»Dann brauche ich Ihnen also nichts darüber zu sagen. Seine Kompanie macht einen guten Eindruck.«

Wir fragten natürlich, ob die Division in dieser Gegend bleiben würde oder nicht.

Er zuckte die Schultern. »Seit Monaten heißt es, wir kämen zum Osten. Wir sind mit Mannschaften und Offizieren aufgefüllt, einige schwere Waffen fehlen noch. Immerhin können Sie mit zwei oder drei südfranzösischen Wochen rechnen.«

Wir gingen nun zur Kompanie, uns bei Papa Dorsch zu melden. Gilles kannte den Mann nicht, und so klärte ich ihn auf.

Dorsch mochte zu Anfang des Polenfeldzugs an die vierzig Jahre alt gewesen sein, er hatte einige Übungen mitgemacht und war in Polen, als er unsern Zug führte, Leutnant geworden. Er war Prokurist einer Brauerei und dankte diesen Posten der Verwandtschaft mit dem Besitzer. Ich hatte den Verdacht, daß auch seine militärische Laufbahn protegiert wurde, denn Dorschs Wesen war dem militärischen entgegengesetzt, und nur ängstliches Studium der Heeresdienstvorschrift ließ ihn das Richtige tun.

Papa Dorsch war in den zweieinhalb Jahren noch mürrischer, ungeselliger und kleinlicher geworden, als er früher je gewesen. Er freute sich über unser Erscheinen. Es war außer ihm nur ein einziger Offizier bei der Kompanie, Leutnant Siomak, im Zivilleben SA-Brigadeführer, man könne kein vernünftiges Wort mit ihm reden, weniger, weil Siomak böse, als weil er zu redselig sei und auf die Partei schimpfe.

Wir lachten.

»Seien Sie vorsichtig«, sagte Dorsch. »Wenn ein Brigadeführer schimpft, so ist das ganz was anderes, als wenn unsereiner es tut.«

»War Herr Siomak schon im Felde?«

»Ach nein! Der Teufel weiß, wie die Beförderung geht bei diesen Leuten. Sie werden sich übrigens wundern, Sie sind die ersten Offiziere im Regiment, die Osterfahrung haben, seit zwei Jahren wird der Krieg hier in den Betten geführt. Der General fährt abends in seinem Mercedes vors Puff.«

Dorsch mißbilligte Frankreich, den Wein, die Austern, die Frauen und wohl auch sich selbst. Immerhin erklärte er uns, daß sich in den letzten Wochen einiges geändert habe und man damit rechne, daß die Division zum Osten oder, wie die ewigen Optimisten wissen wollten, in die Pyrenäen komme. »Sehen Sie sich die Gegend an, fahren Sie nach Nîmes, Avignon, Sète – wer weiß, wie lange es noch dauert.«

»Auch nach Paris?«

»In Paris ist die Kleiderkasse, Sie werden Ihre Ausrüstung zu vervollständigen haben?«

»Selbstverständlich!«

Nun kam Siomak, ein kleines Kerlchen mit der Ostmedaille. Wir sprachen ihn gleich darauf an. Daß ein Soldat bloß die Ostmedaille trug, war verblüffend, aber er redete darüber hinweg und bat Dorsch, da wir da seien, um drei Tage Urlaub zur Pariser Kleiderkasse. Er verschwand sofort, Dorsch zuckte die Achseln.

Ich sah mein Quartier an, ein schönes, kühles Zimmer bei einem Weinhändler – das Zimmer der Tochter, die in Tarascon studiere. Nie im Leben hatte ich in solch einem Bett geschlafen, und das Bild der schönen Lise darüber vergesse ich auch nicht. Die Dame des Hauses, eine würdige Matrone, führte mich im Salon an eine Vitrine voller Flaschen mit Schnäpsen und Likören, öffnete sie und sagte: »Pour vous, Monsieur!« Ich dankte radebrechend und beschloß, das Schränkchen nicht anzurühren. Dann führte sie mich zu Monsieur, der gichtisch im Stuhl lag und mir einen schweren, süßen Wein anbot. Leider waren meine Sprachkenntnisse so armselig, daß wir in den kommenden drei Wochen selten über einen freundlichen Gruß und eine Einladung, die ich aus dienstlichen Gründen ablehnen mußte, hinauskamen. An den Sonntagen aber erschien Lise. Ich stotterte eine Entschuldigung, daß ich ihr Zimmer besetzt halten müsse, was unendliches Gelächter hervorrief, und im übrigen zeigte sich ein flotter Bataillonszahlmeister, der sie im Wagen brachte und holte. Monate später, in dunkelsten Stunden, verriet er mir, wie er glücklich gewesen mit diesem Geschöpf. Glücklicherweise sprach sie Englisch, und so konnte ich einen Nachmittag mit dieser Magelone bei einer Flasche Muscat aus dem väterlichen Keller verplaudern.

Wie einfach der Umgang mit den Franzosen war, wie leicht lösten sich die politischen Gegensätze auf, wenn die Beziehung menschlich wurde! Wie freundschaftlich war ihr Verkehr mit den Rheinländern, die zum Teil Französisch sprachen, mit den Österreichern, die in der Lebensart des weinigen Klimas verwandt waren! Eines Tages erschien während des Mittagessens eine alte Dame und beklagte sich bei Dorsch, daß ihr der immer anwachsende Misthaufen von unsern Pferden den Genuß ihres Gärtchens verleide. Sie bot an, den Mist kaufen zu wollen, wenn wir ihr Gespanne stellten zum Abfahren. Das Geschäft kam nicht in Ordnung, weil sie den Mist hoch hinauf in die steinigen Weinberge gefahren haben wollte, wo unsere Pferde sich die Eisen von den Hufen reißen würden. Nun begann sie zu bitten, sie als Dame zu respektieren, faßte sich mit dem Händchen so kläglich jammernd an die beleidigte Nase, daß Dorsch die Verlegung des Misthaufens zusagte. Politisch waren diese Leute Anhänger des Generals de Gaulle, und sie machten, im Vertrauen auf unsere Achtung, kein Hehl daraus. Le Général war ihr Held und Vorbild, ihre Hoffnung, und sie schienen tief traurig, daß die Amerikaner ihnen helfen müßten, die abscheulichsten Barbaren, und erzählten Anekdoten, wie Le Général es Roosevelt habe spüren lassen, welch eine Ehre es für ihn sei, La France zu befreien, wenn der Tag einmal käme.

Von den Deutschen erhofften sie sich wohl nichts?

Die Deutschen, mon Dieu, wenn der Fürähr nicht wäre!

In Ternier und Umgebung lebten vor Francos Regiment geflüchtete, verarmte und verwilderte Rotspanier; vor sechs Jahren aus ideologischen Neigungen aufgenommen, waren sie jetzt zur Landplage geworden. Es war ein Glück für diese Leute, daß Franco und der Fürähr sich gegenseitig für dumm hielten. Wenn man den Erzählungen der Soldaten glauben wollte, lebten sie, den städtischen Schichten Asturiens entstammend, von der Prostitution ihrer Frauen und Töchter, vom Kartenlegen und Wahrsagen, von der Bereitung von Liebestränken und allerhand Quacksalberei. Die Männer taten nichts, als hin und wieder eine fertig gedrehte Zigarette aus der Hosentasche zu fingern. Ihr Elend war so erbarmungslos, daß ich mir wünschte, meine Cambridger Freunde aus Trinity College, die 1936 unter dem Ruf »Help for Spain« für diese Leute auf unsern Cocktailparties gesammelt hatten, hätten sie sehen können.

Die Soldaten unserer Kompanie waren von anderer Art als meine alten Kameraden. Da die Division aus Teilen des Wiener stellvertretenden Generalkommandos hervorgegangen war, bestanden das Offizierskorps und ein Stamm von Unteroffizieren und Mannschaften aus Österreichern. Durch die zweijährige Besatzungszeit in Frankreich war dieser Stamm freilich unrein geworden und vor allem die Mannschaft aus geografisch günstig gelegenen Standorten ergänzt, daher bestand die Kompanie zu zwei Dritteln aus Rheinländern und Westfalen. Sollte das die von der Regierung erstrebte Mischung der Stämme sein? Da die Truppe in dieser Zusammensetzung schon lange bestand, hatte man sich aufeinander eingespielt. Von den drei Unteroffizieren meines Zuges waren Kühl und Teske aus Berlin befreundet, Tuthorn war Rheinländer. Die Mannschaften kamen aus Hagen, Köln, Mülheim, Essen, Dortmund, Wuppertal, die Söhne kleiner Gewerbetreibender und Beamter. Da war ein Pfarrerssohn aus dem Sauerland, frisch von der Schulbank, ein achtzehnjähriger Banklehrling, der kleine Köhler, die andern waren Verkäufer in Einheitspreisgeschäften, Kellner, Angestellte, Angehörige von Berufen, die im Krieg überflüssig wurden. Arbeiter war keiner, und als ich mich wunderte, hieß es: »Die Leute werden geschont, Rüstung!«

All diese Männer hatten eine Lustigkeit, Leichtigkeit, Pfiffigkeit, die mir militärisch neu war, und es gab langdauernde Krankmeldungen, verzehrte eiserne Portionen und manchmal auch Schulden bei den Weinhändlern. Das Kartenglücksspiel dieser Burschen ging um dreistellige Summen. Einige besaßen Fotoapparate, sie sangen Tanzschlager im Chor. Sie trugen, was es sonst nur bei der Luftwaffe gab, bunte Seidenschals um den Hals.

Eine ganz andere Rasse waren die Fahrer, sogenannte Volksdeutsche mit unaussprechlichen Namen, die meisten aus Polen, einige aus Rumänien. Werosumsky stammte aus der Bukowina und war auf einem Auge blind. Er sagte: »Ich werde mich lassen einbürgern, demnächst!«

Ich fragte ihn, ob das schwierig sei.

»An sich sehr – aber ich deutscher Soldat, jawohl, und da geht's!« Er strahlte mich aus seinem einen Auge an, das andere trug er schwarz bedeckt. Ich fragte Eberle, einen Gefreiten aus Ungarn, den ältesten der Fahrer, wie Werosumsky sich führe.

»Gut«, sagte er, »der beste von allen, aber ein paar sind da, die man verprügeln muß.«

»Wie?« sagte ich.

»Es sind arme Luder«, sagte er, »wissen nicht, ob sie Deutsche oder Polen sind, jede Wache muß man kontrollieren.«

Fast alle Soldaten hatten in den ein oder zwei Jahren, die sie in Frankreich verbracht hatten, französisch sprechen gelernt und unterhielten nahrhafte und verliebte Beziehungen zur Bevölkerung. Es kam vor, daß bei nächtlichen Kontrollen der Quartiere zwei Drittel der Männer unterwegs waren. Dies sonderbare Geschlecht hatte hingegen für die edleren männlichen Laster, für Trinken und Rauchen, nichts übrig. Wenn sie tranken, so war es widerlich süßer Likör. Aus den Stiefeln hatten sie die preußischen Nägel herausgezogen, und einer trug bei Übungen einen wunderschön nachgeahmten Stahlhelm aus Pappe.

Am Sonntag fuhren Gilles und ich zu Rad nach Sète ans Mittelmeer, in der Ferne sah man die Pyrenäen. Der Hafen war von reizenden kleinen Gasthäusern und Geschäften für Schiffsausrüstungen umgeben, ähnlich den Emdener Delften, wo ich meine Jugend verbracht hatte. Das Meer war spiegelglatt, man sah ein paar Segelboote. Der Dampferverkehr schien aufgehört zu haben, man ahnte weit drüben die marokkanische Küste. Auf der Zitadelle sah man altertümliche Geschütze. Mit aller Langsamkeit wurde der Ausbau der Küste als Festung vorbereitet.

Wir gingen in eine der kleinen Kneipen und sahen durch die Scheiben viele junge Mädchen mit ihren Liebhabern am Wasser lustwandeln. Von den vertäuten Fischerbooten kam ein würziger Geruch. Eine Anlage mit Palmbäumen erinnerte uns daran, daß jetzt im Januar nicht überall Winter war: Es war so warm, daß wir in unsern Uniformen schwitzten. Jenseits des Hafenbeckens standen große Öltanks, darin wurde Wein gespeichert, den man zur Herstellung von Benzin verbrauchte. (Diese Tatsache wurde in Deutschland als böses Gerücht hingestellt.) Wir tranken einen Apéritif und dann zwei Viertel schwarzen afrikanischen Weins.

Auf dem Rückweg fuhren wir über Mereval durch ausgedehnte Weinfelder mit Muskatellertrauben, kamen über den Paß des Mont de Gardiol. Dies soll die Gegend der Magelonen und Melusinen sein. Von der Höhe des Passes sahen wir das Meer tief dunkelblau unter dem abendlichen Himmel. Das Gebirge war felsig, wild, zerrissen, hier oben gab es nur hier und da kleine Weingärten, deren Erde künstlich zusammengeschleppt werden mußte. Wir ruhten auf einem Felsbrocken aus von dem afrikanischen Wein. Was steckte hinter Melusine? Als ihr Mann, der Graf, sah, daß sie einen Fischleib hatte, mußte sie ihn unter Jammern auf ewig verlassen. Noch deutlicher ist das Motiv bei Peter von Provinzien: als er die drei Ringe an der Brust der Magelone sieht, beginnt sein Unheil. In diesem Lande war die provencalische Kultur zugrundegegangen aus einem Überschwang des Liebens, Glaubens, Dichtens.

Während wir unsere Räder gemächlich die Hügel hinab nach Frontignan rollen ließen, erwogen wir unsere Aussicht, bald nach Rußland zu kommen. Gilles meinte, wir seien nur deshalb noch hier, weil die Bahnen nach Osten blockiert seien. Die Russen führten ihre große Winteroffensive und hatten Woronesch zurückerobert. Wir machten uns Sorge, wie unsere Regimenter sich vor dem Feind, im feindlichen Land, im harten russischen Winter halten würden.

»Wie kann man jahrelang eine Division im Westen stehen lassen, während im Osten ganze Armeen ohne Unterbrechung im Einsatz sind?«

»Mit dieser Division ist auch keine amerikanische Invasion abzuhalten.«

So machten sich die jüngsten Leutnants des Heeres damals Sorgen, die man sich an höchster Stelle hätte machen müssen.

»Hast du gehört«, sagte Gilles, »daß der General die Nächte im Bordell verbringt?«

Wie tat doch uns der Afrikaner gut, wir traten die Pedale schwer wie Blei. Der Muskateller rechts und links, die Straße gerade hin am Mittelmeer, nun eben flach, ein silbern Asphaltband, darauf die Lords und Millionäre eh gereist von Perpignan nach Nizza; polyglotte Landschaft, Nixen aus dem Meer, Peter von Provence, und aus Neapel schön die Magelone, schön die Muskatellertraube, schöner Januar und sein gerinnend Blut. Ach, wir träumten wohl und traten zu, hinter uns Mont Gardiol, rechts das Meer und die Sarazenenbarke, die Peter zu dem Sultan bringt, Languedoc mit Fabrègues und die Übungen am Mont Bazin, trockne Bachbetten, Hirtenpfade mit keiner Bewachsung bis auf kleine violette Blümchen, und die schrecklich öde Trift mit Ölbäumen, auf der wir Richtübungen machten.

In Montpellier die feine hohe Wasserzufuhr fern aus den Cevennen, zweitausend Jahre alt, und die Hände gekühlt in dem strömenden Bach, als sei er die Geschichte selbst, Eiswasser am Mittelmeer in uralter Steinrinne, mit hölzernen Luken gedeckt. Ein Platzkonzert in Montpellier, sie spielen natürlich Lehàr, Preußens Gloria und den Radetzkymarsch, wieder Lehàr, daß der Teufel ihn hole, aber richtig: Lehàr war Regimentsmusikkapellmeister gewesen in der k. u. k. Armee, und so was war dann auch wohl Tradition. – Ach, mein fernes Gedächtnis in Stalingrad, vergessen und begraben unter Schnee; tönt wohl noch Lehàr in den Trümmern von Stalingrad aus den durchlöcherten Posaunen jener Musikanten? Das wäre Untergangsmusik für Adolf Hitler, wenn man ihn vor dreißig Jahren im Männerasyl erstochen hätte! Aber es gab keinen Zuhälter, der ahnen konnte, daß er die Bürger von Montpellier schon 1908 durch einen schnellen Messerstich von deutscher Regimentsmusik 1943 hätte befreien können; ich sah keine Franzosen weit und breit, nur ein paar billige Mädchen.

Wie tat uns doch der Afrikaner gut, mein lieber Gilles! Jener Peter von Provence war arg bestraft für seinen Vorwitz, denn ein Vogel hatte diebisch ihm die Ringe fortgepickt, die er zwischen den weißen Brüsten Magelonens fand! Sie war eine Königstochter – und unser General stürzte sich auf ein Stück Fleisch für fünfzig Papierfrancs? Da wunderte mich nicht, wenn Silberlöffel Inspekteur des Erziehungswesens wurde, denn sein Ratschlag an uns ging ja auf das, was dieser General nächtlich seiner Division vorahmte.

O das verkommene Fleisch! Die Römer hatten wenigstens die schöne Wasserleitung dort erbaut und meinten mit gewissem Recht, sie würden dadurch unsterblich, sind's auch geworden, aus der Gladiatorenschule Marius', durch die Rätsel der Geschichte, und waren ja wohl gute Soldaten gewesen, und von ihnen ging der Ruhm zur spanischen Infanterie unter Farnese, den Schweden unter Gustav Adolf und Karl XII. zu Friedrich, Napoleon und Moltke – deren Erben aber sollten wir nun sein, auch unser General im Hurenhaus? Da war der Krieg verloren, der Sieg der Barbaren gewiß, Magelone betrübt.

Wie schön das Wasser in der hohen Leitung strömte, zweitausend Jahre lang! Die Wasser der Geschichte, da sann man wohl und grübelte an dem Gespenst der Gegenwart, und war doch wirklich! Mußte man Moralist sein? Floß das Wasser schnell und kühl zum Meer – ein Geheimnis, niemals durfte der Graf Melusine erkennen als Wasserfrau, und als es geschah, begann ein Jammern, ein Klagen, sie herzte und küßte die Kinder und mußte dann fort, fort die Liebe, fort der Ruhm, fort das Leben, zurück in das Nichts; fort dann Unsterblichkeit, du bist nicht mein!

Und klagend und weinend saß er am Ufer des strömenden Wassers. Diese Wasserleitung kehrt niemals um; was man dem steinernen Bach in der Höhe nicht entnimmt, das rinnt ins Meer, das ist verloren. Wohl strömt es nach, aber in der gleichen Richtung, sagte Heraklit; man wäscht sich nie im selben Fluß, und Melusine kommt nicht wieder.

Mein lieber Gilles, tat uns nicht der Afrikaner gut? Wir radelten durchs Languedoc und es wurde immer dunkler, Preußens Gloria pfiffen wir und den Radetzkymarsch, denn wir waren sehr vergnügt und versprachen einander Austern und Sekt.

Wir gingen unter unsere Kameraden im Regimentskasino, und natürlich merkten sie gleich, daß wir leicht angestochen waren, und so befahl denn der Oberstleutnant, daß wir zu rechter Aufnahme in die Gemeinschaft jeder solo zu singen hätten, irgendein Lied, »damit man sieht, was dran ist am Menschen.«

Wir hatten uns vorgesehen und ein Terzett geübt, Gilles, ein Panzerjäger und ich. Aber der Panzerjäger war nicht da. »Was wollen Sie mit dem Panzerjäger«, sagte Reich, »Sie müssen solo singen.«

»Jawohl, solo – aber im Terzett haben wir geübt!«

»Lehmann ans Klavier!« Lehmann war ein Landrat daheim und konnte Klavier spielen, ein fröhlicher Dicksack, der Verpflegungsoffizier des Regiments.

»Den Panzerjäger holen!« befahl der Kommandeur.

Wir aßen schleunigst ein halbes Dutzend Austern und tranken die erste Flasche Sekt. »Lassen wir sie essen und trinken – aber wehe, wenn das Terzett mit den Soli nicht taugt!«

Dann kam der junge Frisch, der Panzerjäger, neu wie wir im Regiment, neunzehn Jahre alt und halb ein Mädchen.

»Das ist wohl der Sopran?« sagte der Kommandeur.

»Also los, meine Herren, ich befehle das Terzett.«

Wir stellten uns vor den Flügel und sangen erst gemeinsam und dann solo in Baß, Tenor und Sopran: »O wie so trügerisch«. Das war nämlich der Witz, daß der junge Frisch mit Kopfstimme wie ein Mädchen singen konnte, und wir hatten gewaltigen Beifall. Der Stabszahlmeister griff nach dem Cello und strich mit, ein liebenswürdiges Männchen mit zerknittertem Zwergengesicht, der Kommandeur spitzte wohlgefällig die Lippen zu Frisch's hohen Tönen, der sang wie ein Engel, und Leutnant Wichtel, der erste Ordonnanzoffizier (Waffen und Gerät), versuchte gar zu steppen.

Es wurde ein hochfideler Abend – Wichtels Künste waren nicht zu zählen. Er zupfte sich ein Roßhaar aus dem Uniformkragen, schob es senkrecht von unten in die Nase, nieste entsetzlich und zog es zum Mund wieder heraus. Donnerwetter und da capo! Wahrhaftig, nun führte er das Roßhaar in den Mund, hustete und krächzte entsetzlich und schnupperte und nieste und wahrhaftig! da zog er es zur Nase wieder heraus. Donnerwetter und da capo! schrien wir, und Lehmann brachte aus dem Sonderfond des Kommandeurs drei Flaschen Sekt, und Wichtel leistete das Äußerste, erstaunlich: schob das Roßhaar in die Nase und zog es beim linken Ohr heraus, mitten durchs Hirn, und verdrehte die Augen. Donnerwetter und da capo! Das waren Späße! Er nahm einen Schluck und sagte, nun komme das ausgemachtest Schwierige, und er bäte die Herren erstens um Ruhe, zweitens um größte Aufmerksamkeit. Der Stabszahlmeister stellte das Cello in die Ecke, der Kommandeur prostete Wichtel zu, und da schob der Hemdfabrikant aus dem Schwabenland, denn das war sein Hauptberuf, das Roßhaar in die Nase, zog es auf, schluckte, würgte, machte Bewegungen mit Brust und Bauch, klopfte den Magen, drückte die Gedärme und zog – Wunder über Wunder, hinten aus der Hose das Roßhaar heil und ganz heraus, schleckte es ab und trank Sekt nach. Bravo! Bravo!

Es waren sehr vergnügte Leute, und nur Reich, der Adjutant, horchte etwas nervös in den Nebenraum, wo das Telefon stand.

Nun kam der Oberveterinär, ein Wiener, Hüller mit Namen, den kannte ich, denn sein Vater war Minister gewesen, ein schlanker Reiter mit roten Haaren. Sein Lächeln gewann uns sofort, die Zähne bleckend wie ein Pferd. Er war durchaus Pferdeverstand, der Mann, roch nach Pferd und sah so aus, ritt vorzüglich, das hatten wir gesehn, und stand vertraut mit allen Futtermeistern und Beschlagschmieden, wie es sich gehörte; er kannte alle siebenhundert Pferde des Regiments bei Namen.

Er war de la Valles ausgemachter Liebling, obgleich er ziviler SS-Mann war.

»Eigentlich schade um Sie, Hüller«, sagte de la Valle, »ein Mensch wie Sie bei der SS! Was sagt der Herr Papa dazu?«

»Was soll er sagen«, grinste Hüller, »es gab stets Familienkrach, er war Bundesminister und ich damals heimlich bei der Legion«.

»Ich hätte Ihr Herr Papa sein mögen!«

»Da hätten Herr Oberstleutnant auch Minister sein müssen!«

»Stehen Sie auf, Hüller«, sagte de la Valle, »trinken zur Strafe ein Glas Sekt!«

Hüller stand auf: »Verzeihen, Herr Oberstleutnant, der Hüller trinkt nicht mehr.«

»Ich befehle es!«

»Herr Oberstleutnant selbst haben mir Alkohol verboten!«

»Der listige Frechdachs«, sagte de la Valle, »schlägt mich mit eigenen Waffen. Wissen Sie, wie das kam?« wandte er sich zu uns Frischlingen.

Wir waren sehr begierig zu erfahren, wie das kam.

»Der Hüller und ich«, begann der Kommandeur, »kennen uns längst, waren zusammen beim Mondhundbataillon; was das war? Er erzählt es Ihnen selber, war unser Bataillon zwischen Polen und Frankreich, wir lagen am Rhein. Geht also dieser Mensch hin, damals noch Unterveterinär, säuft mit den Hufschmieden, und besoffen, wie sie sind, reiten sie die Dorfstraße hinab ein Galopprennen, immer über die Bauernwägen weg, und Hüller natürlich stürzt und schlägt sich den Schädel ein. Ich mußte ihn bestrafen (grinsen Sie nicht, Sie Unmensch!). Aber der Oberveterinär kommt zu mir und legt ein Wort ein für Hüller, nichts ans Regiment zu melden, denn sonst wär's mit der Beförderung nichts. ›Gut‹, sag ich, ›melde nichts, aber sorgen Sie, daß der Kerl zu saufen aufhört‹ und der sagt: ›Verbürge mich, Herr Major‹. Ich war damals Major. Aber der Hüller hat Glück! Kommt nämlich ein paar Tage drauf der Regimentskommandeur zur Besichtigung und ich lüge, meinem Wort gemäß, als er nach Hüller fragt, der liege verunglückt im Revier. Sagt der Oberst: ›Der arme Mensch, werde ihn besuchen!‹ Wir besuchten ihn also, und er tat dem Oberst so leid, daß er ihm auf der Stelle vier Wochen Genesungsurlaub versprach, wenn er nur reisen könne. – So ist das mit dem Hüller, er hat eben Glück!« Dann wandte er sich an den Veterinär:

»Haben Sie nun getrunken?« Hüller machte die Nagelprobe.

»Ewig schade, daß so ein Kerl SS-Mann ist«, sagte de la Valle, blickte um sich: »Pardon – wundert mich, daß die SS solche Spezies Mensch annimmt.«

De la Valle war Ostpreuße, hugenottischer Abstammung, der

einzige Berufsoffizier in diesem Kreise. Er war am Ende des Ersten Weltkrieges als Oberleutnant ausgeschieden und 1936 wieder ins Heer eingetreten. Seine Friedensgarnison war Marburg gewesen. Er fühlte sich als preußischer Offizier, ließ seine Verachtung gegenüber der Partei leicht durchblicken, war ein glänzender Gesellschafter, ein leidenschaftlicher Reiter, der schwere Konkurrenzen bestritten hatte, und stand dem Treiben seiner Vorgesetzten und Untergebenen in Frankreich, dem Trinken und Lieben, fremd gegenüber. Da er es nicht hindern konnte, verschloß er die Augen, wie mir schien. Er fühlte und führte sich stets als Kavalier und ging im kameradschaftlichen Umgang mit den Offizieren seines Stabes nie aus einer gewissen Reserve heraus.

Er verließ, als der Kasinobetrieb seinen Höhepunkt erreichte, plötzlich den Raum. Nachdem wir aufgesprungen waren, wandte er sich an der Tür halb um, wünschte guten Abend und rief nach seinem Wagen.

Wir erfuhren nun, wer Hauptmann Wildpret sei, der Führer unserer Stabskompanie, der älteste Offizier des Regiments, ein Mann mit scharfgeschliffenen Brillengläsern, langen Beinen, einem Generalsgesicht, der nur Cognac trank. Er musterte uns Neulinge wie eine Ware, und es fehlte nicht viel, daß er uns betastet hätte. Da er ein älterer Mann war und im Kasino mit untertänigem Respekt behandelt wurde – brachte doch Lehmann selbst, der Verantwortliche für Küche und Keller, ihm die Zigarren –, saßen wir steif wie Puppen auf unsern Stühlen, und sagten kein Wort. Wildpret fragte nach unserer Landsmannschaft, nickte wohlwollend zu Gilles Wienertum, denn er selbst war Wiener, erinnerte sich an Frisch's Vater, der Marineoffizier in Lissa gewesen war, denn »das waren noch Zeiten, meine Herren«, und alles wandte sich ihm zu, »als wir eine Flotte hatten und die Adria beherrschten – jetzt aber«, er machte eine wegwerfende Bewegung, und goß einen Cognac in den Hals. Dann versank er in Brüten, und einige begannen miteinander zu reden, aber so, daß sie den Hauptmann nicht störten. Er besaß die Goldene Tapferkeitsmedaille, und es gab von den Schlachten am Isonzo Berichte, in denen Wildprets Name eine Rolle spielte; er war ein tollkühner Stoßtruppführer gewesen. Sein Gesicht war rot und furchig, als riesige Büschel ragten die Brauen über die Brille, die Augen blitzten blaugrau, das Haar war nußbraun. Seine Gestalt hatte etwas Großes und zugleich Ruiniertes. »Sehen Sie«, sagte er plötzlich, »ich bin Bankangestellter in Wien, zwanzig lange Jahre – und nun kam das Dritte Reich, Lehmann!« Er blickte klagend und befehlend auf. Lehmann eilte mit der Cognacflasche herbei. »Das ist es, meine Herren, trinken wir! Großartig, großartig – Wissen Sie, die Italiener, Mussolini – Bundesgenossen, ja du lieber Gott, der Isonzo, na Prost!« So sprach er. Reich setzte sich zu ihm, er solle den Monolog des Soliman aus Zriny, seinem Lieblingsstück, vortragen, die Klage des Löwen, aber er winkte still ab.

Plötzlich begann er: »Das Faustrecht, meine Herren, das Faustrecht war, man sage, was man wolle, besser als das Völkerrecht unserer Tage! Da ging man hin und sagte seinem Feind die Fehde an, und beide Herren trieben was sie konnten an Soldateska zusammen und gegeneinander zu Felde – nur diese Haufen, verstehen Sie recht! Der Landmann auf dem Feld, der Reisende und Fuhrmann auf den Straßen, der Priester und der Bürger in den Mauern blieben unbehelligt. Außerdem gab es Zeiten und Tage im Jahr, da jegliche Führung von Kriegen verboten war. Die Parteien mußten ihre Fehde rechtzeitig ansagen und sich zu ihren Begegnungen wie gewöhnliche Reisende an die Straßen halten. Nur im Notfall durfte man Verpflegung und Futter am Wege nehmen, aber nicht weiter, als ein Speerwurf ging. In Turnieren übte man die Regeln des Kampfes. Niemand durfte gezwungen werden, Soldat zu sein – und heute? Massen ohne Seele, Menschen ohne Mut und Tapferkeit! Das moderne Völkerrecht aber ist der Mantel des Rechtes des Stärkeren ...«

Nach acht Tagen erhielt die Division einen neuen Kommandeur in General Wilhelm, den niemand kannte. Die Ausrüstung wurde vollständig, wir erhielten schöne, leichte, junge jugoslawische Pferde. Der alte Oberfeldwebel Siegel, bestehend aus Pferdeverstand, erteilte Reitstunden, daß es ein Vergnügen war, für alle Offiziere. In acht Tagen sollte das Regiment besichtigt werden. De la Valle wollte die Heerschau seiner Untergebenen mit einem Vorbeimarsch schließen, wozu er den Divisionsmusikzug in Stärke von vierzig Mann erbeten hatte, denn er liebte sehr den militärischen Pomp der alten Zeiten. Dorsch geriet darüber in unbeschreibliches Entsetzen, Siegel schien sehr erfreut zu sein.

»Wie sollen wir mit unsern halbwilden Pferden, die nie eine Pauke gehört haben, an der Musik vorbeikommen?«

»Meine Herren«, sagte Siegel, »Zügel lang und kräftig Schenkeldruck, dann müssen Sie vorbeikommen.«

Wir bauten eine Ersatzkapelle auf, deren Instrumente, Blechtöpfe und Bratpfanne, von der Feldküche gestellt wurden. Sämtliche Pferde weigerten sich vor dieser Musik. Nur Siegel brachte unter schrecklichen Kapriolen sein Pferd ans Ziel.

Es blieb nichts anderes übrig, als dem Kommandeur zu suggerieren, daß der Vorbeimarsch in einer engen Straße abgenommen werden müsse statt auf freiem Felde, damit die Pferde nicht mit ihren Reitern in alle Windrichtungen davongetrieben würden. Das wurde zugestanden, und so machte man mit seinem Hintermann aus, daß er dem bockenden Pferd im äußersten Fall einen schnellen Hieb auf die Kruppe geben solle.

Das war für unsere Reiter eine treffliche Aushilfe, außerdem konnte man sich auf den Herdentrieb der Pferde verlassen, die eins dem andern folgen würden – wenn das erste vorangegangen sei. Dorsch jedoch, als Kompanieführer, war in äußerster Not. Der befohlene Abstand von der vor ihm marschierenden Kompanie betrug dreißig Meter. Siomak schlug vor, dem knochigen Wallach des Chefs Schlaftabletten zu verabreichen, während Gilles sich bessere Wirkung von einer halben Flasche Sekt versprach. Den vernünftigsten Vorschlag machte Siegel, der riet, das Pferd vor dem Vorbeimarsch zwei oder drei Stunden kräftig zu bewegen, so daß es müde geworden sei. Das wurde getan und hatte Erfolg. Anders bei uns Zugführern; betrug der befohlene Abstand von Zug zu Zug auch nur zwanzig Meter, so gab es bei allen dreien Zwischenfälle. Den ersten Zug führte Siomak. Sein Pferd drehte vor der Musik auf der Hinterhand und mußte von einem dazu bestimmten Unteroffizier am Zügel vorbeigeführt werden – schmählich! Den zweiten Zug führte ich. Meine dunkelbraune Stute Wolga, kaum fünfjährig und mit dem Gliederbau einer Puppe, stellte sich genau vor dem Kommandeur auf die Hinterhand, und ich fürchtete schon, sie werde mit den Vorderfüßen auf die Posaunen losgehen, doch da zwang ich sie am Ohr zu Boden – und war vorüber. Gilles' Pferd bedurfte eines Hiebes vom Hintermann.

Diese Dinge, so lächerlich sie waren, wurden beim Militär sehr wichtig genommen, man weiß, daß im Frieden durch Unfälle wie die unseren die Karriere verdorben werden konnte, und da diese merkwürdige Armee in Frankreich sich als Friedensheer zu fühlen begann, so nahm man Reiten, Kasino, Herkunft und Auftreten wichtiger, als sie im Kriege sein durften.

Wir bemerkten bei dieser Gelegenheit, daß noch keine fünf Offiziere des Regiments Frontauszeichnungen besaßen, und wir hörten, daß außer dem Kommandeur fast niemand in Rußland gewesen sei. De la Valle hielt nachher eine feurig/schneidige Ansprache, die in dem Satz gipfelte: »Das Regiment will den Kampf, das Regiment ist bereit!« – Vielleicht stimmte das sogar, der Eindruck war glänzend, aber irgend etwas fehlte, ich wußte nicht, was.

Am fünften Februar abends hörten wir im Rundfunk die Katastrophe von Stalingrad, unserer Sechsten Armee, unseres elften Korps, unserer Division, des Regiments, der Kompanie, meiner Kameraden und Freunde. Paulus und Muskat, nun erschienen sie wie die Gestalten einer Sage. – Das halbe Huhn, das Paulus uns vor Charkow stiftete! Und Ehrhard, Skaliger, Ferber – und Detter mit dem ferngetrauten Mariele!

Ich saß mit Dorsch und Gilles zusammen, schweigend, dann kam Siomak. Ich hatte ihn genügend kennengelernt, um zu sehen, daß er ein ehrlicher Mann war. Ich wurde wütend und sagte: »Da haben Sie es: vor vier Wochen haben Gilles und ich mit eigenen Ohren Göring im Sportpalast sagen hören, der Führer läßt niemand sitzen! Wie steht's mit dem Führerwort?«

Ach, mit ihm war nicht zu sprechen, er sah keinen Mißerfolg, keine Mißstimmung, Glauben und Vertrauen solle man haben!

»Glauben und Vertrauen, worauf? Sehn Sie nicht, wohin es geht?« Was er nicht sehen wollte, sah er nicht.

Ich sagte, es sei unmenschlich, was dort geschehen sei.

Nein, es sei hart, die Nerven ...

Das sei ein Unteroffiziersstandpunkt.

Er wurde beinahe böse, er schwankte und wankte, dann aber sagte er: »Lassen Sie mich in Ruhe, was bin ich? Ein Leutnant wie Sie.« Gilles und ich waren tagelang wie betäubt, saßen trübsinnig unter den Ölbäumen bei Ternier und starrten auf die Mannschaften, die Laden, Sichern, Stellungswechsel übten.

Gilles sagte: »Es hat Niederlagen und Rückschläge gegeben, und es wird sie geben, lies deinen Clausewitz!«

»Unter Soldaten hat es das gegeben, da kann man es tragen, weil sie einen Begriff von Ehre, Pflicht und Verantwortung haben. Nun aber reißt uns was anderes dahin, ich weiß nicht, was es ist.«

»Es wird aufkommen«, sagte er.

Zwei Tage später fuhren wir im Truppentransportzug von Nîmes die Rhone hinauf, ein grünschießendes Wasser, Burgen auf den hohen Felsen, Städte am andern Ufer, der Wein hörte auf, in den Auen Getreide, abends in Lyon. Es bestand kein Zweifel mehr, daß es wieder nach Rußland ging.

XI

Magelone im Schnee

Der Eisenbahnzug bestand aus einer jämmerlichen Garnitur von etwa vierzig Wagen, darunter drei Personenwagen. Er war mit dem zweiten Bataillon samt unterstellten Teilen beladen, diese Teile waren die Pakzüge von Frisch und Sommerscheid und mein Zug Infanteriegeschütze. Wir saßen in einem Wagen zweiter Klasse aus dem Jahre 1886, sechs Abteilchen an einem nach Aborten riechenden Gang. Wir hatten nie in solch einem an der Seite eingebogenen Abteilchen gesessen, auf Polstern mit rotem Plüsch, durch den das Seegras aus den Nähten quoll. Die Heizung war in Frankreich zu heiß, man konnte sie nicht abschalten, und in Rußland zu kalt. Wir holten heißes Wasser von der Lokomotive und füllten es in leere Flaschen, aber das half wenig genug, und so kroch ich nachts zu Eberle und Werosumsky in den Pferdewagen. Werosumskys Sorge war der Einbürgerungsbrief. »Hoffentlich kommt er bald.«

»Ja, hoffentlich, ich bin zwei Jahre Soldat.«

Eberle sagte: »Draußen ein halber Meter Schnee, und unsere Pferde haben schon Sommerhaar!« Ich erschrak – unsere Pferde im russischen Winter hatten früher bis zu acht Zentimeter lange Haare bekommen. »Wir müssen sie stets eindecken im Freien«, sagte ich, »habt ihr alle Winter- und Tarnanzüge?«

Es stellte sich heraus, daß sie nur die schweren Fahrermäntel erhalten hatten, weil nicht genügend Tarnbekleidung geliefert worden war. Ich tröstete sie mit meinen Erfahrungen im ersten russischen Winter. »Aber die Pferde«, sagte Eberle, »sie kommen vom Mittelmeer in den russischen Winter.«

Tagsüber saß ich wieder bei Frisch im Abteil, plaudernd und rauchend, er erzählte uns aus seiner Jugend in Triest, wo sein Vater lebte. Oft hielten wir, dann fuhren endlose Lazarettzüge an uns vorüber. Auf den kleinen Stationen kamen russische Kinder, die uns Streichhölzer und veraltete Zeitschriften anboten, sie wollten Zigaretten haben, die Währung des Elends auf der Welt. Ihre Streichhölzer kamen aus Pinsk, waren in ihrer Art also berühmt.

Unser Kommandeur war Hauptmann Spörl, ein großer, ruhiger

Zwölfender. Wie Reich war er aus unserer gemeinsamen alten Division hervorgegangen; ich meinte ihn als Hauptfeldwebel gesehen zu haben, als wir Paris nahmen. Am Abend hinter Minsk lud er Frisch und mich ein. Er hatte einen rosigen Teint, trug tadellose Wäsche, war ruhig, überlegte kurz und sprach gewandt: er galt als der beste Offizier des Regiments. Er war noch nie im Osten gewesen und ließ sich einiges erzählen. Sommerscheid saß auch da und hielt sich an den Cognac. Spörls Adjutant war Oberleutnant Ammann, ein semmelblonder Schullehrer von der angenehmen Sorte; Spörl war Hesse, Ammann Bayer. Die beiden paßten sehr gut zueinander, sie vertrauten sich auch. War Spörl ernst und gesetzt, nicht ohne gravitätischen Stich, so gab sich Ammann lustig und beweglich. Spörl hatte weder den Übermut noch die Angst der andern, Ammann war voll Tatendrang: »Wir werden es dem Iwan zeigen«, sagte er.

Außer uns saßen noch vier Offiziere im Abteil, nette, dumme Kerle, sie sangen hin und wieder ein Studentenlied, dann ein Volkslied, dann ein Parteilied in greulichem Durcheinander, dazwischen erzählte jemand unappetitliche Witze.

Zwei Stunden vor Mitternacht stiftete der Hauptmann eine Flasche Sekt, ein Knall, eine Erschütterung, die Fensterscheibe flog auf den improvisierten Tisch, Pulvergeruch, der Zug stand. Alles suchte seine Leute in die für Überfälle befohlenen Stellungen zu bringen. Es war düstere Nacht, dunkle, weite Nadelwälder ringsum. Die Maschinengewehre plumpsten in den Schnee. Salven gegen den Wald. Es zeigte sich, daß die Lokomotive auf eine Mine gefahren war, ein halbes Meter Gleis war gesprengt. Wir warteten drei Stunden auf die neue Lokomotive, es geschah nichts weiter; ich schlief mit einer Wasserflasche an den Füßen auf dem Seegraspolster. Dann kam der Hilfszug, das Personal erzählte Schauergeschichten von Überfällen, Entführungen und verrichteten Heldentaten. Zum Dank für einen angebotenen Schluck wollte der neue Lokomotivführer die Cognacflasche stehlen. Morgens kamen wir nach Baranowice, für die hundertfünfzig Kilometer von Minsk hatten wir zwölf Stunden gebraucht. Kurz vor der Beresina hielten wir, die Wälder waren auf beiden Seiten der Bahnlinie mehr als hundert Meter niedergelegt wegen der Partisanen, die Brücken befestigt und scharf bewacht. Trotzdem lagen Tausende von ausgebrannten und gesprengten Wracks von Wagen an der Böschung des Bahndamms.

In Gomel standen wir die ganze nächste Nacht, da keine Lokomotive zur Stelle war. Allmählich lief die Division ein. Papa Dorsch kam zu uns mit Trauerkunde: kurz vor Montpellier hatte der Lastwagen der Kompanie sich überschlagen und den Hauptfeldwebel mit den Kohlesäcken der Feldküche erdrückt, man mußte ihn tot hervorziehen. Dorsch selbst hatte im Führerhaus gesessen.

Wir fuhren hinter der Front her, Kursk oder Charkow würde unser Ziel sein. Im Gelände sah man einzelne Kolonnen mit Schlitten, das waren wohl Futterholer der Trosse. Ich erwachte allmählich aus meiner Bedrückung, der Anblick des Kriegstheaters gab mir Mut: diese große Maschinerie würde uns von selber zwingen, der Sache gemäß zu denken und zu handeln. In Ligow luden wir aus, das war ein kleiner Bahnhof nicht weit vor Kursk. Dort stand ein Leutnant von der Armee, der unsere Ankunft zu melden hatte.

Ich machte mich an ihn heran, denn er langweilte sich, gab ihm Cognac und eine Zigarette. »Es klappt ganz schön mit dem Ausladen«, sagte er, »alle zwei Stunden ein Zug.«

Wie denn die Lage sei?

Er blickte spöttisch um sich und machte eine Handbewegung: »Waren Sie schon mal in Rußland? – Na gut: obwohl wir in diesem Jahr Winterausrüstung hatten, sind die Verluste durch Erfrierung sechzig Prozent größer als im vorigen Winter.«

Wie denn der Winter sei?!

»Harmlos dies Jahr! Keine zwanzig Grad haben wir gehabt, es ist rätselhaft. Und dann die Italiener und Ungarn!«

»Machen sie nicht mehr mit?«

»Kein Wunder! Sie sehen, daß wir die Gewinne einstecken. Natürlich, militärisch ist nicht viel zu machen – aber in den vergangenen Jahren haben sie uns doch Nutzen gebracht durch ihr bloßes Vorhandensein. Jetzt aber, wo sie sehen, daß es dahingeht mit uns, möchten sie nach Hause, sonst nichts. – Ihr seid recht gut ausgerüstet?«

»Ja«, sagte ich, »alles neu und das Neueste.«

Er nickte trüb: »Das ist ein Fehler, der Russe hat T 34-Panzer, seine Fordwagen und seine primitive Artillerie. Bei uns gibt's immer was Neues, Besseres, Komplizierteres.«

Ob der Russe müde sei?!

Er lachte: »Die alte Angabe, der Russe kämpfe sich zu Tode, hat sich umgekehrt. Die Lage ist kritisch. Wir kommen von Woronesch und sind auf dem Rückmarsch. Ihr sollt uns helfen, den Russen aufzuhalten – aber vor dem Tauwetter kann niemand den Russen aufhalten.«

Sei denn Kursk besetzt?!

»Seit zwei Tagen dringen die Russen in Kursk ein. Alle Vorräte sind in die Luft gegangen, alle Vorräte für den kommenden Sommer sind verloren.«

Dann erzählte er viel Merkwürdiges vom Partisanenkrieg, den wir anfangs nicht ernst genug genommen hätten, jetzt zu verlieren drohten, weil wir die Partisanen kriegsrechtlich nicht anerkennten. Es gebe weite Gebiete, wo die Partisanen hinter unserm Rükken auch die zivile Verwaltung in Händen hätten.

»Wie weit ist denn die Front?«

»Etwa zwanzig Kilometer, aber sie ist nicht fest, sondern gleitet.« – »Dann gibt's wohl gleich für uns zu tun?«

Wieder lachte er: »Ein Regiment Ihrer Division ist schon eingesetzt. Wenn Sie Glück haben, können Sie heut nacht ruhig schlafen.«

»Und wie macht sich das Regiment im Kampf?«

Ich wartete begierig auf seine Antwort. Er nahm einen Schluck aus meiner Flasche: »Unsere Regimenter sind fünfhundert Mann stark, wenn dann plötzlich so was Funkelnagelneues auftaucht – Sie können sich denken, wie das wirkt. Die Front wäre sonst schon hier!«

Wir luden aus und marschierten auf einer vereisten Straße mit Geschützen, Protzen, Schlitten in ein bescheidenes Dorf ins Quartier. Dort blieben wir zu unserer Überraschung fünf Tage. Wir sollten uns einleben, wie der Befehl hieß, und die Zeit nutzen. Unsere beiden andern Regimenter und das eigene dritte Bataillon waren am Feind, wir lagen hier als Reserve.

Am sechsten Tag wurde ich zum Stab befohlen, dort stand Sommerscheids hochrädriger Mercedes zur Erkundungsfahrt bereit. Wir fuhren bis zum Bahnhof Derewenski, eine Station vor Ligow, dann blieb der Wagen im Schnee stecken. Hauptmann Spörl und Ammann kletterten ins Freie, wir entschlossen uns, das Weitere zu Fuß abzumachen. Von einer hohen Überführung aus sahen wir das Land, so wie der Feind uns vor sich liegen haben würde. Das Gelände war eben, aber von Schluchten gekerbt. Man hörte aus der Ferne Geschützdonner. Es war jetzt gelungen, die zurückflutende Front zum Stehen zu bringen; die Verluste waren groß, etwa zwanzig Mann bei jeder Kompanie.

Auf der Rückfahrt fuhren wir beim Regimentsstab vorbei. De la Valle saß in einem üppig hohen Lehnstuhl, den er aus Frankreich mitgebracht hatte. Der Stuhl war ungestrichen. »Sehen Sie, Spörl«, rief er, »das ist der Stuhl, er ist nicht ganz fertig geworden, aber bequem. Setzen Sie sich hinein!«

Man saß um einen Tisch hinter der Karte.

»Da und da«, zeigte der Oberstleutnant, »stehen meine Bataillone im Kampf – und ich sitze hier. Man verheizt meine Leute!«

»Wie, auch unsere Bataillone? Jetzt schon?«

»Sie sind der einzige, der noch nicht im Feuer war. Leer ist schon verwundet.«

»Verwundet!« Leer war der Kommandeur des dritten Bataillons, ein ehemaliger Polizeioffizier mit einer großen Glatze. Er war ein Grillenfänger, es hieß, er habe die Bibel auf neue Art ins Deutsche übertragen. Deshalb sagte de la Valle: »Nun kann er seine Bibel zu Ende übersetzen.« Alle lachten. »Also: was haben Sie erkundet?«

Spörl gab seine Eindrücke wieder und zeichnete die vorgesehenen Stellungen ein.

»Und die schweren Waffen?«

Sommerscheid und ich gaben die Stellungen unserer Geschütze in die Karte.

»Schönchen!« sagte der Oberstleutnant, das war eine seiner gräßlichen Militärvokabeln.

Dorsch nickte befriedigt; er war immer befriedigt, wenn er oder seine Untergebenen keinen Tadel erhielten. Dann sprach man über die Trosse, wir hatten die unglücklich schweren Lastwagen an den Wegen parken gesehen.

»Ein einziger Flieger genügt«, sagte Ammann.

»Sind keine Flieger gemeldet«, wußte Reich.

»Dann, meine Herren«, sagte de la Valle, »ein Spielchen? Wer spielt Doppelkopf?« Spörl stand auf, der Kommandeur nahm seinen Sessel ein. Wichtel schenkte Schnaps ein, immer Cognac reihum, denn es war nur ein Glas da.

Spörl entschuldigte sich, wir müßten weiter, es würde dunkel.

Dorsch zog mich beiseite und sagte, Siegel sei verunglückt, ein Sturz mit dem Pferd auf vereister Fahrbahn, nun habe er keinen Feldwebel mehr als Spieß.

»Nehmen Sie doch Schallinger!« Das war ein Oberfeldwebel mit großer Erfahrung, der schon im Osten gewesen war. »Der hat den schweren Zug!« – »Haben wir einen schweren Zug?«

»Denken Sie! Im letzten Augenblick kam er!«

»Gilles ist vom schweren Zug«, sagte ich, aber Dorsch blickte weg, er traute uns nicht; mit einem Feldwebel konnte er besser als mit einem Leutnant fertigwerden, er tat mir leid. »Wenden Sie sich ans Regiment, die haben sicher einen Schreiber!« Ich mußte in den Wagen, Sommerscheid hupte schon.

»Sagen Sie nichts!« schrie Dorsch, und hielt den Finger vor die Lippen. So war er: Lieber niemanden als einen Fremden.

Wir fuhren in unser Dorf zurük. Mein Quartier teilte ich mit Kühl, im Nebenraum lagen Teske und der Gefreite Giesler, die Geschützführer. Ich hatte auch Tuthorn dort einziehen lassen wollen, aber er lehnte ab und sagte, er wolle bei den Grenadieren schlafen. Dieser Tuthorn hatte rote Haare und einen unruhigen Blick aus grünlich-grauen Augen, er sah einen nie an. Seit vier Jahren Soldat, war er kürzlich zum Unteroffizier befördert, er gab sich als Koch auf einem Rheinschiff aus und stammte aus Duisburg. Er duzte die Mannschaft und wurde von Kühl und Teske gemieden.

Meine Fahrer hatten sofort mit den Dorfbewohnern Freundschaft geschlossen und unterhielten sich in ihrem slawischen Idiom, daß es die Grenadiere Wunder nahm. Eines Nachts entdeckte ich, daß sie, statt Posten zu stehen, zum Plaudern in die Häuser gegangen waren, genau jene Burschen, über die Eberle geklagt hatte. Ich teilte, um sie zu kontrollieren, die Unteroffiziere zur Aufsicht ein, ohne ihnen zu sagen, was ich bemerkt hatte. Tuthorn, als erster nach draußen geschickt, meldete, alles sei in Ordnung; Teske und Kühl stellten fest, was auch ich bemerkt hatte. Im

Quartier sprach ich sie darauf an und fragte, ob Tuthorn mit den Fahrern gemeinsame Sache mache.

»Wegen der Mädchen!« sagten sie.

Als Zugführer hatte ich nicht Befugnis, zu strafen. Der Fall war schwierig, weil diese Männer Strafen nicht als Strafen auffaßten: Arrest war für sie eine Gelegenheit zum Ausschlafen. Strafen, die den Mann bei Ehre, Ehrgeiz, Urlaub faßten, verfingen hier nicht. Das einzig Mögliche und in diesem Fall übrigens Befohlene war Meldung ans Kriegsgericht; auf Wachvergehen im Kriege, zumal »vorm Feind«, konnte die Todesstrafe erkannt werden – aber ich wäre meine Fahrer los, und Kompanie und Regiment liebten diese Schädigung ihres Rufes nicht. Da entsann ich mich einer Maßnahme meines ehemaligen Feldwebels Hölzl, der ein großer Praktikus gewesen war: ich stellte lauter Doppelposten, je einen Fahrer und einen Grenadier. Als Grund gab ich die Ursache an, die wir bemerkt hatten. Nun gab es keine wachfreien Nächte mehr. Nach zwei Tagen meldeten sich Eberle und Werosumsky und baten, daß wieder Einzelposten stehen dürften.

Ich sagte: »Wollen die Fahrer wieder in die Häuser gehen?«

Werosumsky führte das Wort: »Nein, es wird nicht so sein, es wird sein alles in bester Ordnung!«

Ich hatte eine Ahnung und erlaubte Einzelposten. In Zukunft waren die Wachen in Ordnung.

Tuthorn hatte mich beschworen, keine Meldung zu machen, er sagte, er habe die Männer decken wollen, um Aufsehen zu vermeiden. Während ich noch zögerte, kam der eilige Befehl, eine Auffangstellung in dem erkundeten Raum zu beziehen; es war der 25. Februar, bei mittäglichem Tauwetter.

Der zugewiesene Abschnitt wurde rechts von der fünften, links von der sechsten Kompanie besetzt. Ungefähr drei Kilometer in der Mitte hinter dieser Linie lag das Dorf Tscheremoschki. Die Feuerstellung meines Zuges lag tausend Meter vor dem Dorf hinter einer flachen Kuppe. Wir mußten die Geschütze auf vierspännigen Schlitten hinschleifen lassen; weit und breit gab es keine natürliche Deckung, die Schützen, jetzt Grenadiere genannt, mußten Schneehütten bauen. Sie taten mir leid, der erste Einsatz hätte harmloser sein müssen. Man wollte den Feind über die Bahnlinie kommen lassen.

Vorläufig bauten Kühl, der kleine Westfale Riepe und ich unsere Stellung mit Schneeblöcken mühselig aus. Wir legten Waffen und Gerät auf eine Decke. Es waren Riepes Gewehr, Kühls und meine Pistole, meine Maschinenpistole mit den sechs schweren Magazinen zu je zwanzig Schuß, der Fernsprechapparat mit Zubehör von Werkzeug und Kabel, unsere Spaten und Koppel, das Vermessungs- und Beobachtungs- sowie Rechengerät, mein Fernglas, das Scherenfernrohr mit Stativ. Außerdem hatten wir unsere Zeltbahn, Decke, Mantel, Filzstiefel, Übermantel, Tarnjacken, Brotbeutel, drei Laibe Brot, meine zwei Flaschen Cognac (ich hatte eine ganze Kiste voll in Frankreich gekauft und glücklich bis hierher gebracht). All diese Dinge hatten wir durch den kniehohen Schnee mitgeschleppt, sie wogen insgesamt etwa drei Zentner. Ich beschloß, das Scherenfernrohr dem zweiten Fernsprecher, der zurückging, wieder mitzugeben.

Wir machten uns daran, Schneeblöcke auszustechen und Kugeln aus Schnee zu rollen, um sie dann zu einem runden Nest, in dem wir flach liegen konnten, zu verbauen. Die Wände waren dreiviertel Meter hoch, sie wurden mit einer Zeltbahn überspannt, die wir mit Schnee bedeckten. Von außen wurde die Burg geglättet, beworfen und wie eine natürliche Erhebung getarnt. Die eigentliche Beobachtung und das Schießen freilich mußten draußen erfolgen, wir bereiteten dazu eine Delle, in der man ausgestreckt liegen konnte. Versuche, in den Boden einzudringen, mißlangen; er war hart wie Stein.

Im Laufe des Abends und der Nacht ging unser Schwesterregiment in langen Reihen von vorne kommend über uns weg zurück, ein sonderbares Bild. Schweigend, schwer bepackt, im Gänsemarsch stapften Gruppen und Züge nach hinten. Wir dachten, daß der Feind ihnen auf dem Fuße folgen würde, in den ersten Morgenstunden, aber niemand kam. Ich nahm die Gelegenheit wahr, die Stellungen der Infanterie abzugehen. Bei der fünften Kompanie war das einfach, allzu einfach: sie lag unter Alt am glatten Hang wie ein schwarzer Faden auf einer weißen Tischdecke. In aller Hast wurde befohlen, die Stellungen mit Schnee weiß zu machen. Dann ging ich nach rechts zu Oberleutnant Gemelli. Wie Alt war er Zwölfender, ein knochiger Soldat mit blauen Augen, trotz seinem italienischen Namen ein Norddeutscher. Gemellis Abschnitt war womöglich noch ungünstiger als der Alts, da er von einer großen Schlucht diagonal durchschnitten wurde, und diese Schlucht war mit Buschwerk bewachsen, also kaum zu übersehn. Auf der Sohle der Schlucht war als Weg ein vereistes Bachbett. Dort stand Sommerscheid mit zwei schweren Pakgeschützen. Gemelli sagte zu mir: »Können Sie vor das Wäldchen schießen?«

»Ich sehe das Wäldchen nicht, aber meine Geschütze können es erreichen. Ich schieße mich nachher ein, dann sagen Sie mir, wo meine Schüsse liegen.«

»Gut«, sagte Gemelli, »und wissen Sie, was jenseits vom Wäldchen ist?«

»Nein.«

»Dort ist nichts, das heißt eine zwei Kilometer breite Lücke.«

»Und was gedenkt man zu tun?«

»Ich weiß es nicht, ich habe nur Angst, daß man mich dort überflügelt.«

»Was sagt das Bataillon?«

»Der Kommandeur läßt die rechte Flanke von Tscheremoschki aus beobachten – und wenn was passiert, will er die Reservekompanie dorthinwerfen.«

»Das leuchtet mir ein – aber warum legt er nicht gleich die Kompanie dorthin?«

»Ich glaube, er traut dem Wimmer nicht.«

Als ich zurückkam, wollte ich mich einschießen; wir hatten ein treffliches Fernsprechnetz ausgebaut, ich konnte nicht nur mit meiner Feuerstellung, sondern über eine Ringleitung mit dem ganzen Bataillon sprechen. Ich bat Hauptmann Spörl um Erlaubnis zum Einschießen und sagte, daß ich die Beobachtung an den Flügeln durch die Infanterie ergänzen lassen müsse.

Beim Einschießen ist die Hauptsache, daß man die errechneten Entfernungen und Seitenverschiebungen bestätigen und verbessern kann. In diesem Gelände, einer flachen Schneewüste ohne Anhaltspunkte, war die Bestimmung der Entfernungen sehr schwer, auch wollten wir gleichsam experimentell herausbekommen, ob ich vor die diagonale Schlucht im Abschnitt Gemelli und in eine Mulde vor der Eisenbahn schießen könnte.

Ich rief Tuthorn, den Stellungsunteroffizier, an und fragte, ob er schußbereit sei.

»Linkes Geschütz feuerbereit«, meldete er.

Ich stutzte: »Wo bleibt rechtes Geschütz?«

»Sehen Sie die Flammen von Ligow?«

»Was soll das Feuer von Ligow?«

»Das Verpflegungslager brennt, und da hab ich schleunig zwei Wagen mit acht Mann hingeschickt, es steckt voll Likör und Schokolade.«

Was war er für ein Mensch? Jeden Augenblick konnte der Feind in Ligow erscheinen, und er sandte ein Fahrzeug zum Plündern! Ich rief Teske an den Apparat. Die Entfernung war achtzehnhundert Meter, ein dünner Sprechdraht. Ich war entsetzt über Tuthorns abersinnigen Befehl und fragte Teske, ob ein Reitpferd zur Stelle sei. Ja, sagte er, soeben sei Eberle mit Post eingetroffen. Ich ließ Eberle kommen und befahl ihm, sofort die Wagen zurückzuholen. Dann begannen wir zu schießen. Um der Infanterie Vertrauen einzuflößen, schossen wir knapp vor ihre Stellungen auf bezeichnete Punkte.

Zwei Stunden später brannte ganz Ligow. Nun kamen die letzten Truppen von dort und erzählten, das Verpflegungslager sei geplündert.

»Von wem?«

»Troßleute, jedenfalls kamen sie mit Wagen und Schlitten, hatten ganz schön aufgeladen.«

Und dann griffen die Russen an. Sie drangen bei der sechsten Kompanie in die Schlucht und überrannten Sommerscheids Geschütze. Die Männer liefen davon, ihr Gepäck wurde geplündert, dann führte Gemelli mit seinem Reservezug den Gegenstoß und nahm die Geschütze wieder. Darauf wurde es still, der Feind hatte seine schweren Waffen nicht zur Hand.

Spörl rief an und fragte, ob ich die fatale Schlucht nicht sehen könne. Ich konnte sie nicht sehen.

Ich müsse sie unter Feuer nehmen können, sagte er, selbst wenn ich mit meiner Beobachtungsstelle umziehen müsse! Ich sagte jawohl und begab mich auf Erkundung. Kühl blieb mit Riepe zurück.

»Sie wissen ja Bescheid, wenn was passiert, rufen Sie bei Gemelli an«, sagte ich. Er nickte trüb.

Ich kam zu Gemelli, er sagte: »Das war schlimm heut früh, zum

Kuckuck, die Kerle gehn einfach zurück, wenn der Iwan kommt, hatten gar keine Ursache! Sommerscheids Leute auch, hat's das bei euch früher auch gegeben?«

»Nein«, sagte ich.

»Ich habe meine Männer nur mit Gewalt nach vorne bringen können.«

»Sie wissen nicht, was Krieg ist, woher auch?«

»Trinken Sie einen Cognac?«

Ich trank, und dann zeigte mir Gemelli eine Stelle, wo man in die Schlucht sah.

Ich legte mich auf den Bauch und sagte: »Hier geht es nicht, ich sehe die Schlucht, aber sonst nichts vom Abschnitt. Was haben Sie noch für Punkte?«

»Nur von hier aus sieht man die Schlucht.«

Ich berichtete das an Spörl.

Er antwortete: »Dann kriegen Sie neue Befehle.«

Das Militär ist so: man erhält seine Befehle! Hier liegt das Glück des Soldaten, seine Ruhe, seine Sicherheit. Er erhält seine Befehle! Er ist frei mit seiner ganzen Klugheit, er braucht sich keine Sorgen zu machen – er erhält Befehle. Das ist die Stärke des militärischen Lebens, und wer diese Stärke nicht gespürt hat, war als Soldat nie zufrieden. Unsere armen Soldaten waren es nicht mehr gewohnt, darauf zu vertrauen. Sie hatten keine rechten Befehle erhalten und waren deshalb nicht gewohnt, sie genau auszuführen. Sie dachten an sich, wohlmeinend, sie hatten nicht das Gefühl, daß ein anderer für sie denke – daß exakt befohlen würde und daß ein Befehl exakt ausgeführt werden mußte. Das ist das Geheimnis der Erziehung bei den Soldaten: richtig befehlen und richtig gehorchen. Das Zuviel ist ebenso schlimm wie das Zuwenig. Es gehören ein paar Jahre Gehorchen und Befehlen dazu, bis man das erkennt.

In der Nacht griff der Feind wieder an, unsere Infanterie ging langsam zurück; sie gab ihre Löcher und Dellen auf und krebste über den großen Plan. Ohne selbst zu schießen, überließ sie, blind vor Angst, den Maschinengewehren und Infanteriegeschützen die Verteidigung. Es war lächerlich und zum Weinen zugleich. Alt kroch zu mir: »Was soll ich machen, die Kerle gehen, wo kein Feldwebel ist, zurück.« Es war stockfinster, aber ein Höllenlärm. Das konfuse Feuer des Russen lag hoch über unsern Köpfen. Ich schrie die Infanteristen an, sie sollten sich hinlegen und schießen. Sie antworteten nicht. Ich sprang auf und packte den nächsten am Rock. Er stammelte: »Die Russen kommen, wir gehen zurück.«

Ich schrie nach dem Unteroffizier. Der berief sich auf den Zugführer. Wo war der Zugführer? Er kam als letzter: »Die Leute sind nicht zu halten. Sie sehen nichts, sie frieren, sie gehen einfach zurück.«

Ich legte mich wieder hin, ich wußte nicht einmal, ob noch Infanterie vor uns lag. Auf dem weißen Feld konnte man keine zwanzig Meter weit sehen. Plötzlich taucht wieder eine Gruppe auf, ich schrie sie an, keine Antwort. Ich rief: »Kühl, sehen Sie was?«

»Ich sehe Schatten.« – »Rufen Sie die Leute an.«

Er aber schwieg. Der kleine Riepe lag neben mir, das Gewehr im Arm, den Feldapparat am Riemen um die Schulter.

»Was ist?«

»Der Unteroffizier sagt, wir müßten zurück.«

Ich schrie die anrückenden Männer an, einen dichten Haufen, schrie: »Halt oder ich schieße!« und schoß das Magazin der Maschinenpistole gegen sie leer. Kein Laut als das Rasseln des Verschlusses der mechanischen Waffe. Ich setzte ein neues Magazin ein. Kein Laut, keine Bewegung.

Wir nahmen Waffen und Gerät aus unserer Höhle, gingen fünfzig Meter zurück, zur Infanterie. Dort war ein kreisrundes Loch, die Stellung eines Granatwerfers, hier hockten zehn Mann am Boden, die Gewehre zwischen den Knien, starrend ins Dunkel. Ich fragte nach Alt.

»Hier bin ich«, sagte er und kam zu mir.

Teske rief an und sagte, unsere Infanterie gehe anscheinend zurück. Ich antwortete, wir gingen nicht zurück und schössen uns neu ein.

»Sie sollen uns nicht kriegen«, sagte Alt, und dann gab er genaue Befehle, was jedermann zu tun habe. Er hatte Verbindung zu seinen Zügen, die sich festgesetzt hatten, als der Feind nicht nachstieß. Bei Gemelli war es ruhig. Die Leitung zum Bataillon war unterbrochen.

Als Kühl sah, daß wir uns fertigmachten zur Verteidigung rundum – denn eine durchgehende Front bestand nicht mehr –, faßte er neuen Mut. Plötzlich brach der Geist des Potsdamers Garderegiments zu Fuß durch, in dem er aktiv gedient hatte. Der kleine Riepe hielt sich gut; entsetzlich zitternd, sagte er: »Den letzten Schuß spare ich für mich selbst, sie sollen niemand von uns kriegen.« So hatte er uns wohl reden hören, und mit neunzehn Jahren ist der Entschluß zum Äußersten viel schwerer als mit dreißig.

Es blieb ruhig in der Nacht, offenbar hatten die Russen ihre Artillerie nicht da. Am Morgen in der Dämmerung gingen wir wieder nach vorne in unsere alten Stellungen, auch die Infanterie besetzte ihre Linie. Unser Schneehaufen war von Schüssen durchschlagen, russischen und eigenen, aber das Innere war unversehrt. Wir aßen nun die Gans, die ein Skifahrer uns gestern nacht gebracht hatte.

Zwanzig Meter vor der Stellung aber lagen neun Tote, sie trugen zum Teil deutsche Uniformen und gelbe Stulpenstiefel, die mochten aus unsern Lagern in Kursk stammen, andere trugen Zivilanzüge. Ich suchte nach Spuren von Verwundeten, fand aber nichts, auch führten keine Stapfen nach hinten. Die nicht gleich tot gewesen waren, schienen von Splittern der Granaten getötet worden zu sein. Man sah die Einschläge zwischen ihnen.

Zwei Tage später rief Tuthorn an und sagte, in drei Kilometer Entfernung kämen die Russen in schwarzen Wellen auf die Stellung zu. Ich wollte es kaum glauben, aber Ammann bestätigte Tuthorns Nachricht. Ich sagte: »In zwanzig Minuten sind sie an meiner Feuerstellung, dort sind fünfzehn Mann.«

»Die sollen schießen«, sagte Ammann.

»Es scheint ein ganzes Bataillon zu sein – wenn sie Maschinengewehre haben ... Hallo!«

»Sollen schießen, immer schießen.« Abgehängt.

Ich rief Tuthorn an, wenn der Feind näher komme, solle er schießen.

Ob er Stellungswechsel machen dürfe?

Nein, er solle schießen und mit mir Verbindung halten, kein Stellungswechsel ohne Befehl! »Jawohl!«

»Was ist los?«

»Sie kommen, in dichten Haufen, du lieber Gott!«

»Dann lassen Sie doch schießen, jedes Geschütz in direktem Beschuß.«

Tatsächlich hörte ich meine Geschütze schießen, ich fragte: »Was ist los?«

»Sie kommen weiter vor!«

»Habt ihr sie nicht getroffen?«

»Doch, aber es sind zu viele!«

»Wieviel?«

»Zweihundert, dreihundert, es wimmelt. Ich mache Stellungswechsel!«

»Nicht ohne meinen Befehl. Schießen Sie weiter!«

Wieder hörte ich die Geschütze.

»Schießt der Feind nicht zurück?«

»Er rennt bloß; er rennt auf uns zu!«

»Wie nah ist er?«

»Fünfhundert Meter, dreihundert ...«

»Hallo, Tuthorn, hallo?«

Nichts mehr.

Nun kam auch Feuer von vorne, die Russen begannen uns mit Granatwerfern zu beschießen. Wir krochen in unsere Schneeburgen, die Maschinengewehre rasselten, die Sperrfeuerräume waren gedeckt, unsere Infanterie blieb am Boden liegen, Gott sei Dank! Ich sprach mit Alt. »Ja sie halten«, sagte er, seine Stimme war ruhig wie immer, »diesmal halten sie.«

Trotz Filzstiefeln, Tarnanzügen, Decken froren wir entsetzlich, das war die dritte Nacht im Schnee. Der Angriff der unausgesetzten Kälte lähmte den Willen.

Dann riß die Verbindung nach hinten ab, anscheinend war der Draht von Granaten getroffen, auch hörten Teilstrecken unserer Ringleitung zu funktionieren auf. Gemellis Anruf, sein letzter, bat um Feuer vor die Schlucht. Der Russe wollte uns umfassen, natürlich! Vom Bataillon hieß der letzte Befehl: »Durchhalten!« Dann hörten wir Schüsse in unserm Rücken, weit hinten, und ich dachte: »Nun haben sie die Feuerstellung.«

Wie spät mochte es sein? Drei Uhr? Es dunkelte schon wieder. Bei Nacht würde der Angriff kommen. Das russische Feuer auf unsere Linien steigerte sich zum Trommeln, anscheinend wirkte auch Artillerie mit. Ich kroch zu Alt, was würde er tun?

»Ich bleib' liegen«, sagte er.

»Wir müßten hören, was beim Bataillon los ist.«

»Ich höre es«, sagte er und winkte mit dem Daumen zurück, höhnisch, man hörte Gewehrfeuer weit hinter uns. »Anscheinend haben sie schon dichtgemacht.« Wir waren unser vierzig Mann.

Wieder zögerte der Russe, nachzustoßen. Der Abendstern ging auf. Kühl hatte nun alle Furcht verloren.

»Ich war ja nie im Osten«, sagte er, »war es immer so?«

»Ja«, log ich und erzählte einiges vom Marsch und dem Winter vor Charkow.

Es blieb ruhig, das Feuer flaute immer mehr ab, wir legten uns endlich eng aneinander für einige Stunden auf dem Boden nieder und schliefen. Nun kam ein eisiger Wind von Osten und wehte den Schnee in Kristallen auf uns zu, die Sicht verging in grauen Schleiern, Schnee- und Wolkenfetzen. Aber weit rechts hörten wir das Gerassel von Maschinenwaffen, glaubten auch Sommerscheids Pak bellen zu hören. Es war gegen drei Uhr, da kam ein Zug Infanterie von hinten bei uns an, fast hatten wir ihn für russisch gehalten, uns zu verstärken. Es schien ein Wunder zu sein.

»Woher kommt ihr denn?« Es waren Männer der Reservekompanie.

»Vom Bataillon, es steht gut.« Wir lachten. Aber gewiß, es stünde gut, der Hauptmann selber habe sie gestern zum Gegenangriff geführt. Wieso, der Kommandeur selbst?

Ja, Hauptmann Spörl, und es habe gut geklappt, und die Russen seien gelaufen und hätten wohl hundert Mann liegengelassen.

»Das war also das Schießen?«

»Was denn sonst? Ein wunderbarer Angriff, sagen wir selbst.«

»Aber warum denn der Hauptmann; was machte Wimmer, euer Chef?«

»Den hat's doch erwischt!«

»Wieso hat's ihn erwischt?«

»Ein Pistolenschuß im Fuß.«

»Was ihr nicht sagt, im Fuß? Wie sonderbar!«

»Er ist auch schon abgeholt.«

»Abgeholt?«

»Vom Kriegsgericht, Verdacht der Selbstverstümmelung.«

»Sieh an, sieh an – aber man weiß nichts Gewisses?«

»Natürlich nicht, es ist ein Verdacht; wenn jemand von der eigenen Pistole in den Fuß getroffen wird, das gibt Verdacht.«

»Seht einmal an, dieser Wimmer! Und dann hat der Kommandeur selbst euch geführt?«

»Und wie, es war großartig, wir traten an, gingen in Ketten vor – und schon machten die Russen kehrt!«

»Das war aber einfach!«

»Natürlich, sie machten kehrt, und wir schossen hinterher, da warfen sie sich hin, und so fingen wir viele.«

»Seht her, wie einfach das ist!«

»Und die Infanteriegeschütze?« fragte ich.

»Die sind doch davon!«

»Was?« sagte ich. Obgleich der sibirische Wind immer kälter geworden war, strich mir eine Hitzewelle vom Herzen hoch.

»Ach – Sie sind es? Das ist schlimm für den Unteroffizier, wie heißt er doch?«

»Tuthorn!«

»Richtig, und der Kommandeur will ihn vors Kriegsgericht stellen.«

Die Braven waren als Skiläufer den Hang hinabgeglitten und hatten Munition und Verpflegung mitgebracht. Wir faßten Mut; wie wunderbar das Mutfassen ist auf schöne Kunde hin! Nun wurden rasch die Verbindungen erneuert, Kabel gelegt, und auch Gemelli meldete, bei ihm sei alles in Ordnung, jawohl, und das Feuer habe gut gelegen in den Sperräumen, auch vor der Schlucht.

»Ja«, sagte ich, »aber nun sind sie auf und davon.«

»Wer?«

»Meine Feuerstellung«, sagte ich.

»Donnerwetter!« sagte Gemelli, und das klang fast wie »alle Achtung«. Ich schämte mich, und dann fragte er: »Und Sie, wo waren Sie?«

»Ich lag hier vorn.«

»Hals- und Beinbruch!« sagte Gemelli, das bedeutete: ich wünsche alles Gute in diesem Übel! und wir hängten ab. Nun kamen sie von vorne mit einem Kabel, auch Skiläufer, die waren tüchtig, rollten das Kabel hinter sich ab, blitzschnell, und dann meldete sich Hauptmann Spörl und tat verwundert, daß wir noch da waren.

Unterdessen erzählten die Männer der Siebten Kompanie weiter: »Es steht gut, die Division hat sich prächtig geschlagen, hält den feindlichen Vormarsch seit acht Tagen auf, ein spitzer Keil in der Front des Iwan!«

»Seht her, ein spitzer Keil sind wir!« Wir konnten nicht genug zu unsern Ehren hören.

»Wir gehen in ein oder zwei Tagen langsam zurück – in aller Ordnung, versteht sich, an den Seim, und bilden eine feste Front.«

»Wohin?« – »An den Seim, das ist ein Fluß.«

»Ein Fluß ist gut – aber er ist doch gefroren?«

»Gewiß – aber es taut bald.«

Wir besetzten nun unsere alten Stellungen, und wieder erwies sich, daß der Russe nicht gefolgt war, der Eiswind, scherzten wir, sei ihm zu scharf. Dann mußte ich zurück, mutterseelenallein, zum Bataillon. Ich nahm den Draht in die Hand, damit ich mich nicht verlief.

»Wie konnte das passieren?« sagte Spörl und empfing mich grimmig, »ich bringe den Verantwortlichen vors Kriegsgericht!«

»Sie waren zu fünfzehn Mann mit zwei Geschützen, und ein ganzes Bataillon kam auf sie los.«

»Was haben Sie befohlen?«

»Schießen!«

Ammann stellte einen Cognac vor mich hin, ich trank.

»Der dumme Kerl, zurückzugehen! Ich machte doch den Gegenangriff!« sagte Spörl.

»Das wußten wir alle nicht. Schuld war das Loch in der Flanke, wenn dort ein russisches Bataillon in unsern Rücken marschieren konnte ...«

»Ich hatte Ihnen gesagt, daß von Fall zu Fall befohlen werden würde.«

»Ich will den Unteroffizier nicht verteidigen, aber man kann nicht verlangen, daß er ein Held ist.«

Hauptmann Spörl war Berufssoldat, er sah mich groß an, lachte schallend und schrie: »Haben Sie das gehört, Ammann? ›Man kann nicht verlangen, daß er ein Held ist!‹ Du lieber Gott: wir hatten keine Aufklärung und keine Artillerie, das Bataillon hat sich glänzend geschlagen, die Division ist rühmlich genannt im Wehrmachtsbericht – trotzdem müßte ich jeden zweiten Mann vors Kriegsgericht bringen Ordonnanz, bringen Sie uns noch einen Cognac?«

Als ich nach draußen kam, tobte der Schneesturm mit aller Macht, es war noch finster, und ich tappte mich mühsam durch das Dorf zur Protzenstellung. Da saßen sie, mit schlechtem Gewissen und böser Ahnungen voll, auf Bergen von Schokolade, und brieten ein Schwein. Ich erklärte Tuthorn für abgesetzt und Teske als seinen Nachfolger. Allmählich übersah ich, was Tuthorn angerichtet und verschuldet hatte. Er war offenbar vollkommen kopflos geworden, als die Russen anstürmten, und hatte jede Sicherheitsmaßnahme außer acht gelassen. So war beim Schießen einem von unsern eigenen Leuten der Arm abgerissen worden. Auf der Rückfahrt von Ligow aber hatten sie einen Toten gehabt, Werosumsky, den Volksdeutschen, der auf seine Einbürgerung gewartet hatte.

Ich verbot Tuthorn, sich vom Zuge zu entfernen, und nahm ihm sein Reitpferd weg.

Den ganzen Tag über hatten wir zu tun. Der Schneesturm verbarg dem Feind unsern Rückzug vor die Höhe, und dann kam die Nacht. Wolken lockeren Eisschnees trieben vorüber, in alle Schlitze unserer Mäntel drangen die Schneekristalle. Der Himmel hatte sich erstickend schwarz herabgelassen. Das Brausen des Windes riß uns die Worte vom Munde. Nach einem genauen Plan schossen die schweren Waffen alle paar Minuten Feuerstöße und Granaten vor die eigenen Linien, aber der Feind war diesmal argwöhnisch, und was er in den vergangenen Tagen unterlassen hatte, tat er jetzt: er stieß nach und drang, sobald sie verlassen waren, in unsere Stellungen ein. Alts Kompanie löste sich ohne Kampf vom Feind, aber zwei Zügen Gemellis wurde die diagonale Schlucht zum Verhängnis. Dort verloren sie Anschluß und Richtung, irrten im Schneesturm, im Gestrüpp umher und wurden getötet oder gefangen.

Dann zogen wir unsere Geschütze aus den Stellungen und fuhren davon. Alle Hindernisse waren tief verschneit oder hoch überweht. Man sah und hörte nichts als das Brausen des Sturms. Die Pferde folgten schnaubend den schwachen Spuren der Fahrbahn. Nach drei Stunden trafen wir am verabredeten Sammelplatz ein, einer Gruppe von Häusern an der Einmündung unserer Straße in die Rollbahn nach Westen. Wir krochen in ein Haus, das verlassen war, und machten Tee, zum erstenmal seit fünf Tagen heißes Getränk.

Die Siedlung, in der wir lagen, hieß Kautschuk, und als es Tag wurde, sahen wir, daß hier eine Aufnahmestellung vorbereitet und besetzt war. Wir fühlten uns also sicher und marschierten im Verband des Regiments, im hohen Schnee über vereiste Straßen immerzu nach Westen. Die Geschütze der Artillerie glitten in die Schluchten und wurden zehnspännig wieder hinaufgezogen, in den Schneewehen liefen die Wagen fest und mußten ausgeschaufelt werden.

So kamen wir nach Alexandrowo, am nächsten Tag über Korenewo und abends bei Einbruch der Dunkelheit über die Brücke des Seim nach Rylsk. Ich sah den General Wilhelm vor einem Haus, einen großen schlanken Mann. Der Major Itzenplitz trug ein Gewehr über der Schulter und dicke Filzpantoffeln an den Füßen. Dann stand Dorsch am Wege und wies uns ein Quartier an, das aber besetzt war, darum krochen wir im Hof des Kompaniequartiers unter Dach. Ich meldete Dorsch alles, was vorgefallen war, und übergab ihm Tuthorn, obgleich er ihn nicht übernehmen wollte. Als ich ihm Werosumskys Tod meldete, sagte er: »Richtig, da liegt ein Einbürgerungsbrief für ihn auf der Schreibstube.«

Auch Gilles traf ich jetzt wieder. Wir besorgten uns eine Kibitke, einen zweisitzigen Schlitten mit vorragendem Dach, und fuhren die Umgebung der Stadt ab. Rylsk lag auf dem westlichen, also überhöhten Ufer des Seim und war eine quadratisch angelegte Stadt aus massiven Steinhäusern. Die Straßen waren mit Bäumen bestanden und an den Gehseiten höher als in der Mitte. Die Häuser waren einstöckig, hatten schöne Glasveranden, große Gärten mit Obstbäumen und Brunnen. Rylsk schien hundert oder zweihundert Jahre alt zu sein, hatte etwa zehntausend Einwohner und viele Kirchen, in deren einer noch Gottesdienst gehalten wurde, wie man uns sagte. Die Kirchen waren im Stil des russischen Zarenbarocks gebaut, also nicht nach byzantinischen, sondern italienischen Mustern.

Wenn man am hohen Ufer des Seim stand, sah man weit ins Land. Der Fluß, von Süden kommend, machte eine gewaltige Schleife nach Westen. Genau im Osten lag, etwa achtzig Kilometer weit, die Stadt Kursk: sie war der Mittelpunkt des sogenannten Kursker Bogens der Front, deren nördlicher Pfeiler Orel, südlicher Belgorod waren.

An der Flußseite von Rylsk gab es eine Handelsstraße mit Läden, Lagerhäusern, Laubengängen, Rampen für Wagen. Die Stadt war mit ihrer weiteren Umgebung, im alten Gouvernement Kursk, das ländliche Herz Rußlands; hier hatten Turgeniew, Tolstoi, Leskow lange gewohnt und gereist. Ligow kommt mehrfach bei Turgeniew vor, und Leskow spricht von den Wallfahrten zum Heiligen Johannes von Rylsk. Leider konnte ich nichts Näheres über diesen Heiligen erfahren, aber wir sahen rechts und links von der eigentlichen Stadt zwei riesige ehemalige Klöster, das eine lag auf hoher Landnase über dem Seim, die Stadt überragend, und das andere auf einer Art Warf in der Niederung der Au. Dies Kloster hieß Ssolobotka und war offenbar weit und breit die älteste Anlage, älter als die Stadt selber, das am meisten Russische, was ich je gesehen: ein mächtiges Denkmal aus der vorpetrinischen Zeit, mit drei dicktürmigen Kirchen, umgeben von einer endlos langen, hohen und festen Backsteinmauer, die an drei Stellen von mächtigen Toren von tibetanischer Pracht unterbrochen wurde. Festung und Kloster, war die Anlage eine Kirchenstadt für sich, und man konnte sich denken, daß in früheren Zeiten, als Frömmigkeit hier erlaubt war, Scharen von Pilgern aus ganz Rußland hierhergekommen waren und gewartet hatten, bis sich das Tor in der Steinmauer auftat und die Prozessionen zur Anbetung der heiligen Ikonen einließ.

Gilles und ich fuhren in unserer Kibitke dorthin, alles war leer, unbewohnt, kahl, mit Resten uralter Malerei, Spuren von aufbewahrtem Getreide. Dazu paßte, daß in den Türmen schwere Maschinengewehre eingebaut wurden.

Vor drei Wochen hatten wir vom Paß des Mont de Gardiol auf das Mittelmeer herabgeblickt.

Rylsk wurde in eine Festung verwandelt, das nahm uns eine Woche lang in Anspruch. Die ganze Wasserlinie wurde besetzt, vorn mit Infanterie, die Häuser oben mit schweren Waffen, hinter der Stadt die Artillerie. Ich richtete mich bei einem armen Schuster ein, sein Haus wurde in einen Bunker verwandelt, sämtliche Zivilisten mußten die Stadt verlassen, auch die beiden Popen der Kirche, tagelang gab es Weinen und Fluchen, aber dann zog die Bevölkerung mit Schlitten und Wagen hochbepackt aus, wie die Kinder Israel aus Ägypten. Die Frau unseres Schusters war alt, ihr

Mann sprach wenig, er hatte einen Vollbart und erzählte, sein Sohn sei russischer Soldat, sie hätten schon länger als ein Jahr nicht gehört, ob er lebe. Die Frau legte sich zum Abschied lang auf den Boden, breitete die Arme aus und küßte ihn. Dann stand sie auf und ging mit Tränen in den Augen hinter ihrem Mann in Richtung Krupez davon.

Rylsk hatte schon im vorigen Jahr beim Vormarsch schwer unter deutschem und russischem Beschuß leiden müssen. Inzwischen war es von seßhaften Stäben ausgewohnt. Die ehemals vergoldeten Türme, zehn über der Stadt, konnten den Eindruck der Verkommenheit nicht mildern. Immer noch lagen hier Trosse und Lazarette. Fremde Divisionen zogen durch, und so hatte die Stadt in dieser Woche mehr den Charakter eines halbasiatischen Heerlagers als eines kleinen Kiew, das es früher sicher gewesen war.

Nun begann eine traurige Zeit: das Kriegsgericht nahm seine Arbeit auf. Zahlreiche Fälle mußten verhandelt werden, es wurden beschämende und schnöde Episoden bekannt. Todesurteile wegen Feigheit, Fahnenflucht, Plünderung wurden vollstreckt. Eindringliche Belehrungen der Truppe fanden statt.

Tuthorn entging seinem Schicksal, weil Hauptmann Spörl von der Meldung abgesehen hatte. Auch Dorsch zögerte, den Ruf der Kompanie zu gefährden. Aber ein halbes Jahr später erfuhr ich, er sei wegen ähnlicher Vergehen zur Bewährung in einer Strafkompanie verurteilt.

Einige Männer, darunter Teske, kamen ins Lazarett, der kleine Köhler erfror sich im letzten Frost die Füße, der westfälische Pfarrerssohn bekam epileptische Anfälle, so daß ich ihn mit gutem Gewissen für untauglich erklären konnte, und dann fing es, am elften März, an zu tauen. Das Eis des Seim wurde gesprengt und überflutet, es geriet ins Treiben. Der Fluß war jetzt achthundert Meter breit, da die Auen auf beiden Seiten überschwemmt waren; wir fühlten uns sicher. Der Feind machte keine ernsthaften Versuche überzusetzen, aber er hatte jetzt Artillerie herangeholt und brachte uns gleich zu Anfang Verluste bei. Nun flüchteten die zähesten Stäbe aus der Stadt, die letzten Zivilisten wurden entfernt, kein Russe durfte die Stadt betreten. Das elektrische Licht blieb aus.

In der Weite des schmelzenden Geländes hielten wir laufende Raben für gebückt gehende Russen. Herrlich waren die Vorfrühlingsmorgen: noch lag Schnee, nachts fror es leicht, die Sonne um fünf Uhr brachte frisch den Tau, erquickend die Atmosphäre und kein Wind, was hier so selten war. Wässerig blitzte das Eis auf dem Fluß, die Landflächen waren braun von alten Gräsern. Ruhe und Gesundheit dieser Landschaft steckten uns an. Als hier Geborener muß man sie nie vergessen können. Der Himmel blau, weite Sicht, trockene Luft, herzhaft, gar nicht zart, aber doch erfrischend: Ostern ist das eigentlich russische Fest. – Auf unserm rauchenden Ofen rösteten wir Brot.

Nach vier Wochen ritt ich mit Dorsch zu einer Erkundung hoch über dem Fluß, in dichtem Gestrüpp. Wenn der wirkliche Frühling käme, müßte es herrlich sein, hier zu stehen: unten der Seim, dahinter das weite Land. Hier traf uns Oberstleutnant de la Valle und nahm mich beiseite. Er eröffnete mir, ich sei mit sofortiger Wirkung als Ordonnanzoffizier zu seinem Regimentsstab versetzt.

Ich war verwirrt und nicht begeistert. Aber die Aussicht, nach vier Jahren Frontdienstes einen Posten im Stab zu erhalten, kitzelte mich: Ich würde das Theater des Krieges von einem etwas erhöhten Standpunkt ansehen können.

XII

Die Nachtigallen von Rylsk

Der Stab des Regiments bestand aus de la Valle, seinem Adjutanten Reich, dem Ib Wichtel – der sich in Ternier das Roßhaar aus der Nase gezogen hatte – und mir als Mädchen für alles. Wildpret führte die Stabskompanie, Dr. Rotnase war der Arzt, Dr. Hüller der Veterinär. Selten sah man Lehmann, der die Verpflegung heranzuschaffen hatte, und den knittrigen Stabszahlmeister mit seinem Cello.

Meine erste Aufgabe sollte die Führung des Kriegstagebuchs sein. In ein vorgedrucktes Schema hatte ich die Ereignisse jeden Tages einzutragen, dazu gehörten, außer den Kämpfen, Stärkezahlen, klimatische Angaben und wichtige personelle Veränderungen. Wenn es an der Front ruhig war, schrieb man: »Keine besonderen Ereignisse«; daß ich diesen Satz in den folgenden Monaten häufig eintragen konnte, bereitete mir Freude: er verhieß das Studium von Land und Leuten, weite Ritte, gesellige und kameradschaftliche Zusammenkünfte, Ruhe und Erholung für Mann und Pferd.

»Sie müssen gute Begründungen für Ordenseingaben und Beförderungsanträge schreiben«, sagte der Kommandeur, und ich verbrachte nun manche Stunde mit Stilübungen der militärischen Ausdrucksweise. Die Schematik dieser Sprache erleichtert vieles und ist wie jede Fessel ein Anreiz, elegant zu werden.

»Ferner haben Sie sich in die Fragen der Abwehr, Spionage, Propaganda zum Feind einzuarbeiten – sowie in den Umgang mit der ansässigen Bevölkerung. Da kann man viel Gutes tun, mein Lieber, ich hoffe Sie verstehen mich?« sagte de la Valle. Ich verstand ihn sehr gut.

»Noch etwas – sind Sie Raucher?«

»Zigarettenraucher, Herr Oberstleutnant.«

»Bei mir werden nur Zigarren geraucht, bitte!« Er klappte ein prächtiges Etui auf und bot mir eine Brasil an. Ich rauchte Wolken in die Luft. Er beobachtete und sagte: »Gut so, keine Lungenzüge! Sie erhalten den Befehl, in drei Tagen eine Apparatur zu erfinden, in der die Zigarren wegen der zu befürchtenden sommerlichen Trockenheit feucht bleiben. Trauen Sie sich das zu?«

»Ich bitte gehorsamst, die drei Tage ausnutzen zu dürfen.«

Der Kommandeur hatte einen Hund, einen gelben Dackel, der hieß Strolch und wurde wie ein Abgott von seinem Herrn geliebt. »Eine französische Bracke!« sagte de la Valle, »mögen Sie Hunde?«

»Nein, Herr Oberstleutnant.«

»Schade.« Dann rief er: »Wulicke!« Das war sein Bursche seit vier Jahren, ein langaufgeschossener Obergefreiter aus Ostpreußen; man hatte mich vor ihm gewarnt. »Führen Sie den Hund eine Viertelstunde spazieren, der Herr Leutnant mag keine Hunde.«

Er lud mich ein, Platz zu nehmen, er selber saß in dem Lehnstuhl, den ich bereits beschrieben habe. Er fragte das übliche Woher, Wieso, Warum, Warum nicht.

Sachlich mußte ich viel mit Reich zusammenarbeiten. Da Wichtel völlig von seiner Aufgabe, der Beschaffung von Waffen, Munition, Brennstoff, Wagen und Gerät beansprucht wurde, lag die taktische Kleinarbeit bei Reich. Er war gewissenhaft, bienenfleißig, hatte ein glänzendes Gedächtnis für Personen und war ernst. Da er gleichzeitig streng war, genoß er im ganzen Regiment Achtung, aber kein eigentliches Vertrauen. Er war bis zur Selbstherrlichkeit eigensinnig und ergänzte den in menschlichen Dingen oft weichen Kommandeur aufs beste. Im Zivilberuf war er Forstmeister und hatte nur eine Leidenschaft: die Jagd. Er teilte sie mit Wichtel, und wenn es diese Nimrods überkam, erbaten sie Urlaub, rüsteten einen Wagen expeditionsmäßig aus und kamen nach zwanzig Stunden hungrig, naß, müde und abgehetzt mit Enten und Wachteln zurück.

Ich teilte mein Quartier mit Hüller, dem Veterinär; er weihte mich in die Geheimnisse des Stabslebens ein.

»Erst mal brauchen Sie ein Feldbett«, sagte er, »das lassen Sie sich durch den Stabszahlmeister besorgen.« Er zeigte mir sein Klappbett aus Segeltuch und Stahl, ich hatte solchen Luxus nie gesehen.

»Sodann werde ich Ihnen einen Burschen besorgen. – Haben Sie Ihr Pferd mitgebracht?«

»Ja, meine Wolga.«

»Ah, die Jugoslawin – der werden wir das Springen beibringen. Sind Sie schon mit ihr gesprungen?«

Ich sagte nein.

»Die *muß* springen, sag ich. Wir legen demnächst eine Bahn und Hindernisse an.«

Er war ein großer Reiter, und darin traf seine Neigung überein mit der des Oberstleutnants. »Reiten müssen Sie können, sonst sind Sie gleich unten durch. Der Kommandeur würde niemanden im Stab dulden, der nicht reitet und Doppelkopf spielt. – Sie können doch Doppelkopf?«

Ich sagte nein.

Er sah mich mitleidig an, als sähe er schon den Augenblick, da ich wieder einen Geschützzug führte, vorne im Grabensystem. Er sagte: »Sehen Sie, der Dr. Rotnase – haben Sie ihn schon hier gesehen? – kann keinen Doppelkopf. Die Folge ist, daß er seine guten Tage zählen kann.«

Wir lagen damals in Swjagin, einem unbeschreiblich morastigen Nest in der Mitte hinter dem Regimentsabschnitt, drei Kilometer westlich von Rylsk. Da in diesen Tagen das Eis vom Seim verschwunden war und der Fluß ein breites natürliches Hindernis wurde, sollte unser Abschnitt zehn Kilometer weit nach Norden ausgedehnt werden. Deshalb zogen wir im leichten Regen um nach Wolynka, so daß wir wieder hinter der Mitte unseres Abschnitts lagen. Wolynka war ein kleines Dorf von dreißig armen Häusern in einer Schlucht, abseits der großen Straße, vom Feind nirgends eingesehen und durch waldigen Bewuchs der Höhen lieblich umkränzt. Der Oberstleutnant bestimmte genau, wie, wann und wo seine Sachen verladen werden sollten: Tische, Spiegel, der Sessel, ein Sofa, die Badewanne. Solche Dinge wurden von Wulikke, Huber (dem Koch) und den beiden Fahrern der Kommandeurwagen besorgt. Diese vier Männer führten ein herrliches Leben, und man tat gut, sie nicht zu ärgern, wie Wichtel mir lächelnd anvertraute. Reich ritt der Umzugskolonne voraus, ich machte mit den Reitpferden den Schluß. Da der Schlamm knöcheltief war, wurde der Weg nach Wolynka hinunter zur Rutschbahn.

Die Schule nahm den Gefechtsstand auf, hier wohnten auch Reich und Wichtel; de la Valle bezog ein kleines Häuschen, das frisch geweißt war, und Hüller und ich nahmen ein Zimmer gegenüber bei einer freundlichen Frau, die froh war, in ihrem Haus bleiben zu können. Jeden Mittag aßen wir zu festen Zeiten in der Wohnung des Kommandeurs. Die Verpflegung war die gleiche wie für die Mannschaften, der Luxus bestand nur darin, daß sie von Wulicke und Huber in Terrinen geholt und mit Messern, Gabeln und Löffeln von tiefen und flachen Tellern gegessen wurde. Auch lag ein Tafeltuch auf. Huber war Koch in einem Wiener Ringhotel gewesen und verstand sich auf vorzügliche »Schmankerl«, Extraspeisen mit Extrasaucen, Suppen, Gemüse, Puddings. Er bereitete das Geflügel, das unsere Jäger schossen, oder die Pferdezungen, die Hüller als kavalleristische Spezialität mitbrachte. Fast stets gab es vor dem Essen einen Cognac, die französischen Vorräte schienen unerschöpflich zu sein.

Nach dem Mittagessen plauderten wir eine halbe Stunde, danach legte sich de la Valle nieder.

Heute war er merkwürdig abwesend, selbst Hüllers drollige Späße beantwortte er mit einem ironischen Lachen. Seit zehn Tagen war zum erstenmal Post aus der Heimat gekommen.

»Meine Frau schreibt, sie sei ganztägig zur Fabrikarbeit verpflichtet«, sagte er, »stellen Sie sich das vor, eine Frau, die nie in ihrem Leben hat arbeiten müssen!«

»Der totale Krieg ...«

»Sie haben gut feixen«, schnaubte er Hüller an, »sind noch ledig, junger Mann! Was heißt denn totaler Krieg? – Anspannung aller Kräfte, der Frauen, der Greise, der Kinder? Zwei Jahre gebe ich noch, länger halten wir es nicht aus.«

Er war sehr niedergeschlagen, weniger weil seine Frau eingezogen war, sondern weil er darin ein Sinnbild des Äußersten, das an uns käme, sah.

»Totaler Krieg! Da haben Sie Ihre affigen Vorstellungen vom Heldenvolk, haha!«

Reich sagte: »Da gibt es andere Dinge; in Korenowo schnitt eine Frau, die zur Flucht aus ihrem Haus genötigt wurde, ihren kleinen Kindern die Gurgel durch. Sie wurde sofort erschossen. Das ist unmenschlich.«

»So sehen Sie es – in Marburg die Fabrik, in Koronewo die barbarischen Unmenschen erschossen! Pfui Teufel!«

Er wandte sich unmutig ab und stand auf, wir erhoben uns und gingen. »Heute nachmittag reite ich zur Division, Sie können mich begleiten«, sagte er zu mir, »sorgen Sie, daß die Pferde in zwanzig Minuten gesattelt werden.«

Wir ritten zu dritt nach Durowo,er, ich und der Pferdehalter; der Weg war schlammig, wurde aber gut, als wir an den Rylobach kamen und bei seiner Brücke die nach Krupez führende gepflasterte Straße erreichten. Wir standen auf der Höhe des Ufers und hatten einen schönen Blick auf die zum Fluß sich senkende Stadt. Ich zählte sieben Kirchtürme außer denen der Klöster, einer zeigte Spuren von Gold auf dem Dach. Eine Kirche war zerstört, entweder in den Kämpfen dieser Jahre oder in der Revolution. Drüben aber lag das Kloster Ssolobodka, ich bildete mir ein, diese Festung des Himmels müsse den heiligen Johannes beherbergt haben.

Der Seim war herrlich blau und sehr breit. Noch stand ja der Pegel einen Meter über Normalnull, doch einzelne Inseln mit Feldern und Wäldern, dschungelhaftem Buschwerk tauchten aus der Flut, der eigentliche Fluß sollte nur sechzig Meter breit sein. Drüben lag das feindliche Gebiet, man sah keine Bewegung, starr, grau und eben dehnte es sich bis Korenowo unter unsern Augen nach Osten, von der schnurgeraden Straße in zwei Stücke gespalten.

Wir ritten in die Stadt und besahen die große Kirche mit der Kuppel. Ihr Inneres war weiß, Fensterscheiben fehlten, Spuren einer älteren, aber nicht guten Bemalung waren zu bemerken. Liturgische Geräte, Teppichreste, Bücher, Lampen und ein Altar zeugten von der Benutzung bis in die jüngste Zeit. Da kein Mensch zu sehen war, konnten wir niemanden fragen, wann hier Gottesdienst gehalten sei, oder ob man gar Näheres von jenem Rylsker Heiligen wisse.

Wir saßen wieder auf und ritten nach Durowo. Auf der Höhe des Weges sahen wir nochmals die ganze Stadt in scharfem Frühlingslicht, turmreich vor dem breiten, weit übergetretenen Seimfluß, weit links den beinahe ebenso breiten tintenblauen Rylobach, der in den Seim mündend der Stadt den Namen gibt. Der Brücke nach zu urteilen, war er bloß drei oder vier Meter breit, nun aber füllt er das tiefe Tal aus und machte das Gebiet der Mündung bei Ssolobodka zu einem See. Das verlassene Kloster lag inmitten der Flut wie ein himmlisches Jerusalem, und so müssen diese Klöster geplant worden sein, Inseln der Beschaulichkeit, des Friedens, der

Kunst und des Wohlstands inmitten unendlicher Wüsteneien der frommen Barbaren. Innerhalb des Klosterbezirks gab es kleine Häuschen, wahrscheinlich Kammern der freiwilligen Einsiedler mit winzig vergitterten Fenstern, durch die man die Nahrung gereicht hatte. Hier draußen aber hatten die Scharen von weither die goldenen Kuppeln und Türme gesehen, und man konnte sich denken, daß Tränen in ihre Augen gekommen waren, wenn sie die Zitadelle des Himmels sahen, vor deren Toren noch ein letzter bunte Jahrmarkt von Flitterzeug, Met und Süßspeisen aufgebaut war, zum Abschied von der Welt.

Wie lange war die Kraft dieses Christentums schon erloschen? Wie viele Jahrzehnte, Jahrhunderte mußte die Abkehr der Nation von diesem Geist gedauert haben, bis sie den Bolschewismus als neue Religion nach kurzem Widerstand ertragen konnte? Was war mit der russischen Idee der Gotteskindschaft, wo nun die Brüderlichkeit der Armen in Christo zur Vereinigung im Geist der Verneinung führte? Auch bei uns gab es ja das Gären der Hefe, den Appell an die Instinkte, das Regiment der Gescheiterten, aber in diesen unsern Männern war eine tiefe Furcht, wie im wildernden Hund, den der Pfiff seines Herrn ängstigt.

»Traben wir ein wenig«, sagte de la Valle. Der Weg ging vorbei an Kiefernwäldern und Ackerstücken, er war sandig, und wenn man den riesigen Pfützen auswich, war das Reiten ein Vergnügen. Nach einer Stunde kamen wir beim Divisionsgefechtsstand an.

Der General war nicht zu sprechen; so meldete sich der Kommandeur beim Ia, Oberstleutnant Schulze, einem Berliner mit dem Gesicht eines Fünfzigjährigen, in Wirklichkeit erst dreißig Jahre alt, täglich eine Flasche Cognac trinkend, nach Schätzung seiner Sprache und Gebärde ein Hohlkopf, den Krieg wie ein Gewerbe betreibend.

Nun ging das Gespräch zwischen Herrn Schulze und Herrn de la Valle hin und her wie ein Weberschiffchen, wohlgesetzt, höflich, mit Ironie, versteckten Fragen und Bosheiten, und was mein Kommodore an ostpreußischer Gutsherrenhöflichkeit mitbrachte, besaß der Ia an verschlagener Kälte. Sie mochten einander nicht, aber de la Valle überreichte Schulze gleich anfangs eine Flasche Dreistern mit französischem Goldetikett, und da jener sich nicht lumpen lassen wollte, wurde sie aufgemacht, Brasil dazu geholt, sowie

Kaffee angeboten, wofür man freilich bestens dankte. Das eigentliche Gespräch war kurz genug; wo sei der General, was tue das Kriegsgericht? und dann der bittere Vorwurf, man habe ja nicht führen dürfen, damals bei Derewenki, Konoplianowka und wie die Nester hießen, wo das Unglück geschehen und so viel Mannschaft in Verlust geraten sei: denn darum, merkte ich, ging es, zu erfahren, wo die schärfsten Urteile gefällt worden seien. Doch Schulze, wie eine Katze aussehend mit seinem weißen Männergesicht ohne Haare, schien spröd und behauptete, nichts zu wissen.

»Dann geh' ich zum Specht«, sagte de la Valle.

»Aber bitte«, erwiderte jener, »das ist ja bequem – warten Sie, ich lasse ihn rufen!«

Specht war der Kriegsgerichtsrat. De la Valle dankte, das sei nicht nötig, man werde doch jenen in seiner Kanzlei zu treffen wissen, wo auch die Akten lägen.

Der Kriegsgerichtsrat Dr. Specht war vierzig Jahre alt und hatte ein müdes Gesicht, dessen Ausdruck irgendwie an den Satan erinnerte, Diabolos selbst, den Durcheinanderwerfer, ganz hohl und blaß, und sprach sächsisch, daß ich erschrak, denn mein Kommandeur (wie kannt' ich ihn schon!) verkniff es sich nicht, die Mundart des Mannes prompt nachzuahmen.

Wir boten ihm Rauch an, er nahm und riß mit den gelben Fingern das Streichholz an, bevor ich selber die Zigarette aus dem Döschen gefingert hatte. Er war nervös – kein Wunder, und klagte, unsere Division habe weit und breit die höchste Zahl der Urteile, es tue ihm weh, er stehe als Metzger da. Der Grund?

Ja, der Grund! Das sei ein großes Gespräch, und er berichtete uns, was wir schon wußten: Verweichlichung in Frankreich, geringe Sorgfalt im Dienst, das leichtfertige Hinnehmen schwieriger Befehle und ihr lässiges Ausführen, der Glaube an das Recht auf Bequemlichkeit, Arbeitsscheu, Gewöhnung an gute und üppige Unterkunft und die Lockerung des festen Bandes zwischen Offizier und Mann, das entstehen mußte in Frankreich, wo der Offizier sein Kasinoleben, der Mann die Existenz eines Sommerfrischlers führten.

»Und die Verfahren sind noch nicht abgeschlossen?«

»Leider nicht, und es sieht so aus, als nähme man das Geschehene nicht als Warnung zu Gemüt!«

»Manchmal habe ich es geahnt, manchmal gefürchtet, aber ich hätte nicht geglaubt, daß das Ausmaß so groß wäre.«

»Es ist schwer, dem Mann klarzumachen, weshalb eine halbe Stunde Schlaf auf Posten drei Jahre Gefängnis kosten kann.«

»Es fehlt an der Erziehung; wir hielten Schlafen auf Posten noch für eine Todsünde.«

»Die Männer tun mir leid, und ich selbst stehe als Bluthund da.«

»Was sagt der General?«

Specht lachte, zum erstenml: »Der Herr General sagt, beim Militär gilt das Militärstrafgesetzbuch.«

Wir ließen ihn allein, und während de la Valle Schulze einen Augenblick zu sich bat, ging ich zum Ic, das heißt Feindaufklärung.

Oberleutnant Schinagl konnte dem Namen nach nur ein Wiener sein und war es tatsächlich, ein langer blonder Spötter, der Schlagrahm aß.

Ich meldete mich bei ihm, wir hatten schon miteinander telefoniert.

»Da schau her«, sagte er, »möchten's an Schworzen?« und klopfte mit dem Bleistift auf die Tischplatte. Ein Gefreiter erschien: »An Schworzen für Wolynka!«

Ich fragte nach der Feindlage. Er wies mir eine Karte, auf der nicht viel zu sehen war. »Das möchten wir von Ihnen wissen! Wenn das Wasser tiefer steht, wird schon jemand rüberkommen, machen Sie hübsch Propaganda, Sie kriegen Lautsprecher und eine Flugblattkanone, wunderbares Spielzeug bei schönem Wetter.«

Da Schinagl wie ein Zivilist sprach, fragte ich nach General und seinem Stab.

Der General sei Sachse, nun ja, ein alter Soldat, beim Essen pflegte er die Pfarrer zu verulken.

»Wie viele Pfarrer haben wir denn?«

Ich wisse wohl nichts! Einen katholischen und einen evangelischen, der katholische sei lustig, der evangelische ernst, aber wenn der General zu ulken beginne, werde der Lustige böse und beginne der Ernste zu lachen.

Soso, und Schulze?

Hier machte Schinagl mit den Händen die auf- und zuklappende Bewegung eines großen Mundes. Seine wienerisch-theatralischen Künste amüsierten mich.

Und der Ib?

Das sei ein Mann, jawohl, das müsse er sagen, ob ich ihn nicht kenne, Major Leihmann, Eichenlaubträger. Der halte den Haufen zusammen!

Den IIa kenne ich wohl, den Itzenplitz?

Ich warf ihm einen Blick zu, wir lachten, tranken noch einen Schworzen, und dann brach ich auf, da de la Valle sich von Schulze verabschiedete. »Pfüat Ehna Gott«, sagte Schinagl, und dann, als er mir die Hand gab: »Euer de la Valle, dös waor a Mann!« und schaute zu Schulze.

Wir ritten im Trab nach Hause.

Der Bursche Wulicke trat jeden Morgen vor seinen Herrn und erkundigte sich nach dessen Frühstückswunsch; er war ein langer, dürrer Mensch, magenleidend, mit einer Jammermiene blickend.

»Was wünschen Herr Oberstleutnant zum Frühstück?«

»Fragen Sie nicht, es gibt ja stets das gleiche – einen guten Kaffee bitte ich mir aus.«

»Wünschen Herr Oberstleutnant etwas kalten Braten? Wir haben noch davon stehen.«

»Hm, nicht schlecht, ist es ein schönes Stück? Zart?«

»Wie Butter, so zart – aber ich würde vielleicht doch Eier vorher empfehlen, Eier mit Speck auf englische Art, und kein Kaffee, sondern Tee, wir haben russischen Tee.«

»Ich nehme doch lieber den Braten ...«

»Jawohl, Herr Oberstleutnant, den Braten – aber vorher Eier, vielleicht auf Toast? Huber hat einen Rost erfunden.«

»Zeigen Sie her!«

Während Wulicke den Rost aus Blech holte, tupfte de la Valle sein Kinn trocken, denn er hatte sich rasiert.

»Lassen Sie sehen – na ja, sehr hübsch, der Huber ist tüchtig.«

»Also zum Toast würde ich etwas bittere englische Marmelade empfehlen, wir haben noch eine Büchse von Dünkirchen.«

»Haben Sie die noch – Mensch, Wulicke, ich geniere mich! Tragen Sie nicht so viel über den Hof!«

»Keine Sorge, Herr Oberstleutnant. – Und nach dem Frühstück, was nehmen wir da? Käse? Ich glaube, Huber hat Käse gemacht, Rahmkäse von der eigenen Kuh.«

»Dann langt's aber, und gehen Sie hinüber zu Dr. Hüller, ich lade ihn ein zum Frühstück – Wulicke, ich geniere mich fast wegen der guten Sachen. – Ich glaube, der Hüller freut sich?«

»Jawohl, Herr Oberstleutnant – aber dann müßten wir einen Cognac ... Herr Oberveterinär trinkt gern einen Cognac in der Frühe.«

»Eine gute Idee, aber laden wir doch lieber Major Küfer ein, gehn Sie zu Wichtel, er möge Major Küfer bitten zu einer Besprechung – sagen Sie nichts vom Frühstück! Und den Hüller lasse ich doch lieber weg. Küfer ist von der Artillerieabteilung.«

So geschah es, und während Wulicke seinem Herrn mit klappernden Geschirren und Gedecken den Tisch deckte, machte sich Huber zornig an den ihm zufallenden Teil der Arbeit. Er war ein Mann von über vierzig Jahren, verachtete den geschickten Wulikke als Preußen und ließ, was seine Arbeit anging , nie das Gefühl aufkommen, er diene, sondern es sei eine Gnade, daß er, Huber, Koch im Wiener Ringhotel, hier Toast röste, Käse mache, die eigene Kuh melke und aus der Milch Butter erzeuge. Sein Gesicht war fettig blaß, er ging stets in leichten schwarzen Stoffschuhen, thronte bei Märschen auf dem Gepäckwagen und hatte mit dessen Fahrer Spieß, einem Schnauzbart aus Wien, innige Freundschaft geschlossen. Beide hielten den Preuß, wie sie Wulicke nannten, für eine Hundeseele und traktierten, wenn sie allein zu sein glaubten, den verwöhnten Dackel ihres Herrn mit Schlägen und bitterem Kaffee.

Spieß war das Gegenteil von Fasser, der den Personenwagen des Kommandeurs, einen himmelblauen Mercedes, fuhr. Ich beobachtete ihn mit Schrecken am Steuerrad. Er fuhr so sicher und weich, daß er zu spielen schien, er wandte andauernd den Kopf zur Seite, bis es ein nervöser Tick geworden war. Sein volles, etwas blasiertes Gesicht war von einer künstlichen Haartolle, die Fasser keck unter der Mütze vorfallen ließ, überdeckt. Er behandelte alle Offiziere unter Majorsrang mit Herablassung, und sprach mit Soldaten oder Unteroffizieren überhaupt nicht. Er nahm, wenn er mit dem Kommandeur fortfuhr, die Polster aus dem Fond des Wagens heraus, damit dort kein Begleiter sitzen könne. »Fasser, wo sind die Polster schon wieder?« fragte der Kommandeur.

»Total unbrauchbar, Herr Oberstleutnant, durchgesessen, einfach ...«

»Schon wieder? Sind sie beim Sattler? Wie lange dauert es?«

»Wochen, Herr Oberstleutnant, sicher Wochen! Die dreizehnte Kompanie hat zwanzig Sättel gebracht.«

»Zwanzig Sättel? Das ist doch stark, und mein Polster ... Na, wir werden nachher bei Dorsch vorbeifahren, erinnern Sie mich!«

Dann wurde Spieß gerufen, mit seinem Wagen zu folgen, dem geländegängigen Mercedes.

Es bildete sich von selbst die Übung heraus, daß ich de la Valle zu begleiten hatte, da Reich und Wichtel durch ihre Aufgaben beansprucht waren.

Dann kamen unangenehme Tage, die Regenzeit; der Schlamm auf den Straßen und Wegen reichte bis über die Waden, es wurde nach russischem Vorbild verboten, zu fahren und zu reiten. In den Nächten fror es noch Mitte April, und der weiße Frost am Boden, die kleinen Eisblitze der Pfützen trogen am Morgen, Hüller und ich konnten kaum die Straße überqueren, um zu den Geschäftszimmern zu gelangen. An den Büschen saßen dicke silberne Kätzchen.

Mit Hüller hatte ich mich befreundet.

»Wir könnten eigentlich Doppelkopf üben«, sagte er, »der Kommandeur hat mir befohlen, Ihnen die Regeln des Spiels beizubringen.«

Ich sah die Karten an, und er begann seine Erklärung. Ich paßte nicht auf, er verlor die Lust: ich lernte es nie, und de la Valle sagte: »Lassen wir ihn laufen«, und ich war dessen froh, denn an manchem stillen Abend wurde zum Doppelkopf gebeten, das hieß befohlen, und ich war es nun ledig.

Wir lagen hier monatelang, der Sommer kam, das Grün der Büsche. Die zivile Bevölkerung war aus dem Gebiet der Front vertrieben, mit Mühe hielten wir ein paar Frauen zurück zum Waschen, doch auch diese verließen uns bald. Die Flüchtlinge und Evakuierten setzten sich in den Dörfern hinter unserm Gebiet fest wie Kletten, sie hofften einen Blick auf ihre Felder und Gärten zu haben, auch versuchten die Kreislandwirte, das fruchtbare Gebiet vom Hinterland aus zu bestellen. Sie kamen zu Pferd und Wagen zu uns, verhandelten, wann sie mit ihren Arbeitern kommen könnten, wo sie ungesehen wären und klagten, warum nicht die Bevölkerung an Ort und Stelle arbeiten dürfe. Sie waren harmlose und fleißige Männer, und in vielen regte sich eine Ahnung, da sie stets mit Russen zu tun hatten, was zu erreichen sei, wenn unsere Politik es besser verstünde als mit der germanischen Peitsche über den Slawen; sie rühmten die Russen, man müsse ihnen nur Freiheit geben, nicht die politische, die sie nicht kennten, aber die bürgerliche; es sei doch so einfach, ihnen ein Stück Land zu eigen zu geben und die Erlaubnis, Vieh zu halten. Die Abneigung der ländlichen Bevölkerung gegen das sowjetische System war leicht zu wecken: man brauchte ihr nur die Freiheit zum Wirtschaften und das Gefühl gesetzlicher Sicherheit zu geben.

Weit hinter unsern Linien wurde eine zweite Stellung angelegt, das waren tiefe Bunker in der Erde, alle paar hundert Meter grub man mit Frauen und Kindern viereckige, sechs Meter tiefe Löcher, so groß, daß man ein Haus hineinstellen konnte. De la Valle fuhr mit mir diese Linie, deren Verlauf wir überwachen mußten, im Wagen ab. Die Löcher hießen Siebertbunker, nach unserm Kommandierenden General, dem Bruder des bayerischen Ministerpräsidenten. Ich fragte: »Wozu ist diese Linie bestimmt, es heißt doch, die Stellung vorne muß unbedingt gehalten werden?«

»Eine Auffangstellung – für den Fall eines Durchbruchs entsteht hier ein tiefgestaffeltes Kampffeld.«

»In der Erde? Wie denkt man sich den Kampf?«

»Die Bunker werden durch Gräben verbunden, feste Stellungen, wie im Ersten Weltkrieg.«

»Aber die Panzer rollen doch drüber weg!«

»Fragen Sie nicht!« Er sah angewidert in das tiefe Loch, auf dessen Grund die Frauen schaufelten, in halber Höhe war eine Bühne, sie warfen den Sand darauf, und dort wurde er von Kindern nach oben geschippt. Es war ein Bild wie vom Bau antiker Riesenwerke, das gelbe, braune, rote Gewimmel unten, die keuchenden Laute, das Klappern der Schaufeln, das Klatschen des Sandes. Wenn es regnete, stand das Wasser in diesen Löchern den Frauen bis an die Waden.

»Es ist eine Schande!« sagte de la Valle, »Sklavenarbeit!«

»Wir haben bei Charkow gesehen, wie die Russen Frauen und Kinder Tag und Nacht arbeiten ließen.«

»Aber wir!« sagte er, »für uns ist es eine Schande!«

»Was ist der General für ein Mann?«

»Ein tüchtiger Soldat. – Wissen Sie, alle haben ja eine Wut auf die politischen Leiter. Na, ich sage Ihnen!«

Er sagte nicht mehr, aber ich wußte genug. Er hatte bei Demjansk im Kessel gefochten, das war sein großes Erlebnis, und hatte als Berufssoldat ein Vorurteil gegen die Politik, er schob sie von sich. Aber unmöglich konnte ihm entgehen, daß seine Verachtung für die Politik in unserm Falle tiefere Wurzeln hatte als ständische: er empfand einen moralischen Widerwillen, und ihn teilte er mit fast allen Offizieren. Daher kam auch sein Widerwille gegen die Zwölfender; sie waren für ihn der Typus des blind gehorchenden Mannes, auf den sich das Dritte Reich nur zu gern – und zu seinem Unglück – stürtzte. Schon waren sechzig Prozent der Leutnante und Hauptleute aktive Unteroffiziere, und in Männern wie Spörl stiegen sie bereits zu Kommandeuren auf. Niemand schätzte Spörl mehr als de la Valle, Spörls Eigenschaften als Soldat und Mensch waren sehr gut, aber er war nicht das, was die Ursache dazu bildete, daß in der deutschen Armee die Offiziere Herren genannt wurden.

»Ihr seid es in Schuld«, konnte er zu mir sagen, »ihr jungen Leute, die das Abitur haben und bürgerliche Berufe anstreben: weshalb sind Sie noch immer Leutnant? Sie müßten Hauptmann sein! Weshalb ist der Dr. jur. Caspar als Schreiber beim Regiment, weshalb kann er nicht eine Kompanie führen?«

Da wir allein waren, erlaubte ich mir zu sagen: »Weil das Offizierskorps im Frieden seine Rechte auf uns nicht verteidigt hat. Die Partei wollte uns nicht zu Offizieren machen, wenn wir nicht ihre Mitglieder wurden. Wenn wir jetzt allmählich Offiziere werden, dann doch nur, weil wir eine Million Tote haben.«

»Ich weiß schon«, winkte er ab, verhielt dann sein Pferd und sagte (wir waren weit und breit allein auf einem ungeheuren Weizenfeld): »Was ist Ihre persönliche Meinung über Hitler?«

Ich sagte sie ihm, und er antwortete: »Wenn Sie recht haben, ist der Krieg verloren.«

»Noch nicht«, sagte ich.

»Wie stellen Sie es sich vor?«

Ich sagte es ihm, und er antwortete: »Um Gottes willen, reden Sie zu keinem Menschen davon!«

Ich konnte in dieser Art, wenn wir allein waren, mit ihm reden. Er war gläubiger Protestant. Ich fragte: »Kann man mit dem General Siebert nicht so reden? Es müßte doch auf kameradschaftlicher Ebene möglich sein.«

»Wahrscheinlich könnte man es, aber man tut es nicht, weil man weiß, daß sein Bruder Ministerpräsident ist.«

Weiter kam ich nicht bei ihm, denn er sah die Politik mit militärischen Augen. Er bat mich, im Gespräch mit Reich und Lehmann vorsichtig zu sein. Man wisse beim Löwen nie, wie lange die Zahmheit daure, endlich beiße er dem Dompteur doch den Kopf ab; beide seien überzeugte Parteigenossen.

Ein russisches Flugblatt zeigte uns den Verlauf der Front, von deutscher Seite wurde er seit Monaten vertuscht. Es war ein trübes Bild. Die Voraussage lautete: wir werden stärker, ihr werdet schwächer. Im übrigen war die russische Propaganda, eifrig mit Handzetteln arbeitend, genauso ungeschickt wie die eigene. Daß wir den Knechten des Kapitals davonlaufen sollten, war ein schlechter Rat und doch wohl eine Verkennung der wirtschaftlichen Lage des einzelnen Mannes bei uns. Diese Propaganda hatte den etwas lächerlichen Beigeschmack des doktrinären Leninismus. Sie baute auf Voraussetzungen auf, die bei uns nicht vorhanden waren, und er wollte uns glauben machen, in Rußland seien die Ideale der Menschheit verwirklicht. Umgekehrt sprach jetzt ein Flugblatt, das ich mit dem von Schinagl gelieferten Raketchen zu den Russen schoß, von den durch Juden entheiligten Räumen des Kremls. Solche Rechnungen auf eine russische »Reichsidee« konnte beim Proletarier östlicher Prägung nie aufgehen, denn er kannte diese Idee nicht und bemaß die Macht seines Staates nach Produktionsziffern.

Für große Zahlen hatten die Russen merkwürdige Vorliebe, auch für Statistiken schwärmten sie. Sie hatten eine an Aberglauben grenzende Einbildung von der deutschen und amerikanischen Macht – wobei die Amerikaner noch höher als die Deutschen bewertet wurden. Wenn man mit Zahlen und Statistiken umgehen konnte, ließen sie sich leicht verblüffen. Ihre Naivität erreichte amerikanisches Ausmaß: sie hätten die besten Bahnen, die größten Kanonen und meisten Kinderheime. Sie maßen auch die Kultur in Zahlen. Eine Lehrerin wußte genau, daß die Leningrader Museen mehr Bilder hatten als die Londoner und Berliner – und daraus schloß sie, daß Leningrad die beste Galerie der Welt habe.

Nichts konnte die Russen mehr ärgern als der Vorwurf mangelnder Zivilisation, jener Spruch »nix kultura«, mit dem die Landser das Fehlen von Wasserleitungen, Türschlössern und Sprungfedermatratzen rügten. Sie hatten ein feines Gefühl dafür, daß diese Mängel wirklich bedauerlich seien und sagten keineswegs, statt dessen besäßen sie treffliche Volksschulen, Mütterheime und Bibliotheken, sondern nahmen ihre Zuflucht zum Gegenbeweis: in Moskau gebe es jeden Komfort, und in Charkow tanze man auf glattpolierten Fußböden. Sie hatten nicht die geringste Ahnung, wie man bei uns lebte, wie sehr die reichen Grundlagen der Kultur des Westens in Rußland fehlten. Manche waren klug genug, zu sagen, daß materieller Reichtum eine Entartung sei und die Idee der proletarischen Kultur so machtvoll bei ihnen – ohne bürgerliche Grundlagen – verwirklicht werde wie jedes Neue in der Geschichte.

Hier lag das Korn der Wahrheit, und wenn ich bedachte, wie sehr sich Europa nicht von den stofflichen, aber von den geistigen Grundlagen seiner alten Kultur zu lösen anschickte, wie das System, dessen Säbel wir schwangen, bereits viele Wurzeln aus der Vergangenheit abgetötet hatte, und wie sehr der neue Typus Mensch sich nach amerikanischen und russischen Vorbildern unbewußt oder bewußt organisierte, dann packte mich wieder das Spenglersche Entsetzen. Denn worin lag bei uns die Kultur? In ihrem Besitz durch führende Schichten und in der freiwilligen Anerkennung durch das Volk. Auf diesem Besitz beruhte Scharnhorsts allgemeine Wehrpflicht und der Gehorsamsanspruch der Oberen. Sobald der Gehorsam nicht mehr freiwillig war und geistiger Überlegenheit geschuldet wurde, verfiel die Ordnung.

In Preußen hatte diese Periode nicht lange gedauert; bereits 1819 wurden die Karlsbader Beschlüsse gefaßt und damit einer freien Entwicklung Grenzen gesetzt. Die Träger der sittlichen Idee, Humboldt und Boyen, traten zurück, und an ihre Stellen gerieten allmählich Unteroffizierstypen, die durch Drill ersetzten, was ihnen an Überlegenheit fehlte. Seitdem hatten wir in Deutschland den Gegensatz von Generalstab und Truppenoffizier auf der einen, den von Mann und Offizier auf der andern Seite. Es war doch wohl ein Symbol, daß schließlich ein Gefreiter Reichskanzler wurde.

Wie war das in Rußland gewesen? Hier mußte die Entwicklung ähnliche Schattenzüge führen, denn zum Bolschewisten sinkt man nicht zufällig. Rußland war militärisch entstanden aus dem Krieg der christusgläubigen Heere gegen den Halbmond. Die russische Rechtgläubigkeit war die Wurzel auch des militärischen Schwungs dieser Armeen. Man kennt ja Suworow und Kutusow, sie fühlten sich als Führer von Gott berufen. (Im Ersten Weltkrieg noch kämpften die Russen gegen die deutschen Ungläubigen; der aufgeklärte Deutsche war für den Russen ein Vexierbild Satans.) Auch hier läßt sich ziemlich genau angeben, wann der Bruch kam: im Dekabristenaufstand von 1825. Mit Recht sieht der Bolschewismus in ihm den Vorläufer der Ereignisse von 1917. Nikolai I. war ein Sultan, sein Druck erzeugte große Literatur – auch sie war im Rahmen der russischen Geschichte eine Wegbereiterin der Revolution.

Man kann die Gegenläufigkeit der preußischen zur russischen Bewegung nicht verkennen, die preußische ist viel unelastischer, die russische radikaler. Unsere Wehrhaftigkeit hatte die sittlichen Grundlagen längst verloren – jene Grundlage des Geistes Gneisenaus über Napoleon, der Griechen über die Perser.

Worauf es ankomme, hörte ich von Hauptmann Wildpret, als er uns besuchte; seine Kompanie lag etwas weiter hinten. Er stürzte sich mit der Wut des alten Stoßtruppführers auf meine Meinungen, schrie mich an, mit hochrotem Gesicht, daß die schönste Theorie von Geschichte und Führung nichts nutze, wenn die Mittel mangelten:

»Panzer und Flugzeuge«, brüllte er, »Panzer und Flugzeuge, zum Teufel alle Weltanschauung und Philosophie, wenn es daran fehlt – oder glauben Sie, die alten Römer hätten mit Steinen geworfen? Eine gute Ausrüstung ist eine Frage der Organisation! Warum baut man bei uns ständig neue Typen, mit denen umgehen zu lernen man wieder Jahre braucht, bis der Mann sie kennt? Warum baut man hier die Motoren, dort die Räder und am dritten Ort die Rümpfe? Wenn wir es uns nicht leisten können, gegen die Welt Krieg zu führen, so müssen wir gar nicht beginnen – oder was glauben Sie, wie man mit uns umspringen wird? Haben schon Mühe gehabt, daß Euer Wilhelm II. nicht aufgehängt wurde, hätt's ihm gegönnt!«

Aber es war nicht bloß das Verhältnis von Zahlen und Waffen, das die Russen stärker als uns machte. Was bewog, wenn der Feind kam, die Unsern, die Stellung schon bei seinem Anblick aufzugeben?

»Das ist das Bewußtsein davon, daß der Mann spürt, was uns fehlt!« schrie Wildpret.

Die Spur der Wahrheit verlor sich im Dickicht. –

Wir hatten jetzt viele Abwechslungen. Hüller veranstaltete ein Jagdreiten und ein Sportfest für das ganze Regiment im Tal von Wolynka. Hauptmann Spörl gab in seinen prunkvollen Bunkern ein Fest, als er Major wurde. Der Stabszahlmeister spielte sein Cello und hatte einen musikalischen Zigeuner mitgebracht, der als Hilfswilliger in die Armee aufgenommen wurde, und Leutnant Wichtel erzählte von den Leibls und Renoirs in seiner Wohnung. Der Kommandeur ließ den Fußboden seines Hauses weißscheuern und beschloß den Bau eines neuen Holzhauses, nachdem er Oberst geworden war. Er entdeckte auf unsern Fahrten an die Front einen Mann mit schwarzem Vollbart und befahl, daß er sich alle acht Tage bei ihm melden solle, um den Vollbart zu zeigen. Ich stellte die Zigarrenkiste von Trockenheit auf Feuchtigkeit um, indem ich ein Moospolster anlegte, wofür ich sehr belobigt wurde. Eine Kraft-durch-Freude-Truppe besuchte uns drei Tage lang und sang in Frack und Abendkleid vor den erstaunten Männern. Mit dem Major der Artillerie Küfer, einem pommerschen Gutsbesitzer, schloß der Oberst Freundschaft. Wir legten einen Sprunggarten an, und ich verstauchte mir den Arm beim Sprung über den »Amsterdamer«. Major Leer bestrafte sein Reitpferd mit vierundzwanzigstündigem Anbinden an einen Baum, ohne Futter und Wasser, weil es nicht über eine Baumwurzel hatte treten wollen. Die Fliegenplage nahm gewaltig zu, wir baten die Division, Mittel zur Bekämpfung zu schicken, und erhielten darauf die Antwort, die Bekämpfung von Fliegen geschehe am zweckmäßigsten mittels Fliegenschnäppern. Die Gärten von Rylsk boten uns herrliches Gemüse und Beerenobst. Die Maiglöckchen kamen, Sprosser und Drosseln schlugen in den Wäldern. Stockenten gab es zu Mittag von einer Jagdexpedition Reichs und Wichtels. Hans Ehrhards Braut schrieb mir um Nachrichten von ihrem in Stalingrad verschollenen Verlobten.

Wir weihten eine Sauna ein, indem der Oberst sie benutzte. Sie war das Werk des Regimentsarztes Dr. Rotnase, dreißig Jahre alt, glatzköpfig und mit einem teigig blassen, fettigen Gesicht. Er war als halber Narr bekannt und geschätzt, ein Waldviertler, der keine Post schrieb und erhielt. »Ich möchte wissen, oder möchte lieber nicht wissen«, sagte Reich, »was Rotnase sich denkt, wenn er diesen Brief liest.« Es war ein Brief einer Wiener Dame, die sich als Rotnases Braut bezeichnete, gerichtet an das Regiment mit der Bitte um Auskunft, ob ihr Verlobter lebe, und man möge ihn zu einem Lebenszeichen bewegen. Der Brief war verbotenerweise mit der Regimentsnummer adressiert, lief deshalb auf dem Dienstwege des Ic (Nachrichtenoffizier), und nun saßen wir ratlos.

»Der Kommandeur muß ihm den Fall beibringen, einen Brief an die Braut befehlen und dienstlich irgendeinen Ukas erlassen«, sagte Reich, »damit wir gedeckt sind.«

Der Arzt wurde zur Meldung befohlen, erschien mit dem Fahrrad, tappte ins Haus des Obersten (von Wulicke vergeblich gebeten, die Schuhe abzustreifen), und es kam zu einem Donnerwetter, dann zu einer väterlichen Ermahnung – der Doktor verließ das Haus mit Tränen in den Augen.

Jeden Nachmittag trafen wir uns zum Kaffee in einem andern Quartier, Reich, Wichtel, Hüller, ich, manchmal auch Lehmann und jeweilige Gäste. Der Gastgeber stellte Kaffee und Kuchen. Es war des Obersten höchstes Vergnügen, uns bei diesen Sitzungen zu überraschen, mit seinem Dackel einzufallen, eine Zigarre zu rauchen und den Hund mit dem Kuchen zu füttern.

Wir warteten also auf Rotnase. Er hatte sich den Kopf kahlscheren lassen, so daß er wie ein Russe aussah. Wir winkten, er solle hereinkommen, aber er war so zerknirscht, daß er sein Rad ohne Gruß bestieg und in Richtung seines Quartiers fortfuhr.

»Der Oberst kommt selbst«, sagte Hüller. De la Valle erschien auf dem Vorplatz, pfiff dem Hündchen und ging, das Stöckchen unterm Arm, spähend die Geschäftsräume ab, fand niemanden, steuerte uns an, trat ein, rief: »Welch ein Unmensch ist dieser Rotnase – mir zu gestehen, er habe seiner Braut seit einem Jahr nicht geschrieben, auch den Eltern nicht! Ich habe ihm befehlen müssen, noch heute zu schreiben und den Brief bei Reich abzugeben. Er entschuldigte sich mit Überlastung. ›Was heißt Überlastung‹, sag' ich zu ihm. ›Sie sind Regimentsarzt, haben Bataillonsärzte unter sich, Verwundete gibt's keine, Kranke kaum, aus Langeweile bauen Sie eine Sauna‹ – da hätten Sie ihn hochgehen sehn sollen, tief gekränkt, die Tränen kamen ihm, und dann jammerte er; die vielen Kranken hätte ich nie gesehn ... Sei auch nicht meine Aufgabe, sagte ich, aber wieso denn viele Kranke, he? Und da sagte er: ›Die Russen, die Russen!‹ und ich glaube nicht, was da an Elend und Krankheit zu finden, zu heilen, zu lindern sei. – Ich glaube tatsächlich, der Mann gibt seine Kunst den Russen. ›Gut‹, sage ich, ›aber Sie können doch Ihrer Braut, Ihrer Mutter alle vierzehn Tage eine Karte schreiben.‹ Da wurde er still und bat, gehn zu dürfen. ›Das befehle ich, wann Sie gehn dürfen‹, sagte ich. Und da brach der Mann in Tränen aus. Ein lieber Mensch – aber Reich, wir wollen sehn, daß wir einen andern Regimentsarzt bekommen!«

Wir tranken unsern Kaffee schweigend, dann schenkte Hüller einen Cognac ein. Der Oberst bröselte seinem Dackel ein Stück Rosinenkuchen vor, und das Gespräch wandte sich den Pferden zu.

Die Sauna war ein kleines Holzhaus neben einem Brunnen. Der Raum enthielt zwei Pritschen übereinander, in den Ecken standen Benzinfässer mit dicken Steinen, auf diese Steine wurde heißes Wasser geschüttet, so daß ein feuchter Dampf den Raum bis zu dreißig, vierzig, fünfzig Grad erhitzte. Hier hielt man nach Belieben aus und ging dann in den Vorraum, wo ein weiteres Benzinfaß mit kaltem Brunnenwasser stand, das man sich eimerweise über den Rücken goß. Die barbarische Dusche tat bis in die Eingeweide wohl, verzehrte die Hitze, verspülte den Schweiß, und die ganze Einrichtung wurde mit der Zeit immer vollkommener, am Ende hatten wir kalte Brausen eingebaut und nebenan einen Friseur an der Arbeit.

Als es soweit war, besuchte der General das Regiment, das erste und das letzte Mal. »Wir werden ihm die Sauna vorführen und ihn zum Baden einladen«, sagte der Oberst, denn auf nichts war er stolzer als auf die Sauna.

Drei Tage wurde fieberhaft gearbeitet, der Pionierzug wurde von der Front zurückgezogen, mußte die Gegend um den Gefechtsstand planieren, Wege ausbessern, den Brunnen fassen, Stakete anlegen, Buschreihen pflanzen, die Reitbahn in garnisonsmäßigen Zustand versetzen. Der Oberst kümmerte sich um alles.

»Soll ich ihm auch mein neues Haus zeigen?« fragte er Reich.

»Um Gottes willen, Herr Oberst, kein Wort von dem Haus. Wir sollten es unsichtbar machen.«

»Wieso? Darf ich mir kein Haus bauen? Wir sitzen jahrelang hier, mein Lieber, jahrelang!«

»Es würde mir leid tun. – Das Haus können wir unmöglich vorzeigen.«

Der General kam mit dem Wagen, stieg vorm Haus des Obersten aus, trank einen Cognac, rauchte eine Zigarette und sprach über Personalfragen: Der Oberst wollte Major Leer schleißen. So unterhaltend und witzig dieser Übersetzer der Bibel sein möge, so ungenießbar sei er im Dienst, kein Adjutant halte es länger als vier Wochen bei ihm aus.

»Seien Sie froh, de la Valle, daß Sie einen Major haben; der Mann ist tapfer, erfahren und stolz auf seine Wunden.«

»Er hat keine Autorität, er ist dem Mann lächerlich und versteht sich nicht mit den Offizieren, er redet in alles hinein«, und dann erzählte der Oberst die Geschichte von dem zur Strafe an einen Baum gebundenen Reitpferd. Das gab den Ausschlag, der General sagte die Versetzung zu, »ich brauche sowieso einen Kommandeur für die Divisionskampfschule.«

»Dafür ist Leer der richtige Mann.«

Auch Dr. Rotnase wurde versetzt, er kam zum Feldlazarett, wo man ihn besser unter Augen habe.

»Der Itzenplitz wird dumm schauen, wenn ich ihm seine Stellenbesetzung durcheinanderbringe – aber es ist gut, wenn er etwas zu tun hat. – Geben Sie mir noch einen Cognac!«

Ich, als Jüngster, hatte die Ehre, dem General einschenken zu dürfen.

»Wir müssen Brunnen bauen«, sagte der General, und da wir alle stumm schauten, fuhr er fort: »jawohl, Brunnen bauen, irgendein dämlicher Arzt ist drauf gekommen, daß wir nicht mehr aus russischen Brunnen trinken dürfen.«

Reich machte sich Notizen.

»Ferner müssen wir alle Pferde im rückwärtigen Gebiet erfassen, das ist eine Aufgabe für Sie, Hüller!« Der Oberveterinär machte sich Notizen.

»Und dann habe ich hier etwas ganz Neues für uns.« Er breitete eine Rolle mit herrlichen Fliegerbildern unseres Abschnitts aus. »Das ist ein gutes Hilfsmittel, ergänzt die Karten, zeigt jede Veränderung, ersetzt die Feindaufklärung weitgehend. Wird alle paar Tage gemacht, in Sonderfällen können Bilder angefordert werden.«

Wir sahen die Aufnahmen an. Sie zeigten unsern zwölf Kilometer breiten Abschnitt im Maßstab 1:5000, erlaubten also eine Überprüfung dessen, was wir wußten, und Ergänzung dessen, was wir nicht wußten. Sie zeigten die Schwächen der eigenen Stellungen und die der Russen. Die Karten waren bereits von den Fliegern mit Zeichen versehen, die auch dem ungeübten Auge deutlich machten, was wichtig war.

Der Oberst gab eine genaue Übersicht der Abschnitte der Bataillone. Dann brach der General auf, wir meinten zur Besichtigung, und der Oberst lud ihn zur Sauna ein und pries seine Anstalten. Der General aber lachte und lehnte ab mit den Worten: »Wer säuft und raucht, sauniert nicht; ich saufe und rauche, saunieren Sie nur.« Damit ging er, und wir waren froh, denn wir wußten ja, daß General Wilhelm nicht de la Valles Freund war. War es Eifersucht auf eine gute Beurteilung durch Siebert?

»Unser Colonel versteht mit Vorgesetzten umzugehen, er nimmt die meisten für sich ein. Seine Vorsicht, sein Temperament, seine soldatische Tüchtigkeit gefallen«, sagte Reich. Ich begann zu ahnen, daß man höhere Stellungen mit großer Wahrscheinlichkeit dadurch erreicht, daß man sich einfügt in den Apparat, keine Kritik laut werden läßt, im Umgang bequem ist und den Oberen nicht widerspricht. –

Mitte Mai erreichte der Seim den normalen Pegelstand, der Fluß war jetzt sechzig Meter breit und recht tief, durchwaten konnte man ihn nirgends. In den Auen lagen mehrere Dörfer, aber nur eines, Koltitschejewo, verlief entlang dem Ufer, die andern blieben durch Sümpfe vom Bett getrennt. Diese Sümpfe erschwerten die Verteidigung, wir konnten dort nur vorgeschobene Posten aufstellen, die nachts abgelöst wurden. Der Feind versuchte diese Posten auszuheben und zu Gefangenen zu machen. Wir legten nun alles darauf an, die eingedrungenen Trupps zu erkennen und abzuschneiden. Draht- und Funklinien mußten eingerichtete werden, die Artillerie arbeitete Sperrpläne aus. Diese Methoden hatten Erfolg, fast alle russischen Späh- und Stoßtrupps wurden abgefangen, und statt daß sie Gefangene machten, wurden sie selbst gefangen und mußten jene Aussagen bei uns machen, die sie von unsern Leuten für sich erhofft hatten. Nichts konnte jetzt den Gegnern wichtiger sein, als Gefangene zu bekommen und dadurch ein Bild von der Lage bei uns zu erhalten. Während wir aber stets Überläufer von russischer Seite hatten, lief in dem halben Jahr, das wir hier verbrachten, nur ein einziger Deutscher zum Russen über. Jedenfalls behaupteten die Russen es – wir hatten den Mann ertrunken gewähnt im Fluß.

Diese kleinen Unternehmen, meistens bei Nacht, verlangten in dem schwierigen Gelände großen Mut, zähe Kräfte, Ausdauer und Kaltblütigkeit. Selten ging es ohne Verletzte ab, in mehreren Fällen gab es auf beiden Seiten Tote. Wenn solch ein Unternehmen sich abzeichnete, raste ich in einem Motorrad mit Beiwagen in den betreffenden Abschnitt. Fahrer war ein kleiner Wiener Taxichauffeur mit Namen Brugger, hinter ihm saß der Dolmetscher Haupt, ehedem Goldschmied in Moskau, ein Balte von fünfzig Jahren, der mir viel aus dem alten Rußland erzählte. Wenn wir an Ort und Stelle waren, mußten wir die Gefangenen ausfragen. Dafür gab es ein bestimmtes Schema. Das Ergebnis wurde an die Division weitergegeben. Wenn ein Offizier gefangen war oder ein Mann, der nach Intelligenz oder Dienststellung mehr zu wissen schien als der Muschik, mußte ich ihn zur Division nach Durowo bringen.

Meine erste Aufgabe war, dem Gefangenen das Gefühl zu geben, daß ihm nichts geschehe. Er wurde verbunden, erhielt zu essen, zu rauchen, Haupt begann ein Geplauder. Hatte er sich vom Schock der Gefangennahme erholt, sah er ein, daß wir keine Augenausstecher waren, dann begann das Ausfragen. Die meisten antworteten mehr als man wollte, und man hatte Mühe, den Mitteilungsdrang nach den Wünschen des Schemas zu leiten. Keiner machte Schwierigkeiten, viele begannen, auf Stalin und die Verpflegung zu schimpfen. Das waren die, welche unser Wohlwollen billig erwerben wollten. Im Laufe der Zeit glichen alle Aussagen einander, wir kannten das Mosaik schon, obgleich immer neue Steinchen hinzukamen: Uns gegenüber lagen zwei russische Divisionen, an Kopfzahl waren sie etwa doppelt so stark, an schweren Waffen halb so stark wie unsere Division. Das militärische System war völlig gleich dem unsern, die Gliederung, der innere Dienst, die Vorbildung, die Ausbildung, das Verkehrs- und Verpflegungswesen, der Nachschub, der Papierkrieg, die Disziplin, die Wirkung der feindlichen, die Argumente der eigenen Propaganda – alles glich aufs Haar unsern Verhältnissen. Viel besser als unsere Soldaten wußten die Russen Bescheid über Nummern von Regimentern, Divisionen und die Namen ihrer Vorgesetzten, erstaunlich wenig wußten oder sagten sie über die Stimmung und die Verhältnisse im Hinterland. Wir hofften stets, jemanden zu fangen, der in Moskau gewesen war, die Stadt wenigstens kannte, über Industrien und Bauten Auskunft geben konnte – es gab stets Enttäuschungen. Als Menschen waren die meisten freundlich, interessierter als unsere Arbeiter oder Landbewohner; rasche Auffassungsgabe und praktischen Verstand hatten alle. Viele sprachen übrigens Deutsch, das man in Rußland auf den gehobenen Volksschulen lernt. Erstaunlich war der Antisemitismus; ich hatte nicht den Eindruck, daß sie uns in dieser Sache nur nach dem Munde zu reden hofften.

Zweifellos war der russische Bauer, Arbeiter, Berufssoldat nicht mehr jener, den ich aus Leskows, Tolstois, Turgenjews Schilderungen kannte. Er war viel klüger und innerlich freier. Der unterwürfige Zug, den wir an den Zivilisten im besetzten Gebiet bemerken mußten, war nicht natürlich. Es waren freilich durchweg junge und unverheiratete Burschen; aber auch jene, die aus Teilen des Landes stammten, die seit zwei Jahren von uns erobert waren, machten sich keine Sorgen, und da bemerkte man den Einfluß der bolschewistischen Lehre, in der die Familie, die Angehörigen als Figuren einer patriarchalischen Sittlichkeit keinen Kurs haben.

Das Gelände, in dem diese Leute gefangen wurden, waren das Straßendorf Koltitschejewo, wo sie mit Lautsprechern gelockt waren, also freiwillig kamen, südlich davon die tiefe, waldbewachsene Au, die wir den Hufeisenwald nannten, reines Dschungelgebiet, etwa sechs Quadratkilometer groß, wo der auf den Karten grün gezeichnete Wald um einen bläulichen Sumpf wie ein Hufeisen lag, in der Flanke von Stropizij aus zu erreichen, einem armen Fischer- und Hirtendorf, das nicht einmal eine Kolchose hatte. Hier fanden wir nach langem Suchen die Leiche eines Mannes, der wochenlang allein gelebt haben mußte und den Russen Nachrichten über unsere Bewegungen hatte zukommen lassen. Er wurde durch einen Zufall entdeckt und wochenlang wie ein Stück Wild der Urzeit eingekreist und endlich durch Messerwurf getötet – denn auch wir hatten unsere Spezialisten.

Bei diesem Partisanen fanden wir ein winzig mit Bleistift vollgekritzeltes Büchlein, das sich bei der sehr mühsamen Entzifferung als Tagebuch erwies. Es enthielt übrigens nicht taktische, sondern nur private Aufzeichnungen, sechs Wochen lang geführt, anscheinend durch die ganze Zeit einer schrecklichen Einsamkeit. Er war ein wilder, feuriger und jäher Mann gewesen, dem das Alleinsein nur durch die Vorstellung erträglich geworden war, daß er einen Sinn für Abenteuer, wie er sein Unternehmen nannte, besaß. Groß war seine Wut auf die Schlitzaugen, unsere mongolischen Abteilungen zur Partisanenjagd.

Ein Zug dieser Jagd-Abteilungen war zeitweise der Division unterstellt, er bestand aus Reitern von gelber Gesichtsfarbe, Kalmücken oder Tataren, und wurde von einem Volksdeutschen im Leutnantsrang geführt, mit dem ich persönlich leider nur einmal zusammenkam. Der Dolmetscher dieses Haufens war ein finsterer Kerl, der gebrochen Deutsch sprach und nach Hammel stank. Die Männer lachten freundlich, taten aber heimlich, und es hieß, sie führten ihren Götzen mit sich. Jedenfalls bestand Anweisung, sich nicht weiter mit ihnen einzulassen. Diese Schar war es auch, die mir eines Morgens die frische Leiche des Partisanen mit dem Tagebuch brachte. Als ich das russische Heft sah, sandte ich die Horde mit ihrer Trophäe schleunigst weiter zu Schinagl.

Diese Art von Spionen und Spähern gab es selten, jedenfalls fanden wir sie sonst nicht. Statt dessen sandte der Russe nun immer häufiger Trupps in Stärke von Gruppen, Zügen, endlich eine Kompanie zur gewaltsamen Erkundung. Das waren sorgfältig exerzierte Unternehmen, wochenlang vorher geübt und von schweren Artillerieschlägen begleitet. Auf diese Weise wurden einmal fast alle Häuser von Koltitschejewo in Brand geschossen, ein andermal die von Beresniki. Die Truppen kamen am hellen Tage, kehrten aber stets unverrichteter Sache zurück. Es gab ein kurzes Gefecht, manchmal eine kleine Schlacht, und oft genug kam es vor, daß von dreißig Mann nur jeder zehnte den Heimweg fand. Wie solche Unternehmen in der Nähe aussahen, hatte ich ja vor anderthalb

Jahren in Gawrilowka oder Babka erlebt. Ich bemerkte mit einer Art von moralischem Entsetzen, daß diese in der Nähe so blutigen Ereignisse aus der Ferne einen gefährlichen Reiz bekamen. Hier spielten nicht mehr Schmerz, Verwundung, Tod des einzelnen eine Rolle, sondern Erfolg oder Mißerfolg.

Über die Einzelheiten des Verfahrens der Russen erfuhr ich Genaueres durch die Aussagen eines übergelaufenen Sibiriaken. Nach dem Grund des Desertierens befragt, sagte er das Übliche: strenge Disziplin, magere Kost, keine Lust mehr. (Das waren unsere eigenen Probleme.) Die Propaganda rede ihnen vor, demnächst entstehe in Westeuropa eine zweite Front gegen die Deutschen. Der General Paulus stelle bereits eine Armee aus Gefangenen zur Befreiung Deutschlands vom Hitlerschen System in Rußland auf.

Zum taktischen Vorgehen in unserm Abschnitt erfuhren wir, daß die Russen ein großes System von Gräben angelegt hätten, die bis auf zwei Meter an den Fluß heranführten. Sie setzten auf selbstgebauten Flößen über, meistens nachts, suchten dann langsam an einen unserer Vorposten heranzukommen und hätten Befehl, ihn möglichst lebend zurückzubringen.

Der Sibiriake war etwa siebenundzwanzig Jahre alt und hatte in Wladiwostok aktiv gedient. Im Januar 1943 lag er verwundet als Gefangener in einem deutschen Lazarett, das bald darauf von den Russen erobert wurde. Sie pflegten ihn in Kursk gesund, und seit Ende Mai, also seit vier Wochen, befand er sich wieder bei der Truppe. Jetzt sei er bei der ersten Gelegenheit zu den Deutschen übergelaufen, weil sie ihn damals gut behandelt hätten. Dann erzählte er uns über seine Heimat. Sibirien in Eis und Schnee? Er lachte, breitete die Arme aus und sagte, Sibirien sei im Sommer genau wie diese Gegend, reich und schön, aber viel größer, sehr fruchtbar. Allerdings: der Winter dauere acht Monate und sei eben kalt. Er besaß Fotografien, sie zeigten eine Landschaft, die an Kanada erinnerte.

Zum Schluß überraschte er uns mit der Behauptung, er habe Signale mit seinen Kameraden auf der andern Seite des Flusses ausgemacht. Sie würden zu uns kommen, wenn seine Signale ihnen bestätigten, daß er wohlauf sei. So saß ich drei Nächte mit dem Sibirier vor Beresniki am Seim in einem dichten Gebüsch und wartete, daß sich auf seine Eulenschreie jemand übers Wasser traue. Die ganze Kompanie Mottls, des Münchner Biedermanns, fieberte, und ein Karton Zigaretten stand bereit. Es war vergebens; die Nacht war kalt und mondlos. Tagsüber wehte ein samumartiger Steppenwind aus der sibirirschen Heimat.

Ich hatte Zeit und Gelegenheit, während dieser drei Tage viel mit dem Sibirier zu sprechen, er sprach übrigens von der Schule her Deutsch – selbstverständlich sprächen alle Sibirier Deutsch.

»Wieso das?« – »Weil wir so gute Schulen haben.«

»Sind alle Schulen gut?«

»Viel besser als hier«, sagte er, und seine Begründung war: »Bei uns ist alles neu und frisch, zu uns kommen die besten Leute, bei uns wird am meisten gearbeitet, bei uns entsteht eine neue Welt. Wir sind Rußlands Amerika.«

So fragte ich denn nach der Politik. Er zuckte die Achseln, in Sibirien hätten sie alles, was sie brauchten.

Ob er nichts von Zwangsarbeitern wisse.

Er habe davon gehört, aber gesehen habe er nie jemanden, der in den Lagern lebe.

Es stellte sich heraus, daß er Komsomolze war, er kannte nichts anderes als die sowjetische Weltanschauung, war in ihr groß geworden.

Als ich ihn fragte, ob er an Gott glaube, lachte er. Dann fragte ich, ob er sich nicht denken könne, daß bürgerliche und gesetzliche Freiheit für den Einzelnen vorteilhaft seien. Darauf antwortete er mir: »Was soll die Freiheit – ich habe Gewißheit.« Er hatte es russisch gesagt, Haupt übersetzte den Satz.

Warum er zu uns übergelaufen sei, wenn es ihm so gut daheim gefallen habe? Er sagte, er habe nicht mehr Soldat sein mögen, der Krieg interessiere ihn nicht. Ich versuchte, auf seine Anschauung einzugehen und meinte, als sowjetischer Bürger und weltanschaulicher Materialist müsse er den russischen Kontinent verteidigen gegen die Faschisten. Darauf lachte er wieder und sagte, das sei vielleicht Stalins Ansicht, nicht aber seine. Er war also – in unserer Ausdrucksweise – ein sibirischer Nationalist. Ich hätte die Welt eines Chinesen nicht verschiedener von der unsern finden können. Er war ein blauäugiger, blonder Riese und gehörte zum Geschlecht der Welteroberer.

Gerüchte von Veränderungen der Lage liefen bei den Soldaten und Zivilisten seit Wochen um. »Mir ist nichts bekannt«, sagte de la Valle, beim Bau seines Hauses zuschauend. Er hatte einen Oberleutnant und Kompanieführer, Architekt von Beruf, nach Wolynka kommandiert; zwanzig Mann vom Pionierzug, vierzig Frauen arbeiteten seit drei Wochen, Balken kam zu Balken, schön gefügt, dann das Dach gerichtet, und nun war man dabei, Schwellen und Kamine zu mauern, es würde ein Haus mit drei Zimmern, Küche, Burschenkammer, Bad und Veranda werden, droben am Rand der Äcker, wo der Busch begann. Die Baumittel wurden aus Rylsk herangekarrt. Meinen Spott, ob er hoffe, jahrelang hier wohnen zu können, nahm er fast übel auf, die Pioniere sah er nicht finster blicken, hörte nicht das Seufzen der Weiber, die er von Familie und Hof hielt.

Nun kamen Zivilisten ins Dorf, weshalb? Wir zögen ab, sagten sie, und sie wollten das Ihre wieder in Besitz nehmen.

»Uns ist nichts bekannt; wer sagt es?« Sie zuckten die Schultern, die ganze Gegend spreche von einem Wechsel. Dann kam als Nachfolger Leers ein junger Major; Hüllers Urlaubsgesuch wurde abgeschlagen. Ich selbst holte aus Ssuchaja hundertfünfzig Mann Ersatzleute, die aus Deutschland kamen. Sie sagten, es würde losgehn. Was? Sie wüßten es nicht, aber überall spreche man davon.

Auch der Russe wurde tätiger, er warf einen Stall mit hundert Pferden in Brand, die meisten Tiere kamen um; er beschoß Rylsk zwei- oder dreimal am Tage. Der Höhenweg zur Division wurde unsicher, weil auf jedes Fahrzeug geschossen wurde. Karten wurden ausgegeben, auf denen schön zu sehen war, wie die Russen in einem großen Bogen um Kursk ein tiefgestaffeltes Bunkersystem angelegt hatten – eine erstaunliche Leistung unserer Spionage, diese Stellungen gingen fünfzehn Kilometer zurück; gegen sie waren unsere eigenen Unternehmungen, die Bunkerketten der Siebertlinie, ein Spaß. Besonders vor Orel und Belgorod lagen die kleinen roten Dreiecke auf der Karte eng beisammen. Würden wir angreifen, würden die Russen angreifen? Sollte der große Kursker Bogen abgezwickt werden? Schon wurde es Juli, das Land trocken, die Wege fest, die Flüsse niedrig. Dann kamen wieder Regengüsse, ich saß im Quartier als Kurier bereit; der kleine Brugger brauchte seine schwere Maschine nur anzutreten. Ich las die Ilias.

Am zweiten Juli holte ich, in nächtlichen Fahrten, die Befehle. Der Abschnitt des Regiments wurde verbreitert, indem zuerst das zweite Bataillon aus der Front gelöst wurde, dafür kam das Feldersatzbataillon unter Hauptmann Speransky – woher der Name, ich kannte ihn doch: natürlich, Speransky vom Regiment List in Frankreich! Damals Feldwebel und Zugführer in unserer Kompanie, Hölzls Kamerad und ein mehr als trinkfester Mann. Er also nahm mit seinen Männern Spörls Abschnitt. Darauf wurde das erste Bataillon herausgezogen, und es kam Hauptmann Frenssen mit seinem Marschbataillon. Das waren Einheiten der Infanterie, ohne schwere Waffen, sie hatten bloß Panjewagen, nicht einmal Feldküchen.

Am folgenden Tag fuhr ich mittags zur Division, mußte auf die Geheimsachen warten und sprach mit dem General, der mich vorm Stabsgebäude anhielt. »Was macht de la Valle«, fragte er, »noch immer in der Sauna? Der Traum ist aus. Ihr kommt raus!«

»Herr General?«

»Ihr zieht hierher, könnt Division spielen! Ich geh mit den beiden andern Regimentern nach Süden. Ihr haltet den Abschnitt mit fünf Bataillonen, Küfers Artillerie und einer motorisierten Abteilung.«

»Vierzig Kilometer Breite!?«

Er prustete mich an: »Grüßen Sie de la Valle!«

Auf dem Rückweg nahm ich einen Oberleutnant mit, der vors Kriegsgericht kommen sollte, er hatte mit seinen Unteroffizieren Marketenderschnaps vertrunken. Er blieb einen Tag bei uns und erwies sich gleich als grand filou, setzte sich ans Klavier, sang und spielte prächtig, fast nur Lehàr, war Wiener, der wegen einer Liebschaft mit den Eltern überworfen und deshalb zum Militär gegangen war. Er trug ein kleines Bärtchen auf der Lippe, hatte lange gelbliche Haare und sah nicht aus wie sonstige Zigeuner.

»Was machen Sie, wenn der Krieg aus ist?«

Er spielte weiter, drehte sich aber auf dem Klavierbock zu uns und antwortete: »Was soll ich werden, die Stimme ist hin, das Geld ist hin – ich bin ein Lump, jetzt kostet mich das Kriegsgerichtsverfahren womöglich meine Laufbahn. Ich werde Lehrer oder gehe ans Tingeltangel.« Wir lachten, er trank in kurzer Frist fünf Cognacs, und unsere Sorgen kümmerten ihn wenig.

Am folgenden Tag zogen wir nach Durowo, dem zugigen Nest auf der Hochfläche, wo kein Wald wuchs und nur der aufgestaute Bach einen Teich nährte. Hier gab es Frauen in weißgewaschenen Kleidern.

Hauptmann Wildpret und der Stabszahlmeister hatten die Quartiere vorbereitet. Hier sollten wir bleiben.

Eines Tages kamen wir nach Gluchow, wo der Fluß in großen Sümpfen aus dem ukrainischen Flachland trat. Der Ic des Korps war bei uns. Er fand Gefallen an mir. Wir sahen sechstausend Mädchen auf einer umzäunten Wiese zusammengetrieben, die zur Arbeit nach Deutschland gebracht werden sollten. In den meisten Fällen gingen sie unfreiwillig. Der Oberstleutnant, als er sah, wie die weinenden Mädchen den bewachenden Landesschützen die Stiefelspitzen küßten, sagte: »Ein Sklavenmarkt, wir müssen uns schämen!« Er war ein hochgebildeter Mann.

»Und man kann nichts machen?«

»Wir versuchen, den Parteistellen klarzumachen, daß wir mit diesem Volk leben und auskommen müssen – aber es handelt sich dort um Ausschuß, Drückeberger vom Kriegsdienst, die sich mit solchen Aktionen Verdienstkreuze erjagen.«

Es war ein sonderbarer Anblick, die goldgelben Uniformen der Parteibonzen strotzend von Litzen, Schnüren, abenteuerlichen Ordensspangen und Sporen an den Stiefeln, zwischen dem Elend stolzieren zu sehen. Man konnte nur wünschen, daß sie bald von den Hunden zu ihren Füßen in die Schenkel gebissen würden.

Seit drei Tagen tobte nun die Schlacht bei Orel und Belgorod, Ziel war Kursk; unsere neuen Tigerpanzer drangen dreißig Kilometer in die russische Front, aber dann schienen sie nicht weiterzukommen. Ich war beim Korps während einer Besprechung, General Siebert, ein stattlicher schwerer Mann, machte einen gedrückten Eindruck. Der Ic schilderte die Lage beim Feind, er war Generalstäbler, und sagte, bei Orel sehe er schwarz: Russische Panzerdivisionen stießen tief in unsern Angriff hinein, auch im Süden sei der Feind stark. Wir stünden zwar vor Obody, aber aus dem Innern des Kessels, der entstehen sollte, habe der Feind zwei Divisionen, seine operative Reserve, nach Südosten abgezogen, unserm Belgoroder Keil in die Flanke. Er schloß mit den Worten:

»Das Unternehmen als Ganzes ist gescheitert.« (Erst acht Tage später wurde der Angriff eingestellt.) Nach der Besprechung kam der General auf mich zu, er hatte sich gewundert, warum ich als Leutnant zugegen gewesen; was ich zu melden hatte, wurde von meinem Gönner, jenem Ic, bestätigt und scherzhaft erweitert, so daß der Kommandierende sein Gesicht erhellte und Oberst de la Valle zu grüßen bat.

Schon am nächsten Tag fuhr ich mit de la Valle selbst zum Korps. Es hieß, die ganze Division solle nach Orel verfrachtet werden. Der Ia (Chef des Stabes), ein Oberst vom Ludendorff-Typ, scharf und von pyknischer Sicherheit im Auftreten, sprach von einem bevorstehenden Angriff des Feindes, wollte gar wissen, der Russe habe nur gewartet, daß wir uns decouvriert hätten, und stoße im richtigen Augenblick dort auf uns los, wo er sehe, daß wir umgruppierten. Unsere Funküberwachung melde feindliche Bereitstellungen, Überläufer sprächen von Transporten. Die feindliche Artillerie verstärke sich laufend.

Es war ein Ameisenhaufen, dies bislang so stille Generalkommando, wo man Kaffee oder Cogncac bekam und die Fahrer und Burschen eigene Zimmer hatten. Der russische Pope ging mit seinem Goldkreuz einher, schaute nicht rechts und nicht links. »Er grüßt bloß den General«, sagte man uns, »und wer weiß, ob er nicht mehr weiß als der.«

Abends wurde der Verladebefehl widerrufen, der Bahnraum sei nicht frei, und im übrigen würde man uns brauchen. – Aus dem ganzen Abschnitt kamen jetzt Überläufer, zeitweilig saßen fünf und zehn Mann draußen auf dem Rasen vorm Stabsgebäude. Alle sprachen von Verstärkung der Russen, Vorbereitungen zum Kampf, aber auch von Teuerung im Hinterland, Hunger des Volkes, Zerrüttung der sonst so straffen Verwaltung. Nun tauchten Mannschaften aus Moskau und Murmansk auf und ein junger Komsomolze vom Ufer des Jenessei. Sein Denken ging, als ich mich länger mit ihm unterhielt, von Voraussetzungen aus, die uns falsch erscheinen. Er war der Gescheiteste der Gruppe junger Leute; geistig und sachlich marxistisch denkend, war er ein Vertreter der neuen Intelligenz Rußlands, vielmehr der nichteuropäischen Welt: überzeugt vom Fortschritt, den die Technik bringe, versprach er sich alles von Volksaufklärung, Einzelwissen und dem

Befolgen der Gesetze des wissenschaftlichen Materialismus. Wieder merkte ich, daß dieser Panzer keine Fugen hatte, daß der Mensch in einem Gehäuse saß, in dem er sich sicher fühlen konnte. Auch hohe Intelligenz der einzelnen drang nicht über diese Welt hinaus, sie schienen abgelenkt zu sein und wie bezaubert von der wirtschaftlichen Durchdringung des neuen Erdteils.

Abends spät tranken wir unsere letzten Flaschen Sekt, die Hauptmann Wildpret dem Zahlmeister abgelistet hatte. Er lag mit seiner Stabskompanie bei uns, ließ seinem Zorn auf die Deutschen freien Lauf, sprach wieder vom Faustrecht, schwor, jetzt komme Rache für Sadowa und endete mit dem Vortrag des Monologs des Soliman aus Körners Zriny.

Am nächsten Morgen wurde ich mit einem Körbchen frischer Himbeeren zu General Siebert gesandt und gnädigst empfangen. Als ich zurückkam, war der neue Artilleriemajor bereits tödlich verwundet: der Feind griff über den Seim an, hatte Koltitschejewo auf schwimmenden Stegen erreicht und in den Sumpfwiesen beim Hufeisenwald ein Bataillon gelandet. Zwar wurde das Dorf zurückerobert, aber in der Nacht kamen frische Truppen über die Stege nach. Das Korps rief an: »Was für Stege sind das? Suchen Sie genaue Beschreibung der Stege zu erhalten!«

Ich vernahm ganze Scharen von Gefangenen, und allmählich entstand eine schlichte und immer wieder bestätigte Zeichnung von drei Balken. Die Kopfenden wurden mit Stricken gegeneinandergebunden, und so entstand zur Überraschung der gewiegtesten Strategen eine höchst brauchbare Blitzbrücke, bei der die Russen keinen einzigen Pionier gebraucht hatten.

Ging denn alles zum Bösen aus? Die große Schlacht bei Orel und Belgorod wurde abgeblasen, Befehle zur Verteidigung folgten, die Division kam zurück – sehr vergrämt wegen genossener Ruhe statt ruhmreicher Verwendung. Der General stürmte in sein Arbeitszimmer, wo de la Valle ahnungslos saß. Mit seinen langen Beinen stand er bereits vor dem Schreibtisch, bevor der Oberst sich erhoben hatte: »Herr General? Melde gehorsamst ...«

»Quatsch, melde gehorsamst! – Wo ist mein Bücherbrett, he?«

»Wie meinen? Die Division ...«

»Mein Bücherbrett! Da da, wo ist das Bücherbrett? Wie leben Sie denn hier, mein Quartier!«

Der General schippte die Lippen hoch, schnob wie ein Stierkalb im Frühling, spähte nach jedem Bleistift, der verlegt schien – es war zum Lachen! Ich stahl mich hinaus mit der Unterschriftenmappe. Das also war es, was den Herrn erregte, das Bücherbrett! Mög Gott ihm verzeihen.

Wir erhielten unsern alten Abschnitt wieder und zogen mit dem Stab nach Werchne Luchtynowo, hinter Rylsk schön gelegen im Tal des Rylobachs, wo die Frösche sangen.

Oberleutnant Reich bat den Oberst, ein Unternehmen leiten zu dürfen, um den Feind aus den Sumpfwiesen über den Fluß zu treiben. Ich mußte unterdes das Telefon des Regiments hüten.

Reich drang mit einem Stoßtrupp von sechzig Mann in die Sumpfwiese, aber der Feind eröffnete sofort das Feuer, tötete acht und verwundete zweiundzwanzig Mann. Reich mußte das Unternehmen aufgeben, als die Russen mit Hurra zum Gegenangriff antraten. Die Telefonverbindungen rissen, es wurde unmöglich, Sperrfeuer zu schießen – ein bitterer Fehlschlag, Reich kam blaß und verstört zurück und übernahm schweigend am nächsten Morgen seine Adjutantur: Wir hatten nicht gewußt, daß der Russe die Besatzung des Brückenkopfs nachts um eine Kompanie verstärkte.

Am folgenden Morgen erschien der General und wünschte die Front zu sehen, das erste und einzige Mal. De la Valle fuhr mit ihm, und von der Höhe des Ufers spähte Wilhelm auf die Sümpfe und Auen hinab. »Es bleibt nichts anderes übrig, mein lieber de la Valle, als den Brückenkopf der Russen auszuräumen, und zwar gründlich – in diesem Gelände kann man ja Regimenter verstekken.«

De la Valle nickte: »Ich werde alles mit Frenssen besprechen.«

»Besprechen – was heißt besprechen! Ausräumen hab ich gesagt!«

De la Valle salutierte.

Nachmittags ritten wir zu Hauptmann Frenssen, dem der Abschnitt unterstand. De la Valle übermittelte den Befehl des Generals, »wir müssen es schaffen; wir können uns den Feind da vorne nicht leisten.«

Frenssen war ein alter Soldat, Kaufmann von Beruf. Er hatte einen dicken roten Kopf und war berühmt für sein überschweres Motorrad, mit dem er wilde Fahrten durchs Gelände bis in die vordersten Stellungen machte. Er war unerschrocken, zäh und tat, was ihm befohlen wurde. Heute aber war er schlechter Laune, sein Gesicht wurde fast blau, als er sagte: »Die Männer sprechen offen davon, daß Reichs Stoßtrupp vergangene Nacht schlecht vorbereitet war und daß Reich keine Ahnung von Truppenführung hat – auch ich habe diesen Eindruck. Die Männer fühlen sich als Opfer wilden Ehrgeizes, die Stimmung ist miserabel, und ein neuer Angriff auf den Brückenkopf hat nur Sinn, wenn ich eine Artillerieabteilung kriege oder Stukas, die die Wiese gründlich umpflügen, bevor wir zum Sturm antreten.«

»Ich will es versuchen«, sagte de la Valle, und so ritten wir zur Artillerie.

Dort sagte man: »Zweihundert Schuß können wir euch geben, mehr nicht – wir haben nicht mehr.«

»Ich brauche zweitausend mindestens.«

»Dann müssen Sie sich mit dem General und dem Ib (Nachschub) unterhalten.«

Wir fuhren also nach Durowo. Der General sagte: »Eine Abteilung Artillerie? Trommelfeuer? Für das kleine Loch? Auf keinen Fall. Sie müssen mit eigenen Kräften fertig werden.«

Der Angriff mißlang, wir begnügten uns künftig mit der Beobachtung des Feindes – dann traten Dinge ein, die wichtiger waren.

Im Tal des Rylo drückte und brütete der windstille Sommer. Werchne Luchtynowo war ein rechtes Sumpfloch, schwül und heiß, tagsüber mit Millionen Fliegen, nachts mit Millionen Fröschen. Der Bach selbst war schmal, aber sein Bett bestand aus schilfigen Sümpfen, die zwei- und dreihundert Meter breit waren.

Mensch und Vieh litten unter dem Klima, die Pferde rotzten, und die Kühe der Russen verdauten schlecht. Hüller machte Pansenstiche, daß die Russen erschraken. Auch ich hatte diese einfache Operation noch nicht gesehen und staunte, wenn der Bauch der Kuh durch die wie aus einem angestochenen Ballon entweichende Luft zusammenfiel.

Reich und Wichtel aber witterten herrliche Jagden, sie besorgten sich Wasserstiefel und ein flaches Boot und gingen auf Entenjagd. Die Tage waren sehr warm, oft aber trüb, und dann war das Dorf, eine Zeile von Häusern am Dschungel, schwül wie ein Treibhaus. Zwar ritten wir spazieren, um Bewegung zu haben, fuhren ins Hinterland, um Eier und Butter zu erhandeln, die Bunker zu messen, aber das Aroma der Sümpfe betäubte die Sinne, machte Körper und Geist schlaff und empfindlich. Manchmal hatte man das Gefühl, unser Leben verströme wie das eines Mannes mit Halsschuß, der den Tod herbeizählen kann.

Die Gärten vor Rylsk machten uns Freude. Mit riesigen Sonnenblumen, Mohn, Beerenbüschen und Obstbäumen wirkten sie wie Oasen geregelter Natur. Huber, der Koch, pflückte zartes Gemüse: der Mann setzte alle Einbildungskraft an die Zusammenstellung guter Gerichte. In der Nähe entdeckten wir eine reine Quelle mit rieselndem Sand. Frauen schnitten das Korn mit Sicheln, andere rafften zu Haufen, banden und stellten es auf, so daß unsere Pferde vor den Garben scheuten. Anfang August kamen Mais und Hirse zur Ernte, die Atmosphäre war unbewegt, die Erde atmete in einem zu warmen Bett.

Die Orelfront buchtete sich bedenklich ein, Tag und Nacht waren Flieger in der Luft: Der Russe versprach sich ein zweites Stalingrad.

In Rylsk gab es ein Museum, das jetzt ohne Aufsicht war; es enthielt schöne Bilder russischer Städte aus dem vorigen Jahrhundert, darunter eine Ansicht Petersburgs mit dem Bild Peters I. auf der Newabrücke, prächtigen Karossen auf dem Prospekt, eine vergangene Welt, etwa 1800 in der Art Canalettos gemalt, gespachtelt, glasiert. Ein anderes Bild stellte eine Landschaft nach Poussin dar, um 1700, an den Rändern schon zerstört; drei kleinen Figuren in der Mitte, die sich braun nach hinten zwischen Bäumen öffneten, waren von einem verständigen Mann die Augen ausgestochen. An einigen Stellen löste sich der Farbauftrag. Auch eine Bibliothek entdeckte ich, in der aber alles durcheinandergeworfen war. Ich sah russische Klassikerausgaben in prächtigen Einbänden, auf herrlich weißem Papier, das es in Europa nicht mehr gab, mustergültig schwarz gedruckt in großen Lettern: der Reichtum des alten Rußland. Auch Stalin hatte Bücher auf sehr gutem Papier drucken lassen, in weiten Typen, aber die Einbände taugten nichts. Es gab Shakespeare und Schiller in russischen Ausgaben, viele Franzosen des achtzehnten Jahrhunderts in Originalbänden und Goethes Werke in deutscher Sprache in Moskau gedruckt, anscheinend eine Schulausgabe.

Beim Stab erzählte ich von dem Museum und seinen Bildern. Reich sagte: »Das müssen Sie Slama erzählen, er ist Antiquar.«

Oberfeldwebel Slama war der Ia-Schreiber unseres Regiments, ich kannte ihn schon lange, aber noch nicht genügend. Er trug einen der slawischen Namen, die aus Wien in unser Regiment gekommen waren, ein stiller zuverlässiger Mann mit Schnurrbart und Glatze, so gar nicht das Urbild eines dieser mächtigen Hauptfeldwebel, vielmehr klein und zierlich von Körper und Geist; Reich schätzte ihn sehr, er habe noch keinen Termin versäumt. Ihm erzählte ich nun von dem zerstörten Poussin. Er fuhr eines Nachmittags, denn reiten konnte er nicht, in seiner Kalesche ins Museum, sah sich die Bilder an, erwies sich verständig, wagte aber nichts zu tun, da er keine Mittel habe – er verstand, wie er sagte, einiges vom Restaurieren.

Als ich zurückkam, stürzte uns Hauptmann Wildpret entgegen, der alte Italienerfresser vom Isonzo, er trug einen niegesehenen Orden, seine goldene Tapferkeitsmedaille, und schrie: »Mussolini ist abgetreten! D'Katzlmacher san hin!« Er freute sich wie ein Kind über den Zusammenbruch unseres Bundesgenossen. Dabei mußte die Wirkung in Deutschland, aufs Gemüt des Volkes, verheerend sein, der sichtbare Anfang des Endes. Er wußte noch mehr: Rommel sitze in Verbannung auf dem Semmering und schreibe Erinnerungen. Im Wohnzimmer des Obersten, das uns als Messe diente, blieben wir nach dem Essen sitzen, zufällig waren auch Lehmann und der Stabszahlmeister sowie Stabsarzt Dr. Meyer da, Rotnases Nachfolger.

Lehmanns belehrende Schönfärberei hatte wohl edle Beweggründe, er war ein ernster ehrlicher Mann, ein alter Kämpfer – nun ging ihm alles sehr nahe. Er glaubte an eine sittliche Welt und war bestürzt und verstört, wie er und seinesgleichen getäuscht worden seien. Wildpret darauf: »Da hätt's nicht so viel gebraucht, mein lieber Lehmann: der Einmarsch in Österreich, die Judenfrage, der Kirchenkampf, das dauert nun schon neun Jahre, haben Sie nie nachgedacht?«

»Das hatte Gründe – waren nicht Sie selbst für den Anschluß Österreichs an das Reich?«

»Der Anschluß, ja wir hatten den Anschluß an Deutschland gewollt, nicht den an die Partei!«

Reich sagte: »Noch stehen wir tief in Rußland ...«

»Quousque tandem, Catilina«, deklamierte Wildpret, »ich möchte wetten, Sie werfen alles durcheinander. Was hat das mit dem Anschluß zu tun, mit der Judenfrage?«

»Unsere Bundesgenossen stehn auf schwachen Füßen.«

»Die Ratten verlassen das sinkende Schiff, die Katzlmacher ...«

»Wir kennen Ihre Tiraden ...«

»Jedermann in Österreich nennt sie Katzlmacher.«

»Hitler ist Österreicher«, wagte der Stabsarzt, ohne zu ahnen, in welches Nest er stieß, zu sagen.

Wildpret fuhr auf: »Österreicher! Ich bitte Sie, aus Böhmen kommt der Herr!«

Der Oberst: »Ich bitte um Ruhe.«

Lehmann wütend: »Über den Führer wird nicht diskutiert. Wohin kommen wir denn?«

Wichtel darauf, der ruhige Seidenspinner: »Wie weit sind wir denn?« Er lachte und goß einen Cognac ein.

Der Oberst: »Meine Herren, der Russe lädt in Ligow Truppen aus, es sind schon fünf Transporte gemeldet.«

»Wozu haben wir eine Luftwaffe, wenn sie das nicht verhindern kann, zwanzig Kilometer vor unserer Front?«

Wildpret grollte: »Die Fronten bröckeln! Die Amerikaner auf Sizilien! Die großdeutsche Kriegskunst hat uns weit gebracht!« Die Unterhaltung lief durcheinander, Fäden wurden quer gesponnen. »Die Amerikaner auf Sizilien«, schrie Wildpret, »meine Herren, wissen Sie, was das heißt? Denken Sie an Österreichs Armee, es gab ein Regiment beider Sizilien ...«

»Diese Tradition geht auf die US-Army über.«

»Der Teufel hole sie!«

»Meine Herren, ich habe gehört«, sagte Lehmann ...

»... Lassen Sie hören, junger Mann, was Sie gehört haben«, sagte Wildpret.

»... Daß die amerikanische Infanterie nichts taugt, gar nichts, ich habe einen Vetter aus Afrika ...«

»Warum hat der Vetter die Amerikaner nach Sizilien gelassen, wenn die amerikanische Infanterie nichts taugt, he?«

»... Der Vetter sagt, sie seien soviel wert wie die Italiener.«

»Na, na, mein Lieber, was soll der Unsinn: Sie nahmen Tunis,

Algier, Sizilien und bald, denke ich, Italien – die werden so schlecht nicht sein!« Die Ratlosigkeit war allgemein.

Soviel Fäden, soviel Knoten, unentwirrbares Knäuel. Ein Gewitter kam von Süden, ein anderes von Westen, dann kreuzten sich prunkvoll über uns die Blitze, der Regen fiel in Bächen vom Himmel, der stille Rylo schäumte.

Lehmann sollte über die Strafbücher der Kompanien berichten. Als Jurist war er zur Kontrolle befohlen, ein trauriges Kapitel, zusammengefaßt in den Satz: »Es fehlt an der Dienstauffassung!« Daran knüpfte sich eine Unterhaltung über den Eid und seinen Wert. Der Kommandeur blickte finsterer und finsterer, endlich schnitt er uns das Wort ab: »In meinem Regiment wird über den Diensteid nicht diskutiert.« Er stand auf und ging in den Regen. Der Stabsarzt sagte: »Die Nerven, das sind die Nerven, meine Herren! Wenn die Krankheit an die Nerven geht, kommt die Substanz in Gefahr.« Wo war die Substanz? Die letzten Reste des Wissens werden verzehrt, die letzten Kräfte der Wirtschaft beansprucht, die letzte Million Männer aus den Fabriken geholt.

Das war das letzte Mal, daß wir alle zusammensaßen, denn nun begann, vierzehn Tage vor dem Losbrechen, eine entscheidende Veränderung in der Zusammensetzung der Einheiten. Als erster fuhr General Wilhelm in Urlaub, er müsse seine Zähne reparieren lassen. Nun ja, er war ein Mann in den fünfziger Jahren. Der Oberst berichtete von der Abschiedsfeier das sächsische Wort, das der General sich habe entfahren lassen: er sei froh, daß er aus dem Dreck komme. Sein Vertreter wurde Oberst Kurz.

Noch einmal erhielten wir Fristen, ritten in die Gegend, legten einen neuen Sprunggarten an, meine Wolga ging prachtvoll unter der Peitsche und ich sprang mit ihr die ganzen Hindernisse, daß Hüller sagte: »Nun über die Bande!« Er setzte über die ein Meter dreißig hohe feste Umzäunung, er hatte ein aktives Pferd, ich nach – und flog in hohem Bogen, da Wolga sich sperrte, allein über die Bande, auf den Schädel, daß es krachte, und verlor die Besinnung.

Nach drei Tagen stand ich auf, ging wackelnd und wankend in der Sonne spazieren, vertrug weder Luft noch Wasser und träumte wüst von Leinenverschnallen, Bremsvorrichtungen, Achenbachs Fahrschule, und sah dann Hüller wieder mit Schmieden und Futtermeistern die Dorfstraße hinabrasen, wo die Schwalben sangen.

Dann fiel Orel.

In der Nacht auf den 15. August wurden unsere Reserven alarmiert, weil bei Sewsk gekämpft wurde, nördlich von uns. Dann brach ein russischer Stoßtrupp nach Beresniki ein, hinterließ uns Gefangene und siehe: es zeigte sich, daß Iwan und Pjotr unsere Minenfelder besser als wir selber kannten.

Hauptmann Wildpret sagte: »Das gab's am Isonzo nicht«, und »wo Rauch ist, ist auch Feuer«, Landsersprüche vom Weltkrieg, ach, er verzweifelte schier, denn mit Bürscherln aus Industriestädten war wohl kein Russe zu halten, und in Frankreich zwei Jahre – das tue nicht gut, besser hätten sie Wasser als Rotwein getrunken. Und plötzlich spielte eine Taube des Friedens als Gerücht über uns, schönflüglig, sanft und blaugefiedert; die ganze Front redete vom Sonderfrieden mit Rußland. Wie dachte man sich das?

Nun kam der Spätsommer, morgens auf den Höhen leichte Nebel, silbriger Tau auf den Büschen des Staatsguts von Rylsk, braune Felder, die Bauern kamen in Scharen, geführt von den Kreislandwirten, schnitten Weizen und Roggen und stellten die Puppen in schöne Reihen drüben zwischen den Siebertbunkern. (Die Linie wurde und wurde nicht fertig.) Die Nächte waren schon kühl, die Frösche verstummten im Sumpf, bald blieben die Schnaken weg.

Der Fahrer Spieß, der dicke fettfröhliche Mensch, dreißig Jahre alt und verheiratet, dem das Gerücht unersättlicher Gier vorausging, sah ein Mädchen auf den Heuboden klettern und stieg ihm nach. Am nächsten Tag sah ich mir die Holde an, achtzehn Jahre, kräftig, hübsch und lachend, mit schmutzigen nackten Beinen.

De la Valle fuhr zum Arzt, er sei krank, wurde beurlaubt, verschwand mit dem Wagen, und Spieß fuhr ihn bis Konotop, das war die fette Etappe. Nachfolger wurde ein von Itzenplitz aufgesparter Weltkrieger, Oberstleutnant Flosse, ein allzu ruhiger Schlesier mit dem Laster, daß er nach jeder Mahlzeit zwei Stunden Geschichten von unwahrscheinlicher Länge erzählte. Man saß, hörte, rauchte, schlief fast ein und wünschte sich das Läuten des Telefons, um entkommen zu können. Im ersten Krieg schwer verwundet, war der Mann keiner Anspannung gewachsen. Reichs Selbstherrlichkeit wuchs. »Wir bauen einen festen Gefechtsstand«, sagte er und schippte drei Tage lang als erster im bloßen Hemd, ich lachte ihn aus und klagte über die Schmerzen vom Sturz. »Die Arbeit ist ein Fluch«, sagte ich, das verstand er nicht.

»Wieso?«

»Es steht in der Bibel.«

Der gallige Wildpret lachte nur: »Soll nur schuften, es nutzt nichts mehr!« Er war bitterböse, weshalb? Wir wußten es nicht, er war verzweifelt, ohne Glauben. »Ich kenne diese Stimmungen, das sind Schwergewichte vor der Entscheidung, Zauberei des Feindes; wir sind behext, wahrhaftig, das Glück ist verloren!«

»Reden Sie nicht so, Herr Hauptmann, das ist Defaitismus!«

»Zum Teufel eure Politik, wenn schon der Lehmann reuig wird wegen der Juden, dann kommt es über uns, Wettersturz, Hagelschlag, Lawinen des Unheils – begreift ihr, daß wir in der Mitte des Zyklons sind, wo eine falsche Ruhe herrscht? Warum zerbröckeln denn die Oberen? Die Kommandeure kriegen schlechte Zähne, Magen und Herzen; den Bleibenden mangeln die Nerven!«

»Herr Oberleutnant!« Eine Ordonnanz schwang ein Fähnchen Papier: »Feind greift an, fünf Laufstege bei Koltitschejewo, Stoßtrupp vor dem Hufeisenwald!« Wir stoben auseinander, warfen die Zigaretten weg und rannten auf unsere Posten.

Ein russischer Schlachtflieger brauste das Tal herauf, feurig blitzten die Schüsse, und ich sah, bevor ich mich niederwarf, einen Schimmel steigen, als wolle er mit den Hufen gegen den Himmel angehen.

XIII

Der russische Angriff

Die Männer von Koltitschejewo hatten ihr ganzes Gepäck verloren. Die Russen kamen nun auf Stegen und Flößen, verstärkten sich nachts, ließen sich vertreiben und rückten mit stärkeren Kräften nach: Vorerst hier, dann auch bei Beresniki; dort stand Mottl, der eiserne Münchner, und weiter drüben in Assmolowo hielten Latky und Sechovec, die sich hinter Sümpfen sicher verschanzt glaubten. »Fahren Sie zu Hauptmann Frenssen«, befahl mir Reich, »damit wir stets Verbindung haben.« Ich fuhr mit Brugger, dem Wiener Taxichauffeur, auf der schweren Maschine los.

»Herr Leutnant, das geht schief«, schrie er mir während der Fahrt zu.

»Paß nur auf!« sagte ich, »dann geht's nicht schief.«

»Da nicht – aber da drüben«, er nickte zur Front, die in Dampf und Lärm lag. Scharen von Verwundeten kamen uns entgegen, aber auch Gefangene, denn die Gefechte schwangen hin und her. Als ich bei Frenssen saß, meldete Papa Dorsch Angriffe auf Stropizij. Mittags kam Oberst Kurz selber, sah sich alles an, schüttelte den Kopf, er habe keine Verstärkungen für uns, und am andern Ende der Leitung jammerte und bettelte der alte Dorsch.

»Wo ist Ihr Kommandeur?« fragte der Oberst.

»Nicht da ...«

»Na, hören Sie mal, nicht da? Wir müssen ...« Ach, ich wußte wohl, daß Flosse sich mit Kopfschmerzen auf dem Diwan wälzte.

Gilles fuhr mit seinen schweren Geschützen nach Assmolowo, es nutzte nichts mehr; der Russe brach bis auf die Höhe durch. Damit wurde die Stellung am Seim verloren. Wir zogen am vierten Abend ab, ungeordnet und schon halb versprengt, mit Not die Verwundeten bergend. Es war noch nicht dunkel, die Dörfer brannten, das Getreide flammte auf.

Unsere Männer gingen aufrecht, die Gewehre im Arm, über den Plan. Hauptmann Speransky stand neben mir und sagte:

»Ei, sieh mal dort, der Iwan, wie?«

Poddubnowka hieß das Nest, in dem wir warteten, daß die Teile sich sammelten. »Das ist toll, spazieren die Kerle hintereinander her mit Gewehren im Arm!« Er brüllte sie an: »Zu mir, dort das Emmgeh (Maschinengewehr) in Stellung, seht ihr denn nichts? Kehrt marsch!«

Und so drehten wir und führten, er und ich, unser Häuflein gegen den Feind und taten's mit Hurrageschrei wie zu Zeiten der Landsknechte. Die Russen stutzten, »nur zu«, dachte ich, »je weiter wir an ihnen dran sind, desto besser«, und rannte über die Stoppeln.

Aber die Russen, kaum sahen sie uns anrücken, hatten auch schon kehrtgemacht und flohen dahin – wie Hunde vor Steinwürfen – bis an den Waldsaum, wo das Gelände zur Niederung des Flusses fiel.

In diesem Augenblick kam Gilles mit seinen sechsspännigen Geschützen und Munitionswagen den Hohlweg herauf. »Glück gehabt«, rief ich ihm zu, »fünf Minuten eher wärst du dem Iwan in die Arme gefallen. Wo ist Dorsch?«

»Hinter mir.«

Poddubnowka war besetzt vom Russen, als wir zurückkamen, also daran vorbei und auf die große Straße nach Krupez. Nochmals sahen wir die Türme von Rylsk, darunter den goldenen, sahen links die himmlische Festung – o heiliger Johannes von Rylsk, dessen Spur bis auf den Namen verweht ist, bitte für uns!

So kamen wir trotz Regen und Russen zum Regiment nach Luchtynowo, nächtigten in den verlassenen Stabsgebäuden und schoben die Verwundeten ab. Wir ahnten nicht, daß russiche Panzer schon in Krupez standen. »Der Teufel hol's«, sagte Speransky, »weshalb türmen die Männer gleich?«

»Das gab's früher nicht bei uns, gelt? Ja, die Stimmung!« Das Generalkommando war ziemlich kopflos geflohen, und wenn sich auch erwiesen hatte, daß die russischen Panzer von den Schüssen der Luftabwehr vertrieben werden konnten, so deutete sich doch erstaunliche Unordnung an.

Die nächsten drei Wochen glitt unsere Front um dreihundert Kilometer zurück – bis an den Dnepr. Wir kamen nicht aus den Kleidern und merkten bloß am Kalender, daß die Zeit verging. Sie schien eigentlich zu stehen, wie eine Flamme, die man mit Brennstoff nährt, die gleiche ist und doch immer anders erscheint, als sie eben noch war. Das Elend kränkte uns, unsere Gefechtsstärken nahmen zu und ab, wir waren und blieben durchweg vierhundert Mann, ein Zehntel unserer ursprünglichen Zahl, täglich fielen fünfzig Mann aus, die wenigsten waren tot; aber verwundet, versprengt, gefangen wurden täglich gleich viele der Männer, und dann kamen in der Nacht irgendwoher fünfzig neue; wenn ich sie verteilte und zu den Bataillonen brachte, dann wußte ich schon, daß morgen diese Zahl uns nicht vermehrt hätte, sondern gleich blieb: diese fünfzig täglich nährten die Flamme. –

Als ich mit Oberstleutnant Flosse Durowo verließ, das brannte, sahen wir schon tausend Meter hinter uns die russische Infanterie kommen. Sie kam im allgemeinen nicht schneller, als wir gingen. Das Regiment marschierte nach Kulemsina, einem Ort, dessen Namen die Karte uns gab, wir sahen ihn nie, aber die Meldung, die ich abends mit Bruggers Maschine zur Division brachte, bestand im wesentlichen aus dem Satz: »Regiment hält die Höhe von Kulemsina.« Man nahm die Meldung nicht sehr wichtig, wahrscheinlich war sie schon im Augenblick der Abgabe überholt, und wer hätte sie annehmen sollen? Der Ia war weit voraus nach hinten »zur Erkundung der Marschlinien«. Der Oberst war zum Korps, und nur der Major Itzenplitz stand mit dem Gewehr vor dem Schulhaus, und drinnen saß mein Freund Schinagl.

»Schön, daß du kommst«, schrie er, »magst an Schworzn? Der narrische Graf draußen, hast ihn gesehn? Er steht Posten vorm Stabsgebäude.« Schinagl goß den Kaffee ein und bot mir eine Zigarette: »Die Division ist hin, sag i dir, total aufgearbeit', nix mehr, und nun versperren uns die eigenen Trosse den Weg. Schau her, zwölfhundert Mann Truppen an der Front, und dreitausend Mann Trosse mit sechshundert Lastwagen, achthundert Pferdewagen und unzählige Panjes mit Hiwi und weiß der Teufel was. Die Zahlmeister und Intendanten regieren die Welt.«

Er zeigte mir die Karte. Der Seim floß von Südwesten herauf. Wir standen nun in der Niederung. »Schau, dort die Enge von Dronowka, da geht's zum Hochufer hinauf und hier die Brücke von Putiwil. Seit zwei Tagen fahren die Trosse von drei Divisionen durch die Enge von Dronowka, das ist ein schäbiger steiler Hohlweg, und erst morgen können die Kampftruppen passieren – bis dahin wird der Iwan ein paar Flugzeuge bemannt haben.«

Ich fuhr zurück, das Regiment war nicht mehr in Kulemsina. Nur Spörl mit seiner Kampfgruppe stand noch im Norden und schirmte die Niederung. Hauptmann Frenssen und Leer bildeten eine primitive Kampflinie, es war ein Glück, daß der Russe nicht kräftiger nachstieß. Im Westen stand die Aufklärungsabteilung. Wir flossen nach Süden ab, wie man sagte, aber das Abfließen stockte alle hundert Meter, ganz langsam zogen wir an Samarka vorbei, warteten, warteten. Hauptmann Wildpret bot Zigaretten feil: »Ich kenne das von den Italienern am Tagliamento: eine einzige Brücke für drei Divisionen, wissen Sie, was das heißt? – Tschiau!«

Am Morgen fanden wir uns in Bruski, das war ein Nest oben auf dem Plateau über der Enge, und zählten unsere Reste. Die Gefechtsstände der Division, des Regiments und des Bataillons Frenssen lagen in einem einzigen Hause, vor dem Graf Itzenplitz schon wieder mit dem Karabiner über der Schulter auf Posten stand. Neben dem Haus gingen Gilles' zwei 15-cm-Geschütze in Stellung. Ich war überzeugt, das Haus würde bei ihrem Abschuß einstürzen und die Stäbe begraben.

»Was machst du?« fragte ich Gilles.

»Ich schieße auf die Enge von Dronowka,, sagte er, »sobald die Russen dortsind.« Nun kam auch Reich und fragte Gilles nach seinem Auftrag. Er entsetzte sich und befahl, sofort abzurücken; wer ihm den Befehl gegeben habe? »Dorsch«, sagte Gilles. Reich schüttelte den Kopf. Es war Wahnsinn, die schwerste Waffe des Regiments den Rückzug decken zu lassen.

In diesem Augenblick kam die Meldung, russische Fallschirmjäger gingen an der Brücke von Putiwil nieder. Dreitausend Fahrzeuge waren in Gefahr, abgeschnitten zu werden.

»Ich glaube kein Wort«, sagte Reich zu mir, »aber fahren Sie in Gottes Namen mit zwei Lastwagen hin und sehen Sie zu, was Sie machen können!«

Ich raffte fünfzig Mann und sechs Maschinengewehre zusammen, froh, nach Süden zu kommen, und war zwanzig Minuten später in Putiwil, einem reichen Städtchen in der Niederung, grüne Weiden ringsum, der Seim schön breit, blau fließend unter einem ganz klaren blauen Himmel. An den Brücken stand Flak, niemand hatte Fallschirmjäger gesehen. Wahrscheinlich hatte man die Wattebäuschchen der Vierlingsflak, als sie sich einschoß, für Fallschirme gehalten. Wir lachten und fielen ins Gras. Dann fuhr ich zurück, um zu melden. Dort trafen die Reste des dritten Bataillons ein, sechsundsechzig übernächtigte, halb verhungerte Männer, sie bekamen zu essen – wunderbar, daß die Division wenigstens ihre Feldküche gerettet hatte!

Nun kam eine neue Alarmmeldung, und leider war sie richtig: Die zweite Brücke, die bei Tschernischtsche über den Seim ging und uns entlasten sollte, war von russischen Bombern angegriffen worden. Dadurch hatten sich die Sprengladungen gelöst, und die Brücke war in die Luft geflogen. Ich fuhr sogleich hin und sah von der zweihundert Meter langen Brücke nur eine Pfahlreihe im Wasser stehen. Der Fluß war breit, sauber, und drüben war eine große Trift mit vierzig Stück herrlichen rotbunten Viehs, das scheinbar wiederkäuend im Grase lag. Ich fuhr mit einem Boot der Pioniere über. Die Tiere waren tot und lagen, wie sie getroffen waren. Die Bauern berichteten, die Bomben vom ersten Anflug seien mitten in die Herde gefallen.

Der Weg von Tschernischtsche bis Putiwil war zehn Kilometer lang, er steckte voller Fahrzeuge in zwei Reihen nebeneinander. Sie mußten jetzt auf der Stelle umkehren und nach Putiwil geführt werden. Brugger fuhr mich auf Seitenwegen zurück zum Regiment. Zum ersten Mal zeigte Oberstleutnant Flosse eigenen Willen, er setzte sich in den Mercedes und fuhr an die Straße. Die meisten Fahrer wußten überhaupt noch nicht, daß ihre Brücke unbrauchbar war. Es dauerte etwa eine Stunde, bis alle Fahrzeuge, etwa siebenhundert, hielten. Dann mußten sie an Ort und Stelle wenden. Es war, als wenn eine Riesenschlange rückwärts kriechen sollte.

Hier begegnete uns General Siebert, der nach dem Rechten hatte sehen wollen. Auf der großen Straße nach Putiwil bewegten sich jetzt die Trosse von vier Divisionen, etwa sechstausend Fahrzeuge. Dahinter standen zwei Artillerieregimenter und die Infanterie mit schweren Waffen. Es sah nicht nur so aus, sondern es war Tatsache, daß nur noch für die Trosse und Fahrzeuge Stellungen gehalten werden mußten. Als wir nachts zum Regiment zurückfuhren, hieß es, die Straße sei unsicher, es hätten sich Partisanen gezeigt. Kein Fahrzeug war mehr zu sehen, offenbar waren alle nach Westen entkommen. Wir erfuhren nun, daß unser zweites Bataillon sich geopfert habe und nicht mehr durch die Enge gekommen sei, mit Ausnahme Ammanns, des Adjutanten, der zufällig mit dem Krad zurückgefahren sei, um Munition zu holen, als der Russe das Bataillon von hinten angriff. Später kamen einzelne Versprengte. Sie berichteten nicht viel: Der sei gefallen, jener wahrscheinlich gefangen, die Verwundeten – ja, sie wüßten es nicht.

Am 1. September übergab Oberstleutnant Schulze, nachdem Oberst Kurz zum »Kommandeur der Brücken« ernannt worden war, die Reste der Division an Oberstleutnant Theil, einen Schwaben, und fuhr davon. Die Gruppe Theil umfaßte die Reste unseres Regiments (die beiden anderen Regimenter waren bei Ssewsk verschwunden), die motorisierte Aufklärungsabteilung, die Reste der Pioniere und der Truppe von Hauptmann Speransky. Sie wurde einer fremden Division unterstellt, die aus tausend Mann bestand und von einem Oberst geführt wurde. Drei Tage später erreichten wir Konotop und mußten es unmittelbar darauf wieder verlassen. Wegen dieses »Falls von Konotop«, wie es im Wehrmachtsbericht hieß, obgleich es kein »Fall«, sondern eine Flucht war, wurde General Siebert abberufen. Später übernahm General Hauffe die Reste des Korps.

In Konotop richtete unser Kommandeur, der zwei Tage vor seinen Einheiten dort eingetroffen war, eine Feldküche ein, sie wirkte wie ein magischer Stein und zog alle Flüchtigen und Versprengten der Gegend an, jeden Tag meldeten sich fünfhundert Mann, sie wurden in eine Liste eingetragen, und so war das Regiment plötzlich um tausend Mann, von denen jeder irgendeine Waffe trug, stärker. Man schien Flosse die Eigenmächtigkeit aber zu verübeln – tatsächlich hatte er sich von der Truppe entfernt –, und so verschwand auch er, und Major Spörl übernahm die Reste des Regiments.

In Konotop hatte lange Zeit das Oberkommando der zweiten Armee gelegen, hier und in der Umgegend waren große Lager, ja Zeughäuser. Da ich längst mein Gepäck verloren hatte, ging ich zu solch einem Lager und bat den diensthabenden Oberzahlmeister um einen Mantel. Er stand vor einem fünf Meter hohen Berg von zwölftausend Mänteln; sie hatten alle Mäntel, die es nur gab: Wachmäntel, Pelzmäntel, schwarze Mäntel der Panzerleute, feldgraue leichte Mäntel, gefütterte Mäntel, Fahrermäntel, Luftwaffenmäntel und Kraftfahrermäntel aus Gummi und Leder.

Der Oberzahlmeister, lang, dürr, mit einem zierlichen Bärtchen über der Lippe, daß ich ihn schon für einen Wiener ansprechen wollte – auf charmante Art, wie sie es lieben – sagte plötzlich im gröbsten bayrischen Dialekt: »Was möchten's, an Mantel? Da schau her, wo hams denn Eahna Mantel, wos?«

Ich entschloß mich zu der demütigenden Erklärung, daß ich ihn im Gefecht verloren hätte, was stimmte, nämlich in Poddubnowka, wo die Russen gesessen hatten, als wir wieder in den Ort wollten.

Der Oberzahlmeister (Kriegsverdienstkreuz 2. und 1. Klasse, Ostmedaille und Spange der sechsjährigen Dienstzeit am friedensmäßigen Kammgarnrock): »Haben's a Bescheinigung? Ohne Bescheinigung geb i nix her, moanens i laß mi vors Kriegsgericht zarrn zwegn Eahna?«

Konotop war eine Gartenstadt. Die mittlere Hauptstraße war endlos lang und besetzt mit modernen Wohnklötzen und Verwaltungsbauten, die Umgebung aber war ein herbstliches Paradies von Gärten an den Hängen und auf den Höhen. Ununterbrochen wurde gesprengt, alle zwei Stunden kamen russische Bomber, ganze Straßenzüge mit Holzhäusern brannten. Versprengte Truppen, abgehängte Teile von Trossen, Stabsfahrzeuge durchfuhren die Stadt. An den Rändern gab es wilde Schießereien nervöser Infanteristen. Die Zivilbevölkerung plünderte nach Kräften. Dann wurden lange Züge von Gefangenen, von Reitern umschwärmt, eilig nach Westen getrieben. Einzelne russische Stoßtrupps erschienen im Ostteil, einmal versuchte eine Kavallerieabteilung der Russen die Stadt im Handstreich zu nehmen, sie geriet mit geschwungenen Säbeln in das Feuer eines Maschinengewehrs.

Noch diese Nacht, spätestens morgen früh würde die Stadt in russischer Hand sein. Wußte der Oberzahlmeister nichts davon, hörte er nicht die Bomben? »Wir sind die letzten Truppen in der Stadt«, sagte ich, »ich empfehle Ihnen, diese Stapel anzuzünden oder zu sprengen.« Da erblich er: »Was sagen Sie? Anzünden? Heeresgut im Wert von drei Millionen Mark! Die Heimat schuftet sich zu Tode ... Niemals!« Ich zerrte einen Mantel vom Stapel und probierte ihn an. Er paßte nicht, ich nahm einen andern.

Noch als ich ging, schrie er mich an: »Eine Bescheinigung, eine Bescheinigung!« Überall tackten die Schießmaschinen, der Feind war mit seinen Truppen heran. Am Abend räumten wir die Stadt mit zweihundert Gefangenen, die auf Lastwagen nach hinten gebracht wurden, unsere eigenen Männer konnten kaum noch stehen vor Müdigkeit. Wir marschierten bis Petrowskogo, das erste Dorf im Westen der Stadt; es war armselig und schmutzig, und wir lagen vierundzwanzig Stunden im Staub und Feuer einiger Stalinorgeln und verloren unsere fünfzig Mann.

Bei den Pionieren war der Leutnant Kranabitl, ein Riese aus Steyr, schwerlötig, dreiundzwanzig Jahre alt. Auch er erhielt den Befehl, der jeden Tag erneuert wurde, liegenzubleiben bis zum letzten Mann. Er kam frisch aus der Heimat und nahm es wörtlich. Seine Männer standen auf, als der Russe am Horizont sichtbar wurde, und gingen zurück. Da müßte man die Pistole ziehen und sie zwingen, sich wieder hinzulegen: schoß dann das Maschinengewehr, so begann der Russe seinerseits zurückzulaufen. Wenn man den Augenblick richtig nutzte, konnte man, aufspringend, die Männer mitreißen und hatte dreihundert, fünfhundert Meter gewonnen. Es gab natürlich noch immer erstaunlich kaltblütige Landser, die liegenblieben, den Feind auf dreihundert Meter herankommen ließen und dann feuerten. Aber sie waren selten und wurden immer seltener. Sie ließen sich sogar, wenn ihr Führer entschlossen war, zu dem Gefühl der Überlegenheit über den Russen hinreißen. Die Drohung mit der Pistole war schlimm, aber wirksam. Leutnant Kranabitl kannte sie nicht, er blieb, als seine dreißig Männer zurückliefen, liegen, rief ihnen irgendwas zu und erwartete den Feind mit seiner Maschinenpistole. Eine halbe Stunde begegneten mir seine Männer auf freiem Felde. Ich nahm meine Pistole in die Hand: »Wo ist euer Führer?« Schweigen. »Kehrt marsch!« So trotteten wir zurück und fanden Kranabitl mit Kopfschuß in seinem Loch, mit verschossenen Magazinen. Die Russen liefen vor uns davon.

Noch einmal wichen die Pioniere. Da der Feind uns aus allen Rohren nachschoß, hielt ich es für klüger, liegenzubleiben. Ich geriet in den Bereich der Stalinorgel, zweimal explodierten die sechsunddreißig Geschosse, sie glichen Konservenbüchsen mit kleinen Nägeln gefüllt. Die Nägel spickten die Luft, und einige zwanzig klaubte ich aus Uniform und Stiefelschäften, nur zwei oder drei drangen an die Haut und ritzten sie. Als ich den Kopf hob, sah ich durch mein Glas rechts Bewegungen: das waren ja Sturmgeschütze! Nun kam die Kompanie im Laufschritt wieder nach vorne, in hellem Jubel:

»Sturmgeschütze, es geht voran!«

In der Nacht gingen wir zurück durch Ssosnowka und kamen morgens nach Malyi Sambur. Die quer hinter uns liegenden Sümpfe waren willkommene Hindernisse. Wir schliefen drei Stunden und verteilten die Einheiten in neue Kompanien. Das Regiment, von Spörl mit Umsicht geführt, bestand aus zweihundertfünfundachtzig Mann, die Aufklärungsabteilung, unsere Reserve, hatte noch einhundertdreißig Mann.

Wir hatten damals einen Abschnitt von vier Kilometer Breite, und uns gegenüber lagen, laut Gefangenen und Überläufern, die es immer noch gab, vier Regimenter frischer, des Kampfes ungewohnter Truppen. Zwei Regimenter waren erst seit Konotop am Feind, lammfromme schüchterne Schnickel, die der Hall der Granate erschreckte, weil sie der Tod war. Nur deshalb machten wir also Gefangene, wenn wir unter den Pistolen Angriffe machten, die Schießmaschinen im Arm (da zielt kein Mensch) vorliefen, hinfielen, vorstürmten, Hurra schrien, so primitiv wurde der Kampf nun, viertausend gegen vierhundert, durch Geschrei zu bluffen wie vor Troja dereinst. Die Artillerie schoß auf andere Ziele, vorne weit, hinten weit.

Es war erstaunlich, daß die obere Führung die kostbaren Trosse hatte bezahlen können mit den Leibern von zwanzigtausend Soldaten, die tot, verwundet, gefangen, versprengt waren. Sie gab zwanzigtausend Soldaten für zehntausend Fahrzeuge und konnte sich rühmen dafür. Freilich wanderten zweitausend Kutscher neben ihrem Gespann, thronten zweitausend Chauffeure auf ihren Ledersitzen, alle die Augen stier und ängstlich, daß das Benzin ausgehe, der Hafer mangle, das Heu verbrannt sei. Die also waren gerettet und hatten einen Vorsprung von drei Tagen.

Die Nacht von Golenki, das waren zwanzig Häuser auf der Seite eines Feldwegs, und auf diesem standen vier Haubitzen, die Pferde in den Strängen erstochen, die Männer erschlagen, erschossen, das Gepäck unversehrt. Wir fingerten an den Verschlüssen der Geschütze; die waren intakt. Die Russen versuchten überraschend einen Ring zu schließen und schoben sich, ihrer vierzig Mann hinter zwei Panzern, an diese unsere Reste dreier Divisionen, die auf dem Feldweg vor Golenki in Marsch waren, zweitausend Mann mit hundert Fahrzeugen und sechs Geschützen. Sie schossen uns an, zu hoch.

»Das sind Panzer, rette sich ...« Aber es gab nicht nur Feiglinge und Nervenschwache, sondern drei Mann, die in einer Minute die beiden Panzer mit der Kanone abschossen, so daß jene vierzig sich seitlich in den Wald schlugen und uns unter Feuer, aber ungeschoren, durch Golenki an der toten Batterie vorüberließen.

Waren wir nun vor oder hinter dem Feind? Wo war der Russe, das Böse für uns wie wir für ihn? Wähnten wir uns heil und gerettet, so tauchte der Feind wieder auf, gaben wir uns verloren, so öffnete sich die Kanone eines Panzerjägers und machte den Feind flüchten – vorerst wiegten wir uns im Genuß warmen Malzkaffees und der Fettstullen, rieten dabei hin und her, wer jene gewesen, deren Reste nun hinter uns lagen, und spähten besorgt an den Waldrand, wo der Feind verschwunden war, holte er Zuzug? Aber nun hatten wir Luft, aufatmend, und Heil der Division, die uns wenigstens die Feldküche gelassen aus der Vernichtung ihrer selbst, nachdem die Stäbe und Kommandeure vom Korps bis zum Regiment uns verlassen hatten, in Ehren und Unehren – die Männer sprachen darüber. War es denn Zufall zu nennen? »Erst ging der Divisionär in Urlaub.«

»Dann der Oberst.«

»Dann verschwand Flosse.«

»Siebert abgesägt.«

»Und all das in vierzehn Tagen – das muß Absicht sein.«

»Absicht – gespürt, gerochen haben sie es! und da sitzen wir nun!«

»Ich möchte noch einmal ein kleines Glas, ein Probierglas voll Wein vom Neusiedler See!«

Sie waren entwichen, wie Luft aus dem Fahrradschlauch.

»Sollte der Oberst«, sagte ich zu Reich, »es geahnt haben? Und dann so davon?«

Er zuckte die Achseln, es war ihm peinlich, denn auch seine Welt, er war Parteimann, fiel in diesem Feuer zusammen. Wichtel, der bis jetzt zehn kostbare Riesenlastwagen gerettet hatte, meinte: »Gewußt hat er's nicht, aber schäbig, unerhört schäbig, sag' ich euch.« Er hatte noch immer Cognac von Magelonens Zeiten auf einem der Wagen, getarnt als Rohrflüssigkeit. »Und nun die Generale, ist ja eine klägliche Politik von oben, sie fortzujagen, die früher siegen durften, wenn sie verlieren müssen.«

Wir marschierten weiter, Theil in seinem kleinen Volkswagen an der Spitze, und dahinter eine Kampfgruppe von sechshundert Mann, den Schluß machte Spörl mit uns dreihundert, von denen die Hälfte auf den Lastwagen verladen war, die schliefen da droben. Wichtel und ich fuhren auf den schweren Zündappmaschinen, wir mußten vorne und hinten, meistens überall zugleich sein. Der kleine Brugger fuhr durchs Gelände. So kamen wir zügig in ein sumpfiges Tal, sahen drunten das Schilf blinken, die Sonne schien unbekümmert durch die Wolken.

»Die Brücke ist Dreck«, schrie Wichtel mir zu, »müssen sie verstärken mit Bohlen!« Ich nickte und stieg ab, brannte eine Zigarette an.

Bald war die Brücke fertig, wir hatten ja Pioniere genug, die froh waren, mit Hammer und Säge zu wirken, und dann waren plötzlich vier russische Panzer da, alte hochbeinige Blechkisten, aber sie schossen, und zwei der Lastwagen kippten in den Sumpf, die Männer, die geschlafen hatten, erwachten im Wasser.

Es war ein Glück, daß die Wagen gekippt waren, denn so war der Weg doch frei, und alle Wagen gaben Vollgas, die Männer schrien, sprangen ab; sechs Wagen kamen durch, zwei wurden noch getroffen, leider der eine mitten auf die Ladefläche; sechs Tote.

Drüben stieg das Land in einem endlos langen Stoppelfeld nach Süden an, und wir rannten, sprangen, fuhren im Zickzack hinauf, und die Panzer immer hinterher. Wichtel trafen die Splitter am Gesäß, er fuhr in Deckung, aber ich kam durch und erreichte die Artillerie. Sie hatten schon auf freiem Feld abgeprotzt und schossen direkt. Der eine Panzer hob sich vorne, sackte zusammen, und drei Mann stiegen aus. »Bravo, gib's ihm, den andern!« So wurden sie vorsichtig, und wir konnten aus dem Sumpf bergen, was von den Unsern noch leben, laufen und fahren konnte.

Am nächsten Tag lag eine brennende Brücke vor uns, sie war geladen mit Fliegerbomben und ein Pionierleutnant, auf den ein kleines Boot am Ufer wartete, sagte: »Ihr habt Pech – wieviel seid ihr?«

»Achtzehnhundert Mann mit Fahrzeugen und Geschützen.«

»Die Brücke brennt, wenn das Feuer an die Bomben kommt.«

»Wir müssen hinüber, das Feuer muß man löschen.«

Unsere Pioniere machten sich ans Werk, sägten und schlugen die brennenden Teile ab, die Infanterie bildete mit Tränkeimern Wasserketten, und dann fuhren wir auf die andere Seite, kein Mann blieb zurück.

Reich wurde krank und mußte fortgebracht werden. Papa Dorsch redete Unsinn, und Lehmann fiel; wir vermuteten, er sei mit Absicht in eine Maschinengewehrgarbe gelaufen. Bei einem russischen Angriff brausten die Reste der schweren Schwadron mit zwölf Krafträdern nach hinten und wurden nicht mehr gesehn. Was bedeutete all das? Die Leiden der bärtig gewordenen Männer, der Tod der gestern Gekommenen, die sinnlosen Verwundungen an einer Front, die nicht mehr bestand, denn wir marschierten täglich zwanzig, dreißig Kilometer, manchmal Tag und Nacht, zwei oder dreimal fuhren Wichtel und ich mit den verbliebenen Lastwagen die Unsern sechzig Kilometer zurück; trotzdem geschah es in Prussy, daß der Feind schon vor uns da war. Wir brachen durch wie in Golenki.

Am 20. September wurde ein großes Ziel erreicht, die geschlossene Front. Die Versuche der Russen, uns abzuschneiden, ihr Durchbruch, war mißlungen. Weshalb, warum, wieso? Man fragte nicht mehr nach den Gründen, war froh, überlebt zu haben. Man sprach von einem großen Brückenkopf um Kiew, der Dnjepr war nicht mehr weit. Major Spörl, der das Ritterkreuz erhalten hatte, mußte zur Erkundung des Übergangs in die Stadt. Dann kam der Befehl, alles zu verbrennen, damit eine tote Zone zwischen dem Feind und uns entstünde.

Am Faden der Wissenschaft konnte man aufreihen, was die Gründe unseres Rückzuges waren, Clausewitz wußte es, Augustinus wußte es, Pascal deutete es an, die Sache wurde nun schwerer und schwieriger, denn die Toten, die Gefangenen, Blut, Schweiß, Mühsal, Krankheit, Wahnsinn, all das lag an unserm Weg, und als wir in dunkler Nacht über die lange berühmte Brücke hineinfuhren nach Kiew, dem russischen Hort der Sage und Geschichte, unter den Mauern der Lawra vorbei, ohne aber irgendwas zu sehn, weil wir schliefen auf den Wagen und es eilig hatten, denn ein Gerücht wollte wissen, der Russe sei bereits vor uns am Ziel, diesseits des Dnjepr – war da ein Sinn, hatte es Sinn? Geheimnisvoll verborgen wie die Zukunft lag das Land vor uns, und hier gab es wieder den ärgerlichen Anschein von Ordnung durch die stolzierenden Goldfasanen der NS-Partei. – Das Ziel hieß Tolokun.

Die Wälder waren ungemessen, die Ufer sandig. Nordwestlich von Kiew trafen und sahen wir alle einander wieder, ohne die Toten, aber die Truppen und Trosse. Hüller, der Tierarzt, führte jetzt jene Trosse, die Lehmann unterstanden hatten. Er empfing uns in einem sauberen Dorf mit fertig für alle zweihundertfünfzig Mann bereiteten Broten, Würsten und Tee, und dann schlief das Regiment zum erstenmal seit über drei Wochen eine ganze Nacht durch. Noch aber krähten die Hähne nicht, die russischen Wächter, als wir geweckt wurden, und es hieß: »Russen in Tolokun, wir müssen unsere Stellung erobern!« Bei diesem Angriff fiel Ammann, der Forsche, Spörls früherer Adjutant, der nun ein Bataillon (von sechzig Mann) führte, und es gelang, ein Flugzeug zu bekommen, denn er war nicht richtig tot, sondern hatte eine Kugel im Kopf. Ein Fieseler Storch nahm ihn mit in die Lüfte, und dort droben starb Ammann.

»Ammann, mein Ammann«, klagte Spörl, er trauerte ihm redlich nach, »auch das noch, so dicht vor dem Ziel! Der so froh war mit uns, mit dem ich zwei Jahre lebte! Stiegen wir nicht zu den Pyrenäen, sahen Nîmes und Avignon, die du erklärtest für mich? Und kämpften dann hier im kalten Land, im Winter vor Tscheremoschki, dann goldene Tage in Rylsk, als einziger entkamst du bei Kulemsina, um hier zu fallen, in Tolokun!« So klagte er.

Wir kamen in das Dorf, es kostete uns fünfzig Mann. Die kleinen Hütten waren bunt bemalt, hier gab es weder Gras noch Weide, nur Kiefernkrüppel im trockenen Sand und drüben den blanken, weiten Fluß, den der Feind durchwatet haben mußte. Er blieb nun in den Dschungeln der Weiden und Moose am Ufer sitzen, wir kamen nicht an das Ufer trotz vielen Versuchen, trotz herangeschaffter Artillerie, und auch nicht, als wir uns etwas erholten, ordneten und stärkten. Die Bewohner waren arme Flußfischer, hatten jetzt aber nicht einmal Fische. Sanfte Dünenstreifen liefen bis zum Fluß, ein frischer Wind strich vom Norden, und in unserm Rücken lagen ausgedehnte Kiefernwälder. In stockfinsterer Nacht rückten wir ins Dorf, die Truppe und Hüller mit dem Troß, in der Hoffnung auf ein Dach, denn es regnete.

Wir drehten im Wagen das Radio auf und hörten aus Moskau die Siegesfeier der Rückeroberung von Smolensk mit hundert triumphalen Kanonenschüssen.

Sie mochten sich freilich freuen! Aber wie war den drei Divisionen zumute, die uns gegenüberlagen – wir machten jetzt wieder Gefangene, denn die Front nahm noch einmal den Schein der Festigkeit an. Jede dieser Divisionen hatte fünfzehnhundert Mann, nicht viel mehr als wir. Die Gegner hatten einander gleichmäßig geschwächt. Was aber war es, das damals uns, jetzt ihnen das Übergewicht des Erfolges gab? Jeder zweite Russe trug auch als Soldat Zivil, und unwahr waren nicht die Behauptungen, daß gewehrlose Männer bei Angriffen mitgingen, die die Waffen der Gefallenen aufheben mußten.

Clausewitz nennt die Verteidigung die stärkere Form des Krieges, mit ihr will man den Sieg erringen, um nach dem gewonnenen Übergewicht zum Angriff, dem positiven Zweck des Krieges, überzugehen. Nach diesem Rezept hatten die Russen gehandelt. Der deutsche Angriff auf Rußland – vor mehr als zwei Jahren – war nach glänzenden Anfängen steckengeblieben, und da es nicht gelungen war, den Russen zu vernichten, mußte er in der Verteidigung stärker und stärker werden, während unsere Kräfte sich zerschlissen in dem Bemühen, dies Stärkerwerden zu hindern. Dann kam, nach der Schlacht bei Orel und Belgorod, der schnelle, kräftige Übergang zum Angriff, das blitzende Vergeltungsschwert, bei Clausewitz fett gedruckt. So war unsere Front in Bewegung geraten.

Würde es noch einmal gelingen, das deutsche Heer zum Angriff zu bringen? Stärkemäßig wäre das nach einer gewissen Erholungszeit möglich gewesen. Die Russen hatten bei ihrem Vorgehen in den letzten Wochen etwa das Zehnfache an Toten, Verwundeten und Gefangenen verloren wie wir. Sie setzten offenbar Leben und Gesundheit der Ihren daran, uns zu vertreiben – aber könnten die Verluste nicht einen Umfang angenommen haben, der ihnen gefährlich werden mußte? Die Riesenzahlen ihrer Verluste waren keine Propaganda – wenngleich auf unserer Seite eine Neigung bestand, die eigenen Verluste zu beschönigen. Das begann damit, daß die Kompanien sich schämten, den Bataillonen zu melden, daß sie Männer durch Gefangenschaft und Ermattung verloren hatten, und daß die Korps zur Vermeidung der Zusammenlegung und Auflösung (oft auch aus Furcht vor der Armee, wo man gewisse Verluste nicht wahrhaben wollte), überhaupt keine Gefangennahme eigener Leute meldeten. So entstand bei der oberen Führung der Eindruck, alles sei noch im Lot, als die Regimenter schon die Stärke von Bataillonen hatten.

Was aber war der Grund unserer Mißerfolge, wenn nicht ein gewisser Unglaube! Unsere Division war schon demoralisiert, als ich sie in Montpellier traf. Die Erlebnisse in den Schneefeldern waren niederschmetternd gewesen. All diese Versager von Männern und Einheiten hätte es bei einer disziplinierten Truppe nicht gegeben. Dann hatte sie sich gefestigt, hatte Anerkennung gefunden, sich in schwierigen Lagen gut gehalten. Sie war in dieser Zeit des Krieges nicht viel schlechter als alte Rußlanddivisionen. Denn nicht unsere Division war allein zurückgegangen, sondern das Unheil hatte rechts von uns begonnen, wo Einheiten lagen, die mehr als zwei Jahre eingesetzt gewesen waren – sie kamen aus Woronesch und waren aus dem gleichen Metall wie die Sechste Armee gewesen: auch sie waren nun schlecht; nur eine erbarmungslose Disziplin hielt sie zusammen. Irgend etwas hatte also das ganze Heer verändert, es war schwächer, schlechter, weniger tapfer und weniger selbstbewußt. Man konnte nicht sagen, die Ursache sei im Rückzug gelegen, der demoralisierend auf jede Armee wirke – das hieße Ursache und Wirkung verwechseln, denn die Russen hatten ja vordringen können, weil jene eiserne Zuversicht und jener panische Schrecken vor uns nicht mehr bestanden. Und wenn wir schlechter geworden waren, so waren auch die Russen nur im Laufe ihres Erfolges und in Beziehung auf uns besser geworden, nicht aber überhaupt. Die Ursache des Rückgangs der Kraft mußte außerhalb der Armeen selbst liegen, und die obere Führung erkannte das sehr schnell: sie sagte, je schwächer wir materiell würden, desto stärker müsse der Glaube werden. Der Glaube – er war das gewisse Etwas, das aber nicht mehr bestand und durch Worte und Zuspruch nicht mehr aufzurichten war.

Denn wie kläglich wurde der Glaube mißbraucht! Das kleine Kapital an Glauben, das von Berlin in die Welt gebracht wurde, war längst erschöpft. Vaterland, Reich, das hätten wir geglaubt – aber was hatte der böhmische Mischling draus gemacht? Die Groß- und Kleinrussen zu Sklaven, die Franzosen erniedrigt, den Balkan zum Narren gehalten, die Juden ermordet, die Deutschen um Wohlstand und Kredit gebracht und drei Millionen Tote! Seit Kain den Abel erschlug, kennt die Erde den Preis des Blutes für die Macht, entschuldigt ihn in gewissen Grenzen. Preußen und Habsburg, Engländer, Franzosen und Amerikaner hatten ihre blutigen Spuren in der Geschichte durch Überlegenheiten gerechtfertigt. Hitlers Versuch, mit sechzig Millionen Deutschen nach allen Seiten hin Krieg zu führen, konnte in den Grenzen des müden Europas Erfolg und Recht haben – aber Rußland und Amerika waren zu groß. Der Feldzug, zeigte sich, war mit Propaganda überhitzt. Im ersten Winter gab es keine Handschuhe, im zweiten Sommer keine Luftwaffe. Der Glaube lebt ja nicht vom Geist allein, er braucht Vertrauen, und das Vertrauen unserer Soldaten war erschüttert, weil tausend kleine Dinge ihn spüren machten, was er sich ungern eingestand: daß die materiellen Mittel nicht reichten.

Nun war die Rache da, das blitzende Schwert der Vergeltung – in Gottes Hand?

Major Spörl trat vor sechzig Mann hin und sagte: »Ich brauche zehn Freiwillige, Versprengte herauszuholen. Hände hoch!« Niemand meldete sich. Spörl wurde blaß und ging wortlos in seinen Bunker, setzte sich, stützte die Arme auf die Knie und sagte: »Das hab ich noch nicht gewußt.« Die russischen Feuerüberfälle, regelmäßig, aus etwa dreißig Geschützen jenseits des Dnjeprs, machten uns bange.

Wir waren nicht die einzige Truppe, die den russischen Brükkenkopf berannte, rechts von uns lag ein Hauptmann mit den Resten eines Regiments, er hieß Bayer und trug das Ritterkreuz. Als ich zu ihm ritt, wunderte er sich über meinen Besuch. Er saß in einem kleinen, fest gebauten Bauernhaus, ringsum lagen noch die Leichen vom letzten russischen Stoßtrupp. Er schenkte Steinhäger in ein Wasserglas und schob es mir zu, ich trank, er schaute und schrie: »Nicht unter Daumenbreite, mein Lieber, trinken Sie nur!« Ich setzte also gehörig an. Er sah kindlich und freundlich aus, war aber ein wilder Mensch, und ich hatte gehört, daß er die Stoßtrupps seiner Männer selbst zu führen pflege und keinen Pardon gebe.

»Wo kommen Sie her?«

Ich richtete meinen Auftrag aus.

»Wie sind Sie hergekommen?«

»Zu Pferd.«

»Malerwein!« schrie er, »Malerwein!« Der Ruf galt einem struppig aussehenden Leutnant, der mit dem Kopf auf der Tischkante schlief. Malerwein fuhr zusammen, und Bayer sagte: »Was haben Sie Idiot behauptet – wir seien eingeschlossen? Er kommt von Spörl!«

»Sieh an!« In diesem Augenblick rasselte das Telefon, und ein Oberst meldete sich. Malerwein gab Bayer den Hörer, der hörte ein paar Sekunden zu und sagte bloß: »Nee!«

Wieder sprach der Oberst, und wieder sagte der Hauptmann: »Nee!«

Darauf mußte der Oberst ungefähr gesagt haben: »Na hören Sie mal, Bayer, wie reden Sie mit mir!«

»Ich red so wie ich will – also: das tu ich nicht. Hören Sie? Das fällt mir nicht ein! Es ist mein Regiment, und ich laß mir nichts aufschwätzen! Ende.«

Er warf den Hörer auf den Tisch.

»Die Leitung geht ja wieder!« sagte Malerwein und trank das Wasserglas mit Schnaps aus.

»Der alte Gott lebt noch und läßt uns nicht im Stich«, sagte Bayer und kratzte mit einem Streichholz an dem Verschluß seiner Pistole. Malerwein war wieder mit dem Kopf auf den Tisch vorgefallen. »Er ist völlig übermüdet; seien Sie ihm nicht böse, wenn er Ihr Glas nahm. Prost!« Er trank und mahnte: »Nicht unter Daumenbreite! Und nun reiten Sie zurück.«

Der Weg kam mir jetzt anders vor; die kleinen grünen Pflänzchen, die wohlzuriechen schienen auf dem Weg, waren verdächtig heil, und man sah weder von einem Fahrzeug noch von einem Pferd die Spur auf der Fahrbahn. Vor mir lag ein Gehölz, ich setzte die Sporen ein, damit ich schleunig außer Sicht käme. Dann verhielt ich in tiefem Schatten, auf rötlich gewirbeltem Waldboden, dampfend das Pferd, und beugte mich auf seinen Hals, roch den

Schweiß, sah Geäder, froh, noch zu leben mit heilen Knochen. Nun klirrten Verschlüsse in der Ferne, und schon zogen Granaten heulend über mich weg. Ich sah zum Feind, hörte die Einschläge, sah Fontänen von Schmutz.

Im Trab ritt ich durch die lichten Stämme des Waldes dahin, dachte an die Lager, an Bruck, Kaisersteinbruch, polnische Wälder am San, französische Forsten auf dem hohen Ufer der Seine, die Wälder Europas; immer gleich und überall fiel nun das Laub, drehten sich um die Achse die Blätter müde zu Boden, wie lang, ach wie lange! Waren wir Sträflinge, in der nächsten Sekunde getroffen, ein Aas, verrottend wie Laub im Wald? Wir konnten nicht mehr, wann fiel der Hammer? Gott hatte uns nichts geschenkt, mitleidlos, ein Raubtier, umkreiste er uns, war nicht sein Gelächter wie Stahl, nachtfinster der Blick, die zarte Hand der Gnade entzogen? Immerzu entliefen wir dem verhängten Spruch.

Hauptmann Gemelli war gefallen, mit dem wir damals bei Tscheremoschki im Schnee gelegen hatten. Sein Körper ruhte unter einer Zeltbahn neben dem Gefechtsstand, Hals und Kopf waren frei, und man sah eine winzige Muttergottesmedaille in der Grube zwischen den Schlüsselbeinknochen. Er war erst vor zwei Tagen aus einem längeren Genesungsurlaub zurückgekommen, und die Truppe war ihm bei einem russischen Vorstoß davongelaufen. Da er die Sitten dieser Front noch nicht kannte, war er an seinem Platz liegengeblieben. – Auch Ammann hatte einen Rosenkranz getragen. Anscheinend hatten alle Mütter den Söhnen dergleichen umgehängt; es wurde nie davon gesprochen.

Da das Feuer auf Tolokun immer ärger wurde, nahm Spörl die Hauptkampflinie an den Waldrand zurück, im Dorf blieben nur die Vorposten, die sich bei ernsthaften Angriffen zurückziehen sollten. Lange Zeit hatte ich Major Spörl für eine Art von Satrapen gehalten. Er war ja groß und schwer, beinahe fett, liebte gute Quartiere, üppiges Essen und die Musik von Lehàr. Ständig spielte in seinem Raum oder Bunker das Radio, billige Ohrenschmäuse, unterbrochen vom Wehrmachts- und Wetterbericht. Er roch nach Pomade und trug auch jetzt noch schneeweiße Wäsche. Morgens und abends ließ er sich von meinem Fahrer Brugger rasieren, der dies Geschäft einmal gelernt hatte.

»Bei Zwölfendern weiß man nie Bescheid, sie entpuppen sich

erst, wenn es losgeht, im Guten und im Bösen. Aber der Major ist ein Mordsmann, ein Mordsmann,« war Reichs höchste Anerkennung, »aber ich muß sagen, unter de la Valle wäre kein Zwölfender in den Regimentsstab gekommen.«

Gegen Abend wurde Hauptmann Gemelli begraben, und der Major sprach bei dieser Gelegenheit ein paar Worte; er habe mit Gemelli in Frankreich beim selben Regiment gestanden, sie hätten einander beim Aufstieg beobachtet, einen besseren Kameraden als Gemelli habe es nicht geben können ... Es war das Übliche, und wir wußten, daß beide eifersüchtig aufeinander gewesen waren, bis Spörl durch das Ritterkreuz einen Vorsprung gewonnen hatte, den der biedere Gemelli niemals würde einholen können.

Wir gruben uns Löcher und deckten sie mit Balken, Zweigen und Erde zu. Es waren richtige Mausefallen, aber sie hielten das Granatfeuer ab und sicherten den stundenweisen Schlaf. Brugger baute Öfen aus Steinen und Sand, die er bei Dunkelheit anzündete, um zu kochen.

Die akustischen Verhältnisse des Waldes waren anders als die der Steppe. Man unterschied hier viel genauer den Abschuß und Knall der Haubitzen, Mörser, Kanonen, Granatwerfer, Infanterie- und Pakgeschütze. Wenn gegen Abend die großen Feuerschläge kamen, rauschten die Bäume, bebte der Boden, dröhnte die Atmosphäre. Dann hatte der Krieg das gewaltig Wilde. Wagen mit Toten und Verwundeten fuhren im Galopp durch die Schneisen nach hinten. Gefangene mit wilden Bärten, zum großen Teil in Zivilanzügen, warfen sich bekreuzigend hinter die Bäume. Auch wir hatten genügend Artillerie, Major Küfer hatte seine Abteilung durch alle Fährnisse gerettet und konnte die Ansammlungen der Russen, die durch Flieger gemeldet wurden, wirksam bekämpfen.

Die Männer waren entsetzlich müde und fast immer hungrig. Die vielen Nachtmärsche, nach denen es keine Ruhe gegeben, hatten sie erschöpft, die alten Soldaten waren ausgemergelt; die Jungen mit den rosigen blühenden Gesichtern, die nächtlich in Schüben kamen, teilweise ohne Gewehre, so daß wir erst die Waffen der Toten an sie verteilen mußten, sahen körperlich besser aus, aber ihr Geist war wie gelähmt vor Furcht, als ahnten sie, daß ihnen nicht beschieden war, länger als drei oder vier Tage unverwundet zu bleiben.

Es war still in dem Erdbunker; die meisten Einheiten hatten ihre Leitungen noch nicht gelegt. Wir hatten eine Flasche Schnaps auf dem Tisch stehen, denn das Trinken war zur Gewohnheit geworden. In vier oder fünf Stunden würde die Flasche leer sein, man konnte nicht wach bleiben ohne die nährende und aufstachelnde Kraft des Alkohols. Wie oft hatten wir in den letzten Wochen die Menge der Wahrnehmungen und Entscheidungen nur mit Korn und Wacholder ausgehalten, ohne betrunken zu werden. Auch an die Mannschaften gaben wir den begehrten Stoff feldflaschenweise ab, wenngleich nach der Vorschrift nie mehr als ein Viertelliter auf den Mann entfallen durfte. Sogar mit Reich, dem Spröden, Strengen war ich in solchen Nächten vertrauter geworden, mit seiner harten, anständigen Seele. »Jetzt geht es doch dahin mit uns«, sagte ich, »oder glauben Sie noch immer an die Überlegenheit unserer höchsten Führung?«

Er mochte selbst viel gegrübelt haben in letzter Zeit und antwortete mit Leidenschaft: »Weil Sie und Ihresgleichen nicht geleistet haben, was not tat!«

Ich stutzte: »Geleistet? Ich bin so lange Soldat wie Sie, ich war schon an der Front, als Sie französische Austern aßen.«

Ärgerlich sagte er: »Weichen Sie nicht aus! Ich weiß, Sie haben den Marsch nach Stalingrad gemacht, während ich beim Wachregiment in Paris ein Vollblut ritt. Das ist es nicht – und Sie wissen, was ich meine.«

»Nein«, sagte ich scheinheilig, denn das Gespräch hatte seine Tücken.

»Man sieht es daran, daß Sie mir nicht einmal vertrauen. Fürchten Sie wirklich, ich könnte Sie verleumden? Das ist kränkend für mich – und es gehört zu meinen Vorwürfen.«

»Sie wissen, daß ich in Hitler nicht das sehe, was Sie in ihm sehen.«

»Sie halten ihn für einen Betrüger, einen Entwurzelten, einen Strolch!«

»Diese Bezeichnungen sind für mich gleich an Wert, und so einfach ist es nicht, mit der Moral kommt man nicht weit, und daß der Mann persönlich größer ist und als Gestalt wichtiger als die meisten Gegenspieler ...«

»Die meisten? Wer denn nicht?«

»Ich würde Churchill gern ausnehmen, wenn ich schon offen sein soll.«

»Und Roosevelt?«

Ich lachte.

»Er ist doch ein richtiger demokratischer Heiliger und dazu Amerikaner, auf die Sie so viel geben«, sagte Reich.

»Heilige gibt's bloß in der katholischen Kirche, und die Amerikaner sind nicht besser als wir, wahrscheinlich sind sie uns bloß in gewissen negativen Erscheinungen des öffentlichen Leben voraus«, sagte ich.

»Also Hitler, Einiger des Volkes, Gründer des Großdeutschen Reiches, Hersteller biologischer Kräfte, eine Gestalt aus dem von Ihnen so geliebten Volk, Vertreter einer persönlichen Souveränität, Verächter der liberalen Ideologie – mir scheint, der Mann müsse Ihnen gefallen.«

»Er hat alle Versprechen gebrochen, seine Freunde ermordet, eine ganze Rasse ausgerottet, und wird nach dem Krieg auf die christlichen Kirchen losgehen: auf das Alte folgt immer das Neue Testament. Außerdem ist er von aller höheren Bildung frei.«

Reich lachte: »Ausgerechnet Sie, der Apostel der russischen Kulturlosigkeit, wollen Hitler vorwerfen, daß er kein Griechisch und Französisch kann?«

»Das verlange ich nicht.«

»Sie und viele Tausende der Ihren hätten es in der Hand gehabt, der Bewegung innere Glaubwürdigkeit zu geben. Hat die Partei nicht versucht, Sauberkeit der Sitten, gesunde erotische Verhältnisse, soziale Erleichterungen, Arbeit und Brot für jeden zu schaffen? Ist der Anschluß Österreichs nicht die Erfüllung eines nationalen Wunsches? Sehen Sie von den kleinen Pannen und großen Dummheiten, von der Eitelkeit und dem Ehrgeiz der Funktionäre ab – das gibt es überall, wo groß gedacht und geplant wird. Mir gefallen nicht die Tötungen der Idioten und die Kirchenhetze – aber das Ganze, das ganze Große, das unser Volk erhoben hat! Ganz Europa gehört uns ...«

»Es ist der Machtrausch, der Sie alles billigen läßt, was auch sonst in der Geschichte da war, und dasein wird. Wenn es wirklich das deutsche Volk und seine Kraft wäre! Aber es ist die Partei und ihre an Terror grenzende Beherrschung dieses Volkes.«

Er bog das Gespräch in eine andere Richtung: »Wie wollen Sie im Zeitalter der Massen auf andere Weise fertig werden als durch Führerschaft und Gehorsam? Welch primitive Ideologie, alle achtzig Millionen Deutschen sollten sich zu selbständigen, freien Persönlichkeiten entwickeln ... Das hat kein Volk gekonnt, auch nicht die Amerikaner, die diese Idee behaupten, auch nicht die Kirche, die seit zweitausend Jahren nichts beansprucht als Glauben an ein Dogma.«

»Es schmeichelt, wie Sie meinem Verständnis entgegenkommen. Diese Massen haben die Zukunft, und weil sie selbst nie Persönlichkeiten werden, müssen sie geführt werden. Aber weshalb führen denn unsere Führer? Es ist der fatale Anspruch einer Clique von Catilinariern, die alles auf die letzte Karte setzten, weil sie nichts mehr zu verlieren haben. Ehrgeiz, Eitelkeit, Gier nach Befehl, Geld, Unterwürfigkeit, Ämtern hat die Entwicklung dieser Partei seit zehn Jahren gezeigt. Weshalb werden Hunderttausende und Millionen von Soldaten geopfert, wo kein Opfer mehr einen andern Sinn hat, als diese Clique an der Macht zu halten?« sagte ich.

»Selbst wenn ich Ihre Annahme als richtig unterstelle, kann ich sagen, daß diese Laster nur Listen unserer Idee sind, deren sie sich bedient, um ihre geschichtlichen Aufgaben zu erfüllen«, sagte Reich, »oder wollen Sie mir erzählen, daß Sie an Moral und Tugend glauben – oder an Gleichheit, Freiheit, Brüderlichkeit und wie die prächtigen Wappentiere des Westens heißen?«

Ich lachte.

»Oder Humanität, Demokratie?«

»Nein, das sind auch mir keine baren Münzen mehr. Das fröhliche Gerede darüber täuscht nur solche, die meinen, wenn sie von einer Sache sprächen, hätten sie sie schon.«

»Wie also wollen Sie die Massen führen?«

»Diese Massen haben und brauchen keine Kultur im alten Sinne, wir sehen es an den Russen um uns und an den vielen braven und einfachen Leuten, die nicht wissen, wann Goethe gelebt hat, aber ihre Pflicht in der Fabrik, in der Armee und überall tun, wo sie stehen oder hingestellt werden. Mit dieser Neutralität der Massen gegenüber allen höheren Dingen muß man rechnen ...«

»Ist es nicht sogar Feindschaft?« sagte Reich.

»Die Feindschaft beruht auf der Herausforderung durch uns und auf dem sicheren Instinkt dafür, daß es mit unserer vielgerühmten Kultur nicht weit her ist. Wenn wir Rassen wie Juden und Indianer ausrotten …«

»Indianer?«

»Nun ja, meine amerikanischen Freunde, die ihre Neger ja auch nicht demokratisch behandeln!«

»Haha, sehr gut, fahren Sie fort!« sagte Reich.

»So zeigt das, daß die Kultur und ihre Ideale, die ja aus dem achtzehnten Jahrhundert stammen, nicht mehr glaubwürdig sind.«

»Was aber?«

»Es gibt, nach unserer historischen Erfahrung, nur eine einzige Macht, die auch breite Massen zähmte und an höhere Gesetze als Gewalt und Körperschaft band, das ist die Kirche. Der russische Bauer, der christliche Arbeiter Deutschlands, die irischen Kleinbürger Amerikas und die Millionen halbwilder Indianer und Mischlinge Südamerikas gehören soziologisch alle zur Masse, aber sie sind sittlich dem überzüchteten Europäer, und geistig-geistlich dem Besitzbürger der ganzen Welt überlegen, und das ist so, weil sie Vertrauen haben zu ihrer Führung, die die Gesetze der Liebe und des Gehorsams predigt. Das ist jenes Vertrauen, das der Nationalsozialismus zwar beansprucht, aber nicht erhält, weil jeder Unvoreingenommene sieht …«

»Also bin ich voreingenommen?«

»Sie sind Forstmeister im Elsaß und haben sich dort im Vertrauen auf das tausendjährige Reich ein Haus gebaut, in dem Ihre Frau und Ihre drei Kinder wohnen. Was tun Sie, wenn der Krieg verloren wird und die Elsässer oder die Franzosen alle deutschen Forstmeister abschieben und die Frauen und Kinder so behandeln, wie wir die polnische Intelligenz behandelt haben?«

»Ich weigere mich …« »Ich weiß schon«, sagte ich, »Sie werden aber nicht mehr behaupten, unvoreingenommen zu sein?«

»Hitler!« rief er, »Hitler, mein Kaiser!« Ich hatte ihn nie pathetisch werden sehen und starrte ihn an. Weil in diesem Augenblick Fernsprecher und Funker in den Raum kamen, wandten wir uns wieder der Verteidigung Großdeutschlands zu. Als sie den Raum einen Augenblick lang verließen, um ihre Erdleitungen einzurammen, sagte er zu mir: »Daß Sie überhaupt mitmachen!«

»Es hat auch eines Hitler bedurft, um uns alle in diese fatale Lage zu bringen!« antwortete ich – und hatte keine Gelegenheit mehr, weiter mit ihm zu reden; denn Brugger meldete plötzlich die Ankunft des Obersten de la Valle.

Er sah gut aus, unbekümmert frisch: »Was sind das für Löcher, Sie wohnen doch nicht hier? Wichtel, besorgen Sie mir gutes Quartier!«

Wir setzten uns auf Feldstühle; Spörl war ganz bleich, wollte der Oberst ihm die Trümmer des Regiments nehmen? Wichtel zog eine Flasche auf und schenkte unsere beiden Gläser voll. Der Oberst verbeugte sich im Sitzen gegen den Major, dann zu uns – und stutzte, als er sah, daß wir keine Gläser in der Hand hatten.

»Es sind unsere letzten Gläser«, sagte Reich zu seinem früheren Chef, »wir trinken nacheinander.«

»Aber das geht doch nicht, Wichtel, schreiben Sie auf, in Kiew Gläser und Porzellan besorgen!« Er trank, und Wichtel schenkte ein, gab die Flasche Reich und winkte mich mit den Augen beiseite.

»Ich glaube, er ist verrückt geworden – wir rufen das Korps an, privat, ich kenne den Ordonnanzoffizier des IIa.« Wir erhielten die Verbindung und erfuhren, daß de la Valle versucht habe, sein Regiment, nachdem er fünf Wochen in Urlaub und auf Reisen gewesen, wiederzubekommen, daß man ihm aber bedeutet habe, Major Spörl habe sich Rechte erkämpft, die man nicht kränken wolle.

»Wir brauchen eine Entscheidung, wer macht das jetzt bei euch?« – »Schulze.«

»Unser Schulze, der Ia?«

»Der ist es, er kommt heut abend zurück.«

»Wieso zurück, wo ist er denn?«

»Die Nerven, die Herren haben alle schlechte Nerven und müssen sich schonen.«

»Sieh an, der Schulze. – Leider kann ich keine Flasche Cognac für ihn schicken!«

»Ist auch nicht nötig, er freut sich, de la Valle loszuwerden. Ich glaub, man will ihn gar vors Kriegsgericht bringen. Spörl kann unbesorgt sein.«

»Sieh an, sieh an, ihr seid ja tüchtig. Da seht nur zu, daß der eigene Kopf nicht hängenbleibt!« Gelächter, Schluß. Wichtel und ich riefen den Major eilig aus der Runde und klärten ihn auf. Zurückgekehrt, fragte er den Obersten sehr höflich, wohin man sein Reitpferd schicken dürfe. Als aktiver Offizier hatte der Oberst sein Dienstpferd, man pflegte es bei Versetzungen mitgehen zu lassen. De la Valle verstand sofort, stand auf, sagte: »Ich brauche kein Pferd mehr, ich nehme den Wagen«, stieg ein und fuhr mit unserem Mercedes davon – ob er ahnte, daß er uns nicht wiedersehen sollte?

Erzogen im alten preußischen Heer, persönlich tapfer, in zwei Kriegen erfahren, auf der Höhe der Ausbildung, in Erwartung des Generalsrangs, hatte de la Valle, wie General Wilhelm, seine Truppe in einem entscheidenden Augenblick verlassen. Auch mit ihm an der Spitze des Regiments wären wir dem Strudel nicht entgangen – aber hier waren doch tiefere, feinere Gesetze verletzt worden.

Tolokun sollte zurückerobert werden, kam Befehl. Alt machte einen Spähtrupp und kam überraschend mit einundzwanzig Gefangenen zurück. »Sofort angreifen, Herr Major, das Nest scheint leer zu sein!« Er war ein alter Kamerad Spörls aus den Zeiten des französischen Asphaltkrieges. Sie hatten wohl nicht geahnt, daß sie eines Tages in der russischen Wildnis über Tod und Leben zu entscheiden hätten. Sie hatten beide rötliche Haut ohne Geäder, harte Sehnen, feste Knochen, fast keine Nerven und kleine Köpfe obenauf mit blauen und blonden Haarschöpfen, einer wie der andere.

»Leer zu sein? Sie haben doch soeben einundzwanzig Mann darin gefangen! – Was ist das für Geschrei?«

Wir hörten fern ein helles Quieken, das sekundenlang zu Pfiffen wurde.

»Ich habe einen Mann bei meinem Spähtrupp verloren«, sagte Alt, »den kleinen Jäger, er schreit nach seiner Mutter – wir konnten ihn nicht bergen.«

Das Geschrei klang entsetzlich. Spörl sah den Hauptmann finster an: »Hätten Sie den einen zurückgebracht – die einundzwanzig wiegen ihn nicht auf.«

Wir hörten die Schreie. »Was war es denn?«

»Ein Bauchschuß, wir dachten, er stirbt augenblicklich – und nun, das ist ja furchtbar. Wir müssen ihn holen!«

»Unsinn – daß noch ein paar Mann draufgehen? Um elf ist der Angriff!«

Da lag der Gefreite in der Jägeruniform, das kunstvolle Gebilde aus Gottes und seiner Eltern Hand, gehegt und gezogen, und nun war es unerforschlich Gottes Rat, daß er den zerrissenen Leib des Jungen unter unmenschlichen Schreien sterben ließ. Diese Schreie entsetzten die ganze Front, aber nach einer Viertelstunde wurden sie schwächer, und dann nahm man an, daß der Jäger gestorben sei. Wir aber begannen, die Steinchen auf dem Brett der Vorsehung so zurechtzuschieben, daß ein jegliches an den Fleck von Verwundung, Tod, Flucht und Mord kam, der ihm zugesonnen war von ganz oben her, versteckt in den Wirbeln des Geschehens.

Um elf Uhr feuerte die Artillerie aus sechzig Rohren.

Wichtel übernahm Gemellis Kompanie (»Jawohl!«)

Hauptmann Wildpret und Papa Dorsch waren nicht bei der Besprechung, ich sollte Plan und Befehl überbringen. Brugger fuhr mit seiner Maschine an das Hochufer des Dnjepr, wo ihre Stellungen verliefen. Man sah schön den Fluß drunten, blaugrün, mit weiß in der Sonne aufblitzenden Sandbänken, und fast unterhalb des Hanges lag Tolokun, das Wildpret mit den Seinen über den Griwizasumpf hinweg nehmen sollte.

»Mache ich«, sagte Wildpret, »aber die Baukompanie geht nicht mit, das sind Erdarbeiter aus Mähren und dem Burgenland, arme Teufel, Väter vieler Kinder, die gleich hinter den Hang rutschen, wenn der Iwan Streufeuer schießt. Ich brauche fünfzig Mann von dem frischen Ersatz. Fahren Sie zurück und bringen mir die Männer!«

Ich wollte es versuchen und jagte mit Bruggers Maschine zu Spörl. Der schüttelte den Kopf: »Dann habe ich keine Reserve«, er lächelte, »oder vielmehr wir; denn Sie müssen sie führen, wenn was passiert.«

Um elf Uhr begann Küfer zu schießen, und zehn Minuten später folgten die Stukas. Sie setzten die Bomben genau in den Obstgarten vor Tolokun, wo Gemellis alte Kompanie unter Wichtel lag – dreißig Tote.

»Rufen Sie das Korps an!« brüllte Spörl, »die Trottel bombardieren ihre eigenen Leute – mein Gott! Wo ist Wichtel?«

Die Verbindung zur Kompanie war gerissen.

»Woher haben wir die Meldung von dreißig Toten?«

Reich saß an seinen Apparaten, sprach und hörte abwechselnd in vier Muscheln. »Von Dr. Rotnase,, sagte er zwischendurch, und: »Wichtel selbst ist heil, aber er kann nicht mehr angreifen.«

»Rotnase?« wunderte sich Spörl. »Rufen Sie Bayer an!«

»Keine Verbindung, ich versuche es über das Korps.«

»Wichtel soll Fliegertücher auslegen, in fünf Minuten kommt die zweite Welle; die Kerle sind schon in der Luft, der Teufel hole sie!«

Als die zweite Welle Stukas ihre Bomben auf Tolokun schickte, war das Dorf bereits von der Masse der Russen verlassen: sie traten in dichten Scharen zum Gegenangriff in den Obstgärten vor Hauptmann Bayers Front an.

»Es ist zu spät«, sagte Spörl. Der riesige Mann legte den Kopf auf den Arm und blieb so lange liegen, bis die Meldung kam, Hauptmann Bayer sei beim Gegenstoß an der Spitze der Seinen gefallen. Da erhob er sich: »Also auch Bayer!«

Wir hatten dann die Büsche unterhalb Wildprets Stellung sich bewegen sehen, silbrige Weiden, Ebereschen. Wir hörten das Grollen und Wummern der Artillerie, die scharfen Abschüsse der Werfer. Quälende Stunden, wo das aufgezogene Uhrwerk ablaufen muß und nicht zu verbessern ist! Schnaps aus Wassergläsern, vierzig Zigaretten am Tag. Hin und wieder ein Anruf, ein Funkspruch; Reich machte Pfeile und Kringel auf der Karte. Maschinengewehrfeuer, Dröhnen aus der Luft (»Sehen Sie, ob das ein eigener ist!«).

Maschinengewehrfeuer gemeldet aus Tolokun; wer war in Tolokun, wenn nicht Hauptmann Wildpret? Malerwein sei in Tolokun, verfolge den gefallenen Bayer rächend tief zu den Russen.

»Funken Sie Wildpret an!«

»Gegenstelle antwortet nicht!«

Und immer noch das Gegeneinander der raschen deutschen Schießmaschinen aus dem Dorf!

Alt meldete russische Panzer, selber gesehen, hört man sie schon? Panzer in den Wäldern sind unmöglich! Aber schicken wir den Veterinär zu den Trossen, zwanzig Kilometer rückwärts! Der Veterinär verschwand in den Wäldern.

»Dort wimmelt es von Partisanen, natürlich, der arme Kerl!«

»Was Sie nicht wissen!« spottete Reich.
»Zwischen Kiew und Schitomir Partisanengruppen, Achtung!«
»Funkspruch vom Korps!«
»Lassen Sie sehn: Bei Panzergefahr Angriff einstellen!«
Das Ganze Halt, der Stab nach Rowy in den tiefen Wald! Ich sollte Wildpret in Tolokun verständigen und fuhr mit Brugger an die Griwizabrücke, rief: »Wo ist der Hauptmann?«
Es war schon halb dunkel, Antwort kam: »Schto?«
Es waren Russen! Zurück, um Gottes willen, Brugger, Vollgas zurück! und ich schoß das Magazin nach hinten leer. Wo blieb nun Wildpret? Die russischen Marschsäulen fielen schon in die Wälder hinter uns, laut Radio Moskau. Plötzlich dröhnten die Motoren einer 8,8 Flakkanone. »Die halten wir fest!« sagte Spörl, »was soll sie bei finsterer Nacht im Wald?«
Ein Feldwebel befehligte das Geschütz, es sollte nach Kiew.
Nach Kiew! Wir lachten, ob er zum Russen wolle? Wir wiesen ihm eine schöne Stellung am westlichen Eingang des Waldes, hier konnte er die Lichtung mit Feuer bestreichen bis auf jenen Teil, den der Weiler verdeckte.
Aber der Befehl!
Morgen früh, sagten wir, möge er in Gottes Namen, wenn er sehe, daß die Wege frei seien, fahren, nun aber sei es gewiß, daß russische Haufen durch die Wälder brächen, und er tue gut, in unserer Hut zu bleiben. Das sah er ein und machte sich fertig, zu schießen. Er hatte fünf weiße Abschußringe um die Mündung seines Rohrs, und wir sagten, er könne morgen einige hinzumalen.
»Kommen sie mit Panzern? Nanu!«
»Das alles ist möglich.«
Gegen Mitternacht erhielten wir unsere fünfzig Mann Ersatz, junge Leute, Artilleristen ohne Geschütze, Teile einer inzwischen wieder zersprengten Alarmeinheit von Bäckern, Köchen, Schustern und Offiziersburschen der Etappe, die Hälfte ohne Gewehre.
»Zeigen Sie ihnen, wie man eine Handgranate scharf macht«, wies Spörl mich an, und so übten wir in einem Hause bei Kerzenschein Laden und Sichern eines Gewehrs, das Einsetzen von Sprengkapseln und die Zuführung von Gurten in eine Schießmaschine. Wir hatten zwei Gewehre der letzten Bauart, sie galten als Wunderwaffe, zweitausend Schuß in der Minute.

»Wo kommt die viele Munition her«, fragten sie.

Da rief man mich zu Reich und dem Major, sie hatten plötzlich Funkverbindung mit Wildpret erhalten und ihm Befehl gegeben, sich bei Morgengrauen am Waldrand eingegraben zu haben. Der alte Isonzoheld hatte mitten im besetzten Tolokun fünf Häuser gehalten, war in der Dunkelheit nach Westen durchgebrochen und hatte achtzig Gefangene gemacht, die er mitführte. Auch Papa Dorsch und Gilles mit den schweren Geschützen waren bei ihm. Wir warnten ihn vor den russischen Haufen zwischen uns, und er funkte zurück: »Kesselt sie ein!«

»Er fühlt sich stark, scheint mir«, sagte Spörl, und Wichtel erhielt den Befehl, mit seinen Männern im Morgengrauen einen Stoßtrupp durch den Wald zu machen, damit wir wüßten, ob er unser sei; ich aber sollte mit den Handgranaten und Gewehren die Lichtung vor dem Gefechtsstand abschirmen.

Gemellis Männer murrten.

»Lassen Sie antreten!«, befahl der Major und sagte zu ihnen: »wer weigert sich mitzugehen?« und hatte die Pistole in der Hand. Keiner antwortete, aber es war uns allen nicht geheuer, und Spörl befahl Alt mit seinen dreißig Mann, tausend Meter rechts von Wichtel durch den Wald zu gehen, der eine sollte dem andern zur Hilfe bereit sein.

Im Morgengrauen brachen sie auf und kamen schön voran; sie meldeten alle zehn Minuten übers nachgeschleppte Kabel ihre Stellung. Mitten im Wald begegneten sie Gilles mit den schweren Geschützen, von nichts als einem Spähtrupp beschützt, und in seinem Gefolge die achtzig Gefangenen. Alt war es, der zuerst auf Gilles gestoßen war – und in diesem Augenblick wurden sie von freien Russen überfallen; es entstand eine Schlägerei mit Kolben und Knüppeln, und Wichtel wurde schleunig zu Hilfe gerufen.

Die Schlägerei endete damit, daß Alt, Gilles und die Ihren fünfzig weitere Russen gefangennahmen und zwei Pakgeschütze nebst Munition erbeuteten. Sie hatten keine Verluste, hundert Russen flohen Hals über Kopf waldauswärts. Alt rief uns an und sagte: »Die kommen zu euch, empfangt sie.«

Es war noch immer frühmorgens, etwa sieben Uhr, und wir lagen im Bogen um den Weiler Rowy in gut gegrabenen Löchern.

Auf den Gewehren lag der Tau und perlte in Tropfen ins Gras. Die Mäntel waren schwer von Feuchtigkeit, und wir warteten sehnsüchtig, daß die Sonne hochstiege über dem Wald. Ein letztes Mal ging ich an den Stellungen entlang. Da erschienen zwischen den Hasel- und Weidensträuchern am Rand der Lichtung die ersten russischen Mäntel. Noch bevor sie uns gesehen hatten, fuhr ein mächtiger Knall über uns weg, und es schlug bei ihnen ein, daß sie klagend verschwanden in den Gebüschen. Das Flakgeschütz! Die Männer schrien Bravo und hörten Geschieße im Wald, und nun kam der Major gerannt:

»Auf, alle Mann, auf! Sie greifen Alt und Gilles mit Panzern an!« War es zu glauben, mitten im Wald?

Wir rannten in einer Staubwolke bis an den Waldrand, wo eben die Russen gewesen, nun lagen dort fünf Stöhnende, wimmernd, daß ihnen nicht zu helfen war, und wir rannten weiter, auf das Feuer, die Schreie zu.

»Wichtel haben sie umgebracht, die Feiglinge!« schrie der Major. Die eigenen Männer hätten ihn erschossen, als er befahl, den Kameraden zu Hilfe zu kommen.

Wo waren wir? Das Geschrei wurde stärker, und Gilles' erstes Geschütz kam mit sechs Pferden im Galopp, der Geschützführer schrie, wo die Lichtung sei, er wolle in Stellung gehn, und wir wiesen sie ihm. Gott im Himmel, da kamen Verwundete in Scharen, Russen und Deutsche trugen und stützten sich, denn die Russen hatten blind drauflosgeschossen, und nun sahen sich die lehm- und feldgrauen Gestalten gleich, stützten und trugen einander.

Wieder schoß das schwere Geschütz über uns weg, wo schoß es nur hin? Sollten die Panzer am Waldrand sein? »Laufen Sie zurück«, sagte zu mir der Major, »die Hölle ist los«, aber die Hölle kam auf uns zu, brechend durch Gehölz und über kleine Bäume, da rollten olivgrüne Panzer uns entgegen, wir drehten und liefen zum Waldrand, der ganze Wald brannte plötzlich und schrie. Die Verwundeten taumelten hinter uns her. Das Weiße der Augen glänzte, das Blut der Verbände leuchtete, Mündungsfeuer flammte, und die Einschläge der Artillerie von irgendwoher blitzten, Bäume begannen zu brennen, das Unterholz schwelte, die Farne schossen zu Fackeln, und eine dürre Fichte hinauf kroch das Feuer, am Harz sich nährend, blitzschnell empor zur Krone, daß sie prasselnd und trommelnd verbrannte. Ich sah einen jungen Gefreiten mit dem Seitengewehr auf einen Russen zulaufen und sah einen riesigen Russen neben einem Granatwerfer knien und wie ohne Besinnung eine Granate nach der andern ins Rohr schieben. Es gab keine Front, nur Verderben. Noch einmal hallte die Stimme des Majors: »Zu mir her, zu mir, wir brechen durch!« dann fiel er zusammen. Noch einmal sah ich Hauptmann Wildpret mit entsetzlich rotem Gesicht, ohne Mütze mit wehenden grauen Haaren, dann fiel er hin auf brennenden Waldboden. Die Motoren der Panzer brummten hinter uns her, sie rückten langsam, der eine den andern dekkend, durch den Wald wie Elefanten, sie trieben durch das Maschinengewehrfeuer auf den Weiler zu. Dort saß Reich an den Telefonen: »Was macht ihr, wo ist der Major, wo sind ...«

»Panzer! Russische Panzer – weiß es das Flakgeschütz?«

»Im Wald gibt es keine Panzer!«

Ich rannte hinaus, mochte er nicht glauben, was er nicht sah und was nicht in der Vorschrift stand. Er würde nicht erkennen, da er nicht erkannt war. Ich lief zu dem Geschütz, aber natürlich hatten sie was bemerkt, und ich sah, wie die feurige Lohe, hervorgebrochen aus dem Rohr, mit scharfem Knall und Pfiff den ersten Panzer drüben am Waldrand lüftete: Feuer und Rauch! Den zweiten genauso, Feuer und Rauch! Aber nun brachen im Halbrund die Panzer aus den Wäldern hervor, zehn oder fünfzehn – da packte es mich, schlug mich nieder, und jemand schleppte und zerrte mich. (»Laß mich doch, was ist?«) Und dann warf mich jemand mit den Beinen über einen Rand, ich merkte, daß ich nichts sah, wischte die Hand übers Gesicht, das glitschig war, und nun sprang eine Maschine an, Bruggers Fünfhunderter, und ich hörte seine Stimme: »Festhalten, ich bring Sie raus!« –

Ich erwachte in einem stillen weißen Raum, und vor mir saß Dr. Rotnase mit einer Pinzette und zog mir aus Armen und Beinen kleine Stückchen Stahl.

»Was ist«, sagte ich, »Doktor, mit dem Regiment?«

»Überrollt«, sagte er.

»Und Brugger, mein Fahrer?«

»Sitzt draußen und raucht.«

»Und Reich?«
»Stillhalten!« sagte er, »sonst tut es weh.«
»Ist der Krieg für mich aus?« fragte ich.
»Haben Sie noch nicht genug?«

CURT HOHOFF

Unter den Fischen

Erinnerungen an Männer, Mädchen und Bücher
1934–1939
384 Seiten · Leinen

Curt Hohoffs Erinnerungen aus den Jahren vor dem Zweiten Weltkrieg schildern den Studenten in München, Münster und Cambridge, dann die Anfänge des Schriftstellers in München im Umgang mit Autoren und Malern, mit englischen und deutschen Freunden. Unter ihnen spielten Georg Britting, Eugen Roth und Henri Nannen eine besondere Rolle. Man traf sich in einer Weinstube *unter den Fischen*, einem Bild. In der Buchhandlung Severing an der Maximilianstraße traf Hohoff traurige, skurile und berühmte Persönlichkeiten. In Cambridge begegnete er Wittgenstein, in Neapel Benedetto Croce. Zu seinen nächsten Bekannten gehörten Juden, deren Existenz aufs äußerste bedroht war. Dazwischen gibt es bezaubernde Liebesgeschichten und den Aufenthalt in einer Kleinstadt des Emslands. So entsteht ein Bild aus jenen Jahren, die vielschichtiger waren, als man heute weiß. Hohoff berichtet von Verfolgung und Unterdrückung, vom Scheitern großer Pläne und von der Freiheit des Christenmenschen mit einem ironischen Humor, der dem Buch besonderen Glanz gibt. Am Schluß werden die Schafe zu Tigern: Hitlers Krieg bricht aus.

Limes